LES ÉLÉMENTS CARTÉSIENS

DE LA

DOCTRINE SPINOZISTE

SUR LES

RAPPORTS DE LA PENSÉE ET DE SON OBJET

A. LÉON.

LES
ÉLÉMENTS CARTÉSIENS
DE LA
DOCTRINE SPINOZISTE
SUR LES
RAPPORTS DE LA PENSÉE ET DE SON OBJET

THÈSE
Présentée à la Faculté des Lettres de l'Université de Paris

PAR

Albert LÉON
AGRÉGÉ DE PHILOSOPHIE

> Le Spinozisme est la métaphysique du
> Cartésianisme...; mais laquelle entre les
> possibles? La plus réaliste, la plus scien-
> tifique, la plus nue et la plus pleine à la
> fois, enfin la plus *redacta et redacta*.
> J. LAGNEAU([1]).
>
> ([1]) J. Lagneau, *Quelques notes sur Spinosa*
> (*Revue de Métaphysique et de Morale*, année 1895,
> p. 380).

PARIS
FÉLIX ALCAN, ÉDITEUR
LIBRAIRIES FÉLIX ALCAN ET GUILLAUMIN RÉUNIES
108, BOULEVARD SAINT-GERMAIN, 108

1907
Tous droits de traduction et de reproduction réservés.

A MON CHER Maitre O. HAMELIN

*Hommage
de respectueuse reconnaissance.*

> Cet ouvrage était imprimé lorsque nous fut ravi le maître qui en avait accepté la dédicace. L'hommage qu'il avait bien voulu agréer de son vivant, je l'offre à sa mémoire vénérée.
>
> A. L.

TABLE DES MATIÈRES

	Pages
Introduction.	9

Chapitre premier. — Théories de Descartes sur la Pensée, son objet et leurs rapports. 17

I. La Méthode. Ses procédés 17
II. Les matériaux de la Méthode.
    § 1. Théorie de la Substance. 22
    § 2. Attribut et autres notions fondamentales 30
    § 3. Les trois espèces de distinctions. 31
III. Passage de la Connaissance à l'Existence. 32
IV. La Pensée 34
V. Dieu.
    § 1. L'idée de Dieu. Première preuve de l'existence de Dieu. 38
    § 2. Seconde preuve de l'existence de Dieu ou Preuve ontologique. 41
    § 3. Troisième preuve de l'existence de Dieu. Puissance créatrice et Immutabilité de Dieu. 51
    § 4. La Volonté en Dieu et dans l'Homme. Fondement en Dieu de la vérité de l'expérience. 53
VI. L'Étendue ou Matière corporelle. Le Dualisme. 56
VII. L'Homme. L'union de l'âme et du corps. Ses effets. . . 62
VIII. Dissolution du Cartésianisme. Passage aux moments suivants de l'histoire de la Philosophie. 66

Chapitre II. — Les rapports de la Pensée et de son objet dans la philosophie de Spinoza. Éléments cartésiens de ces rapports. 69

I. Difficultés du problème. 69
II. La Méthode et la Pensée. 75
III. La Substance. 84
IV. Propriétés générales de la Substance 89
V. Dieu. 91
VI. Arguments contre la Finalité. 97
VII. Indétermination absolue de la Substance. 97
VIII. Théories de l'unité de Cause et de l'unité de Substance dans leurs rapports entre elles et avec le Cartésianisme. 106

	Pages.
IX. Conclusions générales sur la théorie de la Substance	108
X. Les Attributs	109
XI. Les deux Attributs accessibles à la connaissance humaine. L'Attribut « Pensée »	137
XII. Rapports de la Pensée et de l'Étendue	159
XIII. Principaux traits de l'Étendue. Les Modes	173
XIV. Rapports de la Pensée et de son objet dans l'homme. L'âme et le corps	195
XV. Application de la théorie précédente de la Nature humaine à la théorie de la connaissance.	
§ 1. Idées adéquates et idées inadéquates	206
§ 2. Expérience et Étendue empirique	207
§ 3. Objet de la Connaissance adéquate	210
§ 4. Les trois genres de Connaissance ou trois manières de connaître l'objet Étendu	211
§ 5. Valeur des essences individuelles	218
§ 6. Degré de réalité des Modes finis	237
§ 7. Détermination interne et Détermination externe	242
§ 8. Transcendance de la Connaissance adéquate par rapport à la Connaissance inadéquate ; leur opposition radicale et irréconciliable	243
§ 9. Conclusion de ce qui précède	258
§ 10. Rapports avec le Cartésianisme de la théorie spinoziste de la Connaissance que l'on vient d'exposer	273
CONCLUSION	279
APPENDICE	283

OBSERVATION

I. Les notes marquées en chiffres romains ont trait à un ordre d'idées ou à un développement embrassant soit un ou plusieurs alinéas, soit une ou plusieurs parties de paragraphes.

II. A moins d'indication contraire, les éditions auxquelles se réfèrent les notes sont :

1° Pour Descartes : *Discours de la Méthode, Essais, Correspondance*, édit. Adam et Tannery, Paris, Cerf, 1902.
— *Regulae ad directionem ingenii*, édit. Garnier, Paris, 1835.
— Autres œuvres, édit. Cousin, Paris, 1824.
2° Pour Spinoza : *Court Traité*, trad. Janet, édit. Germer Baillière, Paris, 1878.
— *Correspondance et De Intellectus Emendatione*, édit. Bruder, Tauchnitz, Leipzig, 1844.
— Autres œuvres, édit. Van Vloten et Land, Martin Nijhoff, La Haye, 1882.

LES ÉLÉMENTS CARTÉSIENS

DE LA

DOCTRINE SPINOZISTE

SUR LES

RAPPORTS DE LA PENSÉE ET DE SON OBJET

> Le Spinozisme est la métaphysique du Cartésianisme...; mais laquelle entre les possibles? La plus réaliste, la plus scientifique, la plus nue et la plus pleine à la fois, enfin la plus *redacta* et *reducta*.
> J. LAGNEAU(¹).

INTRODUCTION

Déterminer avec exactitude quelles sont les influences qui ont dominé en fait la formation de la pensée d'un philosophe, c'est chose fort difficile et parfois impossible. C'est, en effet, une question délicate et extrêmement complexe que de démêler, dans les doctrines d'un penseur, ce qu'il doit à chacun de ses devanciers d'avec la part qui lui revient en propre exclusivement; enfin, ces difficultés d'ordre interne se trouvent souvent aggravées par des difficultés d'un autre ordre : nous voulons parler du défaut, ou de l'insuffisance, de documents nécessaires pour mener à fin une telle entreprise.

Aussi bien les questions de cette nature intéressent-elles l'histoire ou la psychologie plutôt que la philosophie proprement dite. Ce qui, dans l'histoire des idées, est d'une tout autre importance au point de vue philosophique, ce sont les rapports logiques des grands systèmes entre eux, surtout lorsque les philosophes qu'il s'agit de comparer répondent tous les deux, par la date de leurs ouvrages et par le fond des doctrines, à un même développement de la pensée philosophique.

(¹) J. Lagneau, *Quelques notes sur Spinoza* (Rev. de Mét. et de Mor., 1895, p. 380).

Or, tel est précisément le cas pour Descartes et Spinoza. La philosophie de ce dernier, quelles que soient d'ailleurs les doctrines dont elle s'est inspirée et qui ont contribué à sa formation, vient, dans l'histoire de la spéculation, immédiatement après Descartes et ses héritiers directs. Le cartésianisme du maître et de ses disciples plus ou moins fidèles devient dès lors son point de départ nécessaire en quelque sorte, puisqu'elle le trouve devant elle comme le résultat le plus récent de la pensée métaphysique. En fait, d'ailleurs, Spinoza n'a commencé à philosopher, ou à publier les résultats de ses spéculations philosophiques, qu'après avoir étudié à fond la philosophie de Descartes[1], où il prétendait — en exagérant peut-être ce qu'il lui devait — avoir puisé tout ce qu'il savait de philosophie[2]; et son premier ouvrage philosophique[3] est une exposition des principes de Descartes faite d'après la méthode géométrique[4]. En outre, les *Cogitata Metaphysica*, où (bien qu'ils ne soient pas de tous points destinés à exposer une philosophie personnelle à l'auteur) se dessinent déjà les idées maîtresses du système spinoziste[5], — telles que le déterminisme absolu, l'éternité de l'âme[6], le nominalisme du nombre, du temps et des termes transcendentaux, l'identité en Dieu de l'Intelligence et de la Volonté[7], — sont tout pénétrés d'inspiration cartésienne, de l'aveu même de ceux[8] qui tendent à réduire l'influence de Descartes sur l'ensemble de la philosophie spinoziste. Ainsi Descartes fut sinon le maître unique, du moins un des maîtres de Spinoza. Ajoutons qu'à cette époque le cartésianisme était particulièrement florissant dans la patrie de Spinoza, dans les Pays-Bas; que ce philosophe commença à philosopher en plein milieu cartésien, à côté de Leyde, à l'université de laquelle l'enseignement de toutes les branches du savoir était aux mains de professeurs cartésiens[9], — parmi lesquels Heydanus avait connu personnellement Descartes. Par là, Spinoza se trouvait en quelque sorte, qu'il le voulût ou non, respirer une atmosphère cartésienne qui avait déjà commencé à imprégner sa patrie du vivant même de Descartes[10]. Au reste, non seulement, comme nous le

---

[1] Colerus, *Vie de Benoît de Spinoza*, trad. d'Em. Saisset, Charpentier, édit. Paris, 1842, p. 7.
[2] *Ibid.*, 7-8.
[3] *Ibid.*, 28.
[4] *Principia philosophiae cartesianae more geometrico demonstrata*, Amsterdam, 1663.
[5] Sur la valeur, la portée et la date des *Cogitata Metaphysica* et sur les diverses opinions soutenues à cet égard, voir A. Rivaud, *Les notions d'essence et d'existence dans la philosophie de Spinoza*, Paris, Alcan, 1906, 26-27, notes 33, 34, 35; cf. § 21, p. 28.
[6] *Cog. Met.*, II, 12.
[7] *Cog. Met.*, c. 8 et 9.
[8] Couchoud, *Benoît de Spinoza*, Alcan, 1902, ch. VI, p. 48.
[9] Couchoud, ch. V, début.
[10] Franç. Bouillier, *Histoire de la Philosophie cartésienne*, Delagrave, 1868, ch. XII, p. 264; — cf. Clerselier, préface du tome I des *Lettres*, Paris, 1667.

verrons, ce sont des problèmes cartésiens qu'il se propose le plus souvent de résoudre, — quelle que soit d'ailleurs la solution finale à laquelle il aboutit; — mais parfois il lui arrive même d'indiquer expressément l'origine cartésienne des questions qu'il traite, comme lorsque le *Court Traité*(¹) se réfère en propres termes aux *Objections faites à Descartes sur les Méditations* et aux réponses de celui-ci. Il résulte de tout ce qui vient d'être dit que Spinoza — même s'il n'a pas subi l'influence prépondérante de Descartes, et quand il devrait, pour les résultats derniers de sa philosophie, ainsi que quelques-uns le prétendent, autant sinon davantage à d'autres penseurs tout différents(²) — ne s'en est pas moins proposé pour principal objet de continuer Descartes en le dépassant. Ceux-là mêmes qui s'efforcent de diminuer la part de Descartes dans la formation positive et définitive de la pensée spinoziste reconnaissent d'ailleurs que, même en s'inspirant d'autres philosophies que de celle de Descartes, Spinoza a cherché à employer les matériaux ainsi empruntés à ces philosophies en vue de bâtir avec leur aide un système à la fois plus cohérent et plus exact que le cartésianisme, et où les principes cartésiens eux-mêmes trouveraient place avec les conséquences — parfois inaperçues de Descartes lui-même — que, d'après Spinoza, ils comportent normalement(³). Quant à savoir si, et dans quelle mesure, le spinozisme pris dans son ensemble pouvait prétendre atteindre ce but, et l'atteint en effet, ce n'est pas ici le lieu de le rechercher. Qu'il nous suffise dans ce travail d'essayer de déterminer les relations qui existent entre Descartes et Spinoza sur la question spéciale des rapports de la Pensée et de son objet : nous espérons montrer sur ce point en quoi les prétentions de Spinoza à continuer Descartes étaient ou non fondées ; et comment, d'après nous, il existait dans le cartésianisme des germes susceptibles d'être développés dans le sens de la théorie spinoziste des rapports de la Pensée et de son objet, c'est-à-dire de la moitié au moins du système spinoziste. Mais ici une équivoque est à dissiper pour justifier notre point de vue.

On remarquera que, dans le cours de ce travail, nous traiterons le spinozisme comme s'il était une certaine interprétation du cartésianisme, sans nous inquiéter de rechercher en détail, au moyen des renseignements fournis par la biographie et par l'histoire du dévelop-

---

(¹) I, c. 7, p. 48.
(²) Voir notamment Couchoud, 3oo, cf. 371 ; — Lagneau, p. 377-378, 384 et *passim*; — Bayle, *Dictionnaire*, art. *Brunus*; — Pollock, *Spinoza, his life and Philosophy*, p. 97; — L. Stein, *Archiv für Geschichte der Philosophie*, VI, p. 568; — Sigwart, *Ben. de Spinoza's Kurzer Tractat*, 2ᵉ édit., 1878, p. 162 et sq. ; — Freudenthal, *Spinoza und die Scholastik*, Phil. *Aufsätze* Ed. Zeller gewidmet, Leipzig, 1887, p. 86 et sq., 110, 124-128; — Cousin, *Histoire générale de la Philosophie*, XIᵉ leçon.
(³) Couchoud, p. 3oo ; — Freudenthal, *Spinoza, sein Leben und seine Lehre*, Stuttgart, 1904, p. 119.

pement intellectuel de Spinoza, s'il doit à Descartes son éducation philosophique et jusqu'à quel point les apparences et ses propres dires sont fondés à cet égard. Or, nous allons tâcher d'expliquer cette omission, qui pourrait, à première vue, passer pour un manque de critique.

Il ne suffit pas, pourrait-on dire, pour prouver l'influence d'un penseur sur un autre, que la doctrine du second rappelle certains traits de celle du premier; ou que celle-là, une fois constituée, se laisse plus ou moins aisément déduire après coup de celle-ci. Il peut y avoir là une rencontre fortuite; ou du moins, pour prendre le cas le plus favorable, qui est peut-être celui de Spinoza par rapport à Descartes, un philosophe donné, — tout en dérivant sa philosophie en pleine connaissance de cause de celle d'un autre philosophe, — a pu néanmoins être amené à interpréter cette dernière dans un sens déterminé pour des raisons étrangères à la doctrine ainsi interprétée. Aussi est-il nécessaire de ne pas s'en tenir en ces matières à l'examen des seuls systèmes philosophiques, mais de demander à des faits tirés de la vie de l'auteur que l'on étudie, des renseignements sur les origines de la pensée philosophique de ce dernier et sur les influences qui ont dominé en fait le développement de celle-ci. Par exemple, la biographie de Spinoza ne nous montre-t-elle pas la double influence judaïque et péripatéticienne de sa première éducation philosophique? Et n'est-ce pas dans la théologie juive — et notamment chez Maïmonide, dont il rappelle plus d'un trait, tout en combattant expressément plusieurs thèses de ce dernier[1] — qu'il faut chercher la première racine de son rigoureux monothéisme et de ses préoccupations morales; comme c'est dans l'enseignement péripatéticien, à lui transmis par la scolastique judaïque[2], qu'il faut peut-être chercher l'origine des nombreuses rencontres que présente le spinozisme avec

---

[1] Hamelin, *Sur une des origines du Spinozisme* (*Année philosophique*, 1901, p. 15-28). — Cf., sur les rapports du spinozisme avec la scolastique juive, notamment la lettre XXIX, où il est fait mention de Hasdaï ben Creskas. On peut aussi, avec la théorie spinoziste de l'Amour de Dieu et avec la distinction — d'inspiration évidemment platonicienne — des trois degrés de la connaissance, comparer les *Dialogues d'Amour*, de Juda Abravanel dit Léon Hébreu, ouvrage publié en 1553, qui révéla aux Juifs la philosophie platonicienne, et dont Spinoza possédait une traduction espagnole. — Sur les rapports de Spinoza avec Creskas, Maïmonide et Léon Hébreu, cf. Couchoud, c. I, p. 7 et 8. — Sur les rapports de Spinoza avec la scolastique juive ou chrétienne, cf. A. Franck, *La Kabbale*, p. 27 et 194; — Joël, *Don Chasdaï Creskas religionsphilos. Lehren*, Breslau, 1866; — Joël, *Zur Genesis der Lehre Spinosa's*, Breslau, 1871; — Pollock, *Spinoza, his life...*, p. 76 et sq., p. 105; — Kuno Fischer, *Geschichte der neueren Philosophie*, I, 2, p. 119; — Freudenthal, *Spinoza, sein Leben...*, I, p. 36 et sq.; — Martineau, *A study of Spinoza*. — Sur les rapports de Spinoza avec la philosophie antique en général, cf. Dilthey, *Archiv für Geschichte der Philosophie*, VIII, p. 77 et sq.; — Hamelin, *Ann. philos.*, 1901, p. 20, 22, 27.

[2] Cf. Renan, *De philosophia apud Syros*, — *Averroès et l'averroïsme*, Paris, 1852; — Spinoza, *Epist.* XII, 45; — Lucas, Saisset, ch. III; *Ibid.*, p. 42; — Maïmonide, *Guide des égarés*, trad. Munck.

le péripatétisme(¹), avec la philosophie néo-platonicienne(²), et par elle avec Platon lui-même(³)? On pourrait, en outre, signaler, et expliquer par une influence directe, des points de contact entre le spinozisme et le stoïcisme d'une part(⁴), et, de l'autre, les philosophes italiens de la Renaissance, notamment Bruno, desquels il put lire le texte original grâce à sa connaissance de la langue italienne(⁵). Enfin, l'influence de la théologie chrétienne, notamment sous sa forme calviniste, ne saurait être contestée(⁶).

D'ailleurs, d'une manière générale, pourrait-on ajouter, l'histoire des sciences, tout autant que celle de la philosophie, nous a appris à ne pas juger des influences des doctrines les unes sur les autres par leur seule ressemblance, si frappante soit-elle; et l'histoire nous offre plus d'un exemple d'une même théorie découverte à la fois par deux ou plusieurs penseurs, dont chacun ignorait, au moment de son invention, la théorie similaire de l'autre ou des autres. C'est ainsi, par exemple, que le principe de l'attraction universelle, dans ce qu'il a de plus général, découvert par Newton en 1666, sans que celui-ci osât l'énoncer publiquement, fut ouvertement proclamé en 1674 par Hook, secrétaire de la Société Royale de Londres, bien avant que Newton ne publiât sa théorie complète de la gravitation (1686). On peut citer l'exemple encore plus typique du principe de l'équivalence mécanique de la chaleur, qui fut découvert presque en même temps en Danemark par Holding, en Allemagne par Robert Mayer, en Angleterre par Joule, principe déjà découvert par le Français Sadi Carnot; ce qu'ils ignoraient nécessairement tous les trois, puisque l'écrit où le savant avait consigné cette découverte ne fut publié que plus tard, en 1872. Enfin, MM. William James et Lange ont émis presque simultanément, l'un d'Amérique, l'autre de Danemark, à l'insu l'un de l'autre, une même hypothèse sur la nature des émotions. On pourrait multiplier les exemples.

(¹) Cf. *Eth.*, II, prop. 7 et scol.; — et Aristote, *De Anima*, A, III, 407 a 7, — Γ, IV, 430 a 2, — 429 b 5-9; — *Métaphysique*, A, VII, 1072 b 20. Maïmonide, *Guide des égarés*, I; p. 301-302. — Cf. Définition spinoziste de l'âme, *Eth.*, II, prop. 11 et 13; — et Aristote, *De Anima*, II, 1, 412 a 27 et b 5; — et Maïmonide, *Guide*, I, p. 146. — *De Intell. Emend.*, p. 30 et 32; — Aristote, *Seconds Analytiques*, II, 8 fin, — 10 fin; — *De Anima*, II, 2 début; — Maïmonide, *Guide*, I, p. 190; — Aristote, *Métaph.*, Λ, 7, 1072 a 32; — *Eth.*, I, 12 et 13; — Maïmonide, I, p. 181, 142, 131.

(²) Nous signalerons quelques-unes de ces dernières en parlant du système de Spinoza.

(³) Couchoud, ch. II, p. 60, note; et cf. p. 61, note 2; — Lagneau, *Rev. de Mét. et Mor.*, p. 383; cf. 382; — Freudenthal, *Spinoza und die Schol.*, entre autres p. 128 et 85; — Id., *Spinoza, sein Leben*; — Brunschvicg, *La révolution cartésienne et la notion spinoziste de la substance* (*Rev. Mét. et Mor.*, 1904, p. 796 et 797); — Freudenthal, *Spinoza und die Schol.*, p. 124 et 125; — Brunschvicg, *Ibid.*, p. 798.

(⁴) Couchoud, p. 53, 54 et note.

(⁵) Id., p. 8 et 9; — Bayle, *Dictionnaire*, art. *Brunus*.

(⁶) Nous aurons l'occasion d'en donner des preuves au cours de ce travail.

Tels sont donc les reproches qu'on pourrait nous adresser; et ils seraient fondés, si nous avions eu pour intention de retracer en quelque sorte l'histoire psychologique du développement philosophique de Spinoza ou de certaines de ses théories. Mais, aussi bien, comme nous l'avons indiqué brièvement au début de ce travail, tel n'a pas été notre but. Nous avons voulu essayer de retracer, sur un point spécial, moins l'histoire de la pensée spinoziste que le développement dialectique de la pensée cartésienne dans le spinozisme; et, pour emprunter l'expression de J. Lagneau, moins la genèse historique que la genèse idéale de cette pensée. En effet, avec Leibniz et Hegel (on pourrait peut-être même, jusqu'à un certain point, dire : avec Aristote, si l'on songe à l'emploi qu'il fait de l'histoire dans l'étude des problèmes philosophiques), nous croyons que la philosophie, à travers tous les systèmes, suit un développement interne qui lui est immanent, et qui peut être distingué des pensées individuelles dans lesquelles il prend corps pour ainsi dire ; tout comme, en histoire et jusque dans les faits historiques particuliers, on peut distinguer entre le développement historique de l'humanité et des peuples et la vie individuelle des individus qui concourent à ce développement et à ces faits particuliers. En d'autres termes, les voies et moyens par lesquels tel philosophe arrive à réfléchir et à représenter un moment de la philosophie et du développement de celle-ci sont autre chose que ce moment et ce développement. La philosophie n'est pas, croyons-nous, une suite de constructions subjectives d'une vérité plus ou moins approchée, et en tout cas toujours extérieure à l'esprit qui la reçoit; c'est une réalité qui se développe en vertu de ses propres lois et dont les esprits individuels sont des instruments plutôt que des causes proprement dites. La question de savoir dans chaque cas pourquoi tels individus sont ces instruments plutôt que tels autres est toute différente. On peut d'ailleurs en dire de même de tout développement historique, qu'il s'agisse de l'histoire des sociétés, de celle des sciences et de celle des langues. Pour ce qui est de l'histoire des idées, tant dans le domaine scientifique que dans celui de la spéculation philosophique, on peut dire qu'à tout moment la marche de la pensée à cet égard est déterminée, d'une certaine façon et dans de certaines limites, par sa marche antérieure, en ce sens que la réflexion individuelle qui s'applique alors à tel ou tel problème scientifique ou philosophique — quelles que soient les tendances personnelles de l'individu considéré — ne peut aboutir qu'à un certain nombre limité de solutions, entre lesquelles il peut choisir, selon ses préférences propres et son éducation particulière, marquant ainsi son œuvre d'une note personnelle; mais ce n'est qu'entre ces bornes que le choix individuel peut s'exercer, et non au delà : car il est limité — sans pour cela être complètement déterminé — par le développement antérieur de la pensée philosophique ou scientifique. — C'est même cette sorte de déterminisme, ou plus exactement de dialectique immanente des idées à travers l'histoire, qui explique et rend possibles entre des penseurs ces rencontres produites à leur insu dont il était question plus haut : celles-ci, loin d'être fortuites, ont ainsi au contraire une raison plus profonde encore que si elles étaient dues à des influences individuelles; elles sont comme l'expression et le signe visible de la valeur objective des théories scientifiques et philosophiques, et prouvent l'immanence de la raison à elle-même, c'est-à-dire la rationalité foncière des produits de l'esprit humain. De la sorte, au lieu de constituer, comme il pourrait paraître au premier abord, un argument contre la méthode employée dans cet ouvrage, elles peuvent au contraire lui servir de justification et contribuer à établir, à la méthode proprement philosophique et dialectique, des droits du moins égaux dans l'étude des systèmes, de leurs développements et de leurs successions, à ceux de la méthode proprement historique. — Étant données ces explications, on comprend aisément ce que nous voulons dire, en écrivant que notre but dans cet ouvrage est de retracer le développement de certains points de la philosophie cartésienne dans une partie du système de Spinoza. Nous allons essayer de rechercher ce qui, dans le cartésianisme, explique la solution spinoziste de la question des rapports de la Pensée et de son objet; c'est-à-dire essayer de retrouver les faces de la philosophie cartésienne qui, développées dans un certain sens, devaient conduire à cette solution. Nous avons négligé volontairement comme n'entrant pas dans le cadre de cette étude, la question de savoir sous quelles influences Spinoza a été amené à considérer plutôt telle face du système cartésien que telle autre; quelque légitime et intéressante que soit une pareille question, ce n'est pas elle que nous nous sommes immédiatement ni principalement proposée; le problème que nous nous sommes contenté d'étudier, et que nous croyons d'ailleurs tout aussi légitime et intéressant est le suivant :

Parmi les directions que la philosophie cartésienne proposait au choix des philosophes, et auxquelles d'ailleurs elle limitait leur choix, quelle fut, sur la question des rapports de la Pensée et de son objet, celle que prit Spinoza; et de quelles tendances des doctrines de Descartes s'est-il inspiré; ou, pour emprunter une métaphore de Leibniz, « quelles semences » de la philosophie cartésienne a-t-il cultivées[1]; et dans quelle mesure ces semences permettaient-elles, ou non, appelaient-elles, ou non, une pareille culture, quelles que fussent les raisons déterminantes qui aient poussé Spinoza à la leur donner? — C'est dans cet esprit que nous nous sommes proposé d'étudier les éléments cartésiens de la doctrine spinoziste relative aux rapports de

---

[1] Lettre à l'abbé Nicaise, 1697, Erdmann, p. 139.

la Pensée et de son objet. Mais ici une dernière remarque s'impose : Comme, outre la Pensée elle-même, le seul objet de la Pensée dans le spinozisme, le seul du moins qui soit accessible à notre connaissance, est l'Étendue, il s'ensuit que rechercher les éléments cartésiens de la théorie spinoziste des rapports de la Pensée et de son objet revient principalement à se demander dans quelle mesure et sous quelle forme la doctrine spinoziste des rapports de la Pensée et de l'Étendue a pu être inspirée par le cartésianisme ; et notamment par les théories professées par Descartes sur cette même question, et, d'une façon plus générale, sur la nature respective de la Pensée et de son objet. Pour cela, il nous faut commencer par rappeler les traits fondamentaux que Descartes attribue aux rapports réciproques de la Pensée et de son objet, principalement de l'objet étendu, pour leur comparer par la suite les vues de Spinoza sur la nature pensante et la nature étendue. Il s'agit donc avant tout de rechercher quels sont les caractères qui, dans l'une et l'autre philosophie, font de l'Étendue un objet, et jusqu'à quel point celle-ci y est objet. Il est facile de voir que l'examen d'une semblable question implique l'examen de l'espèce de réalité qui est attribuée par les deux philosophes à l'Étendue. Quels sont donc chez Descartes et Spinoza les éléments de l'Étendue qui en font un objet légitime de la pensée? — Dans quelle mesure est-elle, pour ces deux philosophes, un pareil objet? — Et corrélativement : dans quelle mesure est-elle ou n'est-elle pas pour eux autre chose qu'un simple objet de pensée? — L'examen de ce problème en vue de la comparaison des thèses de Spinoza sur ce point avec celles de Descartes, tel sera sinon tout le sujet, du moins la partie centrale de ce travail.

Ainsi nous n'avons pas à nous occuper principalement et directement de celles des déterminations de l'Étendue qui, chez ces deux philosophes, ne concernent pas le sujet de ce travail tel qu'il vient d'être délimité ; mais il va de soi qu'il est impossible, sans parler incidemment d'autres déterminations plus spéciales de l'Étendue, de traiter de l'objectivité de l'Étendue dans tous les sens du mot « objectivité », c'est-à-dire tant des caractères qui la font considérer comme un objet au sens étroit, que de ceux — s'il en existe — qui en font un être plus ou moins indépendant et autre chose qu'un simple objet. Par conséquent, et pour nous résumer, nous allons essayer de déterminer principalement dans quelle mesure Descartes et Spinoza considèrent ou ne considèrent pas l'Étendue comme objet de pensée, et d'indiquer accessoirement, quand notre sujet le réclame, les déterminations plus spéciales, et, à certains égards, plus internes, attribuées à l'Étendue par ces deux philosophes. C'est du moins à ces considérations que nous ramènera fatalement et en dernière analyse, comme au résumé de ses derniers résultats, la comparaison de la doctrine spinoziste et de la doctrine cartésienne sur les rapports de la Pensée et de son objet.

CHAPITRE PREMIER

THÉORIES DE DESCARTES
SUR LA PENSÉE
SON OBJET ET LEURS RAPPORTS

I. La Méthode. Ses procédés.

Avant d'aborder le fond même des théories professées par Descartes sur la Pensée, sur son objet et sur leurs rapports, il n'est pas inutile, croyons-nous, de rappeler en quelques mots la base commune et les communs matériaux de ces théories, nous voulons dire : la méthode cartésienne. Celle-ci, en effet, fournit la forme et le cadre communs de toutes les pièces du système ; elle est le véritable principe d'unité des éléments, hétérogènes à plus d'un autre titre, dont se compose la riche variété du cartésianisme ; c'est elle, par suite, qui constitue le véritable lien, et comme le point de contact, entre les théories relatives aux divers objets de la Pensée, et entre celles-ci et celles qui regardent la Pensée elle-même. C'est grâce à un tel lien que quelque chose de commun et de permanent se retrouve dans la variété que présente, dans chaque cas et selon l'objet considéré, le rapport de la Pensée à cet objet. C'est la méthode, enfin, qui fournit par ses procédés la structure fondamentale et commune, par ses matériaux l'étoffe première des données que nous allons examiner dans ce chapitre.

En ce qui concerne les procédés de la méthode, c'est-à-dire les démarches intellectuelles sur lesquelles elle repose, on peut les résumer dans les quatre règles suivantes, données par Descartes lui-même :

1° « ...Ne recevoir jamais aucune chose pour vraie que je ne le connusse évidemment être telle : c'est-à-dire ...éviter soigneusement la précipitation et la prévention, et ...ne comprendre rien de plus en mes jugements que ce qui se présenterait si clairement et si distinctement à mon esprit que je n'eusse occasion de le mettre en doute; »

2° « Diviser chacune des difficultés que j'examinerais en autant de parcelles qu'il se pourrait, et qu'il serait requis pour les mieux résoudre; »

3° « ...Conduire par ordre mes pensées en commençant par les objets les plus aisés à connaître, pour monter peu à peu comme par degré jusques à la connaissance des plus composés, et supposant même de l'ordre entre ceux qui ne se précèdent point naturellement les uns les autres; »

4° « ...Faire partout des dénombrements si entiers et des revues si générales, que je fusse assuré de ne rien omettre(1). »

On le voit, la méthode, c'est l'application, aux idées métaphysiques, de l'analyse et de la synthèse mathématiques; c'est un processus de décomposition et de recomposition régulières, allant du complexe au simple et du simple au complexe; en d'autres termes, c'est la déduction(2) des idées simples comme éléments des touts qui les comprennent, et la reconstruction complétée par l'énumération et l'hypothèse; celle-ci ayant pour fonction de supposer les échelons intermédiaires là où la pensée n'est pas assurée d'en rencontrer, afin de rendre régulier le procès logique en comblant les vides. Ces démarches ne constituent que l'extérieur et comme la forme de la méthode : à celle-ci il faut une matière sur laquelle elle travaille. C'est ainsi qu'en mathématique l'analyse et la synthèse n'ont de signification qu'appliquées aux figures ou aux signes numériques et algébriques. Ici, la matière dont il s'agit est constituée par les idées simples et l'intuition. Voici ce qu'il faut entendre par ces termes. — La première règle de la méthode, on l'a vu, est la règle des idées claires et distinctes ou règle de l'évidence : l'esprit ne doit acquiescer à une proposition que lorsqu'il en est certain; or il ne peut être certain de quoi que ce soit que par la clarté et la distinction de ses idées. L'idée claire sera celle qui est « manifeste à un esprit attentif »; mais, pour être distincte en même temps que claire, il faut dans l'idée quelque chose de plus : il

---

(1) *Disc. de la Méthode*, part. II, 7, 8, 9, 10.
(2) Nous entendons ici par « déduction » la décomposition régulière des notions; il n'est pas douteux que Descartes n'admette un procédé spécifique de ce genre, malgré les indécisions de sa terminologie qui le font hésiter dans les *Regulae* (notamment 67, Garnier), entre les vocables de « induction » et de « déduction » pour le qualifier, et qui lui font dénommer « deductio » le procédé que nous avons appelé « énumération », et qu'il appelle parfois aussi « inductio », ou « illatio ». Enfin, quand à côté de l'intuition il ne reconnaît qu'une autre opération infaillible de l'entendement, qu'il appelle tantôt « induction », tantôt « déduction » (*Regulae*, 9, 5, 11, 13, 38, 40, 134), il faut entendre par ces deux expressions toute aperception claire de rapports nécessaires entre notions, c'est-à-dire en somme l'intuition qui résulte dans chaque cas du procédé discursif par lequel a été découvert chacun de ces rapports. Pour Descartes, en effet, seule l'intuition est infaillible, et la discursion, pour être légitime, doit aboutir à une intuition dont elle n'est que le moyen.

la faut assez précise pour être distinguée intrinsèquement de toute autre; il faut que l'esprit en aperçoive, pour ainsi dire, les contours avec netteté, et sache en quoi consiste la nature de ce qu'il aperçoit(¹). On voit, pour le dire en passant, que Leibniz est mal fondé, quand il reproche à Descartes de ne pas avoir su discerner la distinction des idées d'avec leur simple clarté et d'avoir confondu idée claire et idée distincte.

Cette clarté et cette distinction se manifestent à l'esprit, dans les idées vraies dont ces qualités sont les signes, par une sorte de lumière intérieure qui entraîne l'adhésion de l'entendement, et que Descartes appelle : Évidence. Les idées claires et distinctes de leur nature sont les idées simples, éléments derniers de toute pensée, sortes d'absolus dont chacun est un point terminus, au delà duquel l'analyse ne saurait remonter. Pour avoir des pensées claires et distinctes des touts complexes dont ces éléments sont des parties intégrantes, l'entendement n'aura, en conséquence, qu'à les résoudre dans leurs idées simples : ayant la connaissance de chaque élément, il pourra reconstruire le tout, et le connaître clairement et distinctement. L'opération par laquelle l'entendement aperçoit clairement et distinctement les idées simples, leurs combinaisons, leurs rapports entre elles et avec les composés qu'elles forment, est une vue immédiate de l'esprit, élément ultime de l'intelligence: c'est *l'intuition*, centre même de toute la méthode(²). Elle en est le point de départ, elle en est aussi le couronnement. Grâce à elle, l'esprit aperçoit les matériaux de ces synthèses, les derniers termes de ces analyses, la matière de ces énumérations et de ces hypothèses; grâce à elle aussi, la route qui relie les différents stades parcourus par la pensée dans ces démarches de décomposition ou de composition, c'est-à-dire les liens des notions entre elles. Ainsi la déduction, ou analyse, la synthèse, l'énumération ne sont que des suites de ces sortes d'aperceptions intellectuelles que Descartes nomme « intuitions »(I).

La méthode cartésienne est donc, si cette interprétation est la vraie, basée sur la subordination, ou tout au moins la coordination ou la juxtaposition, des notions simples, sur le groupement d'essences élémentaires dans des essences composées, et la décomposition de celles-ci dans celles-là; de sorte qu'il n'y aurait pas, entre la méthode syllogistique d'Aristote et la méthode cartésienne considérées dans leur forme, la distinction radicale que l'on pourrait supposer et dont, nous ne l'ignorons pas, des penseurs éminents affirment l'existence

---

(¹) Descartes, *Principes*, art. 45, 46.
(²) Cf. *Regulae*, III, p. 10.

(I) Descartes, *Regulae ad directionem ingenii*, Reg. 3, 5, 6, 7. 12, 86, 90, 91, 13. — *Discours de la Méthode*, II, alin. 11, 12, 13. — *Principes de philosophie*, I, art. 30, 33, 43, 44, 45, 46, 47. — *Réponses aux secondes Objections*, six derniers alinéas.

par des arguments dignes d'être pris en considération. Une interprétation semblable à celle que nous hasardons ici leur paraît en contradiction avec le nominalisme ouvertement professé par Descartes lui-même à plusieurs reprises. Non seulement, en effet, pensent-ils, Descartes professe en plusieurs endroits son mépris pour les Universaux et le syllogisme[1], mais encore, comme contre-partie positive de ses négations, il considère chaque essence, notamment l'Étendue, comme une chose strictement singulière[2]. Il y a plus. Comme Descartes explique l'Univers matériel par des considérations purement mécaniques, c'est-à-dire, en dernière analyse, strictement géométriques, et comme, d'autre part, il est célèbre comme mathématicien pour avoir appliqué l'algèbre à la géométrie dans la géométrie analytique, qui réduit la science des figures à des équations sur des symboles purement quantitatifs, de ce mécanisme de la physique cartésienne et du caractère algébrique — et par conséquent, en fin de compte, tout analytique — de la géométrie analytique de Descartes, les penseurs dont il s'agit tirent l'interprétation positive suivante de la méthode cartésienne. Selon eux, Descartes, au lieu de coordonner, voire de juxtaposer simplement des notions qualitativement différentes, construit les choses avec la pure quantité, toujours homogène à elle-même ; sa déduction est une synthèse de l'homogène qui, au lieu d'établir des relations d'inclusion entre les notions à la manière du syllogisme, joint bout à bout des égalités en s'appuyant sur l'axiome : deux quantités égales à une troisième sont égales entre elles. Le devenir des choses matérielles ne serait pas traité autrement ; et il s'expliquerait d'après Descartes par la substitution, les unes aux autres et de proche en proche, de quantités égales, la causalité n'étant dès lors pas autre chose que la réalisation de cette substitution. Il y a, concluent les auteurs dont nous parlons, entre la méthode syllogistique qualitative et la méthode de Descartes, toute la différence qui sépare le syllogisme de la déduction mathématique : la méthode cartésienne a pour élément le nombre, identité pure, ou plus exactement répétition de l'identique, et pour objet, ce que, en langage kantien, on appelle l'« intuition pure ».

Ce n'est pas ici le lieu d'examiner si la méthode mathématique elle-même n'a rien à voir avec la subordination et l'inclusion des notions[3] ; admettons qu'il en soit ainsi. Ne pourrait-on continuer à soutenir que, pour homogène que soit l'Étendue cartésienne au point de pouvoir étudier ses divers aspects statiques et dynamiques par des

---

[1] *Disc. de la Méthode*, part. II, 6.
[2] Reg. XIV, notamment p. 67.
[3] Cf. Rodier, *De vi propria syllogismi*, Paris, 1892 ; cap. II : De syllogismo prout e priore natura egressus diversis disciplinarum nostrarum necessitatibus per artem accommodatur.

considérations purement algébriques et arithmétiques, elle est néanmoins constituée par une coordination ou une juxtaposition d'éléments plus simples dans lesquels elle se décompose? En d'autres termes, l'Étendue cartésienne peut être à la fois homogène et complexe ; il suffit pour cela que son essence, fût-elle aussi complexe que l'on voudra, se retrouve partout et toujours absolument identique à elle-même, c'est-à-dire composée des mêmes éléments ; il suffit, par conséquent, que toutes les figures et tous les mouvements soient des répétitions qualitativement identiques les uns des autres. Dès lors la géométrie et la physique, qui n'étudient pas la constitution métaphysique de l'Étendue, mais les aspects mathématiques et mécaniques de cette essence une fois donnée, peuvent bien être une synthèse de l'homogène, et le sont en effet dans le cartésianisme. Faut-il en conclure à l'universalité de ce procédé chez Descartes? Certains côtés de la théorie cartésienne paraissent d'ailleurs difficiles à concilier avec cette interprétation. Comment, en effet, la Pensée, qui contient visiblement des éléments qualitatifs dans le cartésianisme, pourrait-elle dans cette philosophie devenir l'objet d'une méthode réduite à n'être que la synthèse de l'homogène? A tout le moins ne voyons-nous chez Descartes ni la trace d'une pareille tentative ni la tendance à considérer la Pensée comme une homogénéité pure qui, au lieu d'une variété qualitative d'éléments, ne comporterait que les degrés d'une même nature en nombre infini, de telle sorte qu'elle pût être étudiée en entier mathématiquement grâce à un calcul infinitésimal : une pareille conception, qui apparaît sous une certaine forme chez Leibniz, est étrangère au cartésianisme, que cela soit ou non une inconséquence de la part de Descartes.

Reste à savoir comment l'interprétation que nous hasardons ici de la méthode cartésienne s'accorde avec le nominalisme cartésien. Pour cela il nous faut remarquer que ce que Descartes condamne, ce n'est pas l'emploi de notions qualitatives ou du moins possédant une certaine variété d'éléments, mais bien l'emploi de notions générales considérées comme explicatives par cela seul qu'elles sont générales [1]. Autrement dit, sa méthode subordonne les notions, ou si l'on veut, les coordonne ou les juxtapose en vertu de leur contenu compréhensif, et non avant tout en vertu de leur extension ; du moins il ne juge pas l'extension comme primitive et se suffisant à elle-même, et il ne prend pas la généralité comme telle pour un principe d'explication. Conséquemment, les essences réelles sont des essences particulières, tout de même d'ailleurs qu'à certains égards pour Aristote ; ce qui ne les empêche pas de pouvoir, secondairement et grâce à leur contenu compréhensif, avoir une valeur plus ou moins générale selon

---

[1] *Inquisitio veritatis per lumen naturale*, 44, Garnier, t. III. — Cf. *Seconde Méditation*, § 4 ; et *Réponses aux instances faites par Gassendi*, 6.

les cas, au point de pouvoir être groupées sous les idées de genre et d'espèce. Celles-ci sont considérées expressément par Descartes comme des notions pleinement intelligibles, non pas, il est vrai, comme des essences existant réellement en dehors de l'esprit. On le voit, à l'égard des Universaux, la doctrine de Descartes est moins un nominalisme proprement dit qu'un conceptualisme([1]). Ainsi pour lui les Universaux sont des façons de penser aux essences; mais celles-ci sont en soi singulières; cela, du reste, ne les empêche pas de se combiner, de se prêter à une sorte de déduction qui, pour n'être pas basée sur des considérations d'extension inutiles et stériles prises en elles-mêmes, n'en ont pas moins, avec le syllogisme aristotélicien, de frappantes ressemblances, si l'on entend ce dernier en compréhension.

Que si notre interprétation est erronée, rappelons que cette erreur est favorisée par les propres paroles de l'auteur, qui semble expressément préconiser la méthode de composition et de décomposition des notions dans un texte des *Regulae* (85-90, Reg. XII; cf. Reg. V, VI, XIII). Enfin, il ne faut pas oublier que si Descartes semble ranger au nombre des natures simples toutes les notions fondamentales, et en général toutes les essences, y compris celles qui dans notre interprétation seraient composées de notions plus simples, et notamment des essences aussi concrètes que la figure ou la volition, il a soin de nous avertir au même moment qu'il y a deux façons d'entendre la simplicité : l'une qui est absolue, et l'autre qui est relative à notre intelligence. C'est de cette dernière manière, croyons-nous, que sont simples pour Descartes, les essences proprement concrètes (*Regulae*, Reg. XII, 88).

II. Les matériaux de la Méthode.

§ 1. Théorie de la Substance.

Reste à déterminer le contenu de la connaissance pour avoir les matériaux de la méthode. Ceux-ci, comme il a été dit, ne sont autres que les idées ou notions simples et les combinaisons de diverses sortes dont elles sont susceptibles.

Il y a pour Descartes un certain nombre d'idées qui entrent dans toutes nos connaissances et tous nos jugements; sortes de catégories de l'Entendement et de l'Être, que les cartésiens se plaisaient à opposer aux catégories aristotéliciennes. Au point de vue de la connaissance, tout au moins, Descartes les donne comme autant d'absolus

---

([1]) *Princip.*, 1re part., art. 57, 58, 59.

séparés dont il serait vain pour l'homme de chercher la raison. Une observation attentive suffit à les découvrir dans notre esprit; une sorte d'empirisme intellectuel préside à leur découverte. Ces notions peuvent être rangées tout d'abord en deux grandes classes. D'une part, celles qui n'impliquent l'existence d'aucun objet hors de la pensée qui les conçoit; en nombre pratiquement illimité, ce sont les « maximes » ou « notions communes ». Ce sont des vérités telles que celles-ci : ce qui a été fait ne saurait ne pas avoir été fait; et autres semblables. La seconde classe est formée par des idées qui ont rapport à des objets réels ou possibles, ou à certaines manières de penser à ces objets. Parmi les notions qui ont directement rapport aux choses, les unes sont plus générales; les autres, plus particulières, servent à l'esprit de principes de distinction entre les choses. Les idées de la première espèce sont les notions de *substance*, de *mode* ou de *façon*, de *qualité* ou de *propriété*, d'*attribut*, de *durée*, de *temps*, de *nombre*, d'*ordre* et les *Universaux*. L'auteur croit le dénombrement complet, tout en reconnaissant qu'il y manque peut-être quelques termes(1).

De toutes les notions énumérées ci-dessus, la plus importante, la notion essentielle et fondamentale est sans contredit la notion de substance. Ce mot est synonyme de chose en général, et Descartes emploie souvent les deux expressions l'une pour l'autre : est une substance tout être dont la notion est complète et indépendante de tout autre être, tout objet qui n'a besoin pour subsister que de la volonté de son créateur, s'il en a un. L'idée de la Substance en général et sans restriction est toutefois une notion abstraite qui n'est en nous l'objet d'aucune reconnaissance particulière dans cet état d'indétermination; elle répond à tout objet que l'entendement peut concevoir indépendamment de tout autre. Or, les véritables objets de l'esprit sont les substances déterminées, distinctes les unes des autres et douées de caractères propres. Les caractères qui font qu'une substance est telle ou telle sont *ses attributs;* chaque espèce de substance peut en avoir un nombre plus ou moins grand; mais il y a pour chaque sorte d'être un attribut constitutif dont toutes les autres déterminations dépendent, et sans lequel elles ne pourraient être conçues; c'est lui qui fait « la nature » ou « l'essence » de la substance à laquelle il appartient; il peut être conçu indépendamment de tout autre caractère de la chose considérée. D'attribut de cette sorte, on ne saurait en concevoir qu'*un seul* dans une substance donnée; il y est primitif; c'est lui qui fait l'unité de la chose, ainsi que de ses autres déterminations. On reconnaît à ces traits certaines analogies entre l'Attribut essentiel de la philosophie cartésienne et la Forme essentielle d'Aristote. Quoi qu'il en soit, primitif ou non, un attribut ne peut être

---

(1) *Principes*, part. I, 48 à 59.

conçu indépendamment d'une substance, d'un sujet d'inhérence dont il soit un caractère déterminant; tout attribut est relatif à une chose quelconque dont il est affirmé : pour concevoir un attribut, il faut concevoir une substance à laquelle l'attribuer.

A dire vrai, la pensée de Descartes sur les rapports de la Substance et de l'Attribut (de l'Attribut essentiel tout au moins), et par suite sur la nature de ces deux notions, quoique peut-être assez nette dans le fond, ne laisse pas d'être hésitante et flottante dans l'expression : ce point est un des plus délicats du système.

Si l'on considère que Descartes affirme que la Substance en général ne saurait être un objet complet de la pensée; que tout objet réel de la connaissance est une substance particulière; que toute substance particulière est déterminée comme étant telle ou telle substance; que, par conséquent, elle a au moins un attribut, l'Attribut essentiel; que l'Attribut et la Substance ne sont séparables que par abstraction ou, pour parler le langage de l'auteur, par la pensée, on sera porté à conclure que, pour ce philosophe, l'Attribut n'est que la Substance considérée comme déterminée d'une façon concrète. De ce point de vue, l'essence d'une substance n'est plus que cette substance même ; tel attribut essentiel, c'est telle substance, abstraction faite de son caractère de substance. Dès lors, considérer l'essence d'un être indépendamment de la substance dont elle est l'attribut, c'est considérer cette substance en concentrant l'attention sur sa nature concrète, sur ce qui la rend telle ou telle, plutôt que sur le fait qu'elle est substance au même titre que d'autres objets particuliers de la connaissance. Chaque substance, de ce point de vue, ne semble être autre chose que la position en soi de son essence. Cette interprétation est basée sur les déclarations expresses de Descartes lui-même. Non seulement il affirme qu'il est plus aisé de penser à telle ou telle substance, qu'à la Substance en général indépendamment de tout attribut; mais encore il emploie parfois indifféremment les mots d'*essence* et de *substance* pour désigner l'attribut essentiel de telle substance déterminée. C'est ainsi que, dans certains passages de ses écrits, il donne le nom de « substance » à l'Étendue et à la Pensée, qu'il considère l'une comme l'essence de la matière, l'autre comme celle de l'esprit. Il y a plus. Selon Descartes, pour connaître une substance clairement et distinctement, il suffit de se faire une idée exacte de son attribut essentiel; cela prouve une fois de plus que l'essence n'est qu'un attribut considéré comme substance, l'attribut substantiel, c'est-à-dire comme l'objet d'une notion indépendante; et la notion de Substance en général n'est plus que l'idée commune des diverses substances réelles ou possibles. De ce point de vue, étant donné que, pour Descartes, l'âme a pour principal attribut la Pensée, et la substance corporelle l'Étendue, âme et corps ne sont plus que d'autres dénominations de la Pensée et de l'Étendue substantielles. D'ailleurs, sous la plume de l'auteur, les mots de « substance étendue » et d' « Étendue », d'une part, de « substance pensante » et de « Pensée », de l'autre, alternent souvent pour désigner les unes la matière, les autres l'esprit.

Dans la mesure où la doctrine cartésienne comporte cette interprétation, elle est fidèle aux intentions de l'auteur de prendre le contrepied de la Scolastique, en substituant dans les notions la considération de la compréhension, c'est-à-dire du contenu positif et concret, à celle de leur extension(1). La Substance n'est plus alors, comme pour les scolastiques, un genre suprême, une matière métaphysique qui n'a besoin, pour être ou pour être connue, d'aucun attribut concret; c'est, au contraire, un être individuel et déterminé; de sorte qu'il n'y a pas une substance, mais des substances spécifiquement distinctes les unes des autres, et qui n'ont entre elles d'autre unité qu'une unité d'analogie, au sens où Aristote entend ce dernier mot. De ce point de vue, les rapports de la substance à son essence présentent une individualité propre et irréductible dans chaque cas; c'est-à-dire qu'ils varient avec chaque substance, ou, si l'on veut, avec chaque espèce de substance. Aussi, donnant en ce cas franchement cette orientation à sa théorie de la Substance, Descartes établit-il d'une manière différente et spécifique la substantialité de chaque essence, c'est-à-dire son existence, au sens étroit du mot, comme nous le verrons à propos de la question des rapports de l'Essence et de l'Existence; et la théorie générale du passage de l'Essence à la Substance n'a-t-elle d'autre unité que celle qui résulte de l'addition des conclusions particulières obtenues sur ce point à propos de chaque espèce d'essence, bien loin que cette unité préexiste à ces conclusions et que celles-ci dérivent de celle-là.

Sur la question des rapports de la Substance et de l'Attribut essentiel, cette interprétation de la doctrine cartésienne est la plus claire et la plus satisfaisante en soi; elle est confirmée, en outre, implicitement par un certain nombre de textes, explicitement par les paroles expresses de l'auteur aux endroits où il a dessein d'expliquer pleinement sa pensée sur cette matière(I). Néanmoins, on a donné aussi de sa doctrine sur ce point une interprétation quelque peu différente. En effet, Descartes parle souvent de la Substance et de l'Attribut comme de notions absolument distinctes et indépendantes l'une de l'autre; il semble alors que la Substance soit considérée comme un je ne sais quoi(2) que l'on suppose derrière l'Attribut. C'est ainsi que Descartes

---

(1) *Réponse aux 5es Object.* — *Réponse aux choses qui ont été alléguées contre la 5e Méditation.*

(2) Comme une matière métaphysique (*Réponse aux Objections de Hobbes à la 2e Méditation*, t. I, p. 472, l. 18 et 19).

(I) *Princip.*, part. I, art. 51, 52, 54, 60, 62 et surtout 63 début. — *Méditat.* II, alin. 8. — *Rép. aux 5es Object.*, alin. 17. — *Rép. aux 7es Object.*, du P. Bourdin; — à la 3e partie des 4es *Object.* (Rép. à Arnaud); — *Rép. aux 3es Object.* (à Hobbes).

dit qu'une substance n'est connaissable que par ses attributs; que partout où nous apercevons quelque attribut, nous devons penser qu'il appartient à quelque substance, le néant ne pouvant avoir de déterminations. Il va même jusqu'à donner à la Substance en général, considérée à part des substances particulières, un attribut tout comme à ces dernières, c'est-à-dire une essence ou une nature déterminée; semblant ainsi donner à entendre que l'idée de substance n'a pas besoin de se présenter dans des substances particulières pour être l'objet d'une notion définie : en effet, dans un langage qui trahissait sans doute sa pensée, il a déclaré qu'on pouvait exprimer en termes d'attribut la propriété commune à toute substance de subsister par soi, ou, pour traduire en termes plus exacts la véritable pensée de l'auteur, l'existence en soi (I). Prises au pied de la lettre, et en faisant abstraction des autres passages, de pareilles déclarations pourraient faire croire que l'idée de substance comme telle est autre chose que le résidu commun des idées particulières de chaque substance, et que par conséquent la nature de chacune d'elles ne passe pas tout entière, du moins nécessairement, dans son attribut essentiel et distinctif. Aussi, ces propositions et d'autres semblables, émises sans commentaire ni explication, ont pu permettre à certains auteurs, des disciples plus ou moins fidèles de Descartes tels que Regius(¹), ou des adversaires tels que Hobbes(²), de voir dans la Substance cartésienne un support indifférent, ou tout au moins antérieur à ses attributs, et par conséquent à son essence; une réalité indéterminée, et pouvant néanmoins être pleinement conçue indépendamment de ses déterminations ultérieures : quelque chose de semblable à l'Être en général des scolastiques et à la Matière Première d'Aristote. L'attribut serait alors un caractère quelque peu extérieur qui viendrait s'ajouter du dehors à une substance indifférente par elle-même à telle ou telle détermination; ainsi l'ont cru les philosophes qui ont vu dans la notion cartésienne de l'Attribut autre chose qu'une certaine façon de considérer la Substance, adressant à Descartes ainsi interprété, qui des critiques, qui des éloges, tacites ou exprès. Il est vrai que des passages ne manquent pas, qui peuvent donner lieu, pris à part, à une interprétation de cette sorte, comme lorsque, dans la première partie de la définition V de la *Réponse aux secondes Objections*, il semble définir la Substance comme le sujet quelconque de ses attributs, plutôt que

---

(¹) Regius, *Explication de l'esprit humain*, art. II. — Cf. Descartes, *Les Principes de la Philosophie* (Lettre pouvant servir de préface).
(²) *Troisièmes Objections*. — Object. II.

(I) *Rép. de Descartes aux Objections de Hobbes à la 2ᵉ Méditation*, p. 470-474; — *Princip.*, part. I, art. 52, depuis : « à cause que l'une de nos actions... » *ad finem*; — *Ibid.*, art. 64. — *Regulae*, XII, 88.

comme l'Attribut essentiel posé en soi, et sans déterminer davantage comment il entend cette inhérence des prédicats au sujet. Mais il paraît plus prudent d'interpréter la pensée d'un philosophe précisément dans le sens qu'il indique lui-même dans les endroits de ses œuvres où il est le plus explicite, et où l'expression laisse le moins à désirer pour la précision et la clarté. D'ailleurs, Descartes a expressément rejeté cette interprétation à laquelle il semble parfois incliner ; et elle est démentie par l'ensemble de sa philosophie et par les conséquences qu'il tire ou les applications qu'il fait de sa théorie de la Substance(1). Il n'en reste pas moins vrai que, sur la question des rapports de la Substance et de l'Attribut essentiel, la pensée de Descartes, ne fût-ce que dans les termes qui l'expriment, est demeurée assez flottante ; sans doute il penche plutôt vers un réalisme pur et simple que vers ce qu'on pourrait appeler un substantialisme ; néanmoins, il n'est point allé jusqu'au bout de la thèse qui paraît être la sienne(2). Si, en effet, chaque substance est un être déterminé, spécifiquement distinct de toute autre substance, si elle n'est que la position en soi d'une essence, et de telle essence, il n'y a pas moyen de définir la Substance en général autrement que comme un universel abstrait ; et cependant Descartes maintient, et que la notion de substance est une notion pleinement définie et complète, différente de toute notion universelle, et que l'on peut en donner une définition générale applicable à tous les cas donnés, tout en reconnaissant expressément l'hétérogénéité radicale des diverses espèces de substances qui entrent sous ce dernier concept. N'est-ce pas revenir à la considération de l'extension des notions que Descartes proscrivait de la science véritable(3) ? Ou la Substance n'est rien de déterminé ; ou si elle l'est, comme il semble en effet qu'elle le soit pour Descartes, c'est à condition d'enlever ce caractère de détermination à la notion de Substance prise en général pour le transporter aux substances particulières. Ce qui fait que ces substances méritent leur nom, nous le savons déjà, c'est l'inhérence en elles de tous leurs prédicats ; c'est leur nature de sujets absolus de leurs déterminations(4). Mais ce sujet absolu n'est pas, comme le substrat des scolastiques, différent de la nature de l'essence qu'il manifeste : c'est cette essence en tant que sujet. En disant, d'après une définition quelque peu différente, qu'une substance

---

(1) *Rép. aux 3es Object.* (à Hobbes). — *Remarques de R. Descartes sur un certain placard imprimé aux Pays-Bas vers la fin de l'année 1647*, édit. Aimé Martin, Paris, Desrez.

(2) Sur les hésitations plus ou moins apparentes de la théorie cartésienne de la Substance, voir l'excellente discussion de M. Brunschvicg, *La Révolution cartésienne et la notion spinoziste*, etc. (Rev. Mét. et Mor., 1904, 759-764) ; — Cf. 792.

(3) *Princip.*, 51, 57 ; — *Méditat.* III ; — *Abrégé des Méditat.* ; — *Rép. aux 2es Object.*, définit. 5.

(4) *Rép. aux 2es Object.*, définit. 5.

est une chose qui « de soi est capable d'exister »(¹), c'est-à-dire, comme Descartes l'explique ailleurs, qui n'a besoin pour exister que de soi-même, si elle est incréée; ou de son créateur, si elle est créée(²). Descartes précise le sens de la première définition; et, dans la dernière, celui des deux autres, sans que ces diverses définitions se contredisent entre elles. Il entend, par ces trois définitions de la Substance, appliquer cette appellation à toute chose qui existe en soi, c'est-à-dire à toute essence ou attribut qui existe en soi sans être attribué à autre chose à la manière d'un prédicat. Les choses de ce genre sont sans doute des essences ou des attributs; seulement on les appelle substances, en tant qu'on les considère comme étant leurs propres sujets; et attributs, en tant que l'on considère la nature déterminée qu'elles présentent, ou, si l'on préfère, qu'elles sont, sans avoir égard au fait que ces natures existent en soi. De ce point de vue, substance et attributs ne sont que deux aspects d'une réalité concrète, qui est l'Attribut existant en soi, ou la Substance déterminée par son attribut. Ainsi se peuvent concilier, croyons-nous, les trois définitions de la Substance, dont Descartes a eu le tort de ne pas indiquer expressément le lien, dont M. Couchoud, qui les croit inconciliables, a fait justement ressortir les différences.

Cette théorie de la Substance, telle qu'elle se dégage en fin de compte, nous semble bien moins éloignée d'Aristote qu'elle le paraissait peut-être à Descartes lui-même, et qu'elle le paraît encore aujourd'hui à des penseurs aussi éminents et aussi versés dans la connaissance du cartésianisme que M. Brunschvicg(³). Qu'on nous permette de risquer un rapprochement entre la Substance cartésienne et la Substance aristotélicienne. Selon M. Brunschvicg, la différence capitale entre ces deux substances consisterait en ce que la première serait l'unité vivante d'une multiplicité, principe et lien de ses déterminations; et la seconde, le simple support passif et indifférent d'accidents auxquels elle demeurerait dans son fond étrangère. — Sans doute, la manière dont les substances se réalisent est-elle, à certains égards, profondément différente dans chacune des deux philosophies : nous croyons toutefois pouvoir montrer plus loin, à propos de l'individualité des êtres corporels selon Descartes, comment là encore il ne faut peut-être pas exagérer les différences. Quoi qu'il en soit, les substances particulières ont, aux yeux de Descartes, une autre nature qu'aux yeux d'Aristote; cela est évident. Mais ne pourrait-on pas prétendre que l'écart entre les deux philosophes est bien moins grand quand il s'agit de définir non les substances, mais la substantialité; et de décider, non quelles déterminations il faut

---

(¹) *Médit.*, III, p. 279, t. I.
(²) *Princip.*, 51; — *Abrégé des Médit.*
(³) *Revue de Mét. et Mor.*, p. 788.

reconnaître à chaque substance ou espèce de substance, mais quels sont les caractères qui font qu'une substance est une substance? Certes, les voies et moyens qui amènent à l'existence et à notre connaissance une substance quelconque différent considérablement d'un philosophe à l'autre; toutefois, chez l'un et l'autre, une substance est non seulement un sujet absolu, un être qui n'existe qu'en soi, et non en autre chose; mais encore la manière d'entendre cette existence en soi et l'inhérence, à ce sujet, de ses déterminations pourraient bien être assez voisines. Une substance, pour Aristote, ce n'est pas un support indifférent à ce dont il est le support, tel qu'est la matière. Qu'est-ce, en effet, qu'une substance pour Aristote, sinon une certaine nature déterminée, qu'il appelle une « forme », et qui devient substance, existe en soi, dès qu'elle est considérée comme son propre sujet et le sujet de ses déterminations? Or, un tel être est plus près de l'attribut existant en soi qu'est la Substance cartésienne, qu'il ne l'est du substrat de la philosophie scolastique, indifférent à ce dont il est le substrat. C'est la Matière, à tout le moins la Matière physique, bien plus que la Substance proprement dite, qui, chez Aristote, est rappelée par cette contrefaçon scolastique de la véritable Substance aristotélicienne. Celle-ci, non plus que la Substance cartésienne, ne peut se séparer de son essence; c'est, de part et d'autre, l'Essence existant en soi, et qui contient dans sa compréhension tous ses éléments intégrants, au point de ne pouvoir en être séparée sans disparaître. Encore une fois, la Forme aristotélicienne n'acquiert pas la substantialité de la même façon que l'Attribut essentiel cartésien; mais ce n'en est pas moins dans la substantialité de la Forme, dans son existence absolue et en soi, de quelque façon d'ailleurs qu'elle atteigne ce mode d'existence, que réside le caractère auquel on reconnaît la Substance aristotélicienne, tout comme une substance cartésienne est toujours une essence considérée comme sujet absolu. Car, si les formes aristotéliciennes à l'état de substances peuvent recevoir des accidents auxquels elles sont indifférentes, il n'en est pas moins vrai qu'elles ne peuvent pas plus recevoir chacune n'importe quelle essence que les substances cartésiennes, et que le rapport de l'Essence à la Substance est presque identique chez les deux philosophes. Chez l'un comme chez l'autre, une essence donnée, qu'on l'appelle attribut ici, ou forme là, ne peut convenir qu'à une substance donnée ou espèce donnée de substance; puisqu'aussi bien une substance, dans l'un et l'autre cas, c'est l'essence de cette substance, en tant que cette essence est considérée comme sujet dernier ou comme posée en soi. Aussi le terme de οὐσία sert-il également à désigner dans la langue d'Aristote l'Essence et la Substance, tout comme Descartes applique aussi bien les dénominations de « Pensée » et d'« Étendue » aux attributs respectifs de la substance pensante et de la substance étendue qu'à ces substances elles-mêmes(I).

§ 2. Attribut et autres notions fondamentales.

L'Attribut, bien que plus déterminé que la Substance qui n'est que substance, est encore quelque chose d'assez général et d'assez indéterminé aux yeux de Descartes même. Ce philosophe reconnaît qu'une chose quelconque, douée de caractères permanents et définis qui sont ses attributs, peut, en gardant ces mêmes attributs, affecter des formes diverses : ce sont ces modifications de toutes sortes dont chaque chose est susceptible, ou plutôt ce sont les substances mêmes ainsi diversifiées qu'il appelle *modes* ou *façons*; les *qualités* ou *propriétés* ne sont que ces mêmes modes considérés par abstraction, à part de la substance et de l'attribut quelconque dont ils sont les modifications. En un mot, la qualité est l'abstrait du mode, ce qui fait que la chose modifiée est conçue comme modifiée. On voit que la notion de mode ou de façon est très voisine de celle de l'Attribut, — nous ne disons pas : de l'Attribut essentiel, — au point que les termes qui les désignent respectivement sont confondus à l'occasion sous la plume de Descartes[1]. Avec les notions de Substance et d'Attribut, elles complètent la liste des idées, ou tout au moins des principales, qui répondent dans notre pensée à la réalité même des choses considérées *in abstracto*. Il faut y ajouter l'idée de *durée*[2], ou de l'attribut que possèdent en commun toutes les substances existantes : car exister, c'est aussi durer; la *durée* n'est autre chose que l'attribut des choses qui durent(II).

Outre les notions de cette sorte, il en est quelques autres qui, tout en ayant rapport dans la pensée à des choses qui existent ou peuvent

---

[1] *Princip.*, part. I, 64, — et dans le titre de § 65, les mots « propriétés » et « attributs » sont pris pour synonymes.

[2] Dans les *Regulae*, Descartes indique comme autres attributs communs à toutes les choses existantes « l'existence, l'unité, et autres semblables ». — (XII, 88.)

(I) Voir dans Aristote, notamment, *Métaph.*, I, 9, l'opposition établie entre l'οὐσία et la matière. — Pour la définition de la matière, voir *Phys.*, α 6-10, 7. 191 a 10, 9. 192 a 31, δ 9. 217 a 22; — *Métaph.*, α 983 a 29; δ. 2. 1013 a 24; 8. 1017 b 24; 1022 a 18; ζ 7. 1032 a 22; 11. 1037 b 4; ζ 15. 1039 b. 29; η 2. 1042 b 9; λ. 2. 1069 b. 2, b 34. 1070 a 11, a 24; — *De Cœlo*, γ 8. 306 b. 17. — Pour la définition de l'οὐσία, voir *Métaph.*, α 3. 983 b 10, 987 b 20-21; δ 18. 1022 a 15; δ 4. 1014 b 36; ζ 8. 1033 b 17, 11. 1037 a 3, a 29; 17. 1041 b 19; δ 4. 1015 a 5-10; η 3. 1043 b 12; μ 8. 1084. b 19; — *De Cœlo*, α 9. 278 a 19, β 13. 293 b 14-15. — Pour la substance : *Métaph.*, γ 2. 1003 b 23; δ 8. 1017 b 13, 28, 11. 1019 a 5; ζ 17. 1041 b 7-8, 3. 1029 a 8, 13. 1038 b 15; η 1. 1042 a 26; ι 2. 1054 a 13; κ 10. 1066 b 13; μ 6. 1080 a 16; γ 1010 a 22; — *Phys.*, α 2. 185 a 32, 7. 190 a 36; γ 5. 204 a 28; — *Catégories*, 5. 2 a 11-14, 4 a 10 b 8 17, 7. 8 a 13, 15.

(II) *Princip.*, part. I, 53 et 55 jusqu'à : « et pareillement » ; 56 ; — *Regulae*, XII, 88; — *Correspond.*, t. III, p. 594, Ep. CCLXXXIX.

exister hors d'elle, ne représentent directement aucune réalité qui leur ressemble hors de l'entendement qui les pense. Ce ne sont que des manières de penser, des concepts tout subjectifs, dirait-on aujourd'hui, dont l'esprit se sert pour penser aux objets de ses conceptions. Telles sont les idées de *nombre*, de *temps*, d'*ordre* et des *universaux* ou idées de genre et d'espèce : autant de notions générales qui servent à l'esprit pour penser les choses distinctes, partant nombrées, les objets ordonnés, pour comparer et mesurer les diverses durées au moyen d'une mesure, pour classer les choses d'après leurs ressemblances et leurs différences ; en tant que l'esprit considère les choses à ces divers points de vue, il fait abstraction de toute considération relative à l'essence absolue des choses(1). La condition indispensable pour connaître celle-ci est d'apercevoir entre les notions et entre leurs objets les distinctions plus ou moins profondes qui s'y rencontrent.

§ 3. Les trois espèces de « distinctions ».

La distinction la plus importante et la plus prononcée est, sans aucun doute, celle qui existe entre deux substances : c'est la « *distinction réelle* ». Puisque ce qui constitue la nature d'une substance, ce sont ses attributs, c'est par eux que se distinguent les espèces de substances. La distinction d'une substance d'avec une autre se reconnaît, en vertu de la définition même d'une substance, en ce que nous pouvons penser clairement et distinctement à l'une sans penser à l'autre. Cette sorte de distinction s'étend, *mutatis mutandis*, des substances et des attributs aux modes ; comme aussi sont réellement distincts l'un de l'autre tel mode d'une substance quelconque et une autre substance, quelle qu'elle soit.

Descartes reconnaît, en outre, deux autres espèces de distinctions moins profondes que la précédente :

Et, d'abord, la *distinction modale*, qui se trouve entre un mode et sa substance, comme aussi entre les divers modes d'une même substance. A ce sujet, il est remarqué que, si nous pouvons avoir une idée claire et distincte de la Substance, sans penser pour autant aux modes dont elle se distingue dans une certaine mesure, — ou penser avec clarté et distinction à l'un quelconque des modes d'une substance, sans avoir présente à l'esprit l'idée de ses autres modes, — il n'en saurait être de même de tel mode que ce soit par rapport à sa substance ; nous ne saurions en avoir qu'une idée confuse, lorsque nous le pensons abstraction faite de sa substance.

(1) *Princip.*, part. 1, 57, 58, 59.

Il est une dernière espèce de distinction qui se fait exclusivement dans l'abstrait et par la pensée seule : c'est la distinction de « *raison* »; elle a lieu lorsque nous « tâchons » de penser à un attribut sans penser à sa substance, ou *vice versa;* ou à l'un des attributs pris isolément par rapport aux autres. De pareilles distinctions ne peuvent donner lieu à aucune notion qui soit claire et distincte. Ceci confirme l'interprétation ci-dessus proposée de la théorie cartésienne, de la Substance et de l'Attribut, en même temps que c'est une illustration des fluctuations, au moins apparentes, de l'auteur à cet égard (1).

III. Passage de la Connaissance a l'Existence.

Quelles sont maintenant, d'après Descartes, les diverses espèces de substances entre lesquelles se partage le domaine de notre connaissance? Avant d'examiner cette question, jetons un premier coup d'œil sur l'espèce de réalité qu'il convient d'attribuer à ces objets, autant du moins qu'on peut en juger d'après ce qui vient d'être dit. On ne peut encore donner à cet égard que des conclusions très générales, et seulement provisoires. Car la question, pour être résolue définitivement, doit être d'abord examinée à propos de chaque espèce d'objets, c'est-à-dire de substances, et comporte pour chacun de ces cas une conclusion spécifiquement propre. Néanmoins, la théorie que nous venons d'exposer sur les objets en général de la connaissance permet de dégager déjà quelques traits généraux sur la question des rapports de la Pensée et de son objet. Cette théorie offre un intérêt tout particulier : elle est le centre même de la philosophie cartésienne, et comme le trait d'union entre la méthode et le système proprement dit. Grâce à elle, on peut déjà entrevoir les rapports du cartésianisme avec l'idéalisme et le réalisme.

En considérant l'intelligibilité comme le caractère fondamental de toute réalité, en formulant le premier nettement ce que d'autres avaient plus ou moins confusément pensé avant lui, à savoir que toute idée que l'esprit conçoit avec évidence est vraie, et peut par conséquent avoir un objet réel, il est aussi bien sur la voie de l'idéalisme que sur celle du réalisme : car l'un et l'autre admettent une étroite correspondance entre le réel et l'idéal, entre ce qui existe et ce qui est pensé; on ne peut donc décider, tant qu'on s'en tient à ces déclarations générales de Descartes, s'il est plus près de l'une ou de l'autre conception; car il faut tout d'abord savoir quelle est pour lui la

---

(1) *Princip.*, part. I, 60, 61, 62. — *Rép. aux prem. Object.*, av.-dern. alin.

source première de la correspondance plus ou moins complète qu'il admet entre le réel et l'idéal, entre l'être et le connaître. La suite nous montrera que le principe de cet accord n'est au fond ici ni dans la pensée comme pour l'idéalisme, ni dans l'existence proprement dite comme pour le réalisme. Tout ce que nous pouvons affirmer dès maintenant, c'est que la correspondance des deux termes n'empêche pas ici leur foncière dualité, et qu'en outre cette correspondance n'est elle-même ni inconditionnelle ni entière : autant de points qui éloignent le système et d'un idéalisme et d'un réalisme absolus. Si donc Descartes fait entrer le réel dans le domaine de l'intelligible, ce n'est pas pour identifier les deux termes; et, d'autre part, s'il affirme que toute réalité est concevable, il n'admet pas, du moins en principe et sans condition, que tout ce qui est concevable soit réel. L'existence pensée, qu'une existence réelle y réponde ou non hors de l'entendement, ne se confond jamais avec la réalité externe, existante ou seulement possible. Mais — et ce point est très important — l'existence possible est impliquée par toute pensée, du moins par toute pensée d'objet; et celle-ci n'a de sens que par rapport à celle-là; ou, du moins, elle n'a pas de sens en dehors de ce rapport, bien qu'elle ne se confonde pas avec elle. Descartes distingue soigneusement entre exister par la pensée ou « *objectivement* » et exister en soi ou « *formellement* », entre la réalité idéale ou « *objective* » et la réalité inhérente à l'objet même ou « *formelle* ». Il y a plus. Non seulement l'idée est distincte du fait, mais l'existence de celle-là n'implique pas nécessairement, du moins en principe, l'existence de celui-ci; toute idée claire et distincte contient « objectivement » toutes les propriétés que renferme « formellement » l'objet, s'il existe; mais de ce qu'il est pensé ou concevable, il ne s'ensuit pas *ipso facto* qu'il ait quelque existence réelle en dehors de la pensée qui le conçoit, et en dehors de cette possibilité d'existence dont nous venons de parler et qui est la raison même de l'idée de cet objet. Cette existence possible, qui est plus qu'une existence purement idéale, ou, en langage cartésien, plus qu'une existence purement « objective », et qui possède déjà un être formel, au sens où Descartes entend ce mot, n'est ni une simple manière de penser, ni une substance ou une détermination d'une substance réellement existante : c'est une « essence », sorte de possibilité réelle, intermédiaire entre la pensée et l'existence, et qui rappelle de près les *Idées* de Platon. Ce n'est donc pas sans raison que l'idéalisme de Platon et celui de saint Augustin, qui en dérive, ont trouvé des admirateurs et des imitateurs chez des philosophes qui, comme Malebranche et ses disciples, sont à d'autres égards de zélés cartésiens. Tels sont les principes que nous allons voir à l'œuvre dans chacun des cas où se pose, pour Descartes, la question du passage de la connaissance à l'existence, et par conséquent où se montrent, dans leur spécificité concrète, les rapports — chaque fois différents — entre l'Idée, l'Essence et l'Existence proprement dite (I).

IV. La Pensée.

Tout d'abord, il est une réalité substantielle qui se présente à notre connaissance avant toutes les autres : ce premier objet, si l'on peut ainsi parler, de la pensée, dont la connaissance est à la fois impliquée et requise par toutes nos autres connaissances, c'est la Pensée elle-même. Rappelons brièvement le procédé d'exclusion et d'élimination successive par lequel Descartes arrive à poser ce premier rapport de la Pensée et de l'Être. Refusant systématiquement son adhésion à toute proposition dans laquelle il pourrait soupçonner la moindre apparence de fausseté, le philosophe ne trouve qu'un seul fait qui puisse être soustrait à ce « doute hyperbolique » ou méthodique : ce fait, c'est l'existence de sa propre pensée, existence impliquée dans l'acte même du doute. Il est une chose au monde dont je ne puis absolument douter, lorsque je l'aperçois : c'est ma pensée ; l'expérience et la raison théorique m'interdisent toute hésitation à cet égard : la conscience que j'ai de ma propre pensée entraîne irrésistiblement mon adhésion ; d'autre part, douter du fait de ma pensée serait contradictoire, et un tel doute se détruit lui-même.

La pensée n'étant pas un pur néant, il faut bien qu'elle appartienne à quelque substance, ou plus exactement qu'elle soit elle-même une substance, c'est-à-dire l'attribut essentiel de cette substance ; je suis donc une chose pensante, une pensée substantielle. « Je Pense donc je suis, » voilà une « conclusion » immédiate à tirer du fait de l'existence de ma pensée, et aussi immédiatement certaine que l'existence de celle-ci (II).

Il importe de bien saisir le sens et la portée de cette proposition célèbre : car sur elle reposent et la conception cartésienne de la Pensée et la manière dont Descartes entend, dans l'espèce, le rapport de ce qui connaît à ce qui est connu. Tout d'abord l'existence de la Pensée n'est pas connue antérieurement à l'existence du Moi pensant : les deux

---

(I) *Disc. de la Méth.*, IV, alin. 4, et surtout 5 j, q. l. 19, — et 14, 15, 16, 17, 18, 19 ; — VI, alin. 2, *s. fine*, et 3, début. — *Méditat*. III, *passim* et notamment alin. 2, *s. fine*; — IV, alin. 8 ; — V, alin. 2, l. 24-31 ; alin. 3, début ; alin. 4, début, jusqu'à : « qu'il y ait aucune montagne dans le monde. » — *Rép. aux prem. Object.*, alin. 3 ; — *Rép. aux sec. Object.*, alin. 10. — *Princip.*, préface, alin. 14, p. 27, l. 12, 13, 14 ; — III, 4. — *Correspond.*, t. I, p. 369, Ep. LXXIV ; — t. III, p. 594, Ep. CCLXXXIX ; — t. V, p. 344, Ep. DLIV, *ad ultim. instant*.

(II) *Disc. de la Méth.*, IV, alin. 1, 2, 3 ; — *Méditat*. I entière ; — II, alin. 1, 2, 3 ; — *Princip.*, I, 1, 2, 4, 5, 7, 10, l. 13-16 ; — *Rép. aux instances de Gassendi*, 5.

termes sont saisis dans une indivisible unité. Dans tout acte de pensée, je découvre immédiatement l'essence pensante; et dans cette essence, l'existence substantielle de celle-ci : de sorte qu'ici se trouvent confondues en un cas privilégié l'Idée, l'Essence, et l'Existence ou la Substance. La Pensée en s'exerçant se saisit elle-même, et ce faisant, saisit immédiatement sa substantialité. Mais une double erreur est ici à éviter; et il faudrait se garder de voir dans l'acte par lequel la Pensée pose son propre être, soit le résultat d'un raisonnement en forme, soit l'expérience — au sens fort du mot — qu'y voulait reconnaître l'école éclectique. — Sans doute on peut, comme Descartes l'a fait, exposer cette vérité sous forme syllogistique; mais ce n'est là qu'un artifice d'exposition, et Descartes nous avertit lui-même ailleurs que ce n'est pas ainsi en fait qu'elle se découvre : le rapport de la Pensée à l'Être est ici donné immédiatement et primitivement, bien qu'on puisse après coup l'exposer syllogistiquement. L'existence de la Pensée est découverte par un acte immédiat qui nous livre en même temps les raisons générales qui, en soi et du point de vue ontologique, fondent cette vérité particulière, loin que nous déduisions celle-ci de celles-là. En découvrant par une intuition immédiate le rapport qui unit, dans ma pensée, l'être de celle-ci à son connaître, je découvre dans un cas concret cette vérité générale : que pour penser il faut être, et qui pourra servir de majeure au syllogisme par lequel je puis, après coup, exposer cette proposition particulière, cette conclusion, comme dit Descartes : Je pense, donc je suis; celle-ci renfermant elle-même, pour moi, la mineure : je pense. Et si, pour comprendre le rapport qui unit ma pensée à mon existence, il me faut savoir ce que c'est que penser et exister, je n'ai pas besoin néanmoins d'avoir ces notions antérieurement à l'acte par lequel je pose ce rapport : car, en posant ce rapport, elles m'apparaissent du même coup.

Mais s'il n'y a pas là un raisonnement en forme, il ne faut pas y voir non plus un acte purement empirique : Descartes donne l'existence de la pensée comme un exemple de conception intellectuelle claire et distincte, sorte d'intuition par l'entendement d'un certain rapport bien différente d'une perception sensible (1).

Quant à ce rapport, on voit en quoi il consiste : si le Connaître est ici étroitement solidaire de l'Être, c'est que tout l'Être de la réalité considérée consiste dans le Connaître; la Pensée se conçoit comme existante, comme Substance, parce que, dès qu'elle se conçoit, elle est par-là même : puisque aussi bien elle est, dès qu'elle pense. Elle ne peut penser sans se penser, ni se penser sans se poser; connaître sans se connaître, ni se connaître sans être. Il y a donc ici identification

---

(1) *Rép. aux instances de Gassendi;* — *Disc. de la Méth.*, IV, 1, 3; — *Princip.*, I, 10; — *Médilat.* II, 3; — *Correspond.*, p. 169, t. IV, Garnier; — *Rép. aux prem. Object.*, et principalement 1.

des deux termes : Pensée et Existence; mais l'identification se fait au profit du premier : la conception que se fait Descartes de la Pensée considérée par rapport à elle-même est une conception tout idéaliste.

La conscience est ici l'essence même de l'Être; nous avons donc une première réalité substantielle, l'âme ou le Moi substance de la Pensée. Cette substance, cet être, cet objet de la Pensée en quelque sorte n'a d'autre essence que la Conscience : car par le mot de « penser », c'est bien la conscience qu'entend Descartes : « Par le mot de penser, » dit-il, « j'entends tout ce qui se fait en nous de telle sorte que nous l'apercevons immédiatement en nous-mêmes; c'est pourquoi non seulement entendre, vouloir, imaginer, mais aussi sentir, est la même chose ici que penser([1]). »

C'est donc ici le sujet qui est la raison d'être de l'objet et du rapport de l'un et de l'autre, l'idée qui est le principe et la source du fait.

Il est vrai qu'on a soutenu([2]) que cette essence qu'est la Pensée est une réalité immédiate antérieure à la connaissance, à la conscience que nous en avons. Mais il faut, croyons-nous, dissiper une équivoque. On se base, pour affirmer l'antériorité, selon Descartes, de l'Être de la Pensée à la Conscience, sur ce que ce philosophe affirme que, pour penser, pour connaître, il n'est pas besoin de connaître que nous connaissons, de penser que nous pensons([3]) : n'est-ce pas dépasser la pensée de Descartes, d'en conclure que l'Être même de la Pensée est antérieur à la connaissance de la Pensée? Nous croyons que Descartes a voulu dire que la conscience immédiate et spontanée était antérieure à la conscience de cette conscience, et que cette dernière n'était qu'un reflet. Mais il ne nous paraît pas moins, à la lumière de tout l'ensemble de la philosophie cartésienne, que l'Être de la Pensée consiste dans cette conscience immédiate. Au fond, ce que Descartes a voulu écarter de l'essence primitive de la Pensée, c'est une connaissance de cette pensée qui se distinguerait de la pensée connue elle-

---

([1]) *Princip.*, I, 9. — Toutes les diverses formes de la pensée en nous se ramènent à deux types fondamentaux : l'entendement, qui aperçoit les données de la connaissance; la volonté, principe de l'action et du jugement. Sentir, imaginer, concevoir, ces sortes de modifications de la pensée, sont, d'après Descartes, des opérations intellectuelles, ou, pour employer ses propres termes, purement intelligibles : ce ne sont que des façons différentes d'apercevoir. Désirer, avoir de l'aversion, assurer, nier, douter sont des façons différentes de vouloir (*Princip.*, I, 32).

Il semble que la volonté elle-même ne soit qu'un attribut secondaire de l'âme et que la pensée ne soit essentielle à cette dernière que sous forme d'entendement. C'est ce qui paraît, si l'on compare les expressions de « substance intelligente » (*Princip.*, I, 63 et *Médit.* VI, 9, début), « substance intellectuelle » (*Princip.*, ibid., 48), dont se sert l'auteur pour désigner les âmes, avec un certain passage où il affirme qu'on peut concevoir l'âme privée de toute autre manière de penser que l'entendement, sans lequel le concept de substance pensante est inintelligible (*Médit.* II, p. 69, au haut; *Médit.* VI, 9, début). Cf. Lettre à Regius, mai 1641, t. III, p. 371, Adam.

([2]) Brunschvicg, *Rev. de Mét. et Mor.*, p. 795, 1904.

([3]) *Rép. au prem. Object.*, 1.

même : la Pensée, pour lui, est une réalité immédiate; mais cette réalité immédiate est précisément une conscience qui ne fait qu'un avec son être même.

Cette conscience, cette pensée est une essence posée en soi, une substance, puisqu'on peut la concevoir sans le secours d'une autre notion; la pensée est donc réellement distincte de tout ce qui n'est pas elle : en un mot, c'est une substance. En conséquence, les modifications et les propriétés de l'âme ne sont que des pensées, modes ou aspects de son attribut essentiel. Il s'ensuit que la Pensée est la chose dont nous connaissons le plus de propriétés : car nous ne pouvons connaître quoi que ce soit sans l'intermédiaire des pensées que nous en avons. Il n'est rien, par conséquent, qui, lorsque nous le connaissons, ne nous découvre un aspect du Moi pensant. Ainsi, l'âme est plus aisée à connaître qu'aucune autre chose : seul objet immédiat de notre connaissance, elle est pour nous le centre, comme aussi le point de départ du connaître; elle est, en effet, le siège de nos idées(I). Celles-ci, comme nous l'avons déjà entrevu, bien loin de se confondre avec les choses qu'elles représentent, n'impliquent même pas, en tant que simples idées, l'existence d'objets qui leur ressemblent, en dehors de l'esprit qui conçoit. Il faut en excepter l'esprit lui-même, qui est posé comme existant dès qu'il est pensé; mais, en réalité, il n'y a pas là de passage d'une idée qui représenterait l'âme à l'âme elle-même, mais une représentation immédiate et directe de cette substance. La cause immédiate des idées comme telles ou leur cause objective n'est autre que l'âme elle-même. Descartes l'oppose à leur cause formelle, qui est, pour chaque idée, l'objet qu'elle représente, ou, plus exactement, l'essence de cet objet; cette dernière cause sert à rendre raison des propriétés de telle ou telle idée, en tant que représentative de tel ou tel objet.

Ainsi, toute idée, par cela seul qu'elle est posée dans l'esprit, implique immédiatement et l'existence de l'âme et une essence déterminée qui est le véritable objet de cette idée (il va de soi qu'il n'est question ici que des idées évidentes, et par conséquent vraies; des idées normalement constituées, et non des idées fictives, arbitrairement créées par notre esprit et dont l'obscurité révèle la fausseté). Le passage de l'idée à son objet — si par son objet on entend l'essence qu'elle représente — est donc immédiat et inconditionnel : à cet égard, rien de plus réaliste que la doctrine de Descartes. Mais, d'un autre côté, toute idée n'implique pas l'existence effective de son objet, de l'essence qu'elle représente; et le rapport de l'idée à l'existence proprement dite de

---

(I) *Disc. de la Méth.*, IV, alin. 2, 3. *fine;* — *Méditat.* II, III, début, VI, alin. 8 et 9; — *Rép. aux prem. Object.*, 1; — *Rép. aux 5es Object.*, alin. 16 et 17; — *Princip.*, I, 9, 11, 12, l. 8 et 4, 53, l. 7-18, 54, l. 2-8; — Descartes, Garnier, t. IV, p. 106; ibid., p. 174 (Paris, 1885).

l'objet, loin d'être simple et uniforme, se ramène dans chaque cas au rapport de l'essence à l'existence (1). Il nous reste à déterminer ce rapport pour les substances autres que l'âme humaine.

V. Dieu.

§ 1. L'idée de Dieu. Première preuve de l'existence de Dieu.

Parmi les notions d'espèces particulières de substance, l'entendement humain a la notion d'un être infiniment parfait, doué de toutes les perfections, chacune d'elles étant élevée au degré le plus haut qu'il soit possible de concevoir : cette notion, c'est l'idée de Dieu. Bien que nous connaissions ce que représente cette idée, — puisque nous savons que toute perfection doit lui être attribuée, que toute imperfection doit en être écartée, — et que, pour la déterminer positivement, il nous suffise de considérer que tout ce qui en nous paraît l'effet de quelque perfection doit se trouver aussi à un degré éminent dans l'être souverainement parfait, c'est-à-dire souverainement réel; néanmoins, nous ne pouvons *comprendre* dans sa totalité et comme embrasser par l'entendement le contenu d'une pareille notion : car elle dépasse infiniment le pouvoir de notre intelligence. Cependant cette impossibilité où nous sommes de l'analyser ne doit pas nous empêcher de reconnaître qu'elle est véritable et exempte de la contradiction interne qui est la marque de la fausseté : car elle n'est précisément rebelle à l'analyse de notre esprit que parce qu'elle est le positif absolu, parce qu'elle est douée de réalité positive à un degré suprême, c'est-à-dire infini, et qui dépasse infiniment la capacité finie de notre esprit. C'est donc une idée véritable, un produit normal de notre entendement ; elle doit donc avoir pour cause formelle une essence véritable. Cette idée ne saurait être le produit d'observations empiriques : car aucun des êtres que l'expérience nous présente dans ce monde ne dépasse notre entendement, outre que l'observation nous montre séparées et dispersées les perfections que nous concevons inséparablement unies en Dieu. Au reste, les perfections qui tombent sous l'observation ne sont jamais infinies, telles que nous les supposons en Dieu : car, quelque grandes que nous les supposions dans ce monde, nous pouvons toujours les supposer plus grandes encore. Ce n'est pas davantage en nous-mêmes que se trouve l'objet qui puisse correspondre à la notion de l'Être infiniment parfait : car nous remarquons en nous de nombreuses imperfections, telles que, par exemple, le doute et

---

(1) *Princip.*, I, 47 sq.; — cf. *supra*, p. 34, note I.

l'ignorance. Pour toutes ces raisons, l'idée de Dieu ne peut être tirée de l'expérience, ni formée d'éléments empruntés à l'observation des choses, comme une fiction pure et simple; elle n'est pas *adventice;* elle n'est pas davantage *factice* : elle est *innée*, c'est-à-dire que la faculté de la former spontanément et sans sollicitations extérieures déterminantes a été mise dans notre entendement dès notre naissance. N'ayant donc ni l'expérience ni un caprice de notre esprit pour cause, l'idée de Dieu ne peut avoir sa raison que dans une essence véritable correspondante. La faculté innée que j'ai de penser cette idée, ainsi d'ailleurs que la faculté de penser quelque idée que ce soit de l'entendement proprement dit, ne peut, en effet, venir que d'une essence qui, pour parler le langage de Descartes, possède au moins autant de réalité formelle que l'idée contient de réalité objective; et qui, par conséquent, contienne soit autant de réalité formelle que celle-ci, soit davantage. Car la cause formelle d'une idée véritable doit contenir les propriétés de cette idée soit formellement, soit éminemment : c'est-à-dire qu'elle doit posséder toutes les propriétés représentées par l'idée, ou en posséder de plus éminentes qui soient capables de rendre raison des premières et de les contenir en elles. Or, l'essence qui fait l'objet de l'idée de Dieu, étant parfaite au suprême degré, ne peut avoir sa raison comme dans sa cause éminente, ni dans les êtres empiriques, ni dans notre esprit, qui sont imparfaits. L'idée de Dieu implique donc une essence *sui generis*, l'essence de Dieu, sans qu'il soit besoin d'intégrer cette essence dans une essence plus éminente. Tel est, croyons-nous, le sens véritable qu'il faut donner à cette preuve de l'essence divine, preuve connue sous le nom de « Première preuve de l'existence de Dieu ». En fait, Descartes semble vouloir lui faire prouver davantage, et jusqu'à l'existence même — et non plus seulement l'essence — d'un être infini et parfait [1]; il raisonne en effet comme il suit :

Puisque la cause formelle d'une idée doit avoir au moins autant de réalité objective que cette dernière, sinon davantage, et en contenir les propriétés formellement ou éminemment; puisque, d'autre part, l'idée de Dieu est innée, mon âme ayant en elle-même tout ce qu'il faut pour la concevoir, il faut que la faculté de la penser m'ait été donnée par un être qui possède réellement toutes les perfections que cette idée me représente. C'est, par conséquent, qu'il existe, ou a dû exister un Être possédant toutes ces perfections : car, seul, il a pu nous donner le pouvoir de connaître l'infiniment parfait; et comme cet Être est infini, de ce qu'il a existé, il s'ensuit qu'il continue d'exister éternellement : en un mot, il existe un Dieu.

Mais il est permis de penser que, prise en elle-même, cette

[1] *Disc. de la Méth.*, IV, 4; — *Princip.*, I, 17, 18; — *Médit.* III, p. 291, 280-285, 290-291; — IV, p. 297.

soi-disant preuve de l'existence de Dieu ne peut, légitimement, étant donné le système cartésien, démontrer que l'essence divine, et non une existence au sens étroit du mot. C'est ce qu'avait montré, avec une singulière autorité et avec la pénétration qui caractérisait cet esprit, M. Hannequin, dans *La preuve ontologique cartésienne défendue contre la critique de Leibniz* (¹). En effet, d'une idée comme telle, on ne peut conclure, selon Descartes, qu'à une essence correspondante ; et, pour savoir si cette essence correspond à une existence, et quel est son mode d'existence, il faut avoir recours non plus à l'idée elle-même, mais à la considération de la nature particulière de cette essence. Nous croyons donc, avec M. Hannequin, que Descartes n'entend prouver l'existence de Dieu par la preuve que nous venons de rappeler, que parce qu'il sous-entend — et qu'il sait qu'il démontre ailleurs — que l'essence divine, établie par ce premier argument, est telle qu'elle enveloppe sa propre existence. C'est ce dernier point qui est établi par la fameuse preuve de l'existence de Dieu, connue sous le nom d'« argument ontologique ». Ainsi, selon la remarque de M. Hannequin, par la première preuve, Descartes, satisfaisant d'avance aux exigences de Leibniz (²), avant de prouver que Dieu existe, établit qu'il est possible : car ce n'est pas à autre chose qu'il vise en établissant que Dieu a une essence véritable, qui correspond à une idée claire et distincte (³). Et à l'appui de sa thèse M. Hannequin cite des paroles expresses de Descartes qui ne laissent aucun doute (⁴). Tel est, par exemple, le passage où Descartes affirme que l'idée de Dieu « est très vraie : car, encore que peut-être l'on puisse feindre qu'un tel être n'existe pas, on ne peut pas feindre néanmoins que son idée ne me représente rien de réel... » (⁵). C'est assez dire que le but essentiel que se propose Descartes, en partant de la présence en nous de l'idée du parfait ou de celle de l'infini, est de prouver l'essence, non l'existence de l'objet de cette idée. Et il ajoute ailleurs : « Si par ce mot de possible, vous entendez, comme on fait d'ordinaire, tout ce qui ne répugne point à la pensée humaine, il est manifeste que la nature de Dieu, de la façon que je l'ai décrite, est possible, parce que je n'ai rien supposé en elle, sinon ce que nous concevons clairement et distinctement lui devoir appartenir, et ainsi je n'ai rien supposé qui répugne à la pensée et au concept humain (⁶). » Ainsi, en répondant à l'objection qu'avant Leibniz lui adressaient les

---

(¹) Hannequin, *Revue de Mét. et Mor.*, 1896.
(²) Voir notamment *Monadologie*, XLIV, XLV ; — et *Discours de Métaphysique*, XXIII, à partir de : « Et c'est le fondement sur lequel quelques philosophes anciens et nouveaux..., etc., » jusqu'à la fin.
(³) Hannequin, *Rev. de Mét. et Mor.*, 437-438, 440-441, 1896.
(⁴) *Ibid.*, 442.
(⁵) *Méditat.* III, Cousin, I, p. 281.
(⁶) *Rép. aux sec. Object.*, ibid., p. 441.

auteurs des *Secondes Objections* (¹), de ne pas prouver la possibilité de Dieu, il montre qu'il a pleine conscience de viser avant tout, dans la première preuve, à la démonstration de cette possibilité et de l'essence divine. Voilà qui demeure certain, quand même il aurait pu s'exagérer la portée de l'argument et croire que celui-ci atteignait, par delà la possibilité et l'essence, la réalité et l'existence par surcroît (I).

§ 2. Seconde preuve de l'existence de Dieu ou Preuve ontologique.

Mais par l'argument connu sous le nom d'argument ontologique, ou seconde preuve de l'existence de Dieu, Descartes se propose directement et exclusivement de prouver l'existence ou la réalité de Dieu. Cette partie de la philosophie cartésienne est capitale pour la question qui nous occupe, puisqu'elle permet de préciser dans un cas particulier les rapports réciproques de l'Idée, de l'Essence et de l'Existence. Descartes nous avertit qu'il se propose ici de démontrer *a priori* l'existence de Dieu, en partant de la seule idée que nous en avons. L'argument, sous la forme où il se présente tout d'abord dans ses écrits (²), peut se résumer de la manière suivante : L'idée de Dieu est celle d'un être tout parfait, ou doué de toutes les perfections ; or l'existence est une perfection ; donc Dieu possède l'existence. — Comme on le voit, c'est par l'analyse syllogistique de l'idée même de Dieu que Descartes tire de cette idée le prédicat « existence ». Mais, exprimé sous cette forme et sans autre explication, l'argument tombait sous les mêmes critiques que saint Thomas, après Gaunilon, adressait à l'argument ontologique de saint Anselme(³), et qui reviennent à dire que, d'un sujet idéal, on ne peut tirer que des prédicats idéaux ; que par conséquent l'existence à laquelle on aboutit n'est pas l'existence effective, mais l'existence idéale, l'existence pensée. Kant, sous une forme plus développée, ne dira guère autrement, quand il critiquera à son tour la preuve ontologique. Quelle que soit la valeur absolue de pareilles critiques, et qu'en soi un passage de l'idéal au réel soit ou non possible en partant de la seule considération de l'idéal, toujours est-il que l'argument ontologique de Descartes, s'il prétendait effec-

(¹) Cousin, I, 403.
(²) Dans le *Discours de la Méthode*, les *Méditations* et les *Principes*.
(³) *Proslogium*, cap. II.

(I) *Disc. de la Méth.*, IV, 4 ; — *Princip.*, I, 17, 18, 19, 22, 26 ; — *Rép. aux prem. Object.*, aux sec. Obj., aux Obj. de Gassendi ; — *Méditat.*, t. I, III, p. 280-285, 290-291 ; IV, p. 297 ; — *Correspond.*, t. III, ép. 241, p. 375, 15 à 377, 12 ; — ép. 250, p. 427, § 6, 21 à 26 ; p. 408, 1 et 2 ; p. 431 et 432, § 10.

tuer, à la lettre et sans intermédiaire, un tel passage, serait légitimement en butte aux critiques que nous venons de rappeler. Car on ne s'expliquerait pas comment l'idée de Dieu aurait le privilège, que Descartes refuse aux autres idées d'objets extérieurs à l'esprit, de représenter inconditionnellement des déterminations existant effectivement et en soi, en dehors d'elle. Aussi n'a-t-il rien admis de pareil, et son argument n'est pas la pétition de principe que l'on pourrait croire et que l'on a cru. Pour comprendre sa pensée, il faut se rappeler qu'entre ce que nous nommerions aujourd'hui l'idée subjective et l'existence objective, il y a pour Descartes un intermédiaire, qui est l'essence de l'objet, essence nécessairement impliquée par l'idée claire et distincte de l'objet. Par conséquent, l'analyse de l'idée de Dieu équivaut à l'analyse de son essence. Or, rien de plus conforme à la pensée générale de Descartes que d'attribuer à la chose elle-même les prédicats de son essence; si, parmi ces prédicats, on rencontre l'existence, il faut donc en conclure que l'existence appartient à la chose elle-même, que la chose existe. En d'autres termes, nous découvrons, d'après Descartes, dans l'idée ou, si l'on veut, dans l'essence de Dieu, que cette essence enveloppe l'existence, qu'elle existe; propriété que nous ne découvrons incluse nécessairement dans aucune autre essence d'aucun autre objet proprement dit. Ce n'est donc pas, en réalité, un passage de l'idéal au réel qui est effectué ici, mais de l'essence à l'existence. Ce passage est légitime, selon Descartes; tout comme, lorsque nous passons de l'idée que nous avons du triangle à l'affirmation de quelqu'une des propriétés de celui-ci, nous ne passons de l'une à l'autre que par l'intermédiaire de l'essence du triangle, de laquelle il est légitime d'affirmer tout ce que son idée nous représente : car il y a correspondance absolue entre une idée et l'essence qu'elle représente. Telle est l'interprétation que Descartes lui-même nous invite à donner de la preuve *a priori* de l'existence de Dieu, en répondant aux critiques semblables à celles que nous indiquions plus haut. Il est vrai que l'équivoque était permise, avant qu'il eût donné ces éclaircissements : car il n'avait pas assez soigneusement distingué l'idée de l'essence, et il désignait également par le même terme d'« idée », — comme cela arrive trop souvent dans ses écrits, — sans doute à cause de leur correspondance intime, et la forme subjective de la pensée, et l'essence que cette forme représente.

Quoi qu'il en soit, Descartes a pris soin de s'expliquer sur le sens qu'il convient de donner à son argument dans des termes qui ne laissent place à aucun doute, en signalant lui-même le vice de l'argument de saint Anselme. Voici d'abord l'exposé qu'il donne de cet argument : « Lorsqu'on comprend et entend ce que signifie ce nom « Dieu », on entend une chose telle que rien de plus grand ne peut être conçu; mais c'est une chose plus grande d'être en effet et dans l'entendement ; donc, lorsqu'on comprend et entend ce que signifie ce nom « Dieu », on entend que Dieu est en effet et dans l'entendement(¹). » Après quoi, nous lisons ces paroles significatives : « Où il y a une faute manifeste en la forme ; car on devait seulement conclure : donc, lorsqu'on comprend et entend ce que signifie ce nom « Dieu », on entend *qu'il signifie* une chose qui est en effet et dans l'entendement ; or, ce qui est signifié par un mot ne paraît pas pour cela être vrai. » Descartes repousse donc, même pour l'idée de Dieu, tout passage inconditionnel et direct de l'idée subjective à l'objet existant en soi et substantiellement hors de l'esprit qui le conçoit. Quant à la manière dont il entend positivement prouver *a priori* l'existence de Dieu, elle est exposée dans les termes suivants, explicites à souhait : « Mais mon argument a été tel : ce que nous concevons clairement et distinctement appartenir à la nature ou à l'essence ou à la forme immuable et vraie de quelque chose, cela peut être dit ou affirmé avec vérité de cette chose ; mais après que nous avons assez soigneusement recherché ce que c'est que Dieu, nous concevons clairement et distinctement qu'il appartient à sa vraie et immuable nature qu'il existe ; donc alors nous pouvons affirmer avec vérité qu'il existe ; ou du moins la conclusion est légitime(²). »

Ainsi, ce n'est pas par une sorte d'inconséquence que Descartes affirme l'existence nécessaire de l'objet qui correspond à l'idée de Dieu ; mais cet argument a sa racine au plus profond de la philosophie cartésienne, dans la correspondance intime qui unit l'essence, d'une part à l'idée claire et distincte, de l'autre à l'objet dont elle est l'essence. Ainsi se précisent les rapports de ces trois termes ; toute idée normalement constituée est la représentation d'une essence ; toute essence est l'essence d'un objet réel ou possible et en possède tous les prédicats : seulement, l'essence comme telle n'implique pas l'existence de son objet, bien qu'elle soit relative à un objet. Maintenant, dans le cas particulier qui nous occupe, l'existence nécessaire — et non plus seulement possible — étant un des prédicats de l'essence considérée, elle l'est aussi de l'objet de cette dernière. Il y a bien, si l'on veut, ici un cas privilégié, où le rapport de l'essence à l'existence est plus étroit que partout ailleurs ; mais ce privilège est fondé dans la philosophie même de Descartes et n'est pas une dérogation aux principes de cette philosophie. Il vient de ce que l'existence, que Descartes considère — à tort ou à raison — comme un prédicat comparable aux autres, est intégrée à ce titre dans l'essence considérée. Ainsi l'essence de Dieu devient la raison de son existence ; et c'est le sens, ou du moins un des sens, qu'il faut donner à l'assertion cartésienne que Dieu est

---

(¹) *Rép. aux prem. Object.*, Cousin, I, p, 339.
(²) *Rép. aux prem. Object.*, ibid.

cause de soi : elle signifie, de ce point de vue, qu'il existe en vertu de son essence.

Si notre interprétation est exacte, la preuve ontologique cartésienne se réduit donc à analyser l'essence de Dieu une fois donnée : essence dont l'existence apparaîtrait comme une partie intégrante. Or l'analyse, même aux yeux de Descartes, prend les essences une fois données pour en découvrir la constitution intime ; elle n'explique pas comment ni pourquoi les éléments de telle ou telle essence se sont groupés de manière à former cette essence. C'est à la synthèse à saisir le processus par lequel les essences se constituent ; l'analyse se borne à déterminer quels sont, en fait, les éléments des touts synthétiques ainsi obtenus. Si donc la preuve ontologique est tout analytique, elle ne nous renseigne pas sur la question de savoir comment et pourquoi il y a telle chose que l'essence divine, qu'une essence enveloppant l'existence. Or, cette question doit être résolue pour donner à cette preuve un sens complet ; car elle ne vaut qu'autant qu'une synthèse préalable a établi, de quelque manière que ce soit, cette intégration de l'existence dans l'essence divine, intégration qui servira ensuite de point de départ à l'analyse.

Or, d'après le même penseur auquel nous avons emprunté le fond des idées que nous venons d'exposer jusqu'ici sur la preuve ontologique, Descartes ne s'est pas borné à établir synthétiquement le passage de l'idée de Dieu à son essence ; il a établi également par une synthèse, et en quelque sorte rationnellement construit — de manière à le légitimer entièrement aux yeux de la raison, si la construction est exacte — le contenu de cette idée et de cette essence, sur lequel travaille l'argument ontologique sous sa forme analytique. La forme analytique, selon M. Hannequin, ne serait en effet qu'une partie de l'argument, seule manifeste, il est vrai, dans les *Méditations*, les *Principes* et le *Discours de la Méthode*. Mais la base synthétique en apparaîtrait au grand jour dans les *Réponses aux secondes Objections*[1] ; et cette synthèse serait encore impliquée par d'autres passages. Voici le résumé des raisons alléguées en faveur de cette interprétation.

Et d'abord, nous dit-on, dans l'espèce de syllogisme par lequel Descartes expose l'argument ontologique dans les *Réponses aux secondes Objections*, la majeure affirme l'adéquation de l'idée à l'essence, et de l'essence à la chose ; la mineure établit — sans le démontrer analytiquement — un lien nécessaire entre l'existence et l'essence divine ; d'où la conclusion pose l'existence nécessaire de Dieu. Ici, ce n'est donc plus une analyse syllogistique qui établit que l'existence est comprise dans l'essence de Dieu, puisque ce lien est affirmé maintenant par une proposition unique, par la mineure du

[1] Édit. Cousin, I, p. 460.

syllogisme considéré, qui remplace à elle seule le syllogisme destiné, dans la troisième *Méditation*, à établir ce lien. C'est donc qu'on peut aller, par un procédé synthétique immédiat, de l'essence de Dieu à l'existence; et que l'existence dans l'espèce est moins une partie de l'essence, qu'elle n'est en quelque sorte exigée par celle-ci. La forme analytique de ce lien ne faisait donc qu'exprimer un aspect de ce dernier, et en quelque sorte l'envers de son aspect synthétique. Voilà pourquoi, poursuit-on, au lieu d'analyser syllogistiquement l'essence divine, dans les *Réponses aux secondes Objections*, Descartes se borne sur ce point à cette sorte de jugement immédiat et premier : « Or est-il que l'existence nécessaire est contenue dans la nature ou le concept de Dieu. »

Au reste, on apporte à l'appui de cette thèse d'autres textes où Descartes affirme comme ici, immédiatement et sans aucun raisonnement syllogistique, le lien qui unit en Dieu son existence à son essence. C'est ainsi que, dans un autre passage de ses écrits[1], il invite le lecteur à contempler « la nature de l'Être souverainement parfait », afin d'y découvrir, par cette seule contemplation, que dans cette nature « ce n'est pas seulement une existence possible qui se trouve contenue, mais une existence absolument nécessaire »; après quoi, il ajoute ces paroles, qui semblent affirmer l'inutilité du raisonnement en telle matière : « car de cela seul, et sans aucun raisonnement, ils connaîtront que Dieu est. » Et, pour preuve que Descartes établit parfois par une synthèse immédiate le lien qui unit en Dieu l'essence à l'existence, on cite ces termes de la conclusion du raisonnement destiné, dans les *Réponses aux secondes Objections*, à établir *a priori* l'existence de Dieu : « la conclusion de ce syllogisme peut être connue sans preuve par ceux qui sont libres de tout préjugé[2]. »

De ces divers textes, M. Hannequin tirait la conclusion que la preuve ontologique comporte, à côté de son interprétation analytique, une interprétation synthétique; ou, plus exactement, que celle-là n'est qu'une approximation et une adaptation syllogistique de celle-ci, cette dernière représentant la véritable et la plus intime pensée de l'auteur. Selon cette manière de voir, l'existence n'est plus pour Descartes un prédicat nécessaire de l'essence divine, mais bien plutôt un complément synthétique immédiatement exigé par cette essence : aussi, nous dit-on, Descartes affirme-t-il souvent que l'existence nécessaire *convient* à l'essence de Dieu, indiquant par le terme de convenance un rapport tout différent du rapport de contenance proprement dit. Bref, « dans l'idée ou le concept de chaque chose, l'existence y est contenue,

---

[1] *Ibid.*, p. 456.
[2] Ed. Cousin, I, p. 461.

parce que nous ne pouvons rien concevoir que sous la forme d'une chose qui existe : mais avec cette différence que, dans le concept d'une chose limitée, l'existence possible ou contingente est seulement contenue; et dans le concept d'un Être souverainement parfait, la parfaite et nécessaire y est comprise(1). » Il semble, selon cette interprétation, que, devançant la théorie Leibnizienne des possibles, Descartes admette que toute essence comporte un degré d'existence en rapport à son degré de perfection, et auquel elle tende en quelque sorte avec une force proportionnelle à cette perfection : existence imparfaite et limitée, c'est-à-dire simplement possible, si l'essence considérée est elle-même imparfaite et limitée; existence absolument pleine et entière, c'est-à-dire nécessaire, si cette essence est parfaite et infinie. Tel est, pense-t-on, le sens véritable de la thèse selon laquelle Dieu est cause de soi : cela signifie que son essence, par cela seul qu'elle est, se convertit immédiatement en existence, moins parce qu'elle contiendrait cette dernière, que parce qu'elle l'appelle et la produit en vertu d'une sorte de puissance. Et c'est pourquoi Descartes dit indifféremment que Dieu existe par son infinie et souveraine perfection, ou par l'immensité de sa puissance(2), qui se confond avec l'immensité de son essence(3).

Quelque ingénieuse que soit cette argumentation, et quelque profondes qu'en soient la plupart des remarques, ne peut-on se demander si elle ne prouve pas l'insuffisance logique de la preuve cartésienne *a priori* de l'existence de Dieu réduite à une pure analyse, plutôt que la conscience expresse chez Descartes d'une conception synthétique *a priori* de notre entendement appliquée à la détermination du passage de l'essence divine à son existence? Nous essaierons, quant à nous, d'indiquer comment les textes allégués plus haut nous paraissent pouvoir s'accommoder d'une interprétation tout analytique de l'argument ontologique.

Et d'abord, si dans les *Réponses aux secondes Objections*, pour affirmer un lien nécessaire entre l'essence de Dieu et son existence, Descartes remplace le syllogisme des *Méditations* par une proposition unique, c'est peut-être que son but n'est pas d'établir ce lien, indiqué auparavant et sur lequel ne porte pas l'objection à laquelle il répond ; mais bien de se justifier de la pétition de principe qu'on lui reproche de faire en passant de l'idée à l'être : aussi fait-il porter tout l'effort de son argumentation sur cette dernière question. Ce n'est pas l'inhérence, comme telle, du prédicat « existence » dans l'essence

---

(1) *Rép. aux sec. Object.*, Cousin, p. 460.
(2) Cousin, I, p. 382, 384, 385 ; — II, p. 61.
(3) Cousin, II, p. 62 ; — I, p. 394. — Pour toute l'argumentation relative à une interprétation synthétique de la preuve ontologique, voir Hannequin, *Rev. de Mét. et Mor.*, 1896, p. 451-460.

divine qui est en effet mise en question ici, mais le droit de passer de cette inhérence conçue à sa réalité de fait. Aussi le syllogisme des *Méditations* est-il simplement résumé pour être intégré à titre de prémisse dans un autre syllogisme dont l'autre prémisse, la majeure, affirme l'adéquation parfaite de l'essence, d'une part à la chose dont elle est l'essence, de l'autre à la conception que nous en avons.

D'ailleurs, quand cela ne serait pas, le lien qui unit l'existence de Dieu à son essence pourrait être immédiat sans cesser d'être analytique, attendu que Descartes reconnaît des analyses immédiates, éléments derniers des analyses médiates, et objets d'intuition au même titre que les notions simples proprement dites. Or, — et ceci nous conduit au second argument de la thèse que nous examinons, — un rapport analytique de cette sorte peut exister et existe en effet entre l'essence divine et l'existence de cette essence; ou, si l'on veut, entre les autres prédicats de cette essence et l'existence nécessaire. Sans doute, entre l'essence considérée abstraction faite de l'ensemble de ses prédicats, et le prédicat « existence », il existe un intermédiaire, qui est la perfection absolue de l'essence donnée; mais il n'en existe point entre l'essence considérée expressément comme contenant toutes les perfections et cette perfection particulière qui s'appelle l'existence. Or, il n'est pas déraisonnable de prétendre que, lorsque Descartes affirme qu'il suffit de considérer l'idée que nous avons de la divinité pour apercevoir, immédiatement et sans raisonnement, qu'elle existe, il entend parler du lien qui existe, d'après lui, entre toutes les perfections de Dieu — de quelque manière que cet ensemble de perfections ait été d'ailleurs découvert — et l'existence qui est une de ces perfections. L'analyse médiate est requise pour passer de l'essence divine, considérée abstraction faite de ses prédicats, si l'on peut ainsi parler, au prédicat « existence », par l'intermédiaire des autres prédicats qui la constituent; non pour passer de cet ensemble, qui est le moyen du syllogisme, à l'existence, qui en est le grand terme. Quant à l'expression de *convenance*, que Descartes emploie souvent pour désigner ce dernier rapport, n'indique-t-elle pas une relation qui, dans sa généralité, embrasse aussi bien l'idée d'inhérence analytique que tout autre rapport ? Tandis qu'au contraire l'idée plus précise de contenance, qu'il invoque ailleurs à propos de la même question, ne saurait désigner légitimement un rapport synthétique.

Quoi qu'il en soit, il n'en est pas moins vrai — et M. Hannequin a eu le grand mérite de mettre ce point en pleine lumière et hors de contestation — que la preuve ontologique cartésienne, interprétée comme une analyse, ne saurait prétendre à démontrer l'existence nécessaire de Dieu que si son essence est déjà constituée, et qu'aucun procédé analytique ne peut donner cette constitution préalable. Aussi

Descartes n'a-t-il pas prétendu démontrer analytiquement l'essence de Dieu en tant qu'essence, non plus d'ailleurs qu'aucune autre essence. Reste, il est vrai, que Descartes affirme, comme nous l'avons déjà vu, que toutes les essences impliquent à quelque degré une certaine existence : les unes, existence simplement possible ; et l'essence parfaite, une existence parfaite, c'est-à-dire nécessaire ; comme s'il nous invitait à voir dans l'existence une sorte de fin où tend toute essence, mais que l'essence qui possède toutes les raisons d'être, comme dirait Leibniz, est seule capable d'atteindre. La preuve ontologique serait alors comme le couronnement et l'indice d'une sorte d'idéalisme rationaliste entrevu par Descartes, selon lequel l'existence ne serait pas une détermination comparable aux autres, mais seulement le résultat et le complément intérieur et nécessaire de la pensée absolument déterminée : comme si l'esprit passait, par un mouvement continu, de l'essence la plus pauvre à l'essence la plus riche, — la dernière seulement existant nécessairement, parce que seule elle est complète et ne requiert aucune cause étrangère pour la poser dans le concret ; tandis que toutes les autres manqueraient de cette détermination qui n'appartient qu'à l'Être véritable, à l'Être par soi. Tel serait le sens profond de l'argument ontologique ; il reposerait dans le pressentiment d'un idéalisme comparable sur ce point à celui de Hegel, avec cette différence qu'au lieu de constituer la réalité par une complication progressive d'idées proprement dites, ce serait au moyen d'essences qui, pour ne pas être de pures idées, s'en rapprochent néanmoins de bien près, et en tout cas sont parfaitement adéquates aux idées qui les représentent, et, pour ainsi dire, coextensives à celles-ci.

Que l'argument ontologique ne puisse être vrai qu'à la condition d'adopter une pareille conception, cela est fort probable, pour ne rien dire de plus. Mais nous croyons que les intentions de Descartes étaient autres. Si, dans cette philosophie, toute essence implique à quelque degré une existence correspondante, et n'implique nécessairement qu'une existence en quelque sorte à sa mesure, cela n'empêche pas les essences autres que l'essence par soi d'être, pour ainsi dire, indifférentes à la réalité ou à la non-réalité de ce que Descartes appelle leur existence formelle, et de pouvoir, par conséquent, — tout en gardant une nature identique, — exister ou non au sens étroit du mot, passer ou non dans l'En-soi d'une réalité sans lien nécessaire avec leurs déterminations internes. La possibilité des essences imparfaites et limitées n'est pas, comme pour l'idéalisme absolu, l'aptitude à être intégré dans une réalité plus riche et le signe d'une abstraction plus ou moins complète ; c'est la faculté absolument contingente et ambiguë d'exister ou de n'exister pas sans changer pour autant de nature interne. Pour l'idéalisme absolu, les éléments de la réalité, si on les considère à part de la réalité absolument déterminée dont ils font partie, ne peuvent absolument pas exister ; mais, intégrés dans cette absolue réalité, ils existent nécessairement, du moins en principe. Pour Descartes, au contraire, toute essence qui n'est pas l'essence par soi, à savoir toute essence de substance imparfaite, peut exister sans pour cela faire partie d'une réalité plus haute ; et en même temps elle ne passe pas nécessairement à l'existence, par cela seul que la suprême réalité est posée. Le caractère de possible de telles essences est donc bien inséparable de leur nature, et il est plus qu'un caractère provisoire et abstrait. Pour elles, par conséquent, l'existence est bien un caractère extérieur ; et c'est parce qu'il leur est extérieur qu'au fond il n'ajoute rien à leurs déterminations, loin que ce soit, comme pour l'idéalisme, parce qu'il serait un élément de cette détermination même ; et la conception cartésienne de l'existence, appliquée aux êtres imparfaits, est aussi réaliste que celle que professe Kant à l'égard de l'existence en général.

Il en est autrement quand il s'agit de l'essence infinie et parfaite : pour elle, l'existence fait partie de sa détermination ; et sur ce point Descartes approche de bien près l'idéalisme. Mais il ne faut pas moins se souvenir que, dans cette intégration de l'existence dans l'essence divine, il y a deux moments, dont le premier affirme l'existence à titre de prédicat comparable à tout autre ; et le second, la valeur formelle — comme dirait Descartes — de cette attribution, valeur formelle basée sur le dogme cartésien foncièrement réaliste de l'adéquation absolue de l'essence et de la chose dont elle est l'essence. L'existence de Dieu a ainsi, chez Descartes, une double signification qui, par suite des négligences de l'auteur, prête à toutes sortes de confusions : tantôt il entend par ce mot la nécessité d'exister qui se trouve dans l'essence divine, tantôt la réalité en soi de cette existence ainsi posée. Et il y a entre le premier et le deuxième sens du mot « existence » appliqué à Dieu toute la différence qu'on remarque entre l'existence possible et l'existence réelle des autres essences substantielles.

Quoi qu'il en soit, il n'en reste pas moins vrai, comme l'a établi définitivement M. Hannequin, que la preuve ontologique cartésienne, réduite à une pure analyse, ne saurait prétendre à une valeur logique, si l'on ne suppose au préalable la constitution de l'essence divine par quelque autre voie, distincte de l'analyse. Aussi bien n'est-ce pas la prétention de Descartes de démontrer analytiquement cette essence comme telle, non plus d'ailleurs qu'aucune autre essence. L'analyse, selon lui, est impuissante à constituer les essences ou, d'une façon plus générale, les notions. Elles ne se constituent que grâce à la synthèse antérieure, dans l'En-soi des données, à l'analyse qui les découvre ensuite. Si l'analyse est le meilleur procédé de découverte pour la connaissance, puisque c'est elle qui retrouve les synthèses elles-mêmes, la synthèse la précède dans l'ordre absolu ; ou — en prenant ce mot au sens large, et en évitant de l'appliquer plus spécialement à l'existence en tant que distincte de l'essence — dans l'ordre de l'être (¹). Seulement, cette synthèse n'est pas un procédé purement intellectuel et *a priori*: l'intelligence la saisit sans doute, mais plutôt comme un fait rationnel que comme une discursion logique proprement dite. Pour les éléments de la réalité, diverses synthèses sont en soi possibles, et non pas seulement celles qui existent en fait, ne fût-ce que dans les essences comme telles ; par conséquent la constitution des essences revêt un caractère plus ou moins empirique. L'intelligence qui les découvre par l'analyse voit ce qu'elles sont, et qu'étant ce qu'elles sont, elles ont nécessairement tels prédicats. Mais, pas plus que pour Aristote, l'arrangement de ces prédicats dans tel ou tel ordre, et par conséquent la constitution de telles ou telles essences, n'est nécessaire absolument, bien que Descartes considère ces arrangements comme parfaitement pénétrables à l'entendement. Ce n'est donc pas seulement à la découverte des notions simples, mais même à celle de leurs rapports, que préside un empirisme intellectuel qui domine ainsi tout le système. Nous ne voulons pour l'instant en tirer que cette conclusion, à savoir : que l'essence de Dieu est moins réellement démontrée dans Descartes que simplement posée, encore que ce soit l'entendement qui constate cette position. L'argument ontologique repose sur une contre-partie synthétique, mais qui — à ce qu'il nous semble — diffère d'une synthèse *a priori* proprement logique : l'essence de Dieu, comme toute essence en fin de compte, — et plus encore, puisqu'elle ne dépend d'aucune autre, — est, selon l'expression de Kant à propos d'un autre ordre d'idées, un fait de la raison. Ce caractère, l'Être par soi le communique, comme nous allons le voir bientôt, à tout le donné. Dieu est ainsi un fait premier dans toute la force du terme, à la fois par son essence et par son existence, puisque celle-ci dérive de celle-là et que son essence est absolument primitive, tandis que les autres ne le sont que relativement : car, tout en étant des sortes d'absolus, elles requièrent néanmoins, comme nous le verrons, quelque cause étrangère ; tandis que l'essence divine, même à titre de simple essence, n'a d'autre raison d'être qu'elle-même, aucune cause plus parfaite ne pouvant être trouvée qui en contienne en soi la raison. Dieu est ainsi cause de soi, à la fois parce que son existence dérive de son essence, et que son essence se pose elle-même. C'est sans doute pour cela que Descartes identifie l'essence de Dieu à sa puissance et qu'il semble attribuer l'existence de l'Être parfait à une sorte d'acte de cette puissance. Ces paroles ainsi entendues ne

---

(¹) *Rép. aux sec. Object.*, Cousin, II, 375.

sont pas en désaccord avec l'interprétation que nous proposons de la preuve ontologique : car l'existence de Dieu, tout en dérivant analytiquement de son essence, ne laisse pas à certains égards d'être le produit de la puissance divine, en ce sens que cette essence même dont dérive l'existence de Dieu est un fait premier qui se produit en quelque sorte lui-même et qui, ce faisant, produit ses conséquences nécessaires, et par conséquent son existence qui est une de celles-ci. C'est de la sorte, croyons-nous, qu'il faut sans doute interpréter les expressions de Descartes, lorsqu'il dit que Dieu existe par l'immensité de son essence.

S'il en est ainsi, les deux conceptions qui se présentent tour à tour dans le cartésianisme, la conception nécessitaire et intellectualiste, et la conception volontariste plus ou moins empirique, ou, pour prendre les choses sous un angle un peu différent, la conception analytique et la conception synthétique, se trouvent unies dans la conception cartésienne de la divinité: à côté, ou plutôt au-dessus du rapport analytique et tout logique qui unit en Dieu, selon Descartes, son essence une fois donnée à son existence, nous trouvons un rapport synthétique, et en même temps supralogique, entre cette essence comme puissance et comme cause, et cette même essence comme effet. A ce dernier point de vue, l'essence divine — c'est-à-dire par conséquent Dieu lui-même, puisqu'il existe dès qu'elle est posée — n'est pas seulement en soi, comme toute substance, ni seulement à titre d'esprit, en soi et pour soi, comme l'âme humaine, mais encore et avant tout par soi (I).

§ 3. Troisième preuve de l'existence de Dieu. Puissance créatrice et Immutabilité de Dieu.

Or, il n'en est pas de même du Moi de chaque homme : car, connaissant les perfections divines, s'il s'était créé lui-même, il se les serait données au lieu de rester imparfait comme il est. Cette remarque sert à fonder l'argument connu comme étant la troisième preuve de l'existence de Dieu, et qui en réalité, comme l'a montré M. Hannequin([1]), est une sorte de confirmation par l'absurde de cette existence; car cet argument suppose l'idée du parfait par laquelle on a découvert l'essence divine et ce rapport nécessaire entre cette essence

---

([1]) *Rev. de Mét. et Mor.*, 1896, p. 456, note 2.

(I) *Disc. de la Méth.*, IV, 4; — *Princip.*, I, 14, 15 et 16; — *Rép. aux sec. Object.*; — *Méditat.* V, p. 316, t. I; — Ep. 248, p. 416, t. 25 à 28, p. 417; Ep. 250, p. 433, § 15, 9 à 13, t. III.
Cf. *supra* nos notes I, pages 19 et 34.

et un être parfait existant réellement, qui fait l'objet de la preuve ontologique.

Ne nous étant pas créés nous-mêmes, dit en substance Descartes dans ce troisième argument relatif à l'existence de Dieu, il est nécessaire que nous tenions notre existence d'un être très parfait. Il ne sert de rien de dire, en effet, que mon âme tient son existence de tel être fini qu'on voudra qui m'a précédé; celui-ci, la sienne d'un autre être similaire, et ainsi à l'infini; car les moments de la durée étant, selon Descartes, absolument indépendants les uns des autres et sans connexion entre eux, de ce qu'un être existe à un instant donné il ne s'ensuit nullement qu'il doive continuer d'exister l'instant d'après. On comprend bien, au besoin, comment un être fini aurait pu me créer, mais non pas comment j'aurais pu être conservé à travers la durée par un autre être que celui qui se conserve éternellement lui-même. Ce raisonnement est universel et s'applique à toute substance finie, quelle qu'elle puisse être. Dieu est donc créateur de tout ce qui existe; par suite, c'est lui qui conserve toute chose, la conservation n'étant, on vient de le voir, qu'une « création continuée ». D'autant que l'anéantissement de la créature, c'est-à-dire le néant, ne saurait être le terme d'une action positive de la part de l'Être tout parfait. C'est pourquoi il doit suffire que Dieu cesse de vouloir l'existence de tel ou tel être pour que cet être cesse d'exister; et pour que celui-ci continue d'être, il faut que son créateur continue de vouloir qu'il soit. Mais là ne se borne pas la fonction créatrice de celui qui, possédant toutes les perfections, en même temps qu'il est omniscient ou « tout connaissant », est aussi « tout-puissant ». Créateur des existences, il l'est encore des essences et des vérités; les unes et les autres de ces dernières, nécessaires pour nous, sont contingentes au regard de Dieu dont elles dépendent; car autrement elles nous seraient incompréhensibles aussi bien que Dieu lui-même, ce qui n'est en aucune façon. Elles sont éternelles, il est vrai, mais parce que le Créateur l'a ordonné ainsi, et que dans son absolue perfection il ne saurait déchoir ni acquérir des perfections plus hautes, les siennes étant portées au maximum. Dieu est donc immuable[1] et il confère cette immutabilité à ses décrets; et c'est pourquoi, pour le dire en passant, il suffit de démontrer sa nécessité pour démontrer qu'il existe éternellement : car de cela seul qu'il est, il s'ensuit qu'il continuera indéfiniment d'exister. Cette théorie de la création des essences, exposée notamment dans la lettre XX[2], est un des points les plus originaux du système; il en résulte des conséquences importantes pour la philosophie cartésienne tout entière. Par elle nous saisissons sous quelle

---

[1] Cousin, I, 394.
[2] Édit. Martin. — Cf. Lettre n° 3, au P. Mersenne.

forme précise Descartes pose au-dessus du principe purement intellectuel un principe supérieur à la logique et à l'entendement proprement dit. Si, en effet, les essences une fois constituées font l'objet d'analyses purement intellectuelles comme autant de systèmes de notions, si même la pensée peut retrouver et reconstruire en quelque sorte rationnellement les synthèses qui les constituent, il n'en est pas moins vrai que c'est à un acte créateur indépendant de leurs déterminations internes que l'entendement doit d'avoir devant lui ces objets, et qu'aucune raison intrinsèque ne nécessitait la constitution de ces synthèses plutôt que d'autres, bien qu'elles soient, une fois formées, pénétrables à l'intelligence. Il y a donc bien au-dessus de la nécessité rationnelle une sorte de nécessité de fait dans laquelle elle se fonde ; nécessité qui d'ailleurs est relative aux créatures, et qui, au regard du Créateur, est pure liberté. En Dieu, et par conséquent dans l'Absolu, le rapport de la pensée à l'être est ainsi l'inverse de ce qu'il était au regard de notre pensée par rapport à son propre être. Ici, l'objet de la connaissance était donné par cette connaissance même ; l'âme n'avait qu'à penser pour connaître qu'elle était et ce qu'elle était ; là, la connaissance suit l'objet connu, au lieu de le précéder, puisque Dieu connaît les essences parce qu'il les crée, bien loin qu'il les crée parce qu'il les connaît. En passant de la pensée, considérée comme son propre objet, à Dieu considéré comme créateur des objets de sa pensée, nous passons ainsi de l'idéalisme à un réalisme volontariste. Et bien que Descartes ne l'ait dit nulle part en propres termes et ne se le soit peut-être pas avoué à lui-même, il suffirait de tirer toutes les conséquences que comportent cette partie et cet aspect de sa philosophie, pour aboutir à un volontarisme absolu, tel que le professera plus tard Schopenhauer, et pour assigner l'arbitraire comme origine non seulement aux créatures, mais au Créateur lui-même. Si l'on considère, en effet, que l'existence de Dieu découle d'une première essence qui ne dérive elle-même d'aucun principe supérieur, c'est bien à cela que tendent — que Descartes le veuille ou non — les fameuses formules sur l'identité en Dieu de la puissance et de l'essence ; et, poussé jusqu'à ces conséquences extrêmes, inaperçues d'ailleurs par Descartes lui-même, le système entier de la Pensée et de l'Être apparaît comme un tout rationnel, qui a son principe, au-dessus et en dehors de la raison, dans une Volonté absolument dégagée de toute loi ; à tout le moins, là est bien la source dernière de l'essence et de l'existence des créatures.

§ 4. La Volonté en Dieu et dans l'Homme. Fondement en Dieu de la vérité de l'expérience.

Et, en effet, cette perfection, par laquelle Dieu est indépendant des objets de son entendement et grâce à laquelle il se détermine arbitrairement sans aucune nécessité extérieure ni immanente, c'est la Liberté divine ou la Volonté libre de Dieu (I). Elle est conçue à l'image d'une liberté analogue dont l'expérience, par un sentiment vif interne, et une sorte d'intuition intellectuelle, nous apprennent la présence dans notre âme. Grâce à ce pouvoir qui en nous est presque aussi étendu qu'en Dieu, tandis que notre entendement est très limité, il nous est possible de nous déterminer par nous-mêmes pour telle ou telle action; grâce encore à cette même faculté, nous pouvons suspendre notre jugement, quand bon nous semble; le doute est toujours possible, excepté dans le cas où l'évidence de ce que nous concevons est complète : car alors, tout en restant libres, nous consentons infailliblement, mais non pas malgré nous, à donner notre adhésion à la vérité. Toutes nos idées n'étant pas claires et distinctes, c'est de cette disproportion de l'Entendement et de la Volonté que naît en nous l'erreur, comme aussi le péché qui n'est qu'une erreur de la conduite(1). Ils proviennent l'un et l'autre de ce que la Volonté juge parfois des choses que l'Entendement ne connaît pas ou ne connaît que confusément. Ce sont des défaillances dues en partie à un défaut d'intelligence; on ne saurait en faire Dieu responsable : car, dans leur forme, l'erreur et le péché ne sont pas des actes positifs. Voilà pourquoi Descartes déclare que « la malice du péché... n'est rien ». Il faut bien qu'il en soit ainsi : car Dieu ne saurait vouloir positivement nous tromper. Si, tout en étant omniscient, il n'était absolument véridique, cela serait une imperfection inconcevable dans l'Être infiniment parfait. Comment la véracité doit-elle nécessairement exister dans un être dont l'essence est absolument indépendante même à l'égard de lui-même

---

(¹) En réalité, la morale de Descartes, pas plus que celle des Stoïciens, n'est ni complètement volontariste ni complètement intellectualiste; mais il faut y considérer en quelque sorte plusieurs plans. C'est en dernière analyse l'Entendement qui est le principe de la moralité; et nous agissons bien ou mal moralement, selon ce que notre Entendement aperçoit et connaît. Mais les jugements de l'Entendement, qui dans leur essence sont tout intellectuels, sont eux-mêmes déterminés par l'action de la Volonté qui, bien qu'elle ne juge pas à proprement parler (cf. Regulae, 86), pose, affirme ou nie les jugements de l'Entendement, comme étant le principe de la croyance. Nous agissons d'après ce qui nous paraît; mais il dépend de notre volonté d'arrêter ou de pousser plus loin la recherche de toute la vérité, et par conséquent de la vérité morale. En résumé donc, la moralité dépend de la perfection de l'Entendement, et lorsque nous ne nous déterminons que par des idées évidentes, nous sommes sûrs d'agir moralement bien; mais à son tour la perfection de l'Entendement, ou plutôt son perfectionnement dépend de la volonté. (Voir Méth., III, 5, l. 8-11; — Traité des Passions, passim, notamment Garnier, t. III, p. 193; — Première lettre à Chanut, t. IV, p. 274; — Rép. d'Hyperaspistes, Garnier, t. IV, p. 146; — Garnier, t. II, p. 362.)

(I) Disc. de la Méth., IV, 4; — Princip., I, 20, 21, 22, 24, 40; — Médital. III, p. 284-289; V, p. 318-321, t. I; — Lettre 250, 7, p. 429-430, t. III; 13, p. 433, l. 14-21; — Lettres au P. Mersenne, 15 avril 1630, p. 145, t. I; 28 janvier 1641, p. 293, t. III; Lettre VII, à la princesse palatine, éd. Clerselier.

et dont l'arbitraire est la loi? Descartes ne l'explique pas (I). La Véracité divine ne laisse pas d'avoir une très grande importance dans le système. C'est parce que Dieu n'est point trompeur que nous sommes assurés qu'un objet extérieur réellement existant correspond à l'idée que nous en avons, c'est-à-dire à l'essence que nous concevons, lorsque nous avons une forte inclination à croire à l'existence de cet objet. C'est aussi la Véracité divine qui nous assure l'exactitude de nos souvenirs lorsqu'ils sont clairs et distincts. La Véracité divine, bien qu'elle soit le fondement ontologique du principe des idées claires et distinctes, ne saurait — du point de vue de la connaissance — être le garant de la valeur de celles-ci comme telles : car, sans ce principe, Dieu lui-même ne pourrait être prouvé; il y aurait un cercle vicieux manifeste à en juger autrement. Toutefois on pourrait douter de la vérité d'une proposition dont nous n'apercevons actuellement que le contenu, mais que la mémoire rappelle avoir été déduite autrefois évidemment de son principe, n'était que Dieu ne nous trompe jamais positivement. Or, comme il s'écoule toujours un certain temps entre la connaissance d'un principe et celle de sa conséquence, sans la Véracité divine nous ne serions jamais véritablement assurés de presque rien ([1]) : c'est pourquoi la science de l'athée n'est pas une vraie science (II).

Principe de la vérité de l'expérience, comme il a été dit ci-dessus, Dieu est encore, par sa liberté, le fondement même des objets de l'expérience, du point de vue ontologique. C'est la Liberté divine qui crée les objets de nos idées, non seulement les essences, mais encore les existences de ceux-ci; elle est encore une fois de plus, et dans un sens plus fort que ci-dessus, le trait d'union entre l'idée et le fait, le possible et le réel. On voit encore comment, à tous égards en dernière analyse, par sa théorie de la volonté absolument libre, l'être chez Descartes est supérieur au connaître; la liberté, logiquement antérieure à la nécessité rationnelle, qui n'est que contingence à l'égard de Dieu; ou plutôt la nécessité rationnelle occupe comme une place intermédiaire entre la contingence des essences qui la pose et la contingence des existences à laquelle elle sert de limite et de frein.

Quoi qu'il en soit, dans la mesure où l'on peut distinguer en Dieu divers attributs, la Volonté en lui précède logiquement l'Entende-

---

([1]) Elle est nécessaire pour garantir sinon la vérité de nos intuitions, du moins celle de nos déductions, et l'objectivité de nos idées au sens étroit du mot; c'est-à-dire la croyance en un monde extérieur.

(I) *Disc. de la Méth.*, III, alin. 2, l. 22-27; — *Méditat.* IV, en entier, et notamment alin. 7, 15, 16; — *Rép. aux 5es Object.*, alin. 47 et 48, et surtout 49-50; — Descartes, Garnier, t. IV, p. 185; — *Princip.*, I, 29, 31, 33, 40, 41-45; — *Corresp.*, lettre à la princesse palatine, 7, 8, 9, 10, 11 alin. 6, édit. Clerselier.

(II) *Disc. de la Méth.*, IV, les deux derniers alinéas; — *Méditat.* I, alin. 8; — II, alin. 4, milieu; — IV, alin. 2; — V, alin. 7 et 8; — VI, alin. 10. — *Sec. Object.*, alin. 4; — *Rép. aux sec. Object.*, alin. 22, 27, 29, 30, 31, 33. — *Princip.*, I, 13, 23; cf. 4 et 5.

ment; et, bien que Descartes affirme que Volonté et Entendement, en Dieu, sont indivisiblement unis et inséparables(¹), il ne laisse pas de dire que le contenu de l'Entendement divin, c'est-à-dire l'ensemble des essences et des vérités rationnelles, dépend de l'arbitraire de Dieu (I). Ainsi donc, pour passer de l'essence des créatures à leur existence, une action transcendante est nécessaire, tout comme pour poser leur essence même, et l'intellectualisme absolu est une seconde fois en défaut. C'est encore la Liberté divine qui fonde ce second passage, du point de vue ontologique; tout comme c'est la Véracité divine qui, du point de vue de la connaissance, permet à notre esprit de sortir de lui-même pour affirmer l'existence de créatures étrangères, procurant ainsi à l'esprit humain un monde d'objets à connaître en dehors de sa propre substance : en un mot, un monde objectif, dans le sens qu'on donne à ce mot depuis Kant.

VI. L'Étendue ou Matière corporelle. Le Dualisme.

Les substances spirituelles finies et l'esprit infini ne sont pas, en effet, les seules substances dont nous ayons quelque idée : il faut y joindre la notion d'objet étendu. En réfléchissant sur nos idées, nous remarquons que notre entendement conçoit clairement et distinctement, sans le secours d'aucun autre concept, une substance d'une espèce *sui generis,* dont toute l'essence consiste en ce qu'elle est étendue, c'est-à-dire composée de parties contiguës et extérieures les unes aux autres, douées de figures et de grandeurs déterminées. Ces parties sont conçues comme capables d'être mues et de changer leurs rapports réciproques de position. L'objet possible ou réel d'une pareille idée est nécessairement quelque substance, distincte de notre Moi: car la notion de *pensée* et celle d'*étendue,* bien analysées, ne recèlent aucun élément commun. Or, l'on sait que, lorsque deux essences peuvent ainsi être conçues clairement et distinctement l'une sans l'autre, elles appartiennent chacune à une espèce différente de substances. Et quand Dieu unirait ces deux sortes de substances par le lien le plus étroit, il ne pourrait se défaire de la puissance de les séparer qu'il s'est conférée à lui-même en créant ces essences. Aussi la substance étendue, si elle existe, est-elle radicalement distincte de la substance pensante.

Tant que nous ne considérons son idée qu'en elle-même, rien ne peut nous assurer que celle-ci ait un objet réel : car il faut en dire de

---

(¹) Garnier, t. IV, p. 148.

(I) *Disc. de la Méth.,* IV, alin. 4, 33-48; — *Méditat.* II, alin. 8, début; — *Princip.,* I, 22, 23, l. 15-19; 24, premières lignes; — *Corresp.,* Ep. LXXIV, t. I, p. 368.

même de toute idée comme telle. Ajoutons que, dans l'espèce, la notion est innée, non acquise. En effet, nous avons en nous-mêmes tout ce qu'il faut pour la former, elle et les idées de toutes les figures possibles, indépendamment de toute expérience; chacun de nous est virtuellement géomètre dès sa naissance; et la géométrie, comme aussi la science du mouvement, est tout entière *a priori*. Au reste, nous ne concevons pas de bornes à l'étendue : nous ne nous la représentons pas à la vérité comme « infinie », ou illimitée en perfection, ainsi qu'est Dieu; mais bien comme « indéfinie », c'est-à-dire sans limite assignable en tant qu'étendue. Or, l'expérience peut nous offrir telle ou telle portion d'étendue, telle figure de grandeur limitée : elle ne nous donne jamais un objet qui s'étend au delà de toute limite. Ce n'est pas, comme il vient d'être dit, qu'on ne puisse penser comme présente telle ou telle portion déterminée de l'étendue : bien au contraire, c'est un des caractères distinctifs de l'objet de la notion en question, de pouvoir être non seulement conçu par l'entendement, mais encore de pouvoir être aperçu sous telle ou telle forme déterminée comme actuellement présent; c'est là ce que Descartes appelle apercevoir par l'imagination ou imaginer. Quoi qu'il en soit, image ou concept, l'idée dont il s'agit doit avoir une cause, soit « formelle », soit « éminente », qui rende raison de son existence dans l'esprit en tant que représentative d'un objet possible ou actuellement existant. C'est donc qu'elle a été mise en nous par Dieu, qui en contient éminemment les propriétés, soit qu'elle réponde à un objet qui lui ressemble et qui existe en soi, soit qu'elle ne réponde directement à rien de tel. Dans le premier cas, il existerait réellement une substance étendue. Cette hypothèse est la vraie : car nous sommes portés à croire à la réalité de l'étendue substantielle par une inclination très forte, et telle que Dieu ne l'aurait point mise en nous, si elle ne répondait à la vérité même : car il n'a jamais la volonté de tromper. Ici encore Descartes a recours à la Divinité, pour passer — au sujet de l'existence du monde extérieur — de l'idéalisme problématique, ainsi que s'exprime Kant[1], à un réalisme dogmatique. L'Étendue, en effet, n'est autre chose que l'attribut essentiel et primitif des corps, de la matière.

Substance corporelle et matérielle et substance étendue sont des termes rigoureusement synonymes. L'Étendue appartient aux corps primitivement, et elle n'appartient qu'à eux seuls. Dans la notion de matière, il n'entre aucune détermination qui ne présuppose de l'étendue à trois dimensions. Sans étendue, le mouvement, la figure, la grandeur, tout ce qui caractérise le corps, est rendu impossible. On peut, au contraire, très bien concevoir un corps immobile; et si toute

---

[1] *Kritik der reinen Vernunft*, zw. Ausg., Hartenstein, 1867, dritter Band, p. 198.

substance corporelle est conçue figurée, et douée de dimensions en général, c'est-à-dire comme de l'étendue diversement modifiée, néanmoins la forme particulière de chaque figure et sa grandeur déterminée sont absolument indifférentes à la constitution même de la matière comme telle. L'Impénétrabilité elle-même, sans étendue, ne saurait constituer l'essence corporelle, outre qu'elle procède elle-même de l'Étendue. C'est une propriété dérivée, et qui a rapport aux relations des parties étendues entre elles. Définira-t-on plus justement le corps une substance tactile? Nullement : ce serait faire entrer dans la définition un élément extérieur au défini; car la Tactilité exprime le rapport de la Matière à nos sens, non pas la nature intime de la Matière même. Il y a plus : tous les corps n'agissent pas également sur nos organes; il en est qui, par suite de leur petitesse ou de la rapidité de leurs mouvements, ne peuvent affecter nos sens.

Prétendre que l'Étendue appartient à d'autres substances qu'aux choses matérielles serait aussi vain; car l'Étendue, telle qu'elle est ici définie, est composée de parties extérieures les unes aux autres, entre lesquelles elle peut être divisée. De plus, les objets étendus, en même temps qu'ils sont concevables, peuvent aussi être imaginés. Il n'en est pas de même des substances immatérielles. L'Ame humaine, par exemple, est indivisible et sans parties; elle n'occupe aucun lieu, elle n'est pas objet d'imagination; ses diverses pensées sont des modifications, non des portions séparées du Moi qui en est la substance. Dieu n'est pas plus étendu que les esprits finis, malgré son omniprésence. Non seulement il ne peut être imaginé, mais encore il est indivisible; car c'est une marque de dépendance que de pouvoir être divisé; la division, en effet, est une opération subie passivement par le sujet qui en est le théâtre. Il faut donc dire que Dieu n'est pas étendu comme les corps, en ce sens qu'il « est présent partout par sa *puissance*, et non par son *essence*». Ajoutons qu'il est partout tout entier, et que, par conséquent, il n'y a en lui aucune distinction de parties, aucune composition.

Comment Descartes entend-il cette extension de puissance qui n'implique pas une étendue d'essence? Et comment la concilie-t-il avec cette autre déclaration, à savoir que l'essence de Dieu est identique à sa puissance? On ne sait. Il l'eût peut-être fait connaître à son correspondant Morus[1] qui lui avait demandé des éclaircissements à ce sujet; mais la mort l'en empêcha.

Ainsi la substantialité des corps se déduit de la considération de leur essence même. Mais il faut bien saisir le sens de cette démonstration. — Ce que la simple conception de la matière, ou même d'un

---

[1] *Correspond.*, Réponse de Descartes à Morus, 15 avril 1649, t. V, p. 340, Ep. DLIV; — Lettre de Morus à Descartes, t. V, p. 376, Ep. DLXIV.

corps quelconque, nous fournit, — sans aucun recours à des considérations étrangères à cette conception, — c'est la possibilité pour l'Étendue, si elle existe, d'exister en soi, d'être le sujet dernier des modifications corporelles. Ce n'est pas la réalité de l'existence d'une telle substance; car de ceci la Véracité divine est seule capable de nous assurer avec certitude. Il n'est pas de pensée relative à un corps qui ne nous donne la notion, et par suite ne nous présente l'essence même de l'Étendue. Et en ce sens, Regis a eu raison de comparer la manière dont nous passons de la connaissance de n'importe quel corps à la connaissance de l'Étendue, avec celle dont n'importe quelle pensée nous donne la connaissance de notre âme. Mais il s'est cru à tort fidèle interprète de la doctrine cartésienne, en affirmant que l'existence même de la substance étendue est connue aussi immédiatement que celle de la substance pensante[1]. Sans doute, en faisant de l'essence étendue une sorte de demi-réalité distincte de la Pensée, Descartes pouvait facilement ouvrir la voie à un pareil réalisme; et de la correspondance inconditionnelle qu'il établit entre l'idée de l'objet extérieur quel qu'il soit et l'essence de cet objet, — notamment entre l'idée de l'Étendue et l'essence étendue, — à une correspondance inconditionnelle entre l'idée considérée et l'objet lui-même, il n'y avait qu'un pas. En effet l'essence étendue, ou même l'essence d'un objet étendu quelconque, est elle-même un objet immédiat, dont l'objectivité, comme on dirait aujourd'hui, nous apparaît immédiatement. De telles essences sont, selon l'heureuse expression d'un auteur pénétrant, de véritables « Objets idéels »[2]. Et les idées de telles essences n'apparaissent à l'esprit être autre chose que des idées d'objets, lesquelles perdent toute consistance à ses yeux, si on les prive de cette signification, bien qu'elles ne soient pas immédiatement des idées d'objets existants. C'est en développant cet aspect du cartésianisme que Malebranche aboutira à sa théorie de l'Étendue intelligible, véritable objet qui n'a plus rien de subjectif au regard de l'homme, et qui pourtant n'est pas une substance existant en soi. Ainsi est admis à la fois, et que l'idée comme telle (j'entends l'espèce d'idées dont nous venons de parler) est la représentation d'autre chose qu'elle-même, et que l'existence de cet objet extérieur est tout hypothétique et ne découle nullement de l'idée qui pourtant n'a d'autre fonction que de le représenter[3]. Comme on l'a justement dit, Descartes, en même temps qu'il rejette la métaphysique scolastique en repoussant l'affirmation dogmatique d'un monde extérieur, conserve à certains égards la psychologie sur laquelle se basait cette affirmation[4].

[1] Regis, *L'usage de la Raison et de la Foi*, liv. I, part. II, ch. 6.
[2] Voir ci-dessous note 4.
[3] *Princip.*, I, 71.
[4] Ce double caractère de la théorie cartésienne de la connaissance a été excellemment mis en lumière par M. H. Schwarz, privatdocent à l'Université de Halle,

Quoi qu'il en soit, le rapport de la Pensée et de son objet se présente maintenant sous une troisième et double forme. Tout d'abord, en tant que l'objet est une pure essence, nous avons à faire, comme dans tout autre cas analogue, au rapport inconditionnel de deux termes à la fois essentiellement distincts et absolument solidaires. En second lieu, si nous envisageons l'existence substantielle de l'objet considéré, elle ne soutient de rapport avec la Pensée que par l'intermédiaire de l'essence de celui-ci. Et, à cet égard, le rapport de l'Existence à l'Idée est le même que celui que nous avons déjà vu établi entre l'existence de Dieu et l'idée que nous en avons; mais le rapport de l'Existence à l'Essence, qui sert de point d'appui au rapport de l'Existence à l'Idée, est ici contingent et extérieur aux termes mis en rapport. Non seulement l'Existence ne dérive plus de l'Essence, comme elle en dérivait en Dieu; ni la pensée ne passe de l'un à l'autre immédiatement, comme elle le fait lorsqu'elle affirme l'existence de l'Être pensant lui-même : mais c'est grâce à un troisième terme étranger aux deux autres qu'elle passe, de l'essence ou de la possibilité de la substance étendue, à l'existence effective de celle-ci. Et cette existence n'ajoute rien aux déterminations internes de l'essence; elle se borne à les reproduire en les posant comme existantes, au lieu de les poser comme simplement possibles. La conception du passage de l'idéal au réel est ici, comme on le voit, empreinte d'un réalisme et d'un dualisme, on peut même dire : d'un empirisme, qui vont croissant du premier au second degré de ce passage. Nous y voyons affirmer non seulement l'indépendance et la distinction réciproques de l'Idée, de l'Essence, et de l'Existence ou Objet proprement dit; mais encore la réalité — au sens fort — d'une substance qui n'est, ni par soi comme la Substance divine, ni pour soi comme la Substance pensante, mais purement et simplement en soi. Pénétrons maintenant plus avant dans la nature de cette nouvelle substance (I).

Essentiellement étendue, la Matière possède par voie de conséquence une propriété qui ne lui appartient pas moins nécessairement : Elle est divisible à l'infini. En effet, l'Étendue est divisible par nature et définition; il est donc nécessaire que la moindre de ses parties

dans la *Revue de Métaphysique et de Morale*, 1896, p. 459-477: *Les recherches de Descartes sur le Monde extérieur*. — Cf., du même auteur : *Die Umwälzung der Wahrnemungshypothesen durch die mechanische Methode*, avec un appendice : *Ueber die Grenzen der physiologischen Psychologie*, Leipzig, Verlag v. Duncker und Humblot, 1896.

(I) *Disc. de la Méth.*, IV, alin. 2, *s. fine*, 5; — *Médit.* II, alin. 4, *s. fine*; alin. 8 et 9; — III, 6-7; — IV, 1; — V, 1-2; — VI. — *Rép. aux prem. Object.*, alin. 12; aux 5es *Object.*, 61; à l'*Object*. X de Hobbes, 4; au placard de Regius, remarques sur les articles 12-13. — *Correspond.*; t. III, p. 690, Ep. CCCX; p. 691, l. 8-9, 20-27; p. 692, 10-20; t. V, p. 267, Ep. DXXXVII; p. 840, Ep. DLIV, *ad instant. prim., secund. penultim., ult.*; p. 376, Ep. DLXIV. — *Princip.*, I, 8, 11, 23, 52, 53, 54, 63-65; — cf. 69-70; — II, 1, 4, 9-11, 13-15, 28; cf. 24-25. — Descartes, Garnier, t. IV, p. 112, p. 301.

puisse encore être divisée; car la partie est homogène au tout dans lequel elle entre comme élément. Cette divisibilité, l'auteur le déclare expressément, est entendue par lui comme une divisibilité substantielle et actuelle, et non pas seulement comme une propriété purement géométrique. Dieu, en effet, pense-t-il, peut bien unir deux parties d'étendue au point que nul être créé ne puisse les séparer; le Créateur ne laisse pas pour cela de continuer à posséder le pouvoir de dissoudre le lien qu'il a établi.

Une autre conséquence de la théorie cartésienne sur la nature des corps, c'est de rendre le vide spatial non moins impossible que les atomes. L'Étendue, attribut de la Substance Corporelle, ne peut se rencontrer que là où se rencontre aussi sa substance; car le Néant n'a pas de propriétés ni d'attributs; de plus, l'Étendue a des caractères distinctifs; elle n'est donc pas un non-être : par suite, le vide est impossible, aussi bien entre les corps qu'au delà du monde matériel; lequel n'est pas seulement indéfini, mais encore continu([1]). Les portions de la Matière sont toutes solidaires; il y a cohésion parfaite de tous les corps dans le Plein; aussi le mouvement n'est-il possible que selon des anneaux fermés; nulle portion de la Matière ne se déplace, sans être aussitôt remplacée par une autre portion équivalente. Qu'on ajoute à cela que la Matière, n'étant primitivement que de l'étendue, ne saurait être la source première de son mouvement; et l'on aura une autre propriété essentielle, toute négative d'ailleurs, de la matière : sa passivité originelle. Cependant l'expérience nous apprend que les corps sont non seulement mobiles, mais encore actuellement en mouvement. La raison ne pouvant en être cherchée dans leur propre nature, il faut recourir à l'activité créatrice : Dieu, en créant la Matière, l'a douée d'une certaine somme de mouvement et de repos; et comme le Créateur est immuable, la quantité de mouvement qu'il a mise dans le monde se conserve toujours égale à elle-même([2]).

([1]) Il suit de cette théorie de Descartes sur l'extension indéfinie et la divisibilité actuelle à l'infini de la matière, — étant donné qu'il considère d'autre part le nombre comme une notion pleinement intelligible, — qu'il admet l'infini actuel numérique et la possibilité en droit d'infinis numériques de divers ordres pouvant chacun constituer une somme véritable. (Voir *Princip.*, part. II, 34 ; — Réponse de Descartes à Morus, *Correspond.*, t. V, 5 février 1649, Ep. DXXXVII, p. 267. — Cf. *Princip.*, I, 55 et 58.)

([2]) La forme de cette quantité est d'ailleurs mathématiquement définie par Descartes : c'est le produit mv de la masse du mobile par sa vitesse. (*Princip.*, II, 43, etc.) On sait que, pour Leibniz, la quantité d'énergie qui se conserve dans le monde n'équivaut pas à ce produit, mais au produit de la masse par le carré de la vitesse (*Disc. de Métaph.*, 17 ; — Correspond. avec Clarke, Erdmann, 112-114, 198 A; cf. 108 A, etc. Voir dans l'édition de la *Monadologie*, de M. Boutroux, l'appendice sur cette question, par M. Poincaré). Quoi qu'il en soit, Leibniz s'est trompé, en disant que Descartes avait mal défini la force mouvante par le produit mv, bien que cependant ce produit ne représente pas la quantité d'énergie motrice constante de l'Univers. En effet, les deux auteurs n'entendent pas la même chose par le mot de « force ». Pour Descartes, la force, c'est le produit de la pression ou tension évaluée

Aussi l'homme n'a-t-il pas le pouvoir de la changer. Notre action ne s'étend, dans l'espèce, qu'à modifier la direction des mouvements (1).

VII. L'Homme. L'Union de l'âme et du corps. Ses effets.

Car nous agissons sur les corps, et ceux-ci agissent sur nous; et cela, par l'intermédiaire d'un objet matériel, qui soutient avec nous des relations très étroites, et que nous nous attribuons en propre comme nôtre : c'est notre corps. En effet, l'homme, tel que l'expérience actuelle nous le présente, n'est ni esprit pur ni pure matière : c'est un composé d'une âme et d'un corps que Dieu a tout particulièrement unis. A ce mélange des deux substances, et non à l'une d'elles prise isolément, il faut faire remonter l'origine des sensations, des images, des passions. Les unes et les autres, en effet, ont été attachées par Dieu à certains mouvements de nos organes. Ce n'en sont pas moins des pensées, mais des pensées confuses en tant que nous les rapportons à notre corps ou à des corps étrangers; pensées que l'âme subit passivement, par la seule raison que le Moi spirituel est soumis, en une certaine mesure, au corps qui lui est intimement uni. Pour toutes ces raisons, sensations, images, passions sont des choses qu'il faut dénier à la substance de l'Être souverainement parfait.

Quelle est la nature profonde et métaphysique du lien qui unit ces deux substances radicalement hétérogènes, et de leurs actions réciproques l'une sur l'autre ? Descartes se borne à cet égard à donner l'union de l'âme et du corps pour l'objet d'une idée primitive et innée, en même temps que d'une expérience courante, idée qui s'explique par elle-même et au delà de laquelle il n'y a pas à remonter. Il ajoute simplement que la distinction réelle de deux substances ne rend pas impossible en soi toute action causale de l'une sur l'autre. Passant ainsi rapidement sur la question métaphysique, Descartes ne se fait pas faute de décrire en détail le processus physiologique qui, dans

---

en poids par le temps où elle est appliquée au mobile ($ft = mv$), tandis que Leibniz entend par force le produit de cette pression ou de cette tension par l'espace parcouru ($fe = mv^2$). D'après la mécanique moderne, ce n'est pas la force vive qui est une quantité constante, mais bien l'énergie totale, tant actuelle que potentielle, c'est-à-dire tant sous sa forme cinétique que sous toutes les autres; d'autre part, la force vive n'est pas le produit mv^2, mais la moitié de ce produit, comme il ressort des lois du mouvement uniformément accéléré. En effet, si $e = \frac{1}{2}gt^2$, et si, d'autre part, $v = gt$, comme $f = \frac{m}{g}$, il s'ensuit que le travail fe, à un instant donné, c'est-à-dire la force vive $= \frac{mv^2}{2}$, g étant éliminé entre les deux équations.

(1) *Correspond.*, t. V, p. 267, Ep. DXXXVII depuis p. 269, l. 7, jusqu'à p. 275, l. 7; — p. 340, Ep. DLIV *ad instant. penultim.*, alin. 2. — *ad questiones*, alin. 1, 2, 5, 8. — *Princip.*, I, 26-27; — II, 5, 16-18, 20, 21, 33-37; — III.

chaque cas, précède ou suit l'action de l'organisme sur l'âme et de l'âme sur l'organisme. Ce point n'a pas à nous arrêter : qu'il nous suffise de dire que le Moi n'agit qu'indirectement sur l'ensemble de son organisme, et que ses volitions n'influent immédiatement que sur une certaine partie du cerveau, la glande pinéale; celle-ci, par l'intermédiaire des parties les plus subtiles du sang ou « esprits animaux », communique le mouvement au reste de notre corps. Inversement, nos divers organes ne causent dans l'âme de sensations, d'images, de passions, qu'autant qu'ils agissent au moyen des mêmes esprits animaux sur cette même glande pinéale, seule partie de notre corps qui agisse directement sur la substance pensante. Grâce à des processus de ce genre, l'âme est capable de se former les idées, confuses d'ailleurs, des qualités sensibles; le vulgaire rapporte ces qualités aux divers corps qui en suscitent le sentiment dans notre âme; en cela il se trompe. Mais le philosophe, et d'ailleurs aussi la conscience spontanée de l'enfant — qui ne se trompe pas puisqu'elle ne fait aucun jugement qui dépasse ses propres perceptions — n'y voient que des modifications purement subjectives. Il y a ainsi dans l'âme deux sortes d'idées : les unes tournées vers le dehors, vers l'objet, qui attirent pour ainsi dire toute notre attention non sur elles, mais sur cet objet; les autres purement subjectives : de sorte que le dualisme de l'Idée et de l'Objet se trouve pousser en quelque sorte des racines jusqu'au sein du Sujet lui-même. Toutes nos perceptions sans doute ne sont que des modifications de l'âme : mais les unes ressemblent aux qualités des objets extérieurs, au point de nous présenter pour ainsi dire ces dernières immédiatement à l'esprit; les autres ne représentent qu'elles-mêmes, et par conséquent aussi l'être pensant en qui est leur raison d'être. Ainsi la voie était ouverte aux deux tendances opposées qui se sont ensuite manifestées au sein de l'École cartésienne; à la thèse d'Arnaud, pour lequel les idées ne sont que des modifications de l'âme, et à celle de Malebranche, pour lequel ce sont de véritables objets. Ou plus exactement, l'une et l'autre représentent, sous une forme différente et même contraire, les deux aspects — et non pas seulement l'un des deux exclusivement — de la théorie cartésienne des idées. Car, pour Malebranche, non plus que pour Descartes, l'âme qui pense un objet ne le fait sans le secours de quelques modifications subjectives, — pour ne rien dire de ces modifications subjectives qui, chez Malebranche, ne répondent immédiatement à aucune idée; — et, pour Arnaud, c'est bien un objet immédiat que contemple l'âme, quand, grâce à ses perceptions, elle contemple les objets extérieurs. Et l'on retrouve ainsi chez Arnaud et chez Malebranche les deux éléments qui se rencontrent déjà chez Descartes dans la connaissance proprement dite de l'objet extérieur : la modification subjective et un objet, différent de celle-ci, mais immédiatement donné grâce à elle. Toute la différence entre Descartes, Malebranche et Arnaud tient donc dans la manière dont chacun entend la nature et le contenu de cet objet.

Quoi qu'il en soit des idées vraiment représentatives des objets extérieurs, toujours est-il qu'à côté d'elles, Descartes admet les modifications strictement subjectives dont nous venons de parler. Jamais, en effet, affirme-t-il, on ne pourra déduire la couleur, la chaleur, la saveur ou telle autre qualité sensible, de la considération de l'essence des corps, c'est-à-dire de l'Étendue. Ce ne sont que des modifications de l'âme; et comme telles, on les conçoit sans difficulté. Descartes considère ces soi-disant propriétés de la Matière comme des qualités secondes, pourrait-on dire, par opposition à ce qu'on pourrait appeler les qualités premières des corps, lesquelles leur appartiennent réellement. Ainsi tout s'explique, dans le monde matériel, uniquement par des considérations de géométrie et de mécanique; la physique se réduit à la science de l'Étendue et du Mouvement. La physique de Descartes est une physique toute mécaniste (¹). En cela, il ne fait que donner une expression philosophique aux tendances manifestées déjà avant lui par la science de son temps: voilà en quoi consiste ce que Leibniz appellera le mécanisme géométrique, par opposition à celui des atomistes, qu'il nommera mécanisme arithmétique. Ainsi sont bannies de la science des corps non seulement les entités métaphysiques et les facultés de l'École, mais aussi les Formes d'Aristote. Avec une matière étendue, mobile et douée primitivement d'inertie, Descartes se flatte d'expliquer tous les effets de la nature corporelle et même la Vie. Aussi ne suppose-t-il point d'âme dans les animaux inférieurs à l'homme, renouvelant ainsi, peut-être à son insu, la doctrine professée au siècle précédent par un médecin espagnol, Gomes Pereira(²). Avec l'homme apparaît une substance nouvelle: l'Esprit, par quoi s'explique la Pensée et tout ce

---

(¹) Non seulement, en effet, la finalité ne suffirait pas à elle seule, pour Descartes, à expliquer l'univers matériel et ses déterminations; mais encore elle est complètement inutile à cet effet, même à titre d'élément d'explication. Et le mécanisme se suffit complètement à lui-même sans avoir besoin d'être pris, comme il le sera chez Leibniz, pour un moyen de la finalité. Aussi Descartes, tout en admettant l'existence de fait de la finalité, non seulement dans le domaine de la Pensée (voir *Médit.* IV, 4), mais encore dans l'Univers en général (cf. Garnier, t. IV, p. 125, et ailleurs), ne laisse pas de bannir la considération des causes finales du domaine de la science et d'en déclarer la recherche oiseuse (*Princip.*, I, 28). Il va plus loin et affirme positivement que le mécanisme est par lui seul à ce point pleinement intelligible qu'il est non seulement nécessaire, mais encore suffisant pour expliquer les déterminations actuelles de la Matière. Il affirme, en effet, que, quel que soit l'état initial de la Matière, elle doit nécessairement revêtir successivement toutes les formes dont elle est capable (*Disc. de la Méth.*, V, 2 milieu; *Princip.*, III). Quant à la finalité anthropocentrique, il en nie jusqu'à l'existence (*Princip.*, III, 3; — Garnier, t. III, p. 267, lettre à Chanut).

(²) *Margarita-Antoniana*, ouvrage édité pour la première fois en 1554, à Medina del Campo; — 2ᵉ partie.

qui en découle. Son union avec le corps donne ici lieu à une curieuse remarque : c'est que cet Esprit, si profondément distinct par son essence, n'en est pas moins étroitement solidaire du corps humain, au point de ne faire avec ce dernier qu'une seule substance qui, pour être composée, ne laisse pas d'être une substance. Descartes en vient ainsi à réunir en fait, aussi étroitement qu'Aristote, les deux essences dont il a pris tant de soin de distinguer la nature. La ressemblance avec Aristote va même ici plus loin encore ; et l'union de la nature pensante et de la nature corporelle entraîne en effet les mêmes conséquences que chez le philosophe grec. Tout comme l'âme dans la philosophie péripatéticienne, c'est, chez Descartes, sinon l'âme, du moins sa présence qui fait non seulement l'unité du composé, mais encore l'unité et l'individualité du corps humain. Ce dernier, de l'aveu exprès de Descartes, n'a d'autre individualité que celle qui lui vient des relations communes de ses parties à une même âme, qui constitue ainsi — selon les propres termes de Descartes — comme la forme de ce corps. Aristote ne disait pas autrement(¹). Et Descartes affirme, dans un langage qu'un péripatéticien ne renierait pas, que notre âme « informe notre corps » (²), et que l'unité numérique du corps humain ne dépend pas de sa matière, « mais de sa forme qui est l'âme » (³).

Et, en effet, la nature de l'Étendue telle que la concevait Descartes se prêtait mal à la constitution de véritables individus corporels. Les divers corps, dans la logique de cette conception, ne peuvent en effet constituer par eux-mêmes, et sans le secours d'un principe étranger, que des individualités provisoires, si l'on considère qu'ils ne sont que des modes de la substance étendue, laquelle possède seule l'unité corporelle. Au fond, Descartes hésite sur ce point entre deux conceptions : il considère parfois les corps comme autant de substances indépendantes douées de la même essence ; mais, d'autre part, quand il veut s'expliquer plus clairement, ou que l'on tire les conséquences de ses principes, on voit que les corps ne sont que des figures diverses et des assemblages divers de figures et de mouvements particuliers — partant, des modes d'une même étendue, et qui par surcroît sont des parties divisibles de cette essence unique. Or il n'est pas dans l'esprit de la doctrine cartésienne de composer avec plusieurs substances — fussent-elles de même nature — une substance unique. Et, d'autre part, l'idée de la substance étendue est bien celle d'une même substance, et non la notion commune ou le nom commun des diverses substances étendues, puisqu'on peut en avoir une idée claire

---

(¹) Bouillier, *Histoire de la Philosophie cartésienne.*, ch. XX, p. 454, note. — Lettres au P. Mesland.
(²) Première lettre au P. Mesland, *ibid.*, p. 457.
(³) Seconde lettre au P. Mesland, *ibid.*, p. 458.

et distincte, sans penser à tel ou tel corps particulier. Elle représente plus que l'essence commune de ces corps, et sa relation à ces derniers n'est pas ce que sera chez Malebranche la relation de l'essence étendue aux divers corps *réels*. Aussi Descartes est-il conséquent avec ses principes, lorsqu'il affirme que toute individualité corporelle est relative et transitoire, et que son identité n'est au fond que la permanence des rapports de ses parties (¹), qui demeure, tandis qu'elles changent (I).

VIII. Dissolution du Cartésianisme.
Passage aux moments suivants de l'Histoire de la Philosophie.

L'homme est ainsi chez Descartes comme l'achèvement et la personnification vivante du dualisme cartésien. A proprement parler, le mot de *dualisme* ne s'applique pas exactement à la théorie cartésienne des espèces de substances. En réalité, il y a dans le système trois sortes de substances : Dieu, esprit infini; les esprits finis; les corps. Ces trois espèces de substances soutiennent entre elles certains rapports; mais leurs relations sont, en somme, d'un ordre assez extérieur. Les trois catégories de substances dont Descartes pose l'existence et la coexistence sont plutôt juxtaposées que subordonnées ou coordonnées, en une certaine mesure tout au moins qu'il ne faut pas exagérer. Il serait injuste d'oublier qu'il y a un essai de hiérarchisation des substances, et que Dieu soutient avec les êtres finis un rapport très étroit de Créateur à créature; de même que l'âme soutient avec la matière des relations de sujet connaissant à objet connu, et d'agent volontaire à patient. Néanmoins, ces divers rapports sont posés, ils ne sont pas expliqués. Ce système riche en aperçus profonds n'a pas su atteindre à une cohésion satisfaisante pour la pensée. C'est ainsi que, parallèlement au dualisme de l'Ame et de la Matière, on y rencontre un dualisme plus profond encore : celui de la

---

(¹) Edit. Garnier, t. IV, p. 148.

(I) *Disc. de la Méth.*, IV, alin. 10; — *Princip.*, I, 67-72; — *Dioptrique*, premier discours, quatr. disc.; — *les Passions de l'âme*, surtout I, 31; — *Tr. de l'homme*, passim; — *Tr. du monde*, ch. I, alin. 2 et 5, et ch. V; — Descartes, Garnier, t. III, p. 182; t. IV, p. 114, p. 266; — *Regulas*, XII, 74-79; — *Méditat.* VI, alin. 2, 11-13; — Rép. aux 6ᵉˢ Object., 16; — Lettre de Descartes à Clerselier, servant de réponse à un recueil de principales instances faites par Gassendi contre les précédentes réponses, t. II, p. 802 sq.; — *Corresp.*, Clerselier, t. I, Ep. XXI; t. III, Ep. CCCII, depuis p. 664, l. 20, j. q. p. 668, l. 20; Ep. CCCX, p. 690; — édit. Garnier, Ep. LIX; — Clerselier, Ep. VI et XVI du tome III. — Cf. *supra*, notre note 1, p. 60.

Raison *a priori* et de l'Expérience, de l'Idée et du Fait, de l'Essence et de l'Existence, de l'Idéal et du Réel, du Possible et de l'Actuel, de la Liberté arbitraire et de la Nécessité rationnelle. C'est à coordonner ces divers éléments que tendront principalement les efforts des successeurs immédiats de Descartes. Spinoza, apportant à cette tâche un esprit moins vaste que puissant, n'atteindra l'unité qu'en sacrifiant tout un côté des principes cartésiens ; — Leibniz, génie éminemment universel, esprit large tout autant que profond, — sinon davantage, — s'efforcera de résoudre les antinomies cartésiennes, sans sacrifier l'un des termes au profit de son contraire, mais en faisant sa place à chacun d'eux pour les concilier dans une unité harmonique supérieure.

En ce qui concerne le sujet spécial qui nous occupe, les données que la philosophie cartésienne venait de poser devant la pensée philosophique, comme autant de points de départ nouveaux et de problèmes à résoudre, étaient les antinomies suivantes, si l'on peut ainsi parler :

La Nécessité rationnelle dérivant d'une Liberté arbitraire ; — le Subjectif conscient et l'Objectif inconscient, non moins solidaires qu'indépendants l'un de l'autre ; — l'Existence empirique, et l'Essence, objet de l'intuition intellectuelle, s'impliquant réciproquement malgré leur réciproque indépendance ; — trois substances essentiellement distinctes dans leur mode d'existence autant que dans leur essence, et jusque dans leur manière d'être des substances, soutenant entre elles malgré cela d'étroites relations de toutes sortes ; — enfin toutes substances ou du moins deux d'entre elles, considérées à la fois comme essentiellement déterminées, et pourtant comme indifférentes et supérieures à leurs déterminations dernières, à leurs modes, puisqu'on admet que, pour posséder l'unité, pour être des objets normaux complets de la pensée, elles n'ont pas besoin d'être déterminées par tel ou tel mode.

CHAPITRE II

LES RAPPORTS DE LA PENSÉE

ET DE SON

OBJET DANS LA PHILOSOPHIE DE SPINOZA

ÉLÉMENTS CARTÉSIENS DE CES RAPPORTS

I. Difficultés du Problème.

Quand de la philosophie de Descartes on passe à celle de Spinoza, on est frappé tout d'abord par le fait suivant : Celle-ci, tout en se proposant de réduire la philosophie à la plus rigoureuse unité, et de donner de ce résultat, dans l'*Éthique*, un exposé absolument systématique, ne laisse pas d'être — et sur beaucoup plus de points — plus difficile à interpréter et à commenter que celle-là. Le cartésianisme, par la multiplicité de ses principes, a pu être la source de philosophies différentes. Mais, sauf sur quelques points de détail, qui se ramènent en fin de compte à des questions de terminologie généralement assez faciles à résoudre, il n'offre pas beaucoup de matière à la controverse du point de vue de l'interprétation proprement historique, et de celui d'une critique exclusivement immanente. Le philosophe peut y trouver de l'incohérence, comme du reste dans tout produit de la pensée humaine; l'historien de la philosophie n'y rencontre guère de problèmes vraiment difficiles à élucider; et la pensée de l'auteur, malgré sa variété, transparaît généralement à travers l'expression, tant dans le détail que dans l'ensemble, quel que soit d'ailleurs le jugement que l'on porte sur la valeur et la cohérence intrinsèques de cette pensée : si elle n'est pas en tout systématique, cette absence de systématisation est, pour ainsi dire, expressément posée et voulue par l'auteur. — Il en est tout autrement du spinozisme.

Ici, c'est à propos des points les plus essentiels du système une question de savoir ce que signifie exactement dans l'esprit de l'auteur la solution qu'il propose. Et, en fait, Spinoza est un des philosophes dont les doctrines ont suscité le plus de commentaires divers et de gloses différentes; au point que l'accord n'est pas encore fait entre les historiens de la philosophie sur l'interprétation véritable à donner aux principaux points en question.

Il y a de cet état de choses plusieurs raisons. Tout d'abord, le spinozisme se donnant comme une philosophie essentiellement unitaire qui prétend déduire systématiquement tout son contenu, sans exception, d'un principe rigoureusement un, toute multiplicité de tendances au sein de ce système accuse — si elle existe — non seulement de l'incohérence, mais encore de l'inconséquence proprement dite, de l'infidélité aux principes posés. Aussi, chaque fois qu'une pareille diversité semble à première vue se présenter, la question suivante s'impose d'une manière pressante au commentateur : N'y a-t-il là qu'une apparence, et, en ce cas, comment s'explique-t-elle? Ou y a-t-il une inconséquence véritable, et comment a-t-elle pu échapper à l'auteur? D'où vient qu'il ait pu se faire illusion à cet égard?

A cette raison fondamentale s'en ajoute une autre, d'un ordre secondaire, à savoir : l'incertitude, plus grande chez Spinoza que chez Descartes, de la terminologie. Malgré sa prétention à ne raisonner, comme en mathématique, que sur des notions clairement définies, Spinoza ne laisse pas, en effet, d'user dans bien des cas d'une terminologie très flottante; et cela, sans avertir le lecteur des divers sens qu'il donne parfois à un même mot. C'est ainsi que nous le voyons dans un même ouvrage nier ici [1], et affirmer ailleurs la réalité d'un ordre véritable dans la nature [2], par la seule raison que, dans un cas, le mot « ordre » est pris dans le sens d'harmonie, plus ou moins téléologique, de groupement agréable à la sensibilité; tandis que, dans l'autre, il signifie une suite déterminée de causes et d'effets se nécessitant à l'infini, et devient synonyme de déterminisme. Semblablement, le même philosophe tantôt affirme et tantôt nie l'existence d'un entendement en Dieu [3], selon qu'il fait signifier au terme « Entendement », *intellectus*, une faculté discursive ou une capacité d'intuition indivisible. De même aussi, tout en niant en principe l'existence de parties réelles dans les choses [4], il semble admettre, dans d'autres passages, la réalité de telles parties [5], parce qu'il donne alors à ce

---

[1] *Eth.*, I, Append., p. 73-75.
[2] *Eth.*, I, prop. 7 et cor.; scol. 2, prop. 34; — V, scol. prop. 20, p. 264, l. 17; prop. 40, notamment début.
[3] Voir ci-après, p. 145 et sq.
[4] *Eth.*, I, scol. prop. 15 ; — Cf. Epist. XXIX, à L. Meyer.
[5] Notamment *Eth.*, IV, prop. 2 et 4, 39 et scol.; — V, prop. 39; cor. prop. 40; — II, ax. 3 post scol. prop. 13; cf. ax. 4, Lemm. 5-7; scol. lemm. 7 et postulata.

mot un sens différent et en fait l'équivalent des termes de *modes*, *modifications* ou *affections*. Mêmes incertitudes au sujet des termes d'*essence* et d'*existence*(¹), comme nous le verrons au courant de ce chapitre.

Mais il n'y a là que des difficultés secondaires qu'une étude soigneuse des textes peut assez aisément dissiper. Il en est d'autres plus sérieuses, et qui tiennent à des causes plus foncières. Parmi ces causes, il faut citer en premier lieu le but assigné par Spinoza à ses recherches philosophiques et à la philosophie en général. Pour lui, comme dans l'Antiquité pour les Épicuriens, la spéculation philosophique n'a d'autre but, d'autre valeur en dernière analyse, que de nous procurer le Souverain Bien; et c'est la recherche du Souverain Bien qu'il donne pour but et pour moteur à ses deux principaux ouvrages philosophiques : à l'*Éthique*, dont la conclusion est une conclusion morale, et au *Traité de la Réforme de l'Entendement*, dont le début ne laisse aucun doute à cet égard. Ce n'est pas que le résultat de ses spéculations l'amène en fin de compte à reconnaître la subordination des choses et de la Pensée aux notions morales; — à certains égards, c'est tout le contraire : car il n'y a pas dans le spinozisme, en principe du moins, place pour une hiérarchie au sein de la Réalité indivisible. Mais, ce qui est d'une tout autre importance pour le point qui nous intéresse présentement, les préoccupations morales — ou, d'une manière plus générale, étrangères au Savoir proprement dit en tant que tel, — dirigent ici la recherche, et la déterminent avant même qu'elle ne soit commencée. Tandis que Descartes philosophait avant tout pour augmenter son savoir et pour satisfaire sa curiosité, ne donnant d'autre but à la connaissance philosophique que cette connaissance même, Spinoza entreprend d'édifier un système dans un but étranger et transcendant à la recherche et au Savoir. La recherche du Vrai est pour lui la condition de celle du Bien; et elle n'a de valeur qu'autant qu'elle conduit à ce résultat. Sans doute, les recherches entreprises en vue de ce but l'amènent à poser l'identité du Vrai et du Bien, et leur unité indivisible; de sorte que le Souverain Bien de l'homme ne soit dans cette conception que la plus haute connaissance dont il est capable. Mais l'idée préconçue qui dirige les spéculations du philosophe, et les prédétermine avant qu'elles n'aient commencé, ne laisse pas de peser sur l'ensemble du système. Aussi n'est-ce pas étonnant si, peut-être en partie à son insu, Spinoza accorde une attention prépondérante à la fin poursuivie, en insistant sur les points qui doivent contribuer à la hâter, en négligeant tout développement et tout éclaircissement qui n'est pas un moyen direct de celle-ci. De

---

(¹) Cf. L. Busse, *Ueber die Bedeutung der Begriffe Essentia und Existentia bei Spinoza* (*Vierteljahrschrift für w. Philosophie*, 1886, s. 283-306); — Alb. Rivaud, *Les notions d'essence et d'existence dans la philosophie de Spinoza*, Paris, Alcan, 1906.

là, certaines lacunes dans l'exposition du système spinoziste ; de là, l'omission d'éclaircissements, nécessaires pour l'intelligence de celui-ci, mais que l'auteur a négligés dans l'empressement qu'il avait d'atteindre le but qu'il poursuivait. Or, ce but n'est pas la Vérité pour elle-même ; c'est la perfection de l'Homme, ou — étant donné l'intellectualisme de la morale spinoziste — la perfection de l'Intelligence. Et, bien que Spinoza soit théoriquement convaincu de la solidarité de ces deux termes : Vérité et Intelligence, il n'en reste pas moins pratiquement plus attaché au second qu'au premier, comme il l'avoue lui-même expressément([1]) ; et la culture de l'Intelligence, plutôt que son enrichissement, reste — comme on l'a fort justement remarqué — le principe directeur de ses spéculations, comme il fut celui de sa vie ([2]).

Il est un autre trait de l'esprit de Spinoza qui ne contribue pas peu à empêcher d'apercevoir clairement le sens de certaines de ses conceptions et leurs rapports entre elles. Malgré le manteau mathématique dont il recouvre l'exposition de l'*Éthique*, et bien qu'il préconise cette méthode dans le *De Intellectus Emendatione*, il semble évident qu'en fait, et peut-être à son insu, celle-ci n'est pour lui qu'un procédé d'exposition, et qu'il est parvenu à ses conclusions moins par déductions patientes que par intuitions spontanées et immédiates ; ou, pour employer son langage, bien qu'il expose ses théories d'après les procédés de la connaissance du second genre, la seule à laquelle se prête le langage, elle garde, même encore, la trace de la connaissance du troisième genre, que Spinoza estime la plus parfaite. Pour lui, du moins dans le domaine philosophique, les tâtonnements et les hésitations d'une patiente recherche — d'un mot : la critique — sont des procédés inférieurs qui doivent disparaître, quand on a acquis la Connaissance vraie. A ce degré, toute hésitation est inadmissible ; tout doute, impossible. La Vérité, quand elle a lui, en même temps qu'elle se manifeste elle-même, manifeste l'erreur opposée et la dissipe par là même : ou plutôt elle supprime jusqu'à la possibilité de l'Erreur, et il suffit alors de saisir cette Vérité dans une immobile et indivisible contemplation, sans chercher à la justifier par des arguments qui ont contribué à en aider la manifestation. Or, Spinoza est convaincu que ses conceptions ont ce degré d'évidence ; qu'elles sont la Vérité qui s'impose à toute intelligence droite, plus encore qu'elle ne se prouve à ceux qui l'ignorent ou la mettent en question, et à l'égard desquels le dédain et la raillerie — parfois même, quoi qu'il en ait, une certaine colère — sont des armes qu'il emploie aussi volontiers que les arguments de la Raison. Rationaliste dans le domaine de l'exégèse biblique

---

([1]) Deuxième lettre à Blyenberg.
([2]) Cf. Couchoud, *Benoît de Spinoza*, ch. VII, p. 287.

et de la critique historique, c'est en croyant qu'il aborde les problèmes philosophiques, croyant en la Raison sans doute, mais croyant néanmoins(¹). Car il prétend avoir, des vérités qu'il considère comme rationnelles, une vue immédiate et en quelque sorte mystique. Aussi ne conçoit-il pas qu'un esprit droit, une fois qu'on les lui a exposées, puisse les mettre en doute, ou avoir besoin d'éclaircissements ultérieurs à leur égard. Si, par complaisance naturelle, il se prête à répondre aux objections qu'on lui adresse, la manière dont il répond prouve que souvent il ne les entend pas. Et sa pensée est tellement à ses yeux la lumière même, dès qu'elle a été formulée, que la plupart de ses éclaircissements dans l'espèce se bornent à la répétition des arguments primitifs, auxquels d'ailleurs il renvoie plus d'une fois en propres termes. Rien de pareil, dans ses ouvrages, à ce commentaire perpétuel de soi-même que l'on admire chez un Leibniz. Sa pensée, au fond, ne progresse ni ne s'approfondit; elle se pose dans des affirmations successives; et si, comme on l'a soutenu, elle change parfois, ces changements à peu d'exceptions près consistent plutôt en substitutions qu'en progressions et évolutions. De sorte qu'il n'y a pas autant de profit à tirer de la correspondance de Spinoza et des réponses qu'il fait aux objections à lui adressées, que de la correspondance de Descartes : car les objections ont beaucoup moins aidé celui-là que celui-ci à éclaircir sa pensée. Spinoza les souffre moins impatiemment que Descartes, en général du moins; mais, de fait, en tient moins de compte et les prend en dernière analyse moins en considération.

Cette confiance absolue dans ce qu'il considère comme la Raison, c'est-à-dire dans ses conceptions, se manifeste plus d'une fois par des expressions comme celles-ci : « Satis attendenti fit manifestum... — Haec propositio omnibus axioma esset, et inter notiones communes numeraretur... — Nihil in natura clarius... — per se notum... — luce meridiana clarius..., » etc.(²); et cela, à propos des allégations sur le sens de quelques-unes desquelles l'accord n'existe pas entre les commentateurs de Spinoza. A ces manières de parler on peut comparer les expressions de dédain dont il accable les opinions adverses, malgré le ton généralement affable que la bienveillance lui fait prendre avec ses correspondants : c'est ainsi que, selon lui, ceux qui partagent de telles opinions sont des insensés, indignes qu'on discute avec eux, et qu'il accuse de délire Platon, Aristote, toute l'Antiquité, Descartes même sur certains points : « Quod clare ostendit illos id, quod ipsimet dicunt, non intelligere... — Miror, viros ingenio et judicio

---

(¹) Cf. J. Lagneau, *Quelques notes sur Spinoza* (*Rev. Mét. et Mor.*, 1895, p. 384). — Dr Georg Busolt, *Die Grundzüge der Erkenntnisstheorie und Metaphysik Spinoza's*, Berlin, 1875, E. S. Mittler u. Sohn, Königliche Hofbuchhandlung, III, 18, s. 180.
(²) *Eth.*, I, scol. 2 prop. 8. — I, scol. prop. 10. — I, scol. 2 prop. 33.

praeditos facundiam suam insumare, et ea ut nobis ejusmodi nugas persuadeant, abuti... — Ii prorsus garriunt, ne dicam insaniunt...(¹). »

A toutes ces raisons s'en ajoute une dernière pour rendre souvent obscure la pensée intime de l'auteur : c'est la forme même dans laquelle, pensant être plus clair et plus rigoureux, il a exposé son système dans son plus important ouvrage philosophique, dans celui qui résume et achève l'ensemble de sa doctrine. La forme géométrique de l'*Éthique* est, en effet, à certains égards un obstacle plus qu'une aide à l'intelligence du système. C'est une méthode en quelque sorte unilatérale, où chaque notion, du moins dans les intentions de l'auteur, est déduite de la précédente, sans qu'on se permette des retours en arrière pour montrer le lien de l'une quelconque d'entre elles avec l'ensemble, et pour l'éclaircir par ce moyen ; — outre que cette méthode offre le système tout fait, pour ainsi dire, sans jamais nous faire pénétrer la manière dont il s'est psychologiquement constitué dans l'esprit de l'auteur, ce qui nous prive d'un puissant moyen d'éclaircissement. Sans doute, si, comme le croyait en fait Spinoza, la déduction dont il s'agit ne portait que sur des idées absolument claires, et si elle était en soi absolument rigoureuse, la pensée de l'auteur ne laisserait rien à désirer au point de vue de la clarté. Mais, pour peu qu'il y ait de la confusion dans les notions et des lacunes dans leur déduction, — ce qui est souvent le cas, — la méthode devient un voile qui cache le système plutôt qu'une lumière qui l'éclaire. Il est vrai que la série des déductions est parfois interrompue par des digressions qui, sous forme de scolies, peuvent prêter quelque aide à l'éclaircissement de la doctrine spinoziste ; mais ces scolies sont moins destinés à développer positivement les principaux points de cette philosophie, qu'à combattre les théories adverses et à en montrer l'absurdité. Ici, comme partout, Spinoza se montre tellement confiant dans ses conceptions, qu'il ne juge guère utile de les approfondir ou d'y verser plus de clarté, attendu qu'il les croit la lumière même ; et nous retrouvons le trait dominant de son esprit philosophique, la cause principale des difficultés que présente l'interprétation de son système, et qu'un des plus pénétrants historiens du spinozisme a fort justement qualifié : un naïf dogmatisme(²). Le dogmatisme inconditionnel est, en effet, un trait dominant de la philosophie de Spinoza ; par là, il est moins près de nous que Descartes. En philosophie sinon dans les autres domaines, il est — pour la forme tout au moins, et malgré le fond de ses idées — encore

---

(¹) *Eth.*, I, scol. prop. 15. — Epist. LVIII, 1, *in fine*. — Ep. XXIX, 5. — Cf. *Cog. Met.*, I, ch. 1 : « Ad haec non puto operae pretium esse hic Authores, qui diversum a nobis sentiunt, refutare... »; — ch. 8 : « Sed in eorum errorem refutando non morabor..., » etc.

(²) Busolt, *op. cit.*, t. I, § 3, seite 49 ; — § 15, s. 184-185.

un scolastique; tandis qu'à cet égard Descartes est déjà un rationaliste moderne, et le véritable ancêtre du criticisme et du positivisme : car si l'empirisme intellectuel est le résultat de sa philosophie, le doute méthodique en est le point de départ et la pensée inspiratrice ; pour Spinoza, au contraire, l'empirisme intellectuel porté jusqu'au mysticisme intellectuel n'est pas seulement un résultat, mais l'âme même du système (¹).

II. LA MÉTHODE ET LA PENSÉE.

La Méthode étant dans toute philosophie la démarche de la pensée correcte, son étude ne peut se séparer de celle de la Pensée même; et on ne peut traiter complètement de la première sans aborder la seconde. Cela est encore plus vrai dans le spinozisme, où la Méthode, comme nous le verrons, n'est qu'un aspect inséparable de la Pensée connaissante et, à certains égards, n'est que cette dernière, vue sous un certain biais : aussi pouvons-nous dire que la méthode spinoziste se dégage de l'étude même des questions relatives dans ce système à la constitution de la Pensée, et au fur et à mesure de cette étude. Toutefois, si dans ses détails le contenu de la Méthode est suspendu à celui du système proprement dit, néanmoins elle dépend, ainsi que son rapport à ce dernier, de certains principes généraux qu'il est indispensable de rappeler, avant d'entrer plus avant dans l'étude des relations qu'établit le spinozisme entre la Pensée et l'objet de la Pensée. Car ces principes de la Méthode, sur lesquels repose comme sur ses derniers fondements le système entier, contiennent et résument ce qu'il y a de plus général dans la conception spinoziste de la Pensée et de son rapport à l'objet. Avant d'entrer dans le détail de cette conception, nous allons en rappeler les termes généraux, qui sont en même temps les principes de la Méthode spinoziste.

Instruit par Descartes de l'impossibilité pour la Pensée de subir aucune influence extérieure, Spinoza se garde d'admettre, comme on le faisait trop souvent avant la réforme cartésienne, et comme le faisait parfois en dépit de ses propres principes Descartes lui-même, que la Pensée reçoive quelque influence transitive de la part d'un objet extérieur à elle; et la Connaissance n'est pas définie par lui comme le produit d'une action transitive de l'objet connu sur la pensée qui le connaît. Les opérations de la Pensée, y compris celles qui ont trait à ses objets, — c'est-à-dire en somme toutes les opérations cognitives, — sont, pour Spinoza comme pour Leibniz, les démarches de la

---

(¹) Cf. J. Lagneau, *Rev. de Mét. et Mor.*, p. 379-384, année 1895.

spontanéité tout interne de l'Être pensant et connaissant ; et il n'est pas d'idée ou de propriété des idées qui ait son explication immédiate ailleurs que dans la Pensée elle-même. Tels sont les principes que nous voyons à l'œuvre dans la théorie spinoziste de la pensée normale et correcte, opposée à la pensée incorrecte ; — ou, pour parler comme l'auteur, dans la théorie de la Connaissance adéquate, opposée à la Connaissance inadéquate. Spinoza, dans l'espèce, ne connaît pas la pétition de principe de définir l'adéquation par la correspondance avec un objet qu'elle est précisément destinée à manifester, et qu'elle ne peut par conséquent servir à faire reconnaître. Mais il définit l'Idée adéquate : celle qui possède intrinsèquement et considérée en elle-même, abstraction faite de tout rapport à un objet extérieur, toutes les marques de l'Idée vraie (¹). En d'autres termes, c'est l'idée qui par elle-même est intelligible et s'explique par le seul fait qu'elle est pensée ; c'est l'idée qui n'a besoin que d'être pensée — c'est-à-dire d'être — pour être comprise, parce qu'elle est autonome et se suffit à elle-même.

L'Idée inadéquate, au contraire, est celle qui, prise isolément, n'a pas en soi de quoi se légitimer au regard de la Raison ; mais a, en autre chose, le principe qui l'explique, cet « autre chose » étant d'ailleurs du domaine de la Pensée. Ainsi l'indépendance de la Pensée est posée par Spinoza à certains égards et dans une mesure que nous déterminerons. Tout comme Descartes, il considère la Pensée comme une réalité qui, en ce qu'elle a de spécifique, n'a besoin que d'elle-même pour s'expliquer ; c'est une réalité irréductible à toute autre réalité quant à son essence et à ses opérations, une essence par soi et dont le concept n'est formé à l'aide d'aucun autre concept étranger : d'un mot, c'est un attribut de la Réalité absolue et par soi, de la Substance universelle, un aspect de l'Être en soi et par soi ; et comme tel il participe de ce caractère d'absolue indépendance à l'égard de toute nature étrangère ; c'est la Substance en tant qu'elle pense, partant la Pensée substantielle. Dès lors elle suffit elle seule à rendre raison de ses éléments, ou plus exactement de ses *affections* ou *modes*, c'est-à-dire de ses idées ; et les propriétés de ces dernières ne s'expliquent immédiatement que par les propriétés de la Pensée.

De ce point de vue, l'Idée adéquate ou parfaitement intelligible est celle qui se pose avec les conditions idéales dont elle dépend, — qu'elle soit elle-même cette condition et soit intelligible par elle-

---

(¹) « Per Ideam adaequatam intelligo Ideam, quae, quatenus in se sine relatione ad objectum consideratur, omnes verae Ideae proprietates sive denominationes intrinsecas habet. » (*Eth.*, II, defin. 4.) — « Dico intrinsecas, ut illam secludam, quae extrinseca est, nempe convenientiam ideae cum suo ideato. » (*Eth.*, II, explic. def. 4.) — Ainsi parle Spinoza pour expliquer le terme de « dénominations intrinsèques de l'Idée vraie », lesquelles il considère, dans la def. 4, *Eth.*, II, comme la caractéristique de l'Idée adéquate.

même; ou que, dépendant de quelque autre idée, elle soit donnée avec cette idée et à titre de dépendance de cette dernière. La connaissance est inadéquate, au contraire, lorsqu'une idée, qui par sa nature est dépendante de quelque principe idéal supérieur, est posée à part de son principe et de sa cause, et se présente comme un pur fait qui s'impose à la pensée; mais demeure inintelligible, parce qu'on ne peut le rattacher aux conditions intelligibles qui le conditionnent et le complètent. Par suite, si l'Idée adéquate est celle qui n'est pas indûment mutilée et privée de quelqu'un des caractères qu'elle possède dans son être véritable, il s'ensuit que, dans l'absolu et à ne considérer que la Réalité intégrale, — entendez : la réalité intégrale de la Pensée, — toute idée est adéquate : car toute idée est ce qu'elle est, et l'inadéquation ne peut venir à son concept que d'un entendement individuel qui le mutile, en ne le considérant que partiellement et en négligeant quelque côté de son essence (¹).

On le voit, la Pensée prise absolument est correcte, et par conséquent vraie, sans sortir d'elle-même; autrement dit, sans sortir d'elle-même et sans subir aucune influence extérieure, elle connaît son objet, c'est-à-dire toute réalité. Pour connaître avec vérité le Réel, elle n'a qu'à se considérer elle-même dans son intégralité; et pour saisir les choses et leurs rapports, elle n'a qu'à suivre le développement de sa propre nature, en posant telles qu'elles sont en elles-mêmes les idées dont elle constitue l'essence et en les reliant suivant leurs rapports immanents.

Est-ce à dire que l'objet de la Pensée tire d'elle, selon Spinoza, non seulement la connaissance que la Pensée en a, mais encore, comme le veut l'idéalisme, tout son être et sa réalité, son essence et son existence? Spinoza entend-il que la Pensée complète et parfaitement achevée soit, par là même, position de toute réalité, et par conséquent de l'objet de la Pensée à titre de moment abstrait de la Pensée concrète? Quelque conséquentes que soient de pareilles conclusions, Spinoza, loin de les avoir tirées, a pris un chemin diamétralement opposé. Pour primitive que soit selon lui, spécifique et irréductible à toute autre essence, la Pensée comme attribut de la Réalité foncière, il refuse de la considérer comme la source de toute essence, comme le fond même de la Réalité intégrale; et s'il caractérise la Substance comme chose pensante, il ne voit pas dans cette caractérisation le principe — non plus d'ailleurs, il est vrai, que la conséquence — des aspects de la Réalité autres que celui-ci. La Substance spinoziste est une pensée, et cela primitivement et originairement. Mais elle est en

---

(¹) « Quod si de natura Entis cogitantis sit, uti prima fronte videtur, cogitationes veras sive adaequatas formare, certum est, ideas inadaequatas ex eo tantum in nobis oriri, quod pa... sumus alicujus entis cogitantis, cujus quaedam cogitationes ex toto, quaedam ex parte tantum nostram mentem constituunt. » (*De Intell. Emend.*, IX, 73.)

même temps autre chose : elle est aussi bien Réalité non pensante, et cela tout aussi primitivement. Si la Pensée n'est expliquée par aucune des autres essences ou aspects de la Substance, elle ne les explique pas davantage. Elle est un attribut de celle-ci ; mais elle n'en est pas l'unique attribut, dont tout le reste ne serait que des modes. Sans doute, elle connaît en elle-même, par une sorte d'expérience immanente, tout le Réel ; et le Dieu spinoziste pense toute chose en se pensant : mais cette pensée n'est pour son objet qu'une dénomination tout extérieure, et ce n'est pas d'elle qu'il tient sa réalité. Ici l'immanence de la Pensée, ou, si l'on veut, son innéité, ne doit pas être prise pour le signe d'un idéalisme, même implicite ; à moins d'entendre avec certains auteurs, en qualifiant Spinoza d'idéaliste, qu'il ne dérive pas d'une influence de l'Objet sur la Pensée la connaissance que celle-ci a de celui-là. Mais il est étranger à l'idéalisme, si l'on entend par là une philosophie qui cherche dans la Pensée la raison de l'existence et de la nature de l'Objet (¹). — Il est vrai que la Pensée, pour Spinoza, ne sort pas d'elle-même, quand elle reconnaît la vérité de ses conceptions et qu'elle porte en soi-même le signe de sa vérité, à savoir : son adéquation, qui n'est qu'un autre nom de la Vérité immédiatement présente à elle-même. Mais quelque argument que l'idéalisme pût tirer de pareilles déclarations, elles sont prises par Spinoza dans un sens rigoureusement opposé à la lettre et à l'esprit de l'idéalisme. En disant que l'Idée adéquate est vraie par cela seul qu'elle est adéquate, il n'entend pas qu'une telle Idée, se confondant avec son objet, peut et doit lui correspondre. Bien au contraire, après avoir défini l'adéquation comme la marque interne de la Vérité, il définit la Vérité comme la conséquence, ou plutôt l'accompagnement nécessaire, mais extrinsèque, de l'adéquation. Pour lui, en effet, l'Idée vraie comme telle est conforme à un objet, lequel d'ailleurs lui est extérieur : c'est l'Idée adéquate considérée non plus en elle-même, mais dans son rapport avec autre chose, avec un objet à l'existence duquel elle est indifférente, et qui à son tour est indifférent à l'existence de celle-ci. Ainsi, bien que la Pensée ne s'explique que par les propriétés de la Pensée, et que la Vérité, pour être connue de la Pensée, n'ait besoin d'aucune marque extérieure à la Pensée vraie, il n'en reste pas moins que toute idée adéquate, et partant vraie, est inévitablement accompagnée d'un objet extérieur qui, tout incapable qu'il est d'affecter directement la Pensée ou d'en rendre raison, n'en a pas moins une existence indépendante de la Pensée, et inexplicable par elle. Ainsi, toute idée vraie correspond nécessairement à un *idéat extérieur* et subsistant en soi, bien qu'elle ne laisserait pas d'être ce qu'elle est, quand celui-ci n'existerait pas. Spinoza reconnaît donc à

(¹) Cf. notamment J. Lagneau, *Quelques notes sur Spinoza*, p. 382, 386, 388, 389-391.

la fois et l'inutilité de l'idéat externe pour expliquer son idée, et la réalité, voire la nécessité de cet idéat étranger et inutile à l'idée. — C'est bien là l'expression la plus accomplie du réalisme, et il faut entendre en son sens le plus fort cette formule : « Idea vera est diversum quid a suo ideato(¹). » L'Idée vraie se reconnaît elle-même à son adéquation interne ; mais, en ce faisant, elle sait, sans avoir besoin de communiquer avec un objet externe avec lequel il lui est à jamais impossible d'entrer en contact, qu'un idéat extérieur lui correspond, et que les choses sont en soi, ou formellement, ce qu'elles sont dans la Pensée.

Ainsi, la Pensée, encore qu'elle ait en fait plus d'extension que le reste de la Réalité, en ce qu'elle a autant de modes à elle seule qu'en ont tous les attributs-objets réunis, n'est pas mise par Spinoza à un rang plus éminent que les autres attributs en ce sens qu'aucun d'eux n'a dans la Pensée sa raison d'être. Si la Pensée exprime les attributs autres qu'elle-même, c'est pour cette simple raison qu'elle appartient à la même substance. Mais c'est dans le fond de cette substance, et non dans la Pensée, que se trouve la raison de ce parallélisme de la Pensée et de ses objets. Elle leur est parallèle et leur répond mode à mode pour des raisons analogues à celles en vertu desquelles les attributs représentés se répondent de même entre eux, avec cette seule différence qu'elle exprime chacun de ces derniers d'une façon qui est à elle spécifiquement propre. Comme on le voit, la Pensée, dont l'indépendance d'avec la réalité externe est aussi complète que possible dans le spinozisme, se trouve néanmoins n'avoir d'autre nature que celle de son objet, sous cette réserve que l'objet y est représenté au lieu d'y être formellement. Par là, on peut sans crainte déterminer toutes les propriétés de la Pensée en fonction de son objet ; et même il n'y a pas d'autre manière de les déterminer.

La Pensée n'est pas, en effet, conçue par le réalisme spinoziste comme une activité personnelle qui se distingue de ses représentations, et les rapporte par un acte relativement autonome à son Moi comme à un sujet ; elle n'est pas essentiellement une conscience faisant l'unité de ce qu'elle pense, et qui se poserait pour soi et par soi en face de représentations qu'elle s'attribuerait et chercherait à faire siennes. Bien au contraire, la Pensée elle-même est, pour Spinoza, du moins en principe et dans l'intention de ce philosophe, un objet comme les autres et sur le même plan que les *idéats*, dont elle n'est — quoique en vertu de sa seule nature pensante — qu'une reproduction dans le langage de la Connaissance(I). Le Connaître est pour elle

---

(¹) *De Intell. Emend.*, VI, 83.

(I) *Eth.*, I, prop. 10 ; prop. 16 ; prop. 30 ; ax. 6 ; — II, prop. 1-5 ; prop. 6 et cor. ; scol. prop. 7 ; prop. 8 ; 9 ; prop. 11 et cor. ; prop. 12-14 ; prop. 20 ; scol. prop. 21 ;

identique à l'Être, c'est-à-dire à son Être; mais c'est au profit de ce second terme, non du premier, que se fait l'identification : c'est parce qu'elle est à la manière d'un objet que la Pensée se connaît. Ce n'est pas, comme pour l'idéalisme, parce qu'elle se connaît — qu'elle est. C'est dans ce sens, et dans ce sens seulement, qu'il faut entendre les fameuses propositions spinozistes sur la vanité d'un critérium de la Vérité, et sur la faculté qu'a l'Idée de se connaître elle-même. Si un critère de la Vérité est inutile aux yeux de Spinoza, c'est que l'Idée vraie est à elle-même sa propre marque, en ce sens que, par cela seul qu'elle existe, elle se connaît telle qu'elle est; et dans ce redoublement de l'Idée par elle-même — redoublement qui se poursuit d'ailleurs à l'infini (l'Idée de l'Idée pouvant être elle-même l'objet d'une autre Idée) — consiste toute l'existence que Spinoza reconnaît à la Conscience. Loin de partir, comme Descartes, de l'existence par soi de la Pensée pour en tirer son existence en soi, il suit une marche inverse. Selon lui, c'est parce que la Pensée possède l'Être immédiatement et en soi, qu'elle existe aussi pour soi, — tout comme pour Aristote([1]), l'Intelligible devient Intellect dès qu'il passe à l'acte. A son tour, l'Être de la Pensée consiste non dans une attribution des idées représentées à un Moi pour qui seul elles existeraient; mais bien immédiatement dans les idées elles-mêmes considérées comme des objets; ou plutôt dans les idées vraies, c'est-à-dire en dernière analyse, comme nous le verrons plus loin, dans l'Idée vraie dont celles-ci ne sont que des aspects.

Le réalisme de Spinoza se retrouve ainsi jusque dans ses vues sur la nature intime de la Pensée, et il n'est pas limité à la question des rapports de la Pensée et de son objet. Objet au même titre que toute autre réalité, la Pensée, ou plutôt l'Idée ne se pense elle-même que parce que d'abord elle existe en soi. Voilà ce qu'admet Spinoza, sans pouvoir justifier dans une pareille conception, — comme on le verra quand nous traiterons en particulier de la Conscience — ce privilège qu'il accorde en fait à l'Idée de se prendre elle-même pour objet et de se dédoubler en devenant sa propre représentation (I).

Quoi qu'il en soit, cette propriété qu'a l'Idée de se réfléchir sur elle-même a une importance capitale à l'endroit de la Méthode spinoziste, puisque précisément cette Méthode n'est essentiellement

---

([1]) Aristote, *Métaph.*, Λ, VII, 1072 b 20; — Cf. *De anima*, Γ, IV, 429 b 5-9; — *Ibid.*, 430 a 2.

prop. 23, 26; 82 et dem.; 83-86; scol. prop. 40; — Cf. *Eth.*, II, *passim* et notamment ax. 3; def. 4, etc. — III, def. 1. — *Court Traité*, Append., p. 118; — *Ibid.*, II, p. 129 fin. — p. 130 début; p. 131, 2ᵉ al.; p. 132, l. 14 sq.; — *Ibid.*, passim. — *De Intell. Emend.*, VI, 81-85; — VII, 41 début; — IX, 71. — Épist. LXIV, van Vloten et Land, p. 218.

(I) *Eth.*, I, prop. 10; cor. 2, prop. 82; — II, prop. 15, 20, 21; — III, scol. prop. 21. — *De Intell. Emend.*, VI, 80, 83-85; — VII, 36, 38 début, 42, 73.

rien autre chose que cette réflexion appliquée au développement des idées qui constituent la Connaissance; bref, c'est la Connaissance réflexive : « Methodum nihil aliud esse nisi cognitionem reflexivam aut ideam ideae (¹). » Si le Savoir est un enchaînement d'idées se conditionnant les unes les autres depuis celle qui est elle-même sa condition, la Méthode est ainsi l'idée ou la conscience de cet enchaînement, ou encore un enchaînement d'idées de ces idées; elle est immanente à la Pensée connaissante qui constitue son contenu et son objet immédiat; selon la comparaison de Spinoza, elle est l'instrument inné de la Pensée, dont celle-ci se sert pour acquérir de nouvelles forces et progresser dans la connaissance, tout comme dans les arts mécaniques les premiers outils ont été fournis à l'homme par la Nature, sans qu'il y eût à les forger (²). La vraie Méthode n'est donc que le reflet de l'ordre immanent des idées mêmes; et, indirectement, de l'ordre immanent de l'objet de ces idées, l'ordre et la connexion des idées étant les mêmes que l'ordre et la connexion des choses (³).

En ce qui concerne la Pensée humaine, cet objet qui se reflète exactement dans la vraie Connaissance, et par suite dans la vraie Méthode, bien qu'il ne conditionne ni l'une ni l'autre, c'est l'objet étendu, ou le monde des corps. Notre pensée le représente en vertu de sa nature propre. Nous reviendrons plus loin sur ce point spécial qui n'a pas à nous arrêter ici. Quoi qu'il en soit des raisons qui expliquent au sein du spinozisme cette conception réaliste de l'Étendue, il est du moins certain que le principe même du réalisme tient à la partie la plus centrale de la doctrine de Spinoza, comme on peut s'en convaincre à mesure que l'on pénètre davantage à l'intérieur du système. L'antériorité de l'Être à la Pensée est si vitale dans le spinozisme que, loin de le déduire d'une théorie préexistante sur la Réalité, Spinoza la pose — comme étant l'évidence même — à la base de sa philosophie et antérieurement à toute spéculation sur la nature du Réel. C'est ce principe qui lui est garant de l'existence de l'Être dans la réalité duquel se fonde toute réalité; sans ce principe, Spinoza, qui ne connaît d'autres preuves démonstratives que les preuves analytiques, n'eût pu prouver, par simple analyse, que l'Être par soi — c'est-à-dire la Substance ou Dieu — existe; mais seulement que, s'il existe, c'est nécessairement; attendu qu'il ne peut devoir l'Être à rien d'extérieur à son essence. Aussi, pour que la preuve analytique de l'existence de Dieu soit sans réserve et ait une portée absolue, Spinoza dit-il, dans une note du *Traité de la Réforme de l'Entendement*, que, si un tel Être que l'Entendement conçoit adéquatement n'existait

---

(¹) *De Intell. Emend.*, VII, 38, vers le début.
(²) *De Intell. Emend.*, VI, 30, dern. phr., et 31.
(³) « Ordo et connexio idearum idem est, ac ordo et connexio rerum. » (*Eth.*, II, prop. 7.)

pas, il s'ensuivrait que l'Entendement peut concevoir plus de réalité qu'il n'en existe formellement ; conséquence qu'il juge absurde (¹). Car pour lui la vérité des notions adéquates — toute reconnue qu'elle soit par la Pensée, sans que celle-ci sorte d'elle-même ou reçoive une influence étrangère — implique, et d'une manière inconditionnelle, l'existence hors de la Pensée d'un objet correspondant : c'est là, chez Spinoza, un principe antérieur et supérieur à toute démonstration, puisqu'il est pour lui la condition de toute connaissance.

Il suit de ce réalisme dogmatique inconditionnel que la vraie Méthode consiste en dernière analyse à enchaîner les objets selon leurs rapports véritables, rapports qui existent en soi et indépendamment de la connaissance que nous en donnent les rapports des idées correspondantes. Il nous reste maintenant, pour compléter cette esquisse des principes généraux de la Méthode spinoziste, à indiquer en quoi consiste précisément pour Spinoza cet enchaînement parallèle des idées entre elles et des objets entre eux, dans lequel réside l'essentiel de la Méthode, et par conséquent du Savoir.

Comme nous l'avons déjà vu, une idée n'est parfaitement connue — n'est adéquate — que si elle est posée avec les conditions dont elle dépend. Il s'ensuit que la connaissance parfaite rattache chaque idée à ses conditions immédiates, c'est-à-dire à d'autres idées ; celles-ci, à celles qui les conditionnent à leur tour ; et ainsi de suite, jusqu'à ce qu'on ait atteint l'idée qui porte en elle sa raison. La Connaissance est conçue comme un système de principes et de conséquences qui se rattachent à un principe unique et inconditionné, ou plus exactement, conditionné par lui-même. Mais ce système d'idées a pour contrepartie un système de choses proprement dites, qui existent hors de la Pensée et se conditionnent d'une manière analogue ; de façon qu'à l'ordre conceptuel des principes et des conséquences correspond un ordre réel de causes et d'effets qui dépend d'une cause unique, laquelle est cause de soi, et par suite de tout le reste. La Réalité est ainsi conçue comme un vaste système dépendant d'un Être unique, raison et cause et de soi-même et de tout ce qui existe. Maintenant, sous quelle forme Spinoza conçoit-il cette universelle dépendance qui relie entre elles toutes les idées, et entre eux tous leurs objets ? La réponse à cette question ressort de l'assimilation qu'il fait de toute méthode à la méthode géométrique. Selon lui, la connaissance parfaite est celle qui, à la manière de la connaissance géométrique, déduit d'une idée ou d'une nature donnée les conséquences ou les prédicats qu'elle contient déjà en elle ; tout comme le géomètre déduit d'une figure donnée tous les caractères inclus déjà dans cette figure. Il

---

(¹) « Si enim tale Ens non existeret, nunquam posset produci ; adeoque Mens posset plus intelligere, quam natura praestare, quod supra falsum esse constitui. » (*De Intell. Emend.*, IX, 76, note 2.)

s'ensuit que la Méthode spinoziste est rigoureusement déductive et analytique ; et que la Réalité spinoziste est un système où la cause inconditionnée dont dépend tout ce qui existe n'est autre que l'Être universel d'où tout se tire déductivement, parce que tout y est contenu ; de même que dans l'ordre de la Pensée toutes les idées sont des conséquences d'un principe unique, parce qu'elles sont *a priori* contenues en lui : le rapport de principe à conséquence et le rapport de cause à effet sont donc des rapports de contenant à contenu analytique.

Déduire tout le contenu du Savoir par une méthode rigoureusement *a priori*, Descartes ne pouvait y songer sans sacrifier tout un côté de sa doctrine. Aussi, peut-être a-t-il commis une inconséquence, lorsqu'il a esquissé une pareille déduction. On trouve, en effet, quelque part dans ses œuvres un abrégé d'exposition *a priori* de son système. Au reste, ce qu'il en dit montre assez le peu d'importance qu'il attachait à cet essai [1].

Ce que Descartes ne pouvait entreprendre, Spinoza tenta de l'exécuter. Il donne l'ensemble de sa philosophie, surtout dans l'*Éthique*, comme le produit d'une réflexion toute *a priori*; et l'on sait qu'il se flattait de déduire d'après une méthode toute géométrique — « more geometrico, » — c'est-à-dire, d'après lui, rigoureusement analytique, tout le contenu de la Pensée et de l'Être; ou du moins, s'il ne prétend pas épuiser par ce moyen, ni même par aucun autre, la richesse infinie de ce contenu pris absolument, il croit que sa Méthode suffit en droit à expliquer la nature et la cause des limites de la Connaissance humaine. Bref, Spinoza a entrepris la tâche — possible en droit, selon lui — de déduire de certains principes, voire d'un seul principe évident par soi, le Tout de la Connaissance humaine, tant en elle-même que dans ses objets et ses limites. Le point de départ de cette déduction est, au reste, pris dans le cartésianisme. Spinoza puise dans les principes de cette philosophie à peu près tout ce qui peut s'accommoder d'une conception tout intellectualiste du savoir. Il fait plus encore : il pousse avec une extrême rigueur la doctrine cartésienne, envisagée de ce point de vue seulement, jusqu'à ses dernières conséquences. En ce sens, mais en ce sens uniquement, Leibniz a raison d'appeler le spinozisme « un cartésianisme immodéré » [2]. Mais là ne se borne pas la transformation que Spinoza a fait subir aux théories de Descartes. Précisément parce qu'il considère un certain aspect exclusivement, il en néglige systématiquement tout

---

[1] *Rép. aux sec. Object. sur les Méditat.* : Raisons qui prouvent l'existence de Dieu et la distinction qui est entre l'esprit et le corps de l'homme, disposées d'une façon géométrique. — Cf. t. I, p. 451, 454-466 ; p. 449, l. 24-27. — Cf. Brunschvicg, *La Révolution cartésienne*, etc. (*Rev. Mét. et Mor.*, 1904, p. 792).

[2] Cf. édit. Dutens, t. I, part. II, p. 392.

le côté expérimental et libertiste, comme nous pourrons le constater au fur et à mesure de cette étude. Il y était destiné par la nature même de son entreprise : celle-ci, en effet, implique comme postulat fondamental l'intelligibilité universelle inconditionnelle, ainsi que l'adéquation parfaite de la Pensée et de l'Être, de l'Idée et de son Objet. Par là, Spinoza était sur la voie de l'idéalisme. Nous verrons qu'il a pris une tout autre direction : car il admet comme postulat non moins fondamental que l'Idée et l'Objet, bien que coextensifs, ne se confondent jamais et sont distincts l'un de l'autre plus que logiquement (1).

III. La Substance.

Le principe de cette déduction *a priori* que veut être le système spinoziste prend son point de départ dans une idée qui est à elle-même sa propre raison; et par conséquent — étant donnée la correspondance absolue, aux yeux de Spinoza, de l'Idée et de l'Être — dans une idée qui a pour objet un Être absolument nécessaire, parce qu'il porte en soi sa nécessité. En d'autres termes, la philosophie spinoziste est tout entière suspendue à un principe premier, source de tout le Savoir, auquel correspond une cause première, source de tout le Réel. Ou encore, le Savoir absolu et la Réalité qui en est l'objet sont considérés comme un double système d'idées et de réalités, ces dernières ayant pour source unique une cause primordiale dont elles dérivent nécessairement et inconditionnellement, et à laquelle correspond dans la pensée le principe premier de tout savoir, qui n'est autre que l'idée de cette première cause. Puisque tout objet a dans celle-ci son fondement dernier, et que toute pensée se ramène, en fin de compte, comme à son principe, à la pensée de cet objet fondamental, de laquelle elle est une conséquence plus ou moins éloignée, c'est par un examen de la notion de l'Être qui, dans le spinozisme, est la source de toute réalité, qu'il convient de commencer une étude du contenu de la doctrine spinoziste sur les rapports de la Pensée et de son objet.

Cette idée autour de laquelle gravite le spinozisme est celle de substance, qui est, comme dans le cartésianisme, — quoique d'une manière différente, — l'idée d'une réalité fondamentale et complète. Cette réalité est définie : « Ce qui est en soi et est conçu par soi, c'est-à-dire ce dont le concept n'a besoin, pour être formé, du concept d'aucune autre chose. » — « Per substantiam intelligo id, quod in se est, et per se concipitur : hoc est id, cujus conceptus non indiget

---

(1) *De Intell. Emend.*, VI; VII; — VIII, 61; cf. 63, 64, 65, 68 av.-dern. phr., 70-73, 75; — X, 80; — XI, 85; — XII, 91-93, cf. 94; — XIV, 99, 104. — *Epist.* XLII, 2 et 3.

conceptu alterius rei, a quo formari debeat(¹) ». Ainsi, quelles que soient, au reste, les déterminations ou, pour parler avec plus de rigueur, les caractérisations ultérieures de la Substance spinoziste, la définition première dont se tirent les autres caractères de cette notion ne s'écarte pas, pour le fond, de la conception cartésienne de la Substance, et va rejoindre par delà cette conception celle des scolastiques et d'Aristote sur la même question. Descartes, en effet, à la suite d'Aristote et des scolastiques, détermine avant tout la Substance comme sujet absolu d'inhérence ; et c'est cette idée que nous retrouvons sous la définition spinoziste que l'on vient de citer. Les divergences dans l'espèce entre ces diverses philosophies n'apparaissent que sur la manière particulière d'entendre l'idée de sujet absolu, sur les conséquences ultérieures qu'on tire de cette première détermination selon la manière dont elle est entendue, et sur le contenu positif — et en quelque sorte matériel — à mettre sous ce concept. C'est donc à tort qu'on a dit parfois — et notamment la plupart des cartésiens — que Spinoza a édifié son système du monde sur une définition arbitraire et personnelle de la Substance(²). Tout au contraire, c'est à la définition traditionnelle de cette notion — et qu'il pouvait trouver aussi bien chez Descartes lui-même que dans la philosophie précartésienne — qu'il emprunte les premiers éléments de la Réalité fondamentale, quitte à déduire de cette conception d'autres conséquences que ses devanciers ; tout comme nous avons vu Descartes déterminer les détails du contenu de la Substance autrement qu'Aristote et les scolastiques, bien qu'il lui assignât dans le principe la même détermination fondamentale. Quelle que soit la première origine de fait, et pour ainsi dire psychologique, de la définition spinoziste de la Substance, il est certain que, sans remonter plus haut, il en pouvait trouver tous les éléments chez Descartes ; et c'est là, sur ce point, tout ce qu'il importe de remarquer pour le but que nous nous proposons ici. La première détermination de la Substance cartésienne est, en effet, comme on sait, celle d'un sujet logique absolu, terme dernier au delà duquel l'attribution ne peut remonter, et qui pourrait par conséquent se définir, comme la Substance spinoziste, « ce qui est en soi et est conçu par soi, c'est-à-dire ce dont le concept n'a besoin, pour être formé, du concept d'aucune autre chose. » La Substance cartésienne est en effet en soi, puisque, n'étant incluse comme prédicat dans aucun autre sujet, elle ne repose qu'en elle-même. D'autre part, et bien qu'il y ait pour Descartes des substances dont l'existence requiert une force étrangère et transcendante à leur propre nature, toute substance est, à ses yeux, conçue par soi

---

(¹) *Eth.*, I, défin. 3. — Cf. *Epist.* IX, p. 34, van Vloten et Land.
(²) Cf. Regis, *Réfutation de l'opinion de Spinoza touchant l'existence et la nature de Dieu.* — Bouillier, t. II, p. 349, *Hist. de la philos. cartés.* — Brunschvicg, *Rev. de Mét. et Mor.*, 1904, p. 788. — Bouillier, t. I, p. 141, note 2.

dans le sens que Spinoza donne à ce terme dans sa définition de la Substance. Car, rigoureusement parlant, le concept d'aucune substance n'est formé, selon Descartes, à l'aide d'un autre concept; mais toute substance est une sorte d'absolu, qui peut bien, dans certains cas, pour passer soit à l'existence proprement dite, soit à l'existence sous forme d'essence, requérir une force extérieure, — mais qui, au regard de la pure logique et du point de vue de l'Entendement seul, ne se déduit ni ne se dérive en aucune façon de cette force créatrice : car celle-ci sert alors à expliquer plus la présence que la constitution de celle-là; constitution qui n'est en réalité susceptible d'aucune explication et s'impose à l'Entendement comme un fait. Sans doute un tel volontarisme est absent de la doctrine spinoziste de la Substance, et c'est d'une autre façon que la notion de Substance y est réduite à l'unité. Mais cette notion est ici avant tout, comme dans le cartésianisme, celle d'un absolu sujet d'inhérence.

Là ne s'arrête pas la ressemblance entre la Substance spinoziste et la Substance cartésienne. Tout comme celle-ci, celle-là n'est pas — du moins dans une mesure que la suite nous aidera à déterminer — le pur En-soi qui n'est que en-soi. Elle a une certaine nature, une essence; elle est une essence existante en soi, ou position en soi d'une essence. C'est ce qu'entend Spinoza, en disant que la Substance se manifeste et s'exprime dans ses attributs.

Dans un des premiers ouvrages philosophiques où Spinoza expose — du moins dans ses grandes lignes — sa propre pensée, dans les *Cogitata Metaphysica* où se trouvent déjà la plupart des traits caractéristiques du système, nous sommes encore en présence de la pure théorie cartésienne relativement aux rapports de la Substance et de l'Attribut, pris ici pour synonyme de l'Attribut essentiel de Descartes. On y distingue trois catégories de substances : la Pensée incréée, la Pensée créée et l'Étendue; — faisant ainsi, de la distinction des attributs, le principe de la distinction des substances, et identifiant la substance avec la position en soi de son attribut[1]. Dans les autres écrits spinozistes, il n'en est plus de même, et la distinction des attributs n'est plus un gage de la distinction des substances. Tout en voyant dans l'Attribut une réalisation de la Substance, — et, à vrai dire, la Substance même, au point d'employer parfois, comme il arrive souvent dans le *Court Traité*[2], l'appellation de substances à la désignation des attributs, — il n'en laisse pas moins d'admettre qu'une même substance peut avoir plusieurs attributs, et même en nombre d'autant plus grand qu'elle a plus de réalité. Il semble, d'après cette théorie, qu'une même substance puisse s'exprimer dans la position en

---

[1] *Cog. Met.*, II, ch. 1, Paulus, p. 107 : « substantias..... sive Deum. »
[2] Si cette œuvre n'est pas tout entière de la main de Spinoza, du moins est-elle d'inspiration toute spinoziste et rédigée d'après les enseignements directs du maître.

soi de plusieurs essences, également substantielles en ce qu'elles sont des sujets absolus, mais exprimant toutes une même substance. Autant qu'on peut saisir cette doctrine, obscure en elle-même et par suite du manque d'éclaircissements fournis par l'auteur, il semble qu'il voit dans la Substance, considérée à part de ses Attributs, comme l'En-soi en tant que tel qui leur est commun, — tout en reconnaissant qu'une substance a nécessairement quelque attribut ou quelque nature, et en niant par là même à son insu l'indépendance relative des deux termes qui semblait être posée par la pluralité des attributs.

Que cette théorie hybride tourne le dos à Descartes, cela nous paraît évident. Mais qu'elle puisse dériver d'une mauvaise intelligence du cartésianisme favorisée par certains passages mêmes de ce philosophe, c'est ce qui ne nous semble pas moins certain. Nous croyons avoir montré que certains textes de Descartes, si on les considère en eux-mêmes et détachés de l'ensemble des écrits de cet auteur, pourraient donner à penser, et ont en fait donné à penser à quelques philosophes, que la Substance cartésienne est un En-soi qui n'est que cela, un sujet logique absolu qui n'a pas besoin, pour être l'objet d'une notion complète, d'être conçu autrement que comme sujet logique absolu, et qui, à ce titre, est indépendant de toute autre essence qu'on lui pourrait attribuer. Le fait que, du vivant même de Descartes, son disciple Regius a interprété en ce sens la doctrine du maître, en soutenant la possibilité pour une même substance d'être à la fois le sujet de l'attribut Pensée et de l'attribut Étendue, semble une confirmation de l'opinion selon laquelle Spinoza aurait puisé dans une interprétation erronée du cartésianisme la doctrine qui assigne à une même substance plusieurs attributs. Le cartésianisme interprété de ce biais permet, comme l'a reconnu Locke, une pareille conception. Que des raisons quelconques amènent Spinoza à admettre dans une même substance une pluralité de ce qu'il appelle attributs, et de ce que Descartes tenait pour des attributs essentiels, il pourra trouver, dans une certaine interprétation de la conception cartésienne de la Substance, un élément de cette théorie à laquelle, pour d'autres raisons, il aura été conduit.

Toutefois, à côté de cette interprétation qui lui fait regarder la Substance comme l'En-soi pur et simple, non comme un En-soi déterminé, Spinoza maintient, — sans apercevoir l'incompatibilité de ces deux conceptions, — par sa conception de l'Attribut, la doctrine cartésienne qui voit dans ce dernier une chose déterminée existant en soi, un sujet absolu déterminé : c'est ce qu'achève de montrer la distinction des propriétés de la Substance d'avec ses Attributs (1).

(1) *De Intell. Emend.*, VII, 38, 42, 49 av.-dern. phr.; IX, s. fins; X, 79; XII, 91, 92, note; XIV, 99, prem. phr.; — *Epist.* II, V. Vlot. et Land. — L. Stein, *Leibniz und Spinoza*, II, p. 83, Berlin, 1890. — *Eth.*, I, defin. 3; ax. 1, 2, 5. — *Epist* XXVII, 8.,

Voici ce que le *Court Traité* dit, à cet égard, des propriétés et des attributs de la Substance divine : les attributs seuls représentent quelque chose de substantiel et nous apprennent ce qu'est l'Être même de Dieu ; au contraire, les propriétés d'un tel Être n'en sont que des déterminations qui se tirent de sa nature, et que nous savons lui appartenir nécessairement ; mais par lesquelles nous n'apprenons rien sur cette nature, si nous ne la connaissons déjà. Tandis que les attributs, semble-t-on dire, manifestent la nature de Dieu, parce qu'ils sont cette nature même, et, au vrai, Dieu même ; — il faut, au contraire, connaître cette nature pour en découvrir les propriétés, loin que nous puissions inversement partir de la considération de celles-ci pour découvrir celle-là. Qu'elles appartiennent à tous les attributs de Dieu, — comme sont, par exemple, son existence par soi, son éternité, son infinité, son immutabilité, le fait qu'il est cause de toutes choses, etc., — ou seulement à l'un quelconque d'entre eux, tel qu'à la pensée, — comme, par exemple, l'omniscience, la sagesse, etc., — tout en appartenant nécessairement à Dieu, ce n'est pas par elles qu'il est Dieu ; c'est-à-dire, d'après la doctrine spinoziste des Attributs, elles ne sont pas Dieu. Qu'elles soient des dénominations intrinsèques, — comme l'existence par soi, l'unité, l'éternité, l'immutabilité, l'infinité, la simplicité, — ou qu'elles expriment les relations de Dieu à ses effets, — telles que celle par laquelle il est cause, ou celle en vertu de laquelle il gouverne et prédétermine toutes choses(¹), — ce sont autant de termes adjectifs qui ne s'entendent pas sans le terme substantif auquel ils se rapportent ; et qui, loin d'exprimer l'En-soi de leur sujet, ne sont que des créations logiques, par lesquelles une réflexion extérieure exprime le rapport de celui-ci avec lui-même ou avec autre chose, mais qui n'ont sous cette forme aucun sens au sein de la Réalité immédiate et spontanée. Par exemple, même les propriétés qui ont trait aux rapports de Dieu avec lui-même n'ont de sens qu'au regard d'une réflexion extérieure qui les oppose aux propriétés contraires qu'elle remarque en dehors de l'essence absolue de Dieu. C'est ainsi que l'existence en et par soi, l'unité, l'éternité, l'immutabilité, la simplicité, l'infinité n'ont de sens que par opposition à l'existence, en un sujet et par une cause extérieure, des êtres dépendants ; à leur multi-

---

(¹) Nous suivons l'interprétation de Busolt, — *op. cit.*, Theil I, Kap. x, p. 104, — qui voit dans « denominationes extrinsecae » soit une mauvaise lecture pour « intrinsecae », soit un lapsus du rédacteur, quel qu'il soit, du *Court Traité*, en s'appuyant sur la nature évidemment intrinsèque des dénominations prises pour exemple, et sur ce fait qu'elles s'opposent aux dénominations relatives, indiquées partout ailleurs par Spinoza comme synonymes d'extrinsèques.

Princip., I, defin. 5 ; cf. les expressions de la defin. 7. — *Eth.*, I, defin. 4 ; prop. 10 et scol. — Epist. II, 3 ; cf. Epist. IX, p. 34, van Vloten et Land. — *Court Traité*, I, ch. II, p. 10, 11, 15, van Vloten et Land ; cf. premier dialogue, van Vloten et Land, t. III, p. 17. — Cf. ci-après : X, les Attributs.

plicité, à leur existence temporelle et changeante, à leur composition et à leur caractère fini. Ce sont autant de prédicats inclus dans leur sujet et donnés avec lui dans une unité indivisible, que l'abstraction d'une pensée plus ou moins extérieure peut seule détacher de celui-ci, pour les considérer à part. Les propriétés de la Substance comme telles ne sont que les produits de cette abstraction, bien qu'à certains égards elles soient fondées dans la réalité foncière de la Substance; mais elles y trouvent leur première origine et leur raison, plutôt qu'elles n'y résident elles-mêmes en tant que propriétés. Cette dernière forme leur est donnée par la pensée qui les considère à part de leur sujet. Elles expriment ainsi des caractères existant réellement et en soi dans leur sujet, mais ne sont pas, en dehors de la pensée qui les considère, ces caractères mêmes, ou du moins ces caractères exclusivement et pris en eux-mêmes. De même à peu près que pour Aristote, la qualité sensible, en tant que telle qualité, existe en soi, indépendamment de la sensation; mais en tant que sensible, ne s'actualise qu'en présence de celle-ci(¹); de même le contenu positif et immédiat des propriétés spinozistes appartient en soi à leur sujet, mais n'actualise expressément que pour une réflexion extérieure les relations d'opposition ou autres que cette réflexion établit, grâce à ce contenu, entre ce sujet et ce qui n'est pas son être absolu. Par exemple, l'unité ne se manifeste comme unité que par opposition à la multiplicité; mais le contenu positif d'où notre réflexion tire cette opposition n'en existe pas moins en soi dans la réalité foncière et immédiate du sujet considéré. Semblablement, la vérité d'une pensée ne se manifeste comme telle, que si on rapporte celle-ci à son objet; mais tous les caractères intrinsèques de la vérité, sous la forme de l'adéquation, subsistent dans cette pensée considérée en elle-même. — On voit maintenant en quel sens c'est déterminer les caractères de la Substance que d'en déterminer les propriétés (I).

IV. Propriétés générales de la Substance.

La Substance possède deux sortes de propriétés, dont les unes appartiennent en propre à tel ou tel de ses attributs, et les autres à la Substance comme telle. Ces dernières, par suite, se trouvent également dans tous ses attributs. Parmi celles-ci, il en est trois fondamentales,

---

(¹) Aristote, *Métaph.* Γ, V, 1010 b 36; — *De Anima*, B, V, 417 b 7; XII, 424 a 26; Γ, II, 425 b 22 jusqu'à 426 b 11; IV, 429 b 10; VII, 431 a; VIII, 431 b 21-26 et 28; — *De Somno*, II, 459 b 5; — *Eth. Nic.*, IX, 1170 a 29.

(I) Voir surtout *Court Traité*, ch. VII, notamment p. 41, et cf. ci-après, p. 91, note I. — *De Intell. Emend.*, IX, 76, note 1.

et dont dépendent en quelque sorte toutes les autres : 1° l'identité des substances indiscernables ; 2° l'infinité ; et 3° la nécessité de toute substance. De ces trois propriétés fondamentales dérivent les autres caractères inhérents à la Substance. En premier lieu, comme le fera plus tard Leibniz par le principe des indiscernables [1], Spinoza nie la pluralité des substances absolument semblables. En effet, s'il existait seulement deux substances ayant la même essence, c'est-à-dire un même attribut, comment pourraient-elles se distinguer? Grâce à ce principe, se prouve l'infinité de toute substance : une chose finie étant celle que limite une autre chose de même nature qu'elle, la Substance est nécessairement infinie ; elle a donc infiniment de réalité ou de perfection, deux termes synonymes. Pour traduire adéquatement cette proposition, on dira que toute substance, si tant est qu'il puisse en exister plusieurs, a une infinité d'attributs tous également infinis. En voici la raison : Plus un être a de réalité ou d'essence, plus il doit avoir d'attributs ; car l'attribut exprime l'essence même de la chose à laquelle il appartient. Donc un Être infini tel qu'est la Substance a nécessairement une infinité d'attributs ; chacun d'eux exprimant également l'essence de la Substance est lui-même infini. Entre l'infinité de la Substance et celle des Attributs, il y a cette différence que celle-là est absolument infinie, c'est-à-dire qu'aucun aspect de l'Être ne lui manque. Au contraire, tel attribut, quel qu'il soit, n'est infini qu'en tant qu'il est tel attribut, « infini dans son genre, » dit Spinoza, « in suo genere [2] ; » non en ce sens qu'il remplit toute la réalité, mais seulement parce que, n'étant qu'une certaine essence de la Substance, cette essence en lui est sans limite. Il y a à peu près entre ces deux sortes d'infinités une distinction analogue à celle qu'établit Descartes entre l'infini et l'indéfini.

Enfin la Substance existe nécessairement ; il n'y a rien hors d'elle qui puisse l'empêcher d'exister, étant infinie ; et si elle existe, elle ne peut exister que par elle-même et ne saurait avoir été créée. De quelle cause extérieure à elle-même pourrait-elle en effet procéder? D'une autre substance ? — Mais il ne peut y avoir deux substances de même attribut ; par suite, cette prétendue cause n'aurait rien de commun avec son effet ; or, l'effet doit être conçu par sa cause ; de plus, outre les substances, c'est-à-dire la Substance et ses Attributs qui constituent son essence, il ne peut exister que des affections ou Modes de la Substance. Mais ceux-ci, par définition, sont logiquement postérieurs à la Substance, puisqu'ils n'existent qu'en autre chose et ne peuvent être conçus qu'en autre chose. Donc, il ne saurait y avoir d'autre cause de la Substance qu'elle-même ; elle est à elle-même sa propre

---

[1] Cf. notamment Leibniz, *Disc. de Métaph.*, p. 433, Gerhardt ; *Nouveaux Essais*, liv. III, ch. 6, 313 A, Erdman ; *ibid.*, ch. 3, 304 B.
[2] Cf. *Eth.*, I, explic. def.

cause, cause de soi, « causa sui » (¹). Elle est, en conséquence, éternelle ; l'éternité d'une chose n'étant que sa propre existence, en tant qu'elle découle de sa définition (²).

De l'infinité de la Substance se déduit aussi son unicité. Non seulement il ne peut y avoir qu'une seule substance d'une certaine essence, mais encore il ne peut exister absolument qu'une seule Substance. S'il en était autrement, de deux choses l'une : ou diverses substances auraient la même essence, ce qui est absurde ; ou elles auraient des attributs différents, ce qui n'est pas moins impossible, étant donné qu'une substance étant posée, elle ne peut manquer d'avoir tous les attributs, puisqu'elle en possède une infinité. Spinoza repousse donc également et la pluralité des substances de même espèce et celle des espèces de substances : deux points sur lesquels il s'éloigne de Descartes. Nous verrons plus loin, quand nous aurons pénétré plus avant dans l'examen de la Substance spinoziste, que la théorie de l'unité de Substance, bien que niant une des doctrines expresses de Descartes, ne laisse pas d'être une application de principes admis par ce philosophe.

V. Dieu.

Dans cette Substance unique, infinie, éternelle, nécessaire, on reconnaît les caractères de la notion de Dieu ou de « l'Être absolument infini » dont chaque attribut exprime une « essence éternelle et infinie » (³). Ainsi se trouvent fondées l'existence nécessaire et l'éternité, l'unicité, l'infinité de Dieu. Il est la seule Substance ; il est absolument indépendant ou libre, la liberté n'étant autre chose pour un être que le fait de n'agir que par la nécessité de sa propre nature ; il est impassible : en effet, rien n'existant en dehors de lui, rien ne peut agir sur lui (I). Par contre, tout ce qui existe, tout ce qui arrive, est en lui et dépend de lui, et rien ne saurait être conçu sans lui. Étant la seule Substance, il n'y a, outre lui et ses Attributs, que des Modes de ces derniers, et on ne peut davantage concevoir une chose en dehors de lui, puisque, substance, elle devrait être conçue comme existante ; mode, elle devrait être conçue au moyen d'une substance.

(¹) *Eth.*, I, def. 1.
(²) *Eth.*, I, def. 8.
(³) *Eth.*, I, def. 6. — *Court Traité*, I, 2, p. 9.

(I) *Eth.*, I, prop. 2-6 ; prop. 7, cor. et scol. ; prop. 8, 11, 12, 14, 15 ; def. 1, 2, 5-8 ; — II, def. 6. — *Cog. Met.*, I, 3, p. 200, et p. 198, 2° ; II, 1, p. 207 et 208 ; II, 3, p. 211 ; 6, p. 216. — *Court Traité*, I, ch. 1 et 2, notamment p. 5, t. III, van Vloten ; p. 10, 11, 12 ; cf. Append. et *passim*. — *Théol. Pol.*, ch. VI, p. 22 sqq. ; ch. XII, p. 103 sqq., t. II. — Epist. XLI, 7 et 9. — Brunschvicg, *La Révol. cart.*, etc. (*Rev. Mét. et Mor.*, 1904, p. 784-786).

Puisque toute chose est en Dieu, il s'ensuit que tout existe ou arrive absolument nécessairement. Car Dieu existe par la nécessité de son essence ; autrement dit, la nature de Dieu est nécessaire, elle est nécessairement ce qu'elle est. Il ne se rencontre nulle part de contingence, de liberté d'indifférence, d'arbitraire ; tout est soumis au plus rigoureux déterminisme. La Création, si l'on peut employer ce mot en parlant de Spinoza, ou son équivalent dans le système, est nécessaire aussi bien qu'un théorème de géométrie, et davantage même, puisque sa nécessité est absolue et inconditionnelle (1).

On le voit, la Liberté divine est en un sens admise par Spinoza tout comme par Descartes. Seulement le rapport de la nécessité à la liberté est, d'une part, rendu plus étroit dans le spinozisme ; et, de l'autre, il est rigoureusement inverse de ce qu'il était dans la pure doctrine cartésienne. Dans celle-ci, c'est de l'arbitraire divin que dépend toute nécessité ; là, au contraire, la liberté de la Substance infinie, propriété toute négative qui n'est que l'indépendance à l'égard de toute influence étrangère, est fondée sur le caractère absolument nécessaire des moindres déterminations de cette Substance, c'est-à-dire, étant donnée l'unité de substance, sur la nécessité universelle. Nous touchons ici à un des points importants de la relation entre Spinoza et Descartes. Nous y voyons celui-là rejeter décidément et complètement l'élément de contingence que celui-ci plaçait à l'origine des choses, mais rappeler encore Descartes jusque dans cette affirmation de l'universelle nécessité. Descartes faisait reposer toute la réalité et la nécessité elle-même sur un Être qui était avant tout absolue liberté, au point qu'il s'en faut de peu qu'il ne fît reposer sur un acte de liberté jusqu'à l'existence même de cet Être ; en tout cas, si son existence découle nécessairement de son essence, cette essence elle-même est posée comme un fait ; elle n'est établie par aucun procédé rationnel, bien que Descartes n'affirme pas de cette essence en particulier qu'elle soit contingente, — ce qu'il dit de toute essence en général. Le cartésianisme apparaît donc comme un système où tout se déduit nécessairement des essences une fois posées, du moins en principe, mais où les essences elles-mêmes, source de cette nécessité analytique, sont données comme des faits qui, sans contredire la raison, ne sont pas impérieusement exigés par elle. Pour Spinoza, au contraire, la nécessité est universelle et sans exception ; et cela, parce que la Réalité intégrale se déduit, comme une conséquence de son principe, d'un Être qui est lui-même absolument nécessaire dans son essence et dans son existence, celle-ci étant la première conséquence et l'effet immédiat de celle-là. Mais cette essence n'étant plus une liberté de choix, la nécessité qui existe dans l'Univers ne dépend pas de la volonté de l'auteur de celui-ci, mais se déduit

---

(1) *Eth.*, I, prop. 28, 29, 32 ; 33 et scol. 1 et 2 ; 34, 35 ; ax. 1 ; Append., début ; — cf. prop. 36 ; — II, def. 6. — *Court Traité*, p. 86 et 87 ; — 1, ch. 2-6.

nécessairement et analytiquement de la nature de cet Être. Nous retrouvons à l'origine des choses un Dieu cause de soi, c'est-à-dire un Être dont l'essence enveloppe l'existence; mais cette essence est affirmée expressément comme nécessaire, et dans son origine, et dans ses déterminations, c'est-à-dire dans ses actes. Le rapport de l'essence à l'existence est dans le Dieu spinoziste ce qu'il est dans le Dieu cartésien, mais c'est cette essence même qui est posée d'une manière différente : ici, elle n'était en somme qu'un fait; là, elle prétend être une exigence de la raison; toutefois cette exigence reste toute verbale en dépit des intentions de l'auteur. Car, d'une part, il ne peut déduire l'Être premier d'aucun principe supérieur; et, de l'autre, étranger à toute conception synthétique de la Raison, il ne saurait construire l'essence divine par aucun autre procédé rationnel. Il lui reste à l'affirmer comme le principe qui contient en soi sa raison, et, en dernière analyse, à ne pas moins la poser comme un fait que Descartes, avec cette restriction qu'il affirme expressément — sans toutefois pouvoir le justifier — le caractère absolument nécessaire et rationnel de cette position.

C'est ce que l'on comprend en examinant ce qu'on peut appeler les preuves spinozistes de l'existence de Dieu. Comme chez Descartes, Dieu est démontré ici de deux façons différentes : *a posteriori* et *a priori*. La preuve *a posteriori* consiste à montrer que la Substance divine ne pouvant être produite par une autre substance, elle ne peut exister que par la nécessité de sa propre nature. Cette preuve repose, comme la première preuve cartésienne, sur la présence en nous de l'idée de Dieu : car le raisonnement se ramène en somme, comme celui de Descartes, à conclure, de ce que nous avons l'idée de l'essence divine, que l'objet de cette idée, s'il n'était nécessaire, ne pourrait se tirer de l'objet d'aucune autre. Quant à la réalité de cet objet, elle est, pour Spinoza comme pour Descartes, un postulat fondamental. Seulement, tandis que pour Descartes ce n'était en principe et immédiatement que l'essence divine dont la réalité était postulée par la seule présence de son idée, Spinoza établit entre l'idée et son objet une correspondance encore plus étroite; au point que, si une essence correspond nécessairement à toute pensée d'essence, une existence correspond d'une façon également nécessaire à toute pensée d'existence. Il maintient la distinction cartésienne de l'essence et de l'existence, mais considère que toute détermination de l'objet, y compris l'existence, correspond immédiatement et infailliblement à la pensée de cette détermination. Le parallélisme de la Pensée et de l'Être, dont le principe se trouve chez Descartes, est poussé jusqu'à ses dernières conséquences; au point que l'existence d'une essence, et, dans l'espèce, de l'essence de Dieu, est impliquée par la pensée non plus seulement médiatement parce qu'elle serait impliquée par l'essence, mais immédiatement par la pensée même de l'existence. Aussi la preuve *a poste-*

riori de l'existence de Dieu ne fait-elle ici aucune distinction entre l'essence et l'existence : c'est Dieu tout entier qu'elle a pour objet, et non plus seulement comme la preuve cartésienne correspondante, l'essence divine. Elle peut se résumer ainsi : Nous avons l'idée de la Substance divine ; cette idée ne peut être produite par l'idée d'aucun autre objet ; son objet a par conséquent en lui-même sa raison, s'il existe ; autrement dit : il existe nécessairement, s'il existe. L'examen de cette preuve *a posteriori* nous montre donc Spinoza admettant avec Descartes la réalité en soi, et hors de l'entendement qui la connaît, de l'essence divine, mais avec cette différence que l'existence proprement dite de cette essence est posée dès cette preuve, sans que la démonstration en soit réservée à une preuve *a priori* destinée à déduire cette existence de l'essence correspondante ; car, pour Spinoza, ce qui est donné dans la Pensée a une réalité en dehors d'elle par cela même, qu'il s'agisse d'une essence ou d'une existence ; de sorte qu'ici ce n'est plus seulement l'essence de Dieu en tant que telle, comme dans le cartésianisme, mais son existence même, ou, plus exactement, c'est l'être entier de Dieu qui est posé comme un fait (1).

Il est vrai que Spinoza ne s'en tient pas là, et qu'à l'exemple de Descartes il prétend démontrer *a priori* l'existence de Dieu par la seule considération de son essence. La preuve *a posteriori* n'est plus comme chez Descartes une démonstration ou une position de l'essence divine, et ainsi comme un moment et une condition de la preuve *a priori* de l'existence correspondante ; elle est une preuve, encore qu'imparfaite, de cette existence, qui suffit pour entraîner l'adhésion de l'esprit humain, mais à laquelle manque une valeur absolue, puisqu'elle présuppose l'existence de la pensée humaine qui est elle-même un effet de l'existence de Dieu. Or, l'Être dont dépendent tous les autres doit, dans une philosophie qui a pour but de traduire l'ordre même des choses, occuper la place qu'il a dans la réalité, c'est-à-dire être posé antérieurement à tout le reste. C'est pour répondre à cette exigence que Spinoza démontre *a priori* l'existence de Dieu. De même que pour Descartes Dieu existe nécessairement, parce que son essence contenant toutes les perfections contient aussi celle de l'existence ; de même pour Spinoza, l'Être absolument infini, qui par conséquent contient toute réalité, doit renfermer nécessairement l'existe[nce] que s'il l'excluait, il ne serait plus souverainement réel, ma[is fau]drait quelque négation. Le nœud de cet argument est ici, c[omme da]ns le cartésianisme, la théorie de la correspondance inconditionn[ée] entre l'essence réelle et son idée : l'Être infiniment réel ne peut être pensé autrement qu'existant ; il s'ensuit qu'il ne peut qu'exister nécessairement ; et cette exigence idéale est en même temps une exigence réelle,

(1) *Court Traité*, 1, 1, p. 4 sqq. — *Eth.*, I, prop. 3 ; 6 et cor. ; 7 ; 11, seconde dém. et scol. — Epist. XL, 4, 6°.

parce que l'objet de l'idée de l'Être infiniment réel est nécessairement une essence qui a une réalité en dehors de la pensée ; ce que son idée exige est exigé par son objet, car le contenu de l'objet et celui de l'idée sont absolument adéquats entre eux et convertibles. Que tel soit le principe de la démonstration *a priori* de l'existence de Dieu, c'est ce que Spinoza affirme explicitement, lorsqu'il écrit que, si l'Être infiniment réel n'était qu'un produit de l'Entendement, celui-ci pourrait concevoir plus que la réalité fournir ; conséquence absurde, selon ce penseur (¹).

Cette déduction de l'existence de Dieu est la première démarche analytique de la pensée spéculative ; elle démontre que Dieu est cause de soi et de quelle façon. En ce qui concerne l'essence dont dérive cette première existence, — ou, du point de vue de la Pensée, l'idée d'où dérivent toutes les autres, — elle se suffit à elle-même et ne demande aucune raison. Ce principe premier ne dépend pas d'un principe supérieur, et il ne saurait davantage être synthétiquement construit ; car, pour Spinoza, la méthode déductive est la seule rationnelle, et l'ordre de la raison est rigoureusement unilatéral. Il reste donc que la philosophie spinoziste, semblable en cela à la philosophie cartésienne, débute par une affirmation qui ressemble beaucoup à la constatation d'un fait, en dépit des intentions de l'auteur. Elle diffère de la philosophie de Descartes en ce qu'elle se prive du droit de faire appel, pour justifier ce procédé, à un ordre supérieur à celui de l'Entendement au sens large du mot. Son point de départ est moins une position plus ou moins arbitraire qu'une sorte de nécessité brutale et opaque, étrangère, quoiqu'elle en ait, à la nécessité transparente de la Raison. Et c'est en cela qu'elle rappelle, tout en s'y opposant, la contingence cartésienne, comme Spinoza lui-même (²) semble l'avoir senti (I).

Il n'est pas jusqu'à la confirmation cartésienne de l'existence de Dieu par l'existence de notre Moi fini qui ne soit reproduite, dans son principe, par Spinoza. Non content de démontrer la nécessité de l'existence de Dieu, en partant du fait que nous pensons cette existence, Spinoza propose une preuve encore plus *a posteriori* de l'existence nécessaire de Dieu, en prenant comme point de départ l'existence des êtres finis, telle que par exemple la nôtre. Imitant à peu près ici le raisonnement cartésien correspondant, il entend démontrer que si un être fini existe, l'Être infini doit exister, attendu que celui-ci ne saurait avoir moins de puissance que celui-là, et que c'est une plus grande puissance de pouvoir exister que de ne le pouvoir pas : donc, conclut-il, ou rien

---

(¹) *De Intell. Emend.*, IX, 76, note 2.
(²) *Eth.*, I, scol. 2 prop. 33 : « Fateor, hanc opinionem, quae omnis...... primam et unicam liberam causam esse, » p. 68, l. 11-20.

(1) *Court Traité*, I, 1, p. 3, et note p. 4. — *Eth.*, I, prop. 11, prem. dem. et scol. — Brunschvicg, *La Révolut. cart. et la not. spin.*, etc. (*Rev. Mét. et Mor.*, 1904, p. 786 sqq.)

n'existe, ou l'Être absolument infini existe nécessairement, et c'est en lui que subsistent les êtres finis tels que par exemple nous-mêmes (1).

Quoi qu'il en soit de la manière dont Spinoza démontre le degré suprême de la Réalité, il le considère, par cela seul qu'il est l'affirmation absolue et sans restriction, comme contenant en soi la nécessité complète et inconditionnelle : il est nécessaire, parce que rien ne saurait le limiter et que les choses ont d'autant plus de raison d'exister que leur nature renferme plus de réalité. Dans cette philosophie, ce sont les négations plus ou moins partielles de l'Être qui ont besoin d'une explication et d'être rattachées à quelque principe et à quelque cause autres qu'elles-mêmes : l'affirmation absolue de l'Être, l'Être qui ne contient aucune négation, est la raison dernière, qui est intelligible par elle-même et nécessaire par elle-même. Ce qui est n'a pas, en tant qu'il est, d'autre raison que lui-même ; c'est seulement ce qui, à certains égards, n'est pas, qui — en tant qu'il n'est pas — requiert un principe supérieur d'explication. Nous retrouverons plus loin ce principe, qui rappelle à certains égards celui de Leibniz, d'après lequel les essences tendent chacune à l'être en raison de leur perfection. Seulement, chez Spinoza, ce principe de l'intelligibilité absolue de l'Être comme tel ne prétend à aucun sens dynamique ou finaliste : l'Être absolument réel se pose et s'impose par son infinie réalité, et tout s'en déduit en vertu d'une nécessité d'où, en principe, toute tendance et toute finalité sont exclues. Nous avons moins affaire à une tendance de l'Être à exister dans la mesure de son degré de réalité qu'à une incapacité de se nier soi-même et à une analogie de cette force d'inertie dont Descartes faisait une propriété de la matière physique (¹). Toute essence tend à être et à persévérer selon le degré de réalité qu'elle renferme, ou, plus exactement, elle ne peut nier elle-même ce degré de réalité. L'essence absolument réelle, contenant un degré infini de réalité, ne peut pas ne pas être donnée, puisqu'elle ne saurait ni se supprimer, — car elle remplit toute la réalité, — ni être supprimée ou empêchée par autre chose, — puisqu'en dehors d'elle rien n'existe. Toutefois, nous le répétons, il n'y a en elle aucune tendance proprement dite, aucun développement plus ou moins téléologique, allant des degrés inférieurs de l'être à la pleine réalité : un pareil développement, fût-il d'ordre purement dialectique, fût-il dénué de signification temporelle, *est nié par une philosophie qui conçoit l'ordre de la raison et des choses comme unilatéral*, et qui, déduisant — ou prétendant déduire — le moins parfait du plus parfait, refuse d'expliquer à son tour le second par le premier.

(¹) Cf. *Principia philosophiae cartesianae more geometrico demonstrata*, II, ax. 20, p. 419 ; — prop. 14 et cor., p. 432 ; — prop. 21-32, p. 437-448, *passim*.

(1) *Court Traité*, I, 1, p. 7-8. — *Éth.*, I, dém., 8 prop. 11 et scol.

VI. Arguments contre la Finalité.

Telle est la raison véritable de l'aversion de Spinoza pour la finalité, aversion qu'il justifie en fait par des arguments dont la valeur est contestable, même en se cantonnant dans le point de vue spinoziste. Ceux-ci consistent à déduire, avec plus ou moins de fondement, l'absence de finalité dans les productions nécessaires de la divinité, d'abord de la nécessité universelle, et en second lieu de la théorie suivante. D'après lui, c'est renverser l'ordre de la réalité que d'admettre des causes finales; c'est prendre pour cause ce qui n'est qu'un effet, les fins prétendues étant postérieures à ce qu'on veut leur faire expliquer; alors que la cause véritable, de sa nature, est antérieure à ce qu'elle produit et explique; outre que supposer une poursuite de fins dans l'Être infiniment réel, ce serait admettre un manque et comme un désir dans Celui auquel rien ne peut faire défaut. Descartes avait ouvert la voie en bannissant de la science et de la spéculation philosophique la recherche des causes finales, qu'il proclamait inaccessibles à notre intelligence; de là à déclarer qu'il n'en existait pas, il n'y avait qu'un pas à faire (1).

VII. Indétermination absolue de la Substance.

Mais cette négation de la finalité a, comme nous l'avons vu, une raison plus interne dans le spinozisme, à savoir : la conception d'un ordre unilatéral des choses et de la raison. Pour bien comprendre comment est possible une telle conception, selon laquelle la Réalité suprême est source de toute réalité sans pouvoir à son tour être expliquée autrement que par elle-même, il faut pénétrer plus avant dans la manière dont Spinoza conçoit la plénitude de l'Être par soi, de l'absolue Substance. Voici en quelques mots la doctrine du philosophe à cet égard : Étant l'Être par soi, la Substance doit posséder toute réalité, avoir une réalité infinie; aucun aspect de l'être ne doit lui faire défaut. Mais par là elle est absolument indéterminée. Spinoza exclut de la Substance infinie toute forme déterminée d'existence, parce que, pense-t-il, cela introduirait en elle — qui est toute réalité — quelque négation et limitation. N'étant exclusivement aucune réalité déter-

---

(1) *Eth.*, I, append.; — III, préambule. — Cf. Descartes, *Princip.*, I, 28. — Cf. ci-après, p. 99, note 1.

minée, elle n'est absolument aucune forme déterminée d'être, mais seulement « l'absolue affirmation de l'existence » (¹).

Pour Spinoza, l'être chargé au plus haut point de réalité est celui qui non seulement n'est aucune forme exclusive de réalité, mais qui encore n'en contient aucune dans sa compréhension. En admettant dans la Substance une pluralité de déterminations réelles, Spinoza craindrait de faire dépendre l'Être par soi de chacun de ces moments déterminés ; et la Substance ne lui paraît être par soi que si elle est non seulement supérieure à telle détermination particulière exclusive, mais encore indifférente et étrangère à toute détermination absolument parlant. La Substance spinoziste n'est pas, comme une Forme aristotélicienne ou une Monade de Leibniz, l'unité organique d'une multiplicité, un tout dont l'unité et l'indépendance seraient assurées par la solidarité de ses moments et par l'impossibilité pour chacun d'exister et d'être quelque chose en dehors de l'ensemble ; c'est bien plutôt l'unité absolument simple et indivisible à tout égard de l'Être indéterminé, et la définition qui convient le mieux au Dieu de Spinoza est celle par laquelle Malebranche définit Dieu : « Celui qui est (²). »

Par suite d'une illusion familière à la philosophie dogmatique analytique, Spinoza a cru que l'existence indéterminée était la forme éminente et la source de toute existence, et qu'on pouvait en déduire toute détermination particulière de la Réalité. C'est qu'en effet, lorsqu'on veut tout expliquer par la pure analyse, on peut bien déduire d'un tout ses parties intégrantes ; mais ce tout lui-même reste un pur fait et demeure sans explication, si on refuse de recourir à un procédé synthétique rationnel pour rendre raison de l'arrangement des parties qui forment ce tout. Telle est la raison profonde qui a poussé Spinoza, étranger qu'il était à toute méthode synthétique, à faire de l'Être indéterminé l'Être premier et par soi, et à mettre le point de départ de la Réalité dans l'indétermination absolue et radicalement simple, qui, ne renfermant aucune multiplicité de déterminations, n'a besoin pour être expliquée d'autre chose que d'elle-même. Pour expliquer la partie par le tout, il faut pouvoir rendre compte du tout, quoique d'une manière différente de celle par laquelle on rend raison des parties. C'est pourquoi Spinoza, sentant l'impuissance de la méthode analytique, qui est la sienne, pour accomplir cette tâche, repousse sans réserve toute idée d'explication finaliste des parties par le tout et toute idée d'interdépendance. Voilà pourquoi la finalité interne ne trouve pas dans le spinozisme plus de place que la finalité externe. Comment, maintenant, a-t-il pu croire que de la Réalité absolument indéterminée on pouvait déduire les déterminations du Réel ? Comment a-t-il cru échapper à l'Éléatisme, qui pourtant est son point de départ ?

(¹) *Eth.*, I, scol. 1, prop. 8.
(²) Malebranche, *Entretiens*, II, 4, p. 29, édit. J. Simon, 1871.

Comment la substance spinoziste, aussi indéterminée que l'Être éléatique, a-t-elle pu lui paraître enfermer le principe de déterminations qui ne sont pas contenues en elle à proprement parler ? — C'est qu'en effet l'indéterminé, ne se suffisant pas à lui-même, appelle pour se compléter, et comme moment opposé, toutes les autres déterminations sans lesquelles il ne saurait exister ; et cette solidarité de l'indéterminé avec le déterminé, laquelle vient à la vérité de l'insuffisance du premier de ces termes pris isolément, Spinoza, pénétré de l'esprit analytique, a pu la prendre pour une liaison de principe à conséquence analytique (¹). De la sorte, la contradiction signalée par Herbart et quelques autres subsiste ; mais ils n'ont pas vu comment et pourquoi elle pouvait se dissimuler aux yeux de Spinoza : de là, l'excessive sévérité de leurs jugements (²). Si de l'indéterminé le déterminé ne se déduit pas, néanmoins l'indéterminé est la condition qui rend possibles également toutes les déterminations ; et c'est cette capacité de toutes les déterminations que Spinoza a confondue avec la plénitude de l'Être, sans s'apercevoir que, dans le passage du simple indéterminé aux déterminations complexes, l'esprit pose ces dernières, nécessairement peut-être, mais ne les déduit pas. Pour Spinoza, dans ce passage de la Substance aux déterminations de la Réalité telles qu'elles sont comprises éternellement et essentiellement dans la Substance, il n'y a au contraire rien de positif, mais une simple limitation de l'essence absolue de l'Être premier, et une pure privation, plus ou moins grande selon les cas, introduite en lui. Il n'y a là qu'une simple restriction. Aussi la pensée parfaite ou *adéquate* de la Réalité absolue n'est sous sa forme achevée que l'acte d'intuition éternel et immobile par lequel Dieu se connaît immédiatement lui-même et connaît du même coup l'essence de toute chose. En d'autres termes, chaque objet particulier et déterminé de la connaissance adéquate n'est, comme nous l'expliquerons plus loin, qu'une limitation d'un des aspects présentés en nombre infini par la Substance. En effet, l'essence de la Substance est manifestée par une infinité d'aspects ; ou plutôt, la Substance se pose dans une infinité d'essences dont chacune, précisément parce qu'elle est l'essence de la Substance, existe en soi en ce sens qu'elle n'est pas inhérente aux autres aspects de la même Substance. Ces essences sont les Attributs de la Substance, qui ne sont chacun autre chose que la Substance elle-même considérée sous tel de ses aspects. De ces Attributs, il en existe une infinité pour les raisons que nous avons énumérées ci-dessus (I).

(¹) *Princip. philos. cartes.*, III, p. 454.
(²) Kuno Fischer, *Geschichte der neueren Philosophie*, Kap. XIV. — Herbart, *Schrift zur Metaphysik*, 55, p. 183 et 184 ; — 64, p. 198.

(I) *Eth.*, I, prop. 10, 13 ; def. 6 et explic. ; dém. prop. 14 ; — cf. scol. prop. 10 ; — II, scol. prop. 7, début. — *De Intell. Emend.* IX, 76, note 1. — Epist. IX, van Vloten

Comme on le voit, notre interprétation diffère à la fois de celle qui nie l'indétermination primitive de la Substance spinoziste et de celle qui lui refuse d'être, à quelques égards que ce soit, la source de déterminations quelconques. Avec les partisans de cette dernière interprétation, nous croyons que la Substance spinoziste est à la lettre indéterminée. Mais, à la différence de ceux-ci, nous ne pensons pas que Spinoza ait eu par là l'intention de mettre les déterminations de la Réalité en dehors de la Substance, comme les Éléates les mettaient en dehors de leur Être. Si dans le spinozisme l'indéterminé existe seul en soi, il ne s'ensuit pas que le déterminé ne puisse s'en déduire et n'en dérive à certains égards; et si toute détermination est une négation, elle n'est pas, dans tous les cas, et en tant que détermination, une illusion. L'illusion ne consiste, dans l'espèce, qu'à considérer le déterminé, en tant que déterminé, comme quelque chose de positif; ce n'est pas le déterminé que nie le spinozisme, c'est son caractère positif. La Substance est absolument indéterminée, parce qu'elle est absolument positive; mais elle est la source du déterminé, comme le degré supérieur d'une quantité est la source du degré inférieur, en ce sens que poser celui-là, c'est en même temps poser celui-ci. Ici, la quantité en question, si l'on peut ainsi parler, c'est l'Être : la Substance pose la plus grande quantité d'être possible, et les déterminations ne sont que des moindres quantités d'être, ou des moindres degrés de la même quantité. Mais comme celles-ci n'ont rien de positif qui ne se retrouve identiquement dans le degré suprême, et qu'elles ne se distinguent de ce dernier que par leur côté négatif, nous avons pu dire que les déterminations de la Réalité n'entraient pas, à proprement parler, dans la compréhension de la Substance considérée dans son être absolu. Elles n'entrent pas en effet dans la constitution de cette dernière à la façon dont des unités composent un nombre, ou des éléments un tout; car toute somme est plus complexe que ses unités, et tout élément, plus simple que le tout. Ici, au contraire, la Substance est ce qu'il y a de plus simple, *ens simplicissimum;* et les déterminations, bien qu'elles ne soient pas en dehors d'elle absolument parlant, n'en sont pas des éléments ni des moments, mais des aspects négatifs. Quant à la question de savoir comment le simple indéterminé a pu être considéré par Spinoza comme la source de déterminations dont il n'est pas à vrai dire un *complexus*, nous avons essayé de le montrer. Après avoir prouvé, nous l'espérons, que notre solution est possible, il nous reste à expliquer pourquoi nous la préférons aux autres interprétations qu'on a proposées de cette question.

Comme nous l'avons dit, celles-ci se groupent sous deux chefs, selon

---

et Land, p. 34, dern. l. ; — Ep. XL. 3, 3°; — 2, 2°, cf. XLI, 3; — Ep. XLI, 4, 8, 9, *ad finem;* 10; — Ep. L, van Vloten et Land, p. 185, 2°. — *Cogit. Met.*, I, ch. 3, p. 468. — *Theol. Pol.*, ch. VI, t. II, p. 22 et sqq.; — ch. XII, p. 103 et sqq.

qu'on nie, en fin de compte, l'indétermination absolue de la Substance ; ou que, reconnaissant cette indétermination, on en conclue que la Substance n'est le principe et la source d'aucune détermination, sous quelque forme que ce soit.

Parmi les auteurs qui nient l'indétermination foncière de la Substance, il en est surtout deux dont les solutions originales sont dignes de remarque. — Selon M. Delbos (¹), ce n'est pas la Substance dans son être concret qui est absolument indéterminée : c'est seulement le premier de ses moments ; car, pense-t-il, la marche du spinozisme est synthétique comme celle de l'hégélianisme, et constitue la Substance par une série de moments dont chacun est appelé et exigé par celui qui le précède, au lieu d'en être déduit au sens rigoureux du mot. D'après cette interprétation, le système de Spinoza ne consiste pas à déduire tout le contenu de ce système d'une Substance posée tout d'abord dans la plénitude de son être, mais bien à constituer graduellement la Réalité et la Substance même qui se confond avec elle, par une série régulière de pas en avant, en partant de l'indéterminé absolu pour aller vers des déterminations de plus en plus riches ; de sorte que ce n'est qu'au terme du développement, non au commencement, qu'on serait en présence de la Substance sous sa forme achevée, qui serait ainsi non le point de départ d'une analyse déjà préformée en elle, mais la synthèse concrète de moments abstraits. L'Être absolument indéterminé, de ce point de vue, n'est que le premier, et par conséquent le plus abstrait de ces moments, nécessaire à la raison dans sa marche vers la Réalité concrète : c'est l'affirmation pure et simple de l'être, c'est l'être qui n'est qu'être et qui n'exclut aucune forme de réalité, parce qu'il est indifférent à toutes ; ce qui revient à n'en contenir aucune : bref, c'est la possibilité indéterminée et infinie de l'être. Telle est la première démarche de la pensée qui veut atteindre la Réalité ; car, pour affirmer quoi que ce soit, la première condition, au-delà de laquelle on ne peut remonter, c'est l'affirmation de l'être comme tel : pour affirmer que quelque chose existe, il faut avant tout affirmer l'existence. Mais ce point de départ détermine les autres moments de la Réalité ; car cette possibilité indéterminée de l'existence et, par suite, de la détermination exige pour se réaliser précisément les existences déterminées dont elle est la possibilité. L'indéterminé passe donc nécessairement au déterminé ; il se détermine pour se réaliser ; et comme il enveloppe l'infini, il appelle et exige une infinité de déterminations. Ainsi, de proche en proche, la pensée et l'être descendent dialectiquement de l'être absolument indéterminé à des données de plus en plus déterminées, pour se réaliser en fin de compte dans des êtres particuliers ; ceux-ci à leur tour reproduisent le processus dialec-

---

(¹) V. Delbos, *Le problème moral dans la philosophie de Spinoza et dans l'histoire du spinozisme*, Paris, Alcan, 1893 ; ch. IV, p. 78 sqq.

tique de la Substance : ils posent d'abord en eux le moment de l'être exclusif et négatif, c'est-à-dire, dans l'espèce, qu'ils posent leur être à part des autres êtres et de la Substance elle-même, pour se saisir ensuite comme éléments intégrants de celle-ci. Ainsi est atteint le dernier moment de la Réalité absolue; elle achève de se déterminer en posant en elle les déterminations qu'elle exigeait dès le début du développement, tout en les excluant alors provisoirement.

Qu'une pareille interprétation soit seule capable de légitimer un passage de l'indéterminé au déterminé, cela n'est pas douteux, et nous l'avons déjà explicitement reconnu. Il n'est pas moins évident que cette interprétation, si elle est exacte, explique d'une manière satisfaisante le retour que nous rencontrerons bientôt de l'existence dispersée des individus à l'unité de leur essence substantielle. Mais faut-il en tirer une traduction des doctrines professées en fait par Spinoza? Sans doute, l'emploi par Spinoza de la méthode géométrique ne suffirait pas, à lui seul, pour faire rejeter l'interprétation de la philosophie spinoziste comme une philosophie synthétique; car si la géométrie emploie l'analyse pour déterminer les propriétés de ses éléments, la constitution et la définition de ces derniers sont en fait dues à la synthèse. Par malheur, les exemples mêmes dont se sert Spinoza semblent indiquer que, par méthode géométrique, il entendait la partie analytique de cette dernière. Il dit, en effet, que tout découle nécessairement de Dieu, comme de la définition du triangle dérive l'égalité de ses trois angles à deux droits (¹); — semblant indiquer par là qu'en prenant l'Être souverainement parfait et souverainement indéterminé pour point de départ du système de la Réalité, il pense procéder comme le géomètre qui, par simple analyse, déduit de la définition des éléments leurs propriétés. Au reste, Spinoza ne pose-t-il pas à la base de son système, et en tête des principales parties de celui-ci, des définitions et des axiomes qu'il accepte comme des données premières et qu'il se garde de construire par aucun procédé progressif, comme si la déduction appuyée sur des intuitions, c'est-à-dire la pure méthode analytique, était la seule à laquelle il voulût recourir? D'ailleurs, dans l'ouvrage qui traite de la Méthode *ex professo*, dans le *De Intellectus Emendatione*, il ne semble pas soupçonner d'autre procédé rationnel que celui qui consiste à déduire des conséquences de principes une fois saisis par intuition; et il s'étend avec assez d'abondance et de précision sur ce procédé, sans même faire allusion à un procédé inverse pour le compléter : il semble croire que l'ordre rationnel n'a qu'une direction, et que cette direction est analytique. Que si parfois, dans ses ouvrages, il semble se référer à un ordre inverse, comme lorsque, par exemple, il parle de remonter de l'effet à la cause (²), — le

(¹) *Eth.*, scol. *in fine*, II, p. 122, l. 31-33.
(²) Notamment *De Intell. Emend.*, IV, 19, 3°.

passage de la cause à l'effet étant pour lui analytique, — c'est relativement à une connaissance inférieure et limitée qu'il se place alors. Mais il n'en maintient pas moins, semble-t-il, que la réalité considérée en soi et la pensée normale qui la traduit ne remontent pas ainsi le cours des choses et des idées, et que celui-ci, dans son essence parfaite, va du principe à sa conséquence analytique. Il n'en reste pas moins vrai — et c'est ce qu'il importe de retenir de l'interprétation que nous examinons ici — que ce lien analytique, que Spinoza a cru saisir de l'indéterminé au déterminé, n'est autre qu'un lien synthétique véritable mal interprété; de sorte qu'en fait la méthode spinoziste est synthétique, bien qu'elle soit analytique dans les intentions de l'auteur. Mais, dans tous les cas, elle est unilatérale; et Spinoza n'a pas vu la nécessité pour la raison de deux démarches complémentaires, dont l'une édifierait la Réalité, et l'autre en retrouverait les éléments.

Une autre tentative pour nier l'indétermination de la Substance spinoziste se rencontre dans un des ouvrages les plus complets et les plus intéressants qui aient été écrits sur la philosophie de Spinoza : *Die Lehre Spinoza's*, par Teodor Camerer (¹). Cet auteur ne nie pas que l'expression « ens absolute indeterminatum » ne s'applique à l'être plein et concret de la Substance. Mais il estime qu'il la faut traduire non par « l'être absolument indéterminé, — vollkommen unbestimmte, » — mais par « l'être absolument *illimité*, — unbeschraenkte ». — De la substance ainsi comprise, il n'y a dès lors aucune faute de logique à vouloir déduire analytiquement les déterminations du Réel, puisqu'elles y sont en effet intégrées, comme dans le complexus de toutes les existences déterminées. Bref, la Substance dans son être complet est appelée « ens absolute indeterminatum », non parce qu'elle serait la position de l'existence en général et comme telle, mais parce qu'elle embrasse dans son unité l'ensemble de toutes les existences, sans être limitée à aucune exclusivement; de sorte que Spinoza a pu légitimement, et sans être victime de la moindre illusion, identifier son « ens absoluta indeterminatum » avec l'Être absolument réel.

Tout d'abord il nous faut reconnaître qu'il n'y a, contre cette théorie, aucune objection à tirer de la simplicité absolue de la Substance; car le sens que l'on doit donner aux expressions qui affirment cette simplicité dépend précisément de la manière dont il faut entendre les autres caractères de la Substance, loin que ces expressions et d'autres affirmations de même ordre puissent servir, prises en elles-mêmes, à l'intelligence de ces caractères. *A priori*, rien n'empêcherait, en effet, de soutenir que Spinoza, en affirmant

---

(¹) T. Camerer, *Die Lehre Spinoza's*, Stuttgart, Verlag der J. G. Cotta'schen Buchhandlung, 1877. — Teil I, K. II, p. 4, note 2.

l'absolue simplicité de la Substance, en excluant de l'être absolu de celle-ci et de chacun de ses attributs la composition et la divisibilité, entend seulement que ni la Substance ni ses attributs ne sont des sommes de parties juxtaposées du dehors et des assemblages postérieurs à ces parties; mais qu'ils sont néanmoins des complexus dont l'unité indivisible est assurée par la solidarité d'éléments intégrants positifs, au point que ceux-ci ne peuvent exister ni être conçus sans ceux-là et tiennent d'eux tout leur être. La simplicité d'un objet, de ce point de vue, serait l'impossibilité pour ses éléments d'exister en dehors de lui; et la simplicité d'une idée, l'inintelligibilité de ses éléments pensés à part; d'où l'adéquation et la vérité de toute idée simple : telle la monade leibnizienne qui se définit également une « substance simple »(¹), et comme l'unité d'une multiplicité(²). Semblablement, l'unité indivisible de l'objet simple ou de son idée, dans une telle interprétation, serait posée dans un acte indivisible malgré la multiplicité de ses éléments; de même que telle intuition cartésienne est complexe en tant qu'intuition de deux ou plusieurs termes, et simple en tant qu'intuition.

Il est juste d'admettre, en second lieu, que la Substance — qu'elle soit ou non considérée par Spinoza comme absolument indéterminée — est douée d'une puissance illimitée d'être; car à cela se ramène son infinité. Spinoza dit en propres termes que la Substance est absolument infinie ou existe infiniment, en ce sens qu'elle remplit tout le domaine de l'être sans être limitée à une forme particulière d'être. Il faut reconnaître aussi qu'il existe un lien très étroit entre la limite et ce que Spinoza appelle « determinatio », puisque ce second caractère est possédé à quelque degré par tout ce qui est limité et fini, et qu'il implique nécessairement une limitation de la puissance d'être. Pour que « indeterminatum » ne soit pas synonyme du français « indéterminé » et de l'allemand « unbestimmt », il suffit donc que l'absence de limites dans l'être n'entraîne pas aux yeux de Spinoza l'absence de ce qu'en français nous appelons « détermination »; et le lien étroit qui existe entre la « determinatio » et l'existence limitée peut également servir à démontrer ou à infirmer l'indétermination de la Substance spinoziste, selon la conception de la limite qu'on attribuera à l'auteur. Or, il semble que la manière dont Spinoza entend la position absolue et illimitée de l'être soit solidaire d'une indétermination au sens strict. Voici, en effet, tout d'abord, comment il explique l'absence relative de « determinatio » de l'essence étendue prise absolument, par rapport aux figures déterminées : « Quantum ad hoc, quod figura negatio, non vero aliquid positivum est; manifestum est, integram

---

(¹) Notamment *Monadologie*, I, II, IV, V, etc.
(²) Notamment *Monadol.*, XIII, cf. XIV; — XVI, cf. XVII. — *Discours de Métaph.*, VIII, 2ᵉ phr. sqq., etc.

materiam indefinite consideratam nullam posse habere figuram, figuramque in finitis ac determinatis corporibus locum tantum obtinere. Qui enim se figuram percipere ait, nil aliud eo dicat, quam se rem determinatam, et quo pacto ea sit determinata, concipere. Haec ergo determinatio ad rem juxta suum esse non pertinere; sed e contra est ejus nonesse. Quia ergo figura non aliud quam determinatio, et determinatio negatio est, non poterit, ut dictum, aliud quid quam negatio esse (¹). » On ne saurait dire plus clairement que toute étendue déterminée est négative dans la même mesure; qu'il n'y a de positif en elle que l'affirmation absolue de l'Étendue, sans plus; et que l'Étendue comme telle manque de « determinatio », en ce sens qu'elle n'est que la forme générale de l'Étendue, que l'Étendue *indéterminée*; cette conception, Spinoza l'étend explicitement à tous les attributs qui, pris en eux-mêmes, sont à ses yeux position d'essences indéterminées : la Pensée, par exemple, dans son intégralité, n'est que la Pensée comme telle et indéterminée. Il y a plus : pour expliquer ce qu'il entend par « ens absolute indeterminatum », il transporte expressément à la Substance et porte à l'absolu cette indétermination relative des attributs; et de même, par exemple, que l'Étendue et la Pensée sont indéterminées en tant qu'Étendue et que Pensée, de même la Substance est indéterminée, non plus comme une essence encore déterminée à certains titres à l'égard de ses formes plus déterminées, mais comme l'affirmation absolue de l'être par rapport aux formes plus déterminées d'être. L'Étendue et la Pensée, affirme expressément Spinoza, sont encore des formes déterminées d'être; mais la Substance n'est que l'affirmation pure et simple de l'être. Sans doute, il considère cette indétermination absolue comme le degré suprême de la Réalité, lequel embrasse toutes les formes dont celle-ci est douée; et nous avons vu comment il pouvait penser ainsi. Mais, d'après ce qui précède, son intention semble être d'indiquer par l'expression « indeterminatum » précisément cet aspect de la Réalité suprême qu'est pour lui l'indétermination. Après ce qui vient d'être dit, on comprend en quel sens nous entendons la simplicité absolue et indivisible que Spinoza assigne à la Substance : c'est la simplicité qui vient d'une absence, non seulement de parties extérieurement juxtaposées, mais encore d'éléments intégrants positifs (I).

De ce que nous venons de dire, s'ensuit-il que nous acquiescions à l'opinion qui voit dans la substance spinoziste un Être éléatique dont aucune détermination ne pourrait dériver à quelque titre que ce soit? Telle est l'interprétation devenue classique dans l'école hégélienne.

(¹) Epist. L, 4.

(I) *Eth.*, I, scol. 1 prop. 8. — *De Intell. Emend.*, IX, 76, note 1. — Epist. IV, 3; — Epist. XLI, 10. — Brunschvicg, *La Révolution cartésienne*, etc., p. 792-793.

Comme cette interprétation est solidaire d'une explication des déterminations de la réalité, et tout d'abord d'une explication des Attributs qui en fait autant d'illusions subjectives sans fondement dans l'En-soi de la Substance, nous renvoyons l'examen de cette théorie jusqu'au moment où nous essaierons de déterminer la conception spinoziste des rapports de la Substance à ses Attributs.

VIII. Théories de l'unité de Cause
et de l'unité de Substance dans leurs rapports entre elles et avec le Cartésianisme.

Plus cartésiennes encore dans leur principe que la négation de la finalité sont, dans leur connexion, les deux thèses spinozistes sur l'unité de Substance et sur l'unité de Cause. Cette dernière théorie semble être un développement logique de la doctrine de la création continuée. Si, en effet, rien ne peut exister sans une action permanente de Dieu, il faut aussi que cette action s'étende aux manifestations particulières de tout ce qui existe, c'est-à-dire aux déterminations concrètes de l'existence des choses et de la nature de celles-ci : du moins devait-il en paraître ainsi à Spinoza (¹). D'un autre côté, l'unité de Substance était apparemment à ses yeux la plus sûre garantie et le vrai fondement de l'unité de Cause, ou même simplement d'une création continuée telle que l'entendait Descartes. Il n'existe qu'une seule Substance : cette proposition, dans Spinoza, est à la fois comme un corollaire et une confirmation de cette autre assertion : Il n'y a qu'une Cause ; — ou plutôt les deux thèses s'impliquent mutuellement. Car si le rapport de cause à effet est identique, dans l'ordre de l'être, à celui de principe à conséquence dans l'ordre de la pensée, l'unité de Cause implique que tout le donné découle analytiquement d'une source unique dans laquelle il est contenu, et par le moyen de laquelle il est conçu ; — qui elle-même est en soi et est conçue par soi ; qui par conséquent est la seule Substance. L'unité de Substance apparaît ainsi comme le fondement réclamé par l'unité de Cause, entendue — comme elle l'était par Spinoza — dans un sens strictement analytique ; et l'unité de Cause elle-même, comme une conséquence de cette doctrine de la création continuée, à laquelle Descartes, sans en être l'inventeur, attachait une importance capitale et attribuait un rôle qu'elle n'avait pas connu avant lui. Au reste, l'histoire vient ici à l'appui des suggestions de l'analyse purement philosophique, pour prouver que la

---

(¹) Voir Rivaud, *op. cit.*, p. 43, § 82.

matière des conceptions spinozistes que nous examinons pour l'instant se trouve dans Descartes. De bonne heure, en effet, en France et dans la patrie de Spinoza, de nombreux philosophes de l'école cartésienne, ou inspirés plus ou moins directement par Descartes, arguèrent de la doctrine de la création continuée, pour enlever le pouvoir causal aux créatures et le concentrer uniquement dans le Créateur. Tels, en France, non seulement Malebranche[1] et ses successeurs, ou Fénelon[2]; mais des philosophes plus purement et plus strictement cartésiens, comme Cordemoy[3]. Les uns et les autres ne se contentent pas de nier toute action causale réciproque du corps sur l'âme et de l'âme sur le corps, en se basant sur l'incommunicabilité et l'hétérogénéité des substances de natures différentes; mais ils étendent l'occasionnalisme jusqu'à ne laisser, qui aux créatures corporelles, qui à toutes les créatures, — en s'appuyant sur la doctrine de la création continuée, — d'autre rôle, dans la production de quelque phénomène que ce soit, — et, par exemple, au corps dans la production du mouvement, — que d'être des occasions à Dieu d'exercer son pouvoir causal. Dans les Pays-Bas, Clauberg, peut-être moins explicite sur l'universalité de l'occasionnalisme, s'avance néanmoins d'un degré de plus dans la voie qui, de la création continuée, mène à l'unité de Substance, lorsqu'il s'appuie expressément sur la première de ces deux théories pour comparer le rapport de Dieu aux créatures avec celui de notre esprit à nos pensées volontaires, et pour voir dans les créatures de simples opérations de Dieu[4] : de là, à affirmer que Dieu est la substance des créatures, il n'y avait qu'un pas. Et nous saisissons ici dans son ébauche le passage logique, de l'unité de Cause à l'unité de Substance, que signalait Leibniz, lorsqu'il écrivait au malebranchiste dom François Lamy : « Celui qui soutient que Dieu est l'unique acteur pourra aisément se laisser aller jusqu'à dire que Dieu est l'unique substance[5]. »

Ainsi le développement spontané de la pensée cartésienne chez les successeurs de Descartes nous donne, pour ainsi dire, une preuve expérimentale du lien qui unit la doctrine spinoziste de l'unité de Substance à la doctrine, si chère à Descartes, de la création continuée; et il manifeste la pénétration des paroles de Hyperaspistes, lorsqu'il

---

[1] 7ᵉ Entretien, IV-XIV principalement VI et X. — 11ᵉ Entretien, passim, 1ᵉʳ Éclaircissement sur la Recherche de la Vérité, p. 284, dern. alin.; p. 289, 2ᵉ alin., dern. l.; 3ᵉ alin., surtout prem. l. s.; — 12ᵉ Éclairciss. fin du 2ᵉ alin.; édit Bouillier.
[2] Traité de l'existence de Dieu, notamment 1ʳᵉ partie, 65.
[3] Géraud de Cordemoy, Discours cartésiens sur la distinction de l'âme et du corps. 4ᵉ et 5ᵉ Discours. Paris, 1666.
[4] Clauberg, De Cognitione Dei et nostri quatenus naturali rationis lumine secundum veram philosophiam potest comparari, exercitationes centum; — Exercit. 28.
[5] Erdmann, 450. — Cf. Leibniz, édit. Dutens, t. II, p. 91; ibid., p. 100 : « Celui qui soutient que Dieu est le seul actif pourrait aisément se laisser aller à dire avec un auteur fort décrié que Dieu est l'unique substance. »

fait observer à Descartes que, si la création est une influence constante de Dieu, «... la créature n'est pas une substance, mais seulement un accident, semblable au mouvement local... (¹). »

Au reste, Spinoza indique lui-même le rapport qui unit au moins sa théorie de l'unité de Cause à celle de la création continuée, lorsqu'il appuie sur cette dernière la négation du libre arbitre dans l'homme, ou d'un pouvoir causal humain qui serait dans ses opérations indépendant de celui de Dieu (²).

IX. Conclusions générales sur la théorie de la Substance.

Des considérations qui précèdent, nous croyons pouvoir conclure que l'objet premier de la Pensée, dans la philosophie spinoziste, en tant qu'il réunit les deux caractères d'unique Substance et d'unique Cause de tout le donné, est une adaptation de matériaux cartésiens à une conception purement analytique et déductive de l'être et du connaître. On peut même dire que c'est la conséquence, dans tous les cas, possible du cartésianisme, mais nécessaire, si on exclut de ce système tout ce qui n'est pas impliqué dans un intellectualisme *a priori*. Quant à la notion même de substance, autour de laquelle se groupent les thèses que nous venons de rappeler à l'instant, nous avons vu qu'elle était fournie par les théories cartésiennes, interprétées dans un sens où Descartes lui-même semble parfois inviter à les entendre. Enfin, relativement à l'existence même de cet objet premier, les théories spinozistes se fondent immédiatement sur l'ontologisme cartésien et sur son réalisme des essences.

Au point où nous en sommes, cet objet vient de se manifester comme réunissant dans son unité, autour de l'idée de Cause première de toutes choses, — et par conséquent de Cause de soi, — le triple caractère de Dieu, de Substance et de Nature. Car il est l'Être infiniment réel ou infiniment parfait, le sujet absolu et dernier de tout prédicat, l'infinie unité où se confondent toutes réalités. De ces trois caractères, aucun, à proprement parler, n'est la source des autres; ils sont au fond identiques pour Spinoza. Ce n'est que par un artifice d'exposition que l'on peut prendre l'un d'eux pour point de départ de la démonstration des deux autres; et la démonstration se ramène toujours en fin de compte à établir que ces trois aspects de la Réalité absolue se confondent sous une même notion, et à ramener, au sens

---

(¹) *Objections*, Garnier, t. VI, p. 222.
(²) Epist. XLIX, édit. Paulus.

le plus fort de ce mot, les deux autres à celui qui est choisi comme point de départ. Spinoza est tour à tour parti de chacun de ces points de vue pour caractériser l'Être premier. — Dans les Dialogues intercalés après la première section du *Court Traité*, qui sont vraisemblablement un des premiers écrits philosophiques qui traduisent sa pensée personnelle, il part de l'idée de Nature ou de Réalité intégrale, pour montrer ensuite que celle-ci doit être identique à l'Être souverainement parfait ou Dieu, puisque, étant tout, elle a toutes les perfections. — Dans le *Court Traité*, partant de l'Être souverainement parfait ou Dieu, il conclut qu'un tel Être, possédant par définition toute réalité, doit remplir la totalité du Réel, sans que rien puisse exister hors de lui, et que par conséquent il est identique à la Nature. — Enfin, dans l'*Éthique*, c'est du concept plus strictement logique de Substance, ou de l'Être en soi et conçu par soi, qu'il déduit l'identité de cette notion avec celle de Dieu, Être infiniment réel, et de Nature ou Réalité intégrale. — C'est sur cette manière de procéder que nous avons le plus insisté, parce qu'elle traduit la pensée dernière de Spinoza ; il s'y est arrêté finalement, sans doute parce qu'il la considérait comme plus conforme aux exigences d'une doctrine purement *a priori*; le concept de Substance ou de sujet absolu d'inhérence ne risquant pas, autant que ceux de Dieu ou de Nature, d'éveiller des représentations imaginaires dans la conscience humaine. Mais, dans l'En-soi de la Réalité, Spinoza ne laisse pas de considérer que Dieu, Nature et Substance sont des termes synonymes ; et nous ne croyons pas que certains auteurs soient fondés à voir dans les trois expositions différentes de la même idée, adoptées tour à tour par Spinoza (¹), la preuve d'une différence réelle de doctrines ; — au point de distinguer dans le spinozisme trois phases successives à cet égard, dont l'une pourrait être qualifiée naturalistique, l'autre théistique, et la troisième substantialistique. Tout au plus, peut-on voir selon nous, dans cette diversité d'expositions, l'indice chez Spinoza d'un certain progrès vers plus de netteté et plus de conscience de la méthode qui est la sienne, mais non des états d'esprit vraiment différents.

X. Les Attributs.

Si nous pénétrons plus avant dans la nature de la Substance universelle et divine, nous voyons apparaître l'Attribut comme la première détermination qui découle de l'Être indéterminé ; détermination encore

---

(¹) Busolt, op. cit., Teil II ; — VII, s. 78 sqq. ; cf. I, § 6, s. 78. — R. Avenarius, *Ueber die beiden ersten Phasen des spinozistischen Pantheismus und das Verhältniss der zw. zur dritten Phase*, Leipzig, 1868, — § 5, p. 9 et sq. ; § 6, p. 57 ; cf. p. 6-8.

relativement indéterminée, qui est comme un premier pas vers les déterminations proprement dites. Nous avons vu, en effet, précédemment comment Spinoza considère le sujet d'inhérence de tout prédicat, à la fois comme chose en soi qui n'est que cela, et comme position en soi d'une certaine essence; c'est-à-dire — en donnant aux mots suivants leur acception spinoziste — à la fois comme substance et comme attribut. De cette conception, si contradictoire soit-elle en dernière analyse, il s'ensuit que l'infinité absolue de la Substance divine a pour conséquence une infinité d'essences infinies ou d'attributs infinis : l'Être infiniment infini est sujet absolu de ses prédicats selon une infinité d'attributs; il est lui-même une infinité de sujets infinis d'inhérence. Chacun de ces attributs exprimant l'essence même de la Substance, — et la Substance même, quoiqu'il ne soit pas toute la Substance, il est telle essence considérée comme substance et comme la Substance; et par là, il est comme une substance, dans son département et par rapport aux autres attributs; au point que les Attributs sont souvent appelés des substances, notamment dans le *Court Traité*, — où déjà est fixée dans ses grandes lignes la théorie de l'unité de Substance. — Ils sont, en effet, autant d'essences conçues en soi et par soi, et comme autant de sujets absolus d'inhérence, qui n'ont entre eux d'autre relation essentielle que d'appartenir à une substance unique, — et, à vrai dire, d'être cette unique substance, dont ils expriment tous également la nature et la substantialité; de là les caractères communs qu'ils présentent, et qui dérivent de cette relation primitive des Attributs à la Substance universelle, dont ils sont comme autant d'échantillons. De là aussi leur hétérogénéité : car s'ils sont identiques en tant qu'ils sont une même substance, pour cette même raison ils sont complètement étrangers les uns aux autres, en tant qu'attributs, manifestant par cette indépendance et cette exclusion mutuelle leur substantialité. La Substance est ainsi exprimée à une infinité de points de vue par l'ensemble de ses Attributs; c'est d'une façon analogue, quoique différente dans le détail, que l'Univers leibnizien s'exprime dans les Monades qui le composent. De même encore que la Monade de Leibniz à l'égard des autres substances simples, chaque attribut est sans aucune communication directe avec les autres; bien que, comme il apparaîtra plus loin, les Attributs spinozistes, tout en appartenant à la même substance, soutiennent entre eux à tous les autres égards des rapports encore moins étroits que les Monades leibniziennes (¹). Ainsi isolé, chaque Attribut se développe en vertu de sa nécessité propre sans exercer d'influence au dehors, et sans en recevoir de l'extérieur. Il a en lui-même tout ce qu'il faut pour rendre compte de toutes ses déterminations; et un mode quelconque

---

(¹) Cf. Leibniz *passim* et notamment *Disc. de Métaph.*, 9, p. 434, de l. 3 à la fin; 14, p. 439. — Gerhardt; — *Monadol.*, 49-52, et surtout 56, 57, 61-63.

de tel Attribut qu'on voudra n'a sa raison d'être immédiate que dans un autre mode du même Attribut, ou dans l'Attribut lui-même considéré absolument, selon les cas. Car l'effet se conçoit par sa cause ; il doit par conséquent avoir avec elle des éléments communs, une même essence, appartenir à un même Attribut, les divers Attributs étant comme autant de Substances hétérogènes. Cette indépendance réciproque, quasi absolue, d'une infinité d'Attributs hétérogènes, due à leur caractère d'essences de la Substance, ne risque-t-elle pas de mettre en péril l'indivisible unité que Spinoza veut à tout prix conserver à la Substance? L'auteur n'en a pas jugé ainsi. En quoi donc la Substance se distingue-t-elle de la somme plus ou moins harmonique de ses Attributs, de la loi qui unirait des substances diverses et dominerait leur développement? Car, enfin, où est le principe d'unité pour faire la synthèse des Attributs? Non seulement, en effet, les Attributs qui se développent parallèlement n'exercent aucune action réelle les uns sur les autres, semblables en cela aux Monades leibniziennes, — ce qui ne suffirait peut-être pas à mettre en péril l'unité de leur Substance commune ; — mais encore il n'existe pas entre eux le moindre rapport idéal direct ; et la notion d'aucun d'eux ne trouve sa raison, ni même une partie de sa raison, dans la notion d'aucun autre. Là est la distinction dont nous avons déjà parlé, qui sépare sur la question du rapport des essences entre elles la doctrine spinoziste de la doctrine leibnizienne. Ces Attributs, affirme Spinoza, appartiennent à une même Substance ; — on pourrait répondre que c'est là poser l'unité, que ce n'est pas l'expliquer. Ou bien faut-il voir dans les Attributs non des réalités comparables à la Substance, mais des formes subjectives de notre connaissance finie, qui, incapable de saisir en elle-même l'infinie infinité de la Substance considérée absolument, déterminerait celle-ci pour la connaître, en lui donnant une nature déterminée; de sorte que Spinoza — à l'exemple de quelques philosophes juifs, dont Maïmonide est le plus illustre — refuserait à Dieu pris en soi tout attribut positif, pour ne voir dans les Attributs divins que des façons humaines de considérer la divinité? C'est à cette interprétation que se sont arrêtés quelques auteurs, et non des moins versés dans l'étude du spinozisme, tels que Hegel, Erdmann, Schwegler, Ulrici [1]. Ils y ont été conduits pour concilier non seulement la multiplicité des Attributs hétérogènes avec l'unité de la Substance,

---

[1] Hegel, *Vorlesungen über die Geschichte der Philosophie*, III, p. 381. — Erdmann, *Versuch einer wissenschaftlichen Darstellung der neueren Philosophie*, 1836, B. I, Abt. II, s. 60, 69 sqq. — *Vermischte Aufsätze*, 1846, *Grundbegriffe des Spinozismus*, 145-152. — *Geschichte der Philosophie*, I, p. 93 sqq. — *Grundriss der Geschichte der Philosophie*, 1878, B. II, p. 3, 57-62. — Ulrici, *Grundprinzipe der Philosophie*, I, p. 65, p. 58 sqq. — Schaller, *Geschichte der Naturphilosophie*, I, p. 58 sq. — Kirchmann, *Erläuterungen zu Spinoza's Ethik*, s. 54 und fg. — Jusqu'à un certain point, Ritter, *Geschichte der christlichen Philos.*, Teil VII, p. 273.

mais encore le caractère relativement déterminé de ceux-là avec l'indétermination de celle-ci ; de sorte que cette théorie, si elle est exacte, supprime toute contradiction entre la Substance spinoziste et les formes déterminées de l'Être admises, d'une manière ou d'autre par Spinoza, sans qu'il soit besoin de voir, dans la coexistence de ces deux termes au sein du spinozisme, le résultat d'une illusion logique. Mais cette première raison ne saurait à elle seule décider en faveur de l'interprétation subjectiviste des Attributs spinozistes, l'examen du contenu positif de la doctrine de Spinoza à leur égard pouvant seul trancher le débat. Passons donc aux arguments que l'on prétend tirer de cet examen en faveur de l'interprétation en question.

Tout d'abord on prend texte de la définition même de l'Attribut pour en conclure à son caractère purement idéal. En effet, nous dit-on, tandis qu'un double caractère, à la fois idéal et réel, est expressément affirmé par Spinoza dans la définition des autres objets de connaissance, l'Attribut n'est défini qu'en fonction de l'entendement. Tandis que, par exemple, la Substance est définie et comme un être — « id, quod in se est » — et comme un concept — « et per se concipitur » — (¹); l'Attribut est défini simplement : « ...id, quod intellectus de substantia percipit, tanquam ejusdem essentiam constituens » — (²); ou encore : « ...id, quod concipitur per se et in se ; adeo ut ipsius conceptus non involvat conceptum alterius rei » (³); — et d'une manière qui affirme encore plus explicitement le rapport essentiel de l'Attribut à notre entendement, Spinoza écrit, dans une lettre, à la suite de la définition de la Substance : « idem per attributum intelligo, nisi quod attributum dicatur respectu intellectus, substantiae certam talem naturam tribuentis (⁴). » Enfin, la nécessité même de l'Attribut est déduite de notre entendement, non de la Substance. Il n'est pas dit, en effet, que plus un être a de réalité, plus il a d'attributs; mais bien que tout être *est conçu* sous quelque attribut; et que plus il a de réalité, plus nous devons lui attribuer d'attributs ; — la même phrase opposant dans les termes la réalité de la Substance à l'idéalité des Attributs : « ... nihil nobis evidentius, quam quod unumquodque ens sub aliquo attributo a nobis concipiatur, et quo plus realitatis aut esse aliquod ens habet eo plura attributa ei sunt tribuenda... (⁵) » — « ... quamvis duo attributa realiter distincta concipiantur..., id est de natura substantiae, ut unumquodque ejus attributorum per se concipiatur... : Longe... abest, ut absurdum sit uni substantiae plura attributa tribuere; quin nihil in natura clarius, quam quod unum-

---

(¹) *Eth.*, I, def. 3.
(²) *Eth.*, I, def. 4.
(3) Epist. II, 3. — Cf. *Eth.*, I, prop. 10 : « unumquodque unius substantiae attributum per se concipi debet, » et l'explic.
(4) Epist. XVII, 3.
(5) Epist. XXVII, 6.

quodque ens sub aliquo attributo debeat concipi, et, quo plus realitatis aut esse habeat, eo plura attributa.... habeat (¹). »

A cela on ajoute que la Pensée, d'après les déclarations mêmes de Spinoza, ne pouvant être affectée par autre chose qu'elle-même, il ne peut sinon exister, du moins lui être donné — et par conséquent, être connu de nous — aucun attribut qui ne dérive d'elle, et n'ait de réalité qu'en elle. Aussi la distinction des Attributs ne vient-elle que des différentes manières de considérer la Substance (²); ils sont autant de points de vue de notre seul entendement. C'est ainsi qu'un même objet, selon la comparaison d'Erdmann, apparaît jaune ou bleu, selon qu'on l'examine à travers un verre de l'une ou de l'autre couleur; et, à l'appui de cette affirmation, on cite ces propres paroles de Spinoza relativement à la distinction de l'Attribut Pensée et de l'Attribut Étendue : « ... substantia cogitans et substantia extensa una eademque est substantia, quae jam sub hoc, jam sub illo attributo comprehenditur (³). »

La conception des Attributs qui vient d'être rappelée se heurte à de grandes difficultés. Tout d'abord, si les Attributs sont de simples manières de penser, il est étrange que Spinoza, qui s'étend avec complaisance sur la subjectivité des représentations imaginatives et sensibles, ne donne nulle part *ex professo* une théorie du caractère purement subjectif des Attributs. Il y a plus : au moment même où il insiste sur le caractère illusoire de l'Étendue imaginaire et sensible, c'est-à-dire de l'Étendue modale considérée sans égard à son attribut, il oppose à celle-ci la nature réelle, et, comme nous dirions aujourd'hui, objective, de l'Étendue envisagée comme Attribut(⁴). Au reste, quoi que nous devions penser pour l'instant de la validité respective de l'Étendue attribut et de l'Étendue modale considérée à part de son attribut, il est certain que celle-ci est l'objet de l'imagination et des sens; celle-là, celui de l'entendement, au sens étroit de lieu des représentations qui ne sont ni imaginaires ni sensibles. Or, l'entendement compris en ce dernier sens est le siège des idées adéquates, et par conséquent vraies ; ses représentations sont conformes à la réalité des choses; elles ont nécessairement un idéat qui existe tel qu'il est conçu. Si donc l'Attribut est un objet de l'entendement ainsi compris, il est par cela même, semble-t-il, une réalité véritable, et plus qu'une simple forme de notre pensée.

Cette réalité est d'ailleurs impliquée par plusieurs textes, où Spinoza parle des Attributs comme de manifestations réelles de l'Être en soi.

(¹) *Eth.*, I, scol. prop. 10.
(²) *Eth.*, II.
(³) *Eth.*, II, scol. prop. 7.
(⁴) Epist. XXIX, 7. — Remarquez notamment l'expression « res, ut in se est », appliquée à la quantité ou étendue, en tant qu'elle n'est pas imaginaire et sensible.

A. LÉON.

Et d'abord il définit la Réalité en soi elle-même, non comme un être que l'entendement concevait sous une infinité d'attributs, mais bien comme un être constitué par une infinité d'attributs : « Ens constans infinitis attributis ; » et si l'on peut soutenir que la suite de cette définition — « quorum unumquodque aeternam et infinitam essentiam exprimit(¹) » — indique que c'est pour l'entendement qui le conçoit que chacun de ces Attributs exprime une essence éternelle et infinie, cette seconde partie de la définition doit-elle faire méconnaître le sens de la première ? Et ne faut-il pas croire plutôt qu'elles se complètent l'une l'autre, et que la définition présente ici l'Attribut divin sous le double aspect, réel et idéal, des autres objets de la connaissance, — bien loin que l'aspect que l'on peut appeler subjectif soit seul mis en évidence ? Sans doute, dans la proposition IX de la première partie de l'*Éthique*, — « quo plus realitatis aut esse unaquaeque res habet, eo plura attributa ipsi competunt, » — on peut douter si le mot « competunt » indique ou non un simple acte de l'entendement. Mais peut-on hésiter sur le sens du texte suivant : « Deus, sive omnia Dei attributa sunt aeterna »(²) ? De telles expressions semblent bien identifier la Substance ou Dieu avec l'ensemble de ses Attributs.

Pareillement, comment Spinoza pourrait-il formuler la réalité de l'esprit humain dans un axiome (³), si l'attribut « Pensée », dont notre esprit est un mode, n'était lui-même qu'une forme subjective ? Dira-t-on que, lorsque Spinoza parle de la réalité des Attributs, lorsqu'il l'oppose à la subjectivité des Modes considérés en eux-mêmes et abstraction faite de ces Attributs, il n'entend pas autre chose que Kant, lorsqu'il oppose l'objectivité des catégories ou de toutes les formes *a priori* de la pensée à la subjectivité des phénomènes sensibles, et que les Attributs spinozistes sont réels en ce sens qu'ils sont pour nous les conditions nécessaires de toute connaissance et les fondements de tout savoir ? S'il en était ainsi, les expressions par lesquelles Spinoza désigne l'existence réelle auraient alors un sens différent, selon qu'elles s'appliqueraient à la Substance ou aux Attributs : réalistes par rapport à celle-là, idéalistes par rapport à ceux-ci. Il serait bien étrange en ce cas que Spinoza, sans jamais en avertir, passât ainsi sans cesse d'une de ces acceptions à l'autre, alors que la chose aurait pourtant une importance capitale dans le système. Comment d'ailleurs expliquer dans une pareille interprétation des paroles comme celles-ci : « Nihil... extra intellectum datur..., praeter substantias, sive quod idem est, earum attributa, earumque affectiones » (⁴) ?

Reste un dernier argument, qui semble devoir rendre impossible

---

(¹) *Eth.*, I, def. 6. — Cf. Epist. II, définition de Dieu ; — *Eth.*, I, prop. 11.
(²) *Eth.*, I, prop. 19.
(³) *Eth.*, II, ax. 2.
(⁴) *Eth.*, I, prop. 4 demonstr.

toute interprétation tendant à considérer les Attributs spinozistes comme des formes de l'entendement humain. Les Attributs sont en nombre infini, ou plus exactement innombrables. Comment dépendraient-ils donc de notre seul entendement dans un système qui limite à deux le nombre des Attributs accessibles à la connaissance humaine?

Il reste que les Attributs soient des formes, non plus de l'entendement humain, mais de l'Entendement divin absolu et infiniment infini, qui connaît nécessairement toutes choses : ce qui — étant donné que l'Entendement de Dieu est mode de la Pensée divine — revient à accorder une réalité, au sens fort du mot, et une existence en soi au moins à un Attribut, savoir : à l'Attribut « Pensée » ; et à voir dans le spinozisme, non plus un acosmisme radical, mais un idéalisme absolu. Dans cette interprétation, préconisée en fait par Pollock, ce qui constituerait les innombrables Attributs autres que la Pensée, ce serait une infinité de formes premières, et originaires de celle-ci, — autant d'Attributs-objets qui n'auraient de sens que comme objets de pensée. Cette hypothèse a sur la précédente le mérite de ne pas impliquer une double manifestation de l'existence réelle, et que Spinoza aurait négligé d'indiquer expressément ; mais de considérer la Substance elle-même comme étant avant tout une pensée, un sujet — dans le sens à la fois logique et psychologique de l'expression — duquel tous les prédicats existeraient dans la mesure où elle les penserait. Parmi les arguments de cette théorie, se retrouve naturellement — si l'on excepte l'argument tiré de l'indétermination absolue de la Substance, lequel ne peut, en effet, trouver place ici — tout l'essentiel de ce qui, dans la théorie précédente, tendait seulement à établir généralement l'idéalité des Attributs plutôt que spécialement leur subjectivité humaine ; de sorte que l'examen de la valeur de l'une de ces théories conduira par surcroît à compléter notre jugement sur l'autre.

Le point de départ de l'interprétation idéaliste de Pollock est dans la correspondance de Spinoza : dans la lettre datée du 18 août 1675 (Epist. LXVIII, van Vloten et Land), celui-ci donne en fait une certaine prééminence à la Pensée sur les autres Attributs ; prééminence qui pourtant n'est affirmée nulle part expressément par lui. Dans cet endroit de ses écrits, il affirme que chaque chose, dans l'Entendement divin, est exprimée une infinité de fois. Il en résulterait qu'à un mode de l'Étendue, par exemple, correspondrait en Dieu autant de modes qu'il y a d'autres Attributs représentés ; et que, par suite, tous ces modes ont chacun dans l'Entendement divin une idée qui en est le pendant, une âme en un mot. Ces âmes, affirme Spinoza dans la même lettre, représentant chacune des modes, dont les Attributs n'ont aucune connexion entre eux, n'ont de leur côté aucune connexion entre elles. C'est en partant de cette théorie, exposée brièvement et comme en passant par Spinoza, que Pollock a cru pouvoir interpréter dans un sens idéaliste la philosophie de cet auteur. Voici le résumé de son argumentation :

Chaque Attribut, pense avec raison Pollock, a, selon Spinoza, un esprit séparé, une modification de pensée qui lui correspond en propre[1]. L'« Intellectus absolute infinitus » est multiple, en quelque sorte, au point que chaque mode infini de la Pensée est approprié spécialement à un seul Attribut pris absolument. « La conséquence de ceci, c'est que les modes de la Pensée sont numériquement égaux aux modes de tous les autres Attributs ensemble. En d'autres termes, la Pensée, au lieu d'être sur le même plan avec l'infinité des autres Attributs, est infiniment infinie et jouit d'une prééminence qui ne lui est nulle part explicitement reconnue[2]. » Cette prééminence, poursuit Pollock, est d'ailleurs continuellement impliquée par les définitions. « Car l'Attribut est *ce que l'entendement perçoit de la Substance comme constituant son essence*. Ainsi le fondement est enlevé à l'apparente égalité des Attributs; et quoique le système évite les pièges de l'idéalisme subjectif, il n'échappe point à tout idéalisme. Pour bien juger de la tentative de Spinoza, il faut envisager la question de savoir s'il lui était réellement possible de faire autrement[3]. » L'idéalisme est la conclusion naturelle de sa doctrine, prétend Pollock, malgré quelques restes de dualisme cartésien qui embarrassent en fait le système. En effet, la Pensée ne peut percevoir l'Étendue qui lui est hétérogène. De même que si nous effaçons l'infinité des autres Attributs, la Pensée et l'Étendue avec leurs modes propres demeureraient cependant intactes par hypothèse; de même, si nous supprimons l'ordre des faits matériels, les faits mentaux, « ordo et connexio idearum, » ne subiront aucune altération dans leur succession ni dans leur existence. Leur ensemble constituera toujours une représentation idéale d'objets étendus, mais les Modes de la Pensée ne peuvent connaître l'En-soi de l'Étendue, qui dans son fond leur est étrangère. Si donc nous la faisions disparaître comme objet externe des âmes, elle ne serait perdue néanmoins pour aucun être pensant; et le changement ne serait sen-

---

[1] Du moins est-ce la doctrine affirmée explicitement dans le *Court Traité*, où à chaque attribut pris absolument est affectée une âme en propre. — Append., p. 131, l. 23.

[2] Cf. Pollock, *Spinoza, his life and philosophy*, London, 1880, p. 173 : « The result is that the modes of Thought are numerically equal to the modes of all the other Attributes together; in other words, Thought, instead of being co-equal with the infinity of other Attributes, is infinitely infinite, and has a preeminence which is nowhere explicitly accorded to it... »

[3] Pollock, *ibid.* : « For Attribute is « that which understanding perceives concerning substance as constituting the essence thereof ». Thus the ground is cut from under the apparent equality of the Attributes; and, though the system escapes the snares of subjective idealism, it does not escape idealism altogether. In order to judge Spinoza's attempt rightly, we must face the question whether such an escape was possible at all. »

sible que pour une intelligence placée hors de l'universalité des choses, c'est-à-dire de tous les Attributs, mais telle qu'il nous est interdit d'en supposer, puisque l'Univers, au sens large du mot, n'a rien hors de lui. Il faut faire, à propos de tous les autres Attributs inconnus de nous, le même raisonnement que pour l'Étendue : ils sont donc tous, ainsi qu'elle, superflus. « La doctrine de Spinoza, quand elle est réduite à ses plus simples termes, est que rien n'existe sauf la Pensée et ses modifications. Le sentiment, ou du moins quelque chose qui soit commensurable avec le sentiment, est l'unique étalon et l'unique mesure de la réalité; les derniers éléments de la Pensée ne sont pas seulement en corrélation avec les derniers éléments des choses : ils sont les éléments des choses mêmes(1). » Au reste, selon Pollock, ce résultat peut être atteint de plusieurs manières. On peut y parvenir sans renoncer à la notion de chose en soi ou substrat des phénomènes; Kant fut sur le point de l'adopter, mais il le laissa de côté. Admettons, pour l'instant, que nous ne connaissions quoi que ce soit de ce substrat, sinon sa nécessité; il se peut qu'il soit de même nature que notre esprit; rien n'empêche *a priori* de le supposer. Or, nous avons une expérience directe de l'espèce d'existence réelle attribuable à notre esprit, expérience que nous acquérons par la conscience. Mais précisément cette sorte d'expérience satisfait aux conditions requises pour l'existence d'un substrat. Donc la loi d'économie demande que nous ne rangions pas la chose en soi sous une espèce d'existence inconnue. « Les Attributs de Spinoza sont définis en réalité comme des objets, ou plutôt comme des mondes objectifs; mais la forme générale de la définition déguise ce fait souverainement important, à savoir : que le monde de la Pensée, et lui seul, est à la fois subjectif et objectif. L'intellect qui perçoit un attribut comme *constituant l'essence de la Substance* appartient lui-même à l'Attribut de la Pensée. Si donc nous poussons plus loin l'analyse, nous trouvons que la Pensée absorbe tous les autres Attributs; car tous les Attributs concevables reviennent à des aspects objectifs de la Pensée elle-même(2). »

Il n'y a rien à objecter à la rigueur logique de ces déductions; mais aussi bien n'est-ce pas le lieu d'en discuter ici la valeur intrinsèque.

---

(1) *Ibid.*, p. 176 : « ... and Spinoza's doctrine, when thus reduced to its simplest terms, is that nothing exists but Thought and its modifications. Feeling, or something commensurable with Feeling, is the only unit and measure of reality. The ultimate elements of Thought are not merely correlated with the ultimate elements of things : they are the elements of things themselves... »

(2) *Ibid.*, p. 179 : « Spinoza's Attributes are in effect definited as objects or rather as objective worlds. But the general form of the definition disguises the all-important fact that the world of Thought, and that alone, is subjective and objective at once. The intellect which perceives an Attribute as « constituting the essence of substance » itself belongs to the Attribute of Thought. Thus, if we push analysis further, we find that Thought swallows up all the other Attributes; for all conceivable Attributes turn out to be objective aspects of Thought itself ».

Il s'agit seulement de savoir si Pollock donne une exégèse admissible du système que Spinoza nous a laissé en fait.

Tout d'abord, il est certain que la Pensée, comme nous avons déjà eu l'occasion de le remarquer, se trouve avoir en quelque sorte plus d'extension que les autres Attributs dans le spinozisme; bien que l'auteur n'ait jamais formulé en propres termes une pareille opinion, cela ressort néanmoins de ses propres expressions (1). Remarquons qu'en cela il met en péril non seulement l'unité absolue qu'il reconnaît à la Pensée en tant qu'Attribut, mais encore le parallélisme des Attributs entre eux, puisqu'il considère la Pensée comme morcelée, pour ainsi dire, en autant de modes infinis qu'il y a d'autres Attributs. Du moins l'interprétation donnée dans le *Court Traité* exprime sur ce point la pensée fidèle de Spinoza. Le parallélisme des Attributs demanderait, au contraire, qu'un mode infini de la Pensée ne correspondît jamais qu'à un mode de même ordre dans un Attribut représenté, et non à un Attribut pris absolument. Spinoza semble infidèle à son principe, lorsqu'il admet dans la Pensée une âme distincte pour chaque Attribut. Il eût été plus conséquent avec lui-même en admettant que l'Attribut Pensée comme tel exprime *in globo* tous les Attributs dans une représentation indivise.

Au reste, dans la lettre LXVIII, il n'est plus explicitement question, comme dans le *Court Traité*, d'attribuer une âme distincte à chaque Attribut comme tel, mais simplement à chaque mode de tel Attribut qu'on voudra. Cette déclaration ne comporte pas moins comme conséquence que chaque Attribut, par cela seul que chacun de ses modes a une idée qui le représente, doit être lui-même représenté dans son être absolu par une idée ou une âme correspondante. Car l'idée du Mode implique celle de l'Attribut, tout comme le Mode fait l'Attribut, l'ordre des idées devant reproduire l'ordre même des choses, de quelque façon d'ailleurs que l'on doive entendre en définitive la signification que Spinoza donne à ce dernier.

Quoi qu'il en soit, de tout ceci Spinoza n'a jamais formulé qu'il tirât une conclusion tant soit peu idéaliste. Or, s'il omet souvent de s'expliquer sur les points qu'il touche en passant et qui ne font pas l'objet actuel de sa méditation, il est inadmissible que, traitant *ex professo* et pour elle-même la question des rapports de la Pensée et de son objet, il eût négligé d'indiquer que c'était en un sens idéaliste qu'il entendait ce rapport et la distinction de l'idée et de son idéat. Bien au contraire, les seuls passages qui pourraient conduire, par voie de conséquence, à conclure une telle interprétation du système, sont ceux-là seuls qui

---

(1) Cf. Camerer, *op. cit.*, p. 26. — Sigwart, *Spin. neuentd. Traktat*, p. 30-33. — Busse, *Beiträge zur Entwickelungsgeschichte Spinoza's*, Berlin, 1885, p. 24-25. — R. Richter, *Der Willensbegriff in der Lehre Spinoza's*, Ph. Studien herausg. von Wundt, 1898, p. 143. — A. Rivaud, *op. cit.*, p. 105.

ne visent pas spécialement ce rapport, au lieu que les passages qui y sont précisément relatifs demanderaient, pour être interprétés dans un sens idéaliste, à être suivis d'explications et de commentaires qui, non sans doute sans quelque bonne raison, manquent chez Spinoza. Inversement, ils n'ont pas besoin d'être expliqués plus abondamment par l'auteur, pour recevoir un sens réaliste. Si, par exemple, lorsque Spinoza affirme que l'idée vraie diffère de son idéat, — « idea vera est diversum quid a suo ideato, » — ou que l'entendement sait que les choses sont en soi ou « formellement » ce qu'elles sont dans la Pensée ou « objectivement », — « res ita esse formaliter ut in ipso objecto continentur; » — si, quand il émet d'autres assertions de ce genre, il entendait que l'idéat diffère de l'idée comme un élément abstrait diffère du tout concret dont il fait partie; ou que l'entendement connaît des objets réellement existants, parce que ces objets n'existent réellement qu'en lui, il l'eût sans doute expliqué, tout comme il explique que les deux Attributs que nous connaissons sont à la fois identiques et différents, parce qu'ils sont deux aspects d'une même substance.

Ce dernier exemple nous conduit à une autre objection contre l'interprétation idéaliste du spinozisme. Si les Attributs-objets, comme nous les avons appelés, et parmi eux l'Étendue, devaient leur qualité d'Attributs divins au fait d'être pensés par Dieu, Spinoza, qui revient souvent sur l'identité de l'Étendue et de la Pensée, aurait dû fonder cette identité dans la Pensée, et non simplement dans l'unité d'une substance commune. Or, quoi qu'on en ait pu dire, nous verrons bientôt, à propos des rapports de la Pensée et de l'Étendue, que ce n'est pas dans la Pensée qu'il cherche le principe de leur union. Semblablement, s'il était idéaliste au sens où on l'entend, il n'aurait pas besoin, pour prouver que tout ce qui tombe sous l'Entendement infini de Dieu existe, d'arguer de l'impuissance que cela marquerait en Dieu de ne pas réaliser tout ce qu'il conçoit; ou, du moins, il ne se contenterait pas de ce seul argument. Il aurait recours à l'assimilation de toute existence au fait d'être pensé par Dieu. Nous ne dirons rien de ce que Spinoza range également au nombre des Attributs, et la Pensée, détermination réelle et première de la Substance dans l'hypothèse, et les autres Attributs qui ne seraient, prétend-on, que des aspects de la Pensée. Car on pourrait répondre, avec quelque apparence de raison, que la Pensée elle-même peut être un objet de pensée dans le spinozisme, et qu'à ce titre il est permis de la comparer aux autres Attributs. Quoi qu'il en soit, il reste au moins étonnant que Spinoza, pour indiquer que la Substance possède également l'Attribut Pensée et l'Attribut Étendue, la détermine également comme chose pensante, — « res cogitans, » — comme chose étendue, — « res extensa, » — comme si les deux essences lui appartenaient au même titre. Sans doute, on peut encore soutenir ici que les deux expressions ont une signification analogue, même dans une interprétation idéaliste, et qu'en qualifiant la Substance de « res cogitans », c'est la Pensée en tant qu'objet qui est seule en question. Mais alors, outre qu'il est surprenant que cette manière de parler soit précisément réservée à indiquer la Pensée en tant qu'objet, et non en tant que détermination première de la Substance, — bien que ce dernier sens semblât beaucoup plus adéquat à l'expression, — il reste qu'il paraît d'un langage bien peu idéaliste d'appeler chose étendue un être qui pense l'Étendue ; et qu'en fait, Leibniz et Malebranche, pour ne parler que des contemporains de Spinoza, qui intègrent l'Étendue à titre de représentation, l'un dans la Monade, l'autre en Dieu, ont-ils jamais dit que la Monade, ou Dieu, fût un être étendu, et n'affirment-ils pas le contraire avec insistance ? Spinoza, par contre, non seulement emploie l'expression « res extensa » pour indiquer le rapport de l'Étendue à Dieu ; mais encore, lorsqu'il répond à ceux qui excluent de l'essence divine l'Étendue, il se borne à montrer que l'Étendue qu'il admet en Dieu n'a aucune des imperfections que lui attribuent ceux qui la refusent à l'être de Dieu. Il ne dit en aucune façon, comme il n'y aurait pu manquer s'il y avait eu lieu, qu'il n'assigne à la Substance divine d'autre étendue qu'une étendue pensée. Aussi son disciple Mairan, en maintenant contre Malebranche la réalité de l'Étendue divine, — au sens réaliste du mot *réalité*, — ne fait que commenter le maître avec rigueur ([1]).

Quant aux autres preuves avancées par Pollock à l'appui de son dire, elles peuvent bien être une juste critique du réalisme spinoziste ; elles ne sauraient démontrer que Spinoza ait jamais pensé à adopter la formule Berkeleyenne : « esse est percipi, » ou toute autre formule semblable. Et, par exemple, l'incommunicabilité des essences différentes — j'entends : des Attributs — aurait sans doute dû conduire logiquement Spinoza à n'accorder d'autre existence aux idéats que celle qu'ils ont dans la Pensée, puisque désormais tout idéat extérieur était rendu inutile. Cela n'a pas empêché, en fait, ce philosophe d'admettre l'existence hors de la Pensée de cet objet superflu, comme le prouve la distinction — inintelligible dans toute autre hypothèse — entre l'adéquation d'une idée, marque intrinsèque de la vérité de celle-ci, et la vérité de cette idée, qui est la correspondance avec un objet extérieur. L'inutilité d'un objet extérieur pour expliquer la connaissance n'a pas plus empêché Spinoza d'admettre l'existence en soi de cet objet, que l'incommunicabilité admise entre la Pensée et l'Étendue par Malebranche et de nombreux cartésiens — tels que Cordemoy, Clauberg, Geulinex — ne les a empêchés d'admettre l'existence en soi d'une substance étendue, qui pourtant, selon eux, ne

---

([1]) *Correspondance de Malebranche et de Dortous de Mairan, 1713-1714;* Cousin, *Fragments de philosophie cartésienne*, p. 262-348.

pourrait être la cause de la connaissance que nous en avons. Sans doute, la Pensée ne subissant aucune influence étrangère dans le spinozisme, la suppression des autres Attributs n'entamerait en rien la connaissance qu'elle a de ses objets ; et la Réalité subsisterait telle quelle pour elle. Mais Spinoza ne tire pas de cette théorie les conséquences que la logique réclame ; et, en fait, il maintient l'existence, extérieure à la Pensée, de ces Attributs que la Pensée ne connaît qu'en elle-même ; de sorte que, retournant les arguments de Pollock, on pourrait dire qu'en effaçant les modes de la Pensée, ceux de l'Étendue ou de tel autre Attribut n'en demeuraient pas moins intacts.

Reste un dernier argument en faveur d'une interprétation idéaliste, quelle qu'elle soit, de la théorie spinoziste des Attributs ; lequel, s'il est fondé, suffit à donner à tous les autres la valeur qui leur manquerait sans cet appui. Nous voulons parler de l'argument tiré de la définition et de la déduction spinozistes des Attributs. Répondre que l'Attribut n'est défini qu'en fonction de l'entendement et est déduit de la nature de ce dernier, non parce qu'il n'existe que dans son idée, mais parce que l'idéat, — bien qu'existant en soi et étant connu tel qu'il est en soi — ne peut néanmoins être connu que par cette idée ; et que, par conséquent, c'est le définir et l'expliquer intégralement que de le définir et l'expliquer par celle-ci, — puisque, si elle l'accompagnait inévitablement, inévitablement aussi elle le présuppose comme réalité extérieure à elle, — c'est se contenter à trop bon compte. Une pareille réponse serait peut-être suffisante pour faire comprendre comment Spinoza, lorsqu'il n'a pas pour dessein exprès de le définir ou d'en rendre raison, peut parfois parler de l'Attribut plutôt comme d'un concept que comme d'une chose : le parallélisme de l'idéat et de son idée permettant indifféremment de considérer tel objet une fois défini et expliqué sous l'aspect idéal ou sous l'aspect réel, attendu que ce qui est dit de l'un s'entend nécessairement de l'autre. Mais on ne saurait expliquer par ce seul moyen pourquoi Spinoza, tandis qu'il prend soin de définir les autres éléments du donné à la fois comme concepts et comme choses, et de les fonder en même temps dans l'Être en soi et dans la Pensée, fait une exception à l'égard de l'Attribut, et cela chaque fois qu'il le définit ou le pose. Il y a là une difficulté qui mérite d'être examinée, et à laquelle il ne suffit pas d'opposer, comme le font la plupart de ceux qui se prononcent pour le réalisme pur et simple de la doctrine spinoziste des Attributs [1], les nombreux

---

[1] Notamment les auteurs cités par Busolt, *op. cit.*, Teil II, XI, 2°, p. 111. — Saisset, *Œuvres de Spinoza*, Introduction, ch. I, p. xxviii ; — II, p. xxxii ; — IV, p. lvi-lvii ; p. lxiii et lxv ; — VII, p. civ. — Bouiller, *Hist. de la phil. cartés.*, t. I, XVIII, p. 403. — Camerer, *Die Lehre Spin.*, Teil I, Kap. II, § 1, p. 6-12 ; — *ibid.*, § 2, p. 14-16. — Lindemann, *De Substantiae, attributorum, modorum, apud Spinozam ratione et cohaerentia*, Halle, 1882, p. 17.

passages qui impliquent l'existence en soi de ces derniers. Toutefois on ne saurait, en raison même de ces passages, acquiescer pleinement à l'interprétation contraire. Il y a plus : l'application logique du plus sérieux argument de cette interprétation enlèverait toute portée à celui-ci. Ceux qui prennent pour un indice de l'idéalité de l'Attribut les traits particuliers qui distinguent sa définition de celle des autres objets de connaissance devraient, s'ils étaient conséquents, tirer de la définition du Mode, et à l'égard de celui-ci, des conclusions opposées. Qu'en définissant le Mode à la fois comme une réalité — « quod in alio est » — et comme un concept — « per quod etiam concipitur » (1) — Spinoza ne donne pas à entendre même implicitement que le Mode possède une réalité hors de l'entendement, mais seulement qu'on peut par abstraction distinguer en lui deux aspects, à savoir son contenu et l'acte de le concevoir, c'est ce que ne peuvent soutenir ceux qui, pour prouver que l'Attribut n'a pas d'existence en dehors de l'entendement, s'appuient sur ce que sa définition ne le considère qu'en tant qu'il est conçu, tandis que celle des autres objets fait, en outre, mention de leur caractère d'objet réel. En fait, les partisans d'une interprétation idéalistique des Attributs professent la même opinion sur la théorie des Modes, et ne peuvent du reste en professer une autre : la plupart, parce que, niant qu'aucune détermination puisse émaner de la Substance, ils ne peuvent admettre que les Modes découlent de l'Être en soi de celle-ci ; et tous, parce que les Modes n'appartenant à la Substance qu'en tant qu'ils sont des modes de ces attributs, refuser à ceux-ci toute existence en dehors de l'entendement, c'est la refuser à ceux-là. Dira-t-on que, chaque Mode recevant une infinité d'expressions différentes, dont chacune correspond à un Attribut différent, il ne se rattache à tel ou tel Attribut qu'en tant que la Substance, dont ce Mode est en réalité une modification, est considérée sous cet Attribut? Rien n'est plus juste ; et il est certain que le Mode spinoziste a un double sens, selon qu'on envisage toutes les expressions dont il est capable ou seulement l'une d'entre elles. Dans le premier cas, il est une modification de l'être en soi de la Substance ; dans l'autre, celle d'un Attribut. Toutefois les Modes ne sont accessibles à notre connaissance que sous cette dernière forme, à savoir en tant qu'ils appartiennent aux deux seuls Attributs que nous connaissons. Seulement, il faut se rendre compte qu'adopter cette façon de voir, c'est tourner le dos à l'interprétation idéaliste de la doctrine des Attributs : puisque c'est reconnaître que ceux-ci, pris dans leur ensemble, appartiennent à l'être en soi de la Substance ou, plus exactement, constituent cet être même, et lui sont absolument coextensifs et, à vrai dire, identiques. Dès lors, ce n'est plus l'ensemble des Attributs, mais

---

(1) *Eth.*, I, def. 5.

chacun d'eux envisagé isolément, qui est exclusivement fonction de l'entendement.

Au reste, cette dernière conclusion nous paraît être la vraie, et la seule capable de concilier entre eux les partisans d'une explication idéaliste et ceux d'une explication purement et simplement réaliste de la notion d'Attributs. Elle permet seule de comprendre comment il est parlé de l'Attribut tantôt comme d'un concept exclusivement, tantôt comme d'une réalité existant en dehors de l'entendement; on peut même dire qu'elle ressort de ces textes mêmes. On aperçoit, en effet, à les regarder de près, comme il est facile de le vérifier en se reportant aux citations données plus haut, que ceux d'entre eux qui déterminent cette notion en fonction du seul entendement ne parlent que de l'Attribut — au singulier — ou des Attributs en tant que considérés chacun à part, et non dans leur ensemble; tandis que les passages qui paraissent impliquer un sentiment opposé sont relatifs à la totalité des Attributs. Ajoutons que, lorsque Spinoza détermine le nombre d'Attributs assignables à une Substance, il parle de ceux-ci tantôt comme de purs concepts, tantôt comme de réalités, selon sans doute qu'il a plutôt en vue une substance hypothétique ou l'unique Substance réelle (¹). Quoi qu'il en soit, ce n'est pas seulement en comparant des textes dispersés et isolés les uns des autres que nous voyons Spinoza parler dans les termes différents que nous venons de signaler, selon qu'il envisage les Attributs dans leur ensemble ou un à un. Nous retrouvons dans un seul et même passage la même opposition exprimée avec des termes qui semblent ne laisser aucun doute sur l'interprétation qu'il y faut donner. On lit, en effet, au scolie de la Proposition X de la première partie de l'*Ethique*, la phrase suivante, dont nous soulignons les parties caractéristiques : « Quamvis *duo attributa realiter* distincta *concipiantur*, hoc est unum *sine ope alterius*, non possumus tamen inde concludere, ipsa duo entia, sive duas diversas substantias, constituere; id enim est de natura substantiae, ut *unumquodque ejus attributorum per se concipiatur*; quandoquidem *omnia, quae habet, attributa* simul in ipsa semper fuerunt, nec unum ab alio produci potuit... »

Sans doute, si tous les Attributs pris ensemble existent dans l'être en soi de la Substance, chacun d'eux pris isolément n'est pas purement subjectif quant à son contenu, mais seulement en tant que l'esprit se borne à le considérer exclusivement; et cette remarque suffit à expliquer l'expression « res extensa » appliquée à la Substance, et les théories spinozistes qu'elle implique. La Substance est réellement étendue; mais elle n'est pas, en soi, uniquement étendue. Elle est tout être; par conséquent aucune forme spéciale d'être — ou, si l'on peut

---

(¹) Comparez Epist. XXVII, 6; — *Eth.*, I, scol. prop. 10; — prop. 2; Epist. IV, 6. — Cf. textes cités ci-dessus, p. 112 sq.

ainsi dire, d'être un être — ne lui fait défaut. Et c'est ce qu'entend Spinoza en disant qu'elle est constituée par une infinité d'Attributs. Que maintenant un entendement vienne à l'envisager sous telle manière d'être plutôt que sous telle autre, il porte sur elle un jugement qui, tout fondé qu'il est dans l'être en soi de celle-ci, est, en tant qu'exclusif, relatif à l'entendement qui le formule. Cet entendement est naturellement l'Entendement divin, en tant qu'il constitue l'idée de tel ou tel Attribut; en tant par conséquent qu'il se détermine lui-même. Et par conséquent, pour ce qui concerne la notion des Attributs connus de l'homme, elle est constituée par l'entendement humain qui n'est autre que l'Entendement absolu de Dieu, en tant que cet entendement est déterminé aux objets de la connaissance humaine. C'est en ce sens qu'un pénétrant interprète de Spinoza (¹) a eu raison de mettre dans l'Entendement de Dieu le fondement de tout Attribut, tout en reconnaissant par ailleurs aux Attributs une existence en soi; il est regrettable seulement qu'il ne se soit pas exprimé avec plus de clarté sur la manière dont il entendait cette double existence idéale et réelle, et qu'avec lui nous admettons, — on voit maintenant dans quel sens. On comprend comment, par exemple, dans notre interprétation, l'existence des Attributs au sein de l'Être en soi, leur consubstantialité — en quelque sorte — à celui-ci, n'empêche pas Spinoza de dire sans contradiction que l'Étendue et la Pensée sont une seule et même chose, considérée tantôt sous cet Attribut-ci, tantôt sous celui-là.

Leibniz comparait son Univers à une seule et même ville dont les Monades seraient autant de points d'où on pourrait l'observer dans sa totalité (²). Cette comparaison peut servir, *mutatis mutandis*, à faire entendre le rapport spécial dont nous nous occupons maintenant entre la Substance spinoziste et ses Attributs. Tous les aspects de la Substance spinoziste, en effet, c'est-à-dire tous ses Attributs, appartiennent à son être; mais c'est seulement par rapport à un entendement qui le conçoit, que tel aspect apparaît plutôt que tel autre, et que la Substance semble être ceci plutôt que cela. Semblablement, — pour emprunter, en l'expliquant, un exemple à Spinoza lui-même, — les noms de *Substance* et d'*Attribut* sont entre eux dans le même rapport que ceux d'*Israël* et de *Jacob*: ces deux derniers désignent absolument le même personnage, mais celui-là en tant que troisième patriarche, celui-ci en tant qu'ayant saisi le talon de son frère; néanmoins, cet acte fut accompli par la personne du troisième patriarche et entre à ce titre dans la notion de ce dernier; dans les deux cas, l'objet de l'une et de l'autre appellation est le même personnage; seulement il est

---

(¹) Busolt, *op. cit.*, Teil I, Kap. XII, 1° vers la fin, 2° p. 133 sq; — XIII, p. 136 sq. — Cf. A. Rivaud. *op. cit.*, p. 92 sq.
(²) *Monadologie*, 57; Boutroux, p. 173; Erdmann, 709 b.

considéré chaque fois d'un point de vue différent qui n'en modifie pas néanmoins le contenu (¹).

Ces divers aspects de la Substance, s'ils présupposent la Substance prise en soi, puisqu'ils en sont des aspects, d'autre part sont, chacun par rapport aux autres, un absolu qui se suffit à lui-même; car un tel aspect, comme nous l'avons déjà dit, n'est ni une partie, ni une modification, ni même un côté ou une face de la Substance : c'est la Substance même, offrant — quoique sous une certaine forme spéciale — tous les traits qu'elle possède en tant que substance. Voilà pourquoi elle est également substance selon chaque attribut; et voilà pourquoi les attributs, les uns par rapport aux autres, sont comme autant de substances incommunicables qui ne s'expliquent pas réciproquement, bien qu'ils se correspondent rigoureusement selon une analogie parfaite, qui tient à ce qu'ils expriment une substance commune. A celle-ci, ils doivent et leur indépendance réciproque, et leur analogie ou leur parallélisme. Ils ne sont qu'une seule et même chose, puisqu'ils sont la même substance; mais ils sont, d'autre part, distincts et incommunicables, parce qu'ils sont chacun également la Substance. Telle, selon l'heureuse comparaison de M. Brunschvicg (²), une infinité de textes traduisant chacun dans une langue différente, avec une entière exactitude, une seule et même commune pensée : chacun d'eux possède l'unité interne de cette pensée, et s'explique par conséquent par lui-même, sans aucun recours aux autres; et pourtant cette pensée se retrouve dans chacun d'eux avec tous ses traits; chacun la manifeste donc telle qu'elle est en soi, mais aucun ne l'épuise. Ainsi du moins peut s'exprimer la théorie que Spinoza professera durant la majeure et plus féconde période de son existence philosophique; théorie qu'il ne modifia plus, quand il y fut parvenu. Mais elle ne semble pas toujours avoir été la sienne, du moins avec cette précision. Sans parler de la théorie cartésienne des diverses substances, admise dans les *Cogitata Metaphysica*, le *Court Traité* tend à présenter les Attributs comme des sortes de modifications de la Substance, quelque chose comme les

---

(¹) Ep. XXVII, 8 fin., 9. — Après avoir défini la Substance, Spinoza ajoute, § 8, in fine : « Idem per attributum intelligo nisi quod attributum dicatur respectu intellectus, substantiae certam talem naturam tribuentis... » — § 9 : « Vis tamen, quod minime opus est, ut exemplo explicem, quomodo una eademque res duobus nominibus insigniri possit. Sed ne parcus videar duo adhibebo. Primo dico per *Israelem* intelligi tertium patriarcam; idem per *Jacobum* intelligo, quod nomen Jacobi ipsi imponebatur propterea, quod calcem fratris apprehenderat. Secundo per *planum* intelligo id, quod omnes radios lucis sine ulla mutatione reflectit; idem per album intelligo, nisi quod album dicatur respectu hominis planum intuentis... » — Ce second exemple, comme il arrive parfois chez Spinoza, n'est pas adéquat au but proposé : car, pris à la lettre, il semblerait indiquer la subjectivité complète de l'Attribut, — ce que l'ensemble de la doctrine spinoziste et une série de textes plus explicites ne nous permettent pas d'admettre, une comparaison isolée ne pouvant prévaloir ni contre l'une ni contre l'autre.

(²) Brunschvicg, *Spinoza*, Paris, Alcan, 1894; ch. III, p. 64.

premiers modes de celle-ci, espèces de négations partielles introduites en elle, — semblables à celles qu'introduisent les Modes dans un même Attribut, et qui se limiteraient en quelque manière les unes les autres, à la façon de ceux-ci dans celui-là, — sans qu'une pareille conception pût s'accorder facilement avec l'incommunicabilité des Attributs, admise — comme nous le verrons — en dépit des apparences dès le *Court Traité*. Quoi qu'il en soit, cette assimilation des Attributs aux Modes, si jamais elle a été une expression littérale de la pensée de Spinoza, fut vite abandonnée par lui.

Sans doute, chaque attribut, même après cela, demeure une forme restrictive d'être au sein de l'Être en soi et absolument parlant. Néanmoins, c'est encore l'Être en soi dans un certain genre; et, à ce titre, un Attribut n'est pas limité par les autres comme l'est, au contraire, un Mode — tout au moins un Mode fini — par un Mode de même genre. La Substance se pose en soi et par soi dans chaque Attribut, qui ainsi ne peut épuiser à lui seul la puissance infinie d'être qu'il exprime à sa façon. Il est donc, à certains égards, une négation, en tant qu'il n'est aucun des autres Attributs. Mais le Mode, ou tout au moins à coup sûr le Mode fini, restreignant l'essence même qu'il pose, — puisqu'elle est en lui limitée par un ou plusieurs Modes de même ordre, — n'est pas seulement une négation, mais une privation; car il lui manque quelque chose qui appartient à sa nature, ou bien lui appartiendrait s'il n'était limité ou entravé par une ou plusieurs autres déterminations; et, par lui, l'Attribut, position indéterminée d'une certaine essence, est privé d'une partie de cette dernière[1]. On pourrait peut-être objecter que, dans et par l'Attribut, la Substance est privée d'une partie de l'Être absolu et infini qui fait son essence. Mais quelle que fût la valeur d'une pareille objection, Spinoza a établi en fait une profonde distinction entre la détermination de la Substance par l'Attribut, et celle de l'Attribut par le Mode ou certains Modes : l'une est un produit immédiat de la Substance identique à la Substance même; l'autre est jusqu'à un certain point hétérogène à l'Attribut, comme nous le verrons quand il y aura lieu. C'est que l'Attribut n'exprime la Substance que parce que, de la façon dont nous l'avons expliqué, il est la Substance; celle-ci ne diffère pas au fond de l'ensemble de ses Attributs.

Ainsi, un examen plus attentif du rapport de la Substance et de ses Attributs nous amène à la conclusion qu'une première inspection nous faisait pressentir dès le début de ce paragraphe. En dépit des intentions de Spinoza, tout lien concret fait défaut pour unir entre eux les Attributs et la Substance, en tant que distincte de l'ensemble de ses Attributs, qui demeurent ainsi en fait les seuls objets fondamentaux

---

[1] Ep. XLI, 7 et 9; — cf. Ep. IV, 3; Ep. XLI, 4 et 5.

et premiers de tout entendement (¹); — non moins que les Attributs essentiels de Descartes, malgré les efforts de Spinoza pour faire de la Substance comme telle une première réalité concrète.

Puisque, en effet, les Attributs expriment ce qu'est la Substance, celle-ci n'est connue qu'autant que le sont ses Attributs. L'Objet premier de la connaissance absolue ou de l'Entendement divin, c'est donc l'ensemble des Attributs; de même que les Objets premiers de la connaissance humaine, c'est-à-dire de l'entendement humain, ce sont les deux seuls Attributs que nous connaissions : la Pensée, qui peut comme tout autre attribut devenir elle-même objet de pensée, et l'Étendue, qui est, — à vrai dire, — le seul objet complet de notre entendement, au sens fort du mot objet. Les Attributs spinozistes connus de l'homme jouent ainsi le même rôle que, chez Descartes, l'Attribut essentiel. Quant à l'objet de la connaissance absolue en Dieu, on dira peut-être qu'il n'est pas constitué par les Attributs, mais par la Substance, — ou qu'il n'est pas la Substance en tant qu'Attributs, mais la Substance absolument, et la Substance en tant que Substance; parce que celle-ci n'étant pas plutôt tel Attribut que tel autre est ce qu'il y a de commun à tous, et par là, plus qu'un ensemble proprement dit. — Sans doute, Spinoza n'entend pas confondre l'union des Attributs dans la Substance avec celle des parties dans un tout; mais elle ressemble bien plutôt à celle des espèces dans un genre, encore qu'il ne considère pas la Substance comme quelque chose de général, mais comme une entité individuelle (²). Quoi qu'il en soit d'ailleurs de ses intentions, le contenu qu'il donne en fait aux deux notions de Substance et d'Attribut prouve en fin de compte que la Substance spinoziste n'est que l'hypostase de la notion d'être en général, ou, si l'on veut, de la notion générale de sujet logique absolu ou de substance, et que les Attributs sont autant de genres d'être, comme il lui échappe parfois de les appeler (³); sortes de catégories suprêmes de l'être ou de la substantialité, et en même temps sortes de spécialisations les plus générales dans des sujets particuliers et relativement déterminés du concept général de Substance, et qui représentent toutes les manières possibles d'être une substance.

Après comme avant ces explications, les Attributs restent privés de tout lien concret entre eux; ou plutôt, en faisant jouer un rôle à la Substance, Spinoza ne fait que réaliser une abstraction, dans laquelle, comme nous le disions, il hypostasie l'ensemble des Attributs, sans que rien soit changé à cet égard par le fait que ceux-ci sont par rapport à la Substance comme les espèces d'un genre unique. Pour

---

(¹) Cf. Trendelenburg, *Historische Beiträge zur Philosophie*, B. III : *Ueber die neue aufgefundenen Ergänzungen zu Spinozas Werken*, p. 362.
(²) Cf. A. Rivaud, *op. cit.*, p. 87.
(³) Ep. XLI, 8, 9, 10.

considérer, en effet, ce genre comme un être individuel et concret, et ces espèces comme unies réellement et substantiellement dans un tel individu, il faut bien en venir à identifier celui-ci avec l'ensemble de celles-là et dire qu'il est constitué par elles, comme Spinoza dit, en effet, que Dieu est constitué par ses Attributs ; alors que, dans la réalité des choses, un genre ne constitue que logiquement l'unité de ses espèces en ce qu'il exprime certains rapports déterminés que celles-ci soutiennent entre elles. Ici, tout au contraire, loin que la Substance soit l'expression des rapports de ses attributs, ce sont les rapports que soutiennent ceux-ci qui expriment l'unité de leur Substance, et ils n'ont d'autres rapports que ceux qui se tirent de la communauté, une fois posée, de cette Substance commune. Ce n'est pas seulement en tant qu'elle représente leurs éléments communs, et comme un genre dans ses espèces, que la Substance se retrouve la même en chacun de ses attributs, mais encore en tant qu'ils se distinguent par des éléments spécifiques ; elle est donc bien, à ce titre, identifiée avec l'ensemble, autant qu'avec les éléments communs de ses Attributs. Aussi, quand la Substance, considérée comme l'unité logique des Attributs semblables, en tant seulement que semblables, pourrait être réalisée sans absurdité dans un être concret et individuel, il resterait que Spinoza, à côté de cette qualification de la Substance qui en fait comme le genre suprême des Attributs, en juxtapose une autre qui est contradictoire à la première ; de telle sorte que l'union des Attributs, en tant qu'espèces déterminées de la notion de Substance, ne se produit qu'autant qu'on identifie la Substance, considérée comme leur genre commun, avec la totalité de ses espèces.

On a soutenu, il est vrai [1], que les Attributs n'expriment la Substance que par ce qu'ils ont de commun et en tant qu'ils sont également des êtres en soi ; qu'ils diffèrent, au contraire, en tant qu'ils sont tel et tel genre d'être ; que par conséquent ce qui est identique en eux, ce qui seul exprime la Substance, c'est ce qui n'est pas spécifiquement propre à chacun d'eux. Dès lors, conclut-on, il n'y a aucune contradiction à ce que la Substance, simple affirmation de l'être ou de la substantialité, s'exprime sans perdre ni son unité ni son indétermination par l'être ou la substantialité qui est identique dans tous ses attributs, en tant qu'on ne considère pas le contenu déterminé qu'y prend cette notion dans chacun d'eux. Par exemple, la Pensée et l'Étendue, dans cette hypothèse, seraient identiques, non en tant que Pensée et en tant qu'Étendue, mais seulement en tant que non-Pensée et non-Étendue, c'est-à-dire en tant qu'elles sont également ce quelque chose de concevable en et par soi, abstraction faite du genre d'être par lequel ce quelque chose est posé. Il n'y aurait donc pas à reprocher

---

[1] Schaller, *Geschichte der Naturphilosophie*, I, p. 329.

à Spinoza d'avoir échoué dans une tentative qu'il n'a point faite et de n'avoir pu établir entre les Attributs, en tant que distincts, une union que précisément il leur refuse.

Sans nous arrêter aux nombreuses difficultés que soulèverait en soi une pareille scission de l'Attribut en deux moitiés, bornons-nous à remarquer que les expressions « res extensa » et « res cogitans », appliquées à la Substance, ne se comprendraient pas plus dans cette interprétation que les arguments qu'emploie Spinoza à démontrer que l'Étendue appartient à Dieu, et qui tous impliquent, comme on le verra, qu'il s'agit de l'Étendue comme telle, et non pas seulement comme Attribut qui n'est qu'attribut. C'est donc bien, en fin de compte, dans l'ensemble des Attributs, considéré comme identique à un être unique et indivisible, que recourt Spinoza pour trouver le lien qui les unit. L'unité de la Substance et celle des Attributs dans la Substance n'est donc pas, à la façon de celle de l'Univers leibnizien, constituée par les rapports déterminés de ces Attributs entre eux. En effet, chez Leibniz, quelque monade que l'on prenne pour considérer l'ensemble de l'Univers, l'unité de celle-ci avec les autres monades au sein de cet univers s'affirme en ce que par elle on peut rendre raison de toutes les autres; et par là chaque monade peut être identifiée à l'ensemble de la réalité. Mais aucun Attribut spinoziste ne rend ainsi directement raison des autres; et l'unité des Attributs dans la Substance, ou l'identité de la Substance dans chacun d'eux, est affirmée sans être expliquée.

La théorie des Attributs est la première application de la contradiction fondamentale inhérente à la tentative spinoziste de tirer le contenu déterminé de la Réalité d'un principe primitif absolument indéterminé; et la Substance révèle sa contradiction interne dès sa première et plus immédiate manifestation. Non, sans doute, qu'il faille chercher cette contradiction entre la positivité absolue de la Substance et la négativité de toute détermination, et d'abord des déterminations attributives. Comme on l'a judicieusement fait observer (¹), l'existence des Attributs dans la Substance, pas plus d'ailleurs que celle des Modes dans les Attributs, n'est contradictoire, *celle-là à la positivité absolue de la Substance, celle-ci à la positivité relative de l'Attribut*. Car, dans l'ensemble, la négation qu'implique chacune des déterminations de l'une ou de l'autre est supprimée par les autres déterminations; de sorte que toutes ces négations se nient réciproquement. Ainsi, ni certains auteurs n'étaient fondés à accuser Spinoza d'inconséquence, pour associer dans la Substance, avec l'exclusion de toute négation, des déterminations qu'il tient pour négatives; ni quelques autres, à tirer de cette prétendue incompatibilité un argument

---

(¹) Busolt, *op. cit.*, Teil II, IX, p. 101. — Cf. p. 98 sqq.

A. LÉON.

en faveur d'une assimilation du spinozisme à un acosmisme du genre de celui des Éléates.

Mais si la contradiction signalée n'existe pas, il s'en trouve néanmoins une tout aussi grave entre la Substance et ses Attributs. Nous avons vu, en effet, que la Substance n'est pas seulement exempte de toute négation et, à ce titre, de toute détermination exclusive; mais qu'elle est tenue également pour absolument indéterminée et pour aussi rigoureusement simple que l'Être éléatique; en un mot, qu'elle est identique à l'être qui n'est qu'être, c'est-à-dire au sujet logique qui n'est que sujet logique. Elle est l'intériorité absolue, l'intériorité comme telle et sans plus; ou, pour donner leur véritable sens aux termes par lesquels Spinoza la désigne, — quand il la définit « ce qui est en soi et est conçu par soi, » — elle est purement et simplement l'En-soi et le Concevable par soi, si l'on peut ainsi parler. D'autre part, cet être indéterminé consiste en même temps dans une infinité de formes relativement déterminées d'être; il présente une infinité de formes de substantialité, ou, plus exactement, il se pose dans et par cette infinité de formes. Par une confusion que nous avons essayé d'expliquer, identifiant l'indétermination absolue avec la possession de toutes les déterminations, Spinoza réunit ainsi dans un concept contradictoire la Substance absolument indéterminée et absolument simple avec l'infinité des Attributs absolument distincts en tant qu'attributs[1]. La Substance une et indivisible se pose en quelque sorte une infinité de fois, présentant dans chacune de ses positions d'elle-même les caractères de sa substantialité. Il y a donc lieu de distinguer dans le spinozisme au moins deux aspects inconciliables, mais qu'en fait Spinoza n'a pas jugés tels, et qu'il a juxtaposés, sans pouvoir les fondre, à travers toute sa philosophie : selon que celle-ci se présente sous l'un ou l'autre de ces aspects, elle apparaît comme un éléatisme acosmiste qui réduit toutes les réalités à l'unique affirmation de l'Être; ou comme une doctrine qui morcelle la Réalité en une pluralité infinie d'essences simples, indépendantes et incommunicables, analogues aux essences mégariques, avec cette différence que leurs modifications se répondent dans un rigoureux parallélisme. Mais jamais l'un de ces deux aspects ne peut légitimement se déduire de l'autre[2]. De ce que ces deux moments du système sont inconciliables, il ne s'ensuit pas que Spinoza en ait jugé ainsi. En fait, il ne réduit pas la Réalité à la stérilité de l'être en soi, en dépit de certains de ses commentateurs; pas plus qu'il ne considère les Attributs comme autant d'espèces irréductibles du Réel, au delà desquels il n'y aurait pas à chercher d'unité suprême. En donnant au spinozisme

---

[1] Cf. Brunschvicg, *La révolution cartésienne*, etc. (Rev. Mét. et Mor., p. 791).
[2] Cf. Camerer, *Die Lehre Spinoza's*, I, ch. 1, p. 6-12; ch. 11, p. 14-16; Herbart, *Schriften zur Metaphysik*, p. 160 sqq.

cette dernière interprétation, Karl Thomas([1]) a arbitrairement donné plus de valeur aux déclarations spinozistes relatives aux Attributs qu'à celles qui concernent la Substance comme telle ; et, en prenant les premières comme point de départ, il a nié l'existence de la Substance unique, comme étant inconciliable avec la doctrine prise du point de vue des Attributs. Par malheur, cette doctrine se heurte aux textes où Spinoza affirme expressément que — loin que la distinction des Attributs empêche l'unité d'une substance commune — il n'existe qu'une Substance, douée de tous les Attributs possibles.

Il semble donc bien que le résultat de cet examen des rapports de la Substance et de ses Attributs se résume dans ces propositions contradictoires : la Substance est à la fois indivisiblement une et identique à une infinité de répétitions et d'échantillons d'elle-même dans une infinité de genres différents d'être; les Attributs sont entre eux comme autant de Substances concevables en soi et par soi, et ils ne font qu'un en tant qu'ils sont la même commune Substance. Force nous est donc bien d'admettre que le monisme s'associe, sans s'y concilier, à une sorte de pluralisme dans la pensée de Spinoza, ou que le monisme auquel tend le spinozisme n'arrive pas à se constituer pur de ce second élément. Il est aisé de voir pourquoi il en est ainsi, et comment le premier élément n'a pu coordonner autour de soi toutes les données du système, malgré les intentions et les efforts de l'auteur, et d'où vient que le résultat de cette philosophie sur ce point en contredit le principe et le but.

La raison de cette contradiction a visiblement sa source au plus profond des enseignements de Descartes. Sans doute, déjà l'idée que la Réalité est constituée par un ordre unilatéral et uniquement déductif, — sans qu'il y ait à chercher, ni dans un ordre synthétique rationnel ni dans un acte supérieur ou étranger à la nécessité de la raison, une explication de la Réalité suprême d'où tout se déduit, — invitait déjà Spinoza à faire consister cette Réalité dans un indéterminé absolument simple, et à voir dans la notion de substance, en principe du moins, non celle d'un sujet d'inhérence plus ou moins déterminé, mais du sujet d'inhérence qui n'est que cela; non la notion d'une essence plus déterminée posée en soi, — c'est-à-dire de la position en soi d'une essence plus déterminée, — non la notion d'un Attribut-Substance, mais celle de la chose en soi comme telle. Maintenant, de cette antériorité de la Substance comme substance à la Substance comme Attribut, il ne s'ensuivrait pas nécessairement que la Substance dût avoir plusieurs Attributs, et son infinité pouvait être considérée d'une autre façon. Spinoza pouvait, par exemple, faire de toutes les formes d'existence autant de manifestations et de formes de la

---

([1]) *Spinoza's Individualismus und Pantheismus*, p. 21.

Substance, tout en évitant la conception contradictoire d'une Substance une et indivisible qui se pose en quelque sorte en soi, dans une infinité d'échantillons d'elle-même ; car il pouvait réduire les Attributs au rôle de simples prédicats, au lieu d'en faire autant de manières, pour la Substance, d'être un sujet d'inhérence de ces prédicats ; au lieu d'en faire, à vrai dire, autant de sujets d'inhérence comme elle, et existant aussi réellement qu'elle, malgré cette légère restriction qu'ils n'existent chacun exclusivement qu'au regard d'un entendement qui les considère. Il pouvait aussi, tout en conservant le concept cartésien d'attribut, maintenir à la fois et une manière unique, pour la Substance unique, d'être sujet de ses prédicats, et l'antériorité de la chose en soi comme telle à cet unique Attribut. Sans doute, étant donnée sa conception de la Substance, la distinction des attributs n'entraînait pas, avec la même nécessité que chez Descartes, celle des substances ; mais de son concept de la Substance posé d'abord, une multiplicité d'attributs ne s'ensuivait pas par là même. Après avoir conclu à la nécessité pour la Substance d'avoir ou — plus exactement — d'être quelque Attribut, il pouvait, tout aussi bien qu'une infinité d'attributs, tirer, de l'infinité de la Substance, l'infinité d'un Attribut unique, dont tous les Modes, à l'infini, auraient été les prédicats de la Substance. Il aurait ainsi abouti ou à un monisme matérialiste ou à un monisme idéaliste, qui — sans être exempt des autres contradictions que présente la Substance, quand on la considère en elle-même ou dans son rapport à un attribut quelconque — aurait du moins évité celle qui consiste à juxtaposer et à identifier une substance indivisible et une infinité de sujets d'inhérence comme elle. Si Spinoza s'est arrêté à un monisme substantialiste, c'est donc qu'il professait par ailleurs des opinions qui se heurtaient à tout autre monisme. Et d'abord, à la suite de Descartes, il regardait la Pensée comme une essence spécifique, irréductible à toute autre essence et ayant en elle-même tout ce qu'il faut pour rendre raison de soi et de tous ses caractères ; en un mot, comme le sujet dernier de ses prédicats qui n'est lui-même prédicat d'aucun autre sujet. Par là était exclue toute possibilité d'un monisme matérialiste. Et, d'autre part, il assignait, encore à la suite de Descartes, la même nature d'essence substantielle à l'Étendue, dont il faisait le sujet dernier de tous les prédicats de la matière corporelle ; d'où l'impossibilité d'un monisme idéaliste. En d'autres termes, il accepte le dogme cartésien, que tout objet d'un concept autonome et complet a quelque réalité en dehors de l'entendement qui pense cet objet. Et croyant, ainsi que Descartes, reconnaître les traits d'un pareil objet dans la Pensée et dans l'Étendue, il en tire la même conclusion que Descartes lui-même, à savoir que ce sont là deux essences dont chacune ne peut se réduire ni même se rattacher, à titre d'élément ou de modification, à aucune autre.

Seulement, tandis que, partagé entre un réalisme ontologique et intellectualiste des essences, une théorie subjectiviste de la Pensée comme telle et une conception des existences qui fait appel à des principes étrangers à l'ordre purement intellectuel, Descartes n'arrive que par un détour, et différemment dans chaque cas, à établir l'existence proprement dite de Dieu, de la Pensée et de l'Étendue ; Spinoza, n'acceptant du cartésianisme que la partie intellectualiste et ontologique, qui seule s'accorde avec un rationalisme analytique et réaliste, conclut directement, et en vertu d'un seul et même principe, de la réalité de ces trois concepts comme essences à leur existence au sens fort de ce mot. Et, à vrai dire, pour ce philosophe, l'existence, dans les objets de pareils concepts, ne fait qu'un avec leur essence(1). Quoi qu'il en soit, le résultat est ici, pour le point qui nous occupe, le même que chez Descartes : l'Étendue et la Pensée, non moins que Dieu, sont considérées comme des réalités substantielles qui existent hors de tout sujet connaissant et telles qu'elles sont pensées. Force était donc à Spinoza de voir dans l'Étendue et la Pensée ou deux substances au sens absolu de ce mot, ou deux attributs d'une Substance unique, dans l'acception spinoziste du terme *attribut*. Or, le monisme auquel tendait le spinozisme ne permettait que ce second terme de l'alternative. D'autre part, si un attribut unique infini coextensif à la Substance, moyennant lequel elle renfermerait toutes les formes de réalité, ne mettrait pas en péril l'infinie infinité de celle-ci, limiter à deux ces attributs, ce serait introduire dans l'Être infiniment infini une limitation contraire à sa définition. Voilà pourquoi Spinoza, contraint par les exigences combinées de son monisme et de sa croyance en la réalité substantielle de la Pensée et de l'Étendue, et en leur hétérogénéité, d'assigner au moins deux attributs à la Substance, lui en a accordé une infinité. A cela s'ajoutait une autre raison : le désir d'assurer à la Substance l'unité indivisible qu'une dualité d'attributs aurait risqué de détruire. Il n'en est pas de même d'une infinité : car l'infinité véritable, et telle que la conçoit adéquatement l'entendement, est pour Spinoza, non pas un nombre, mais supérieure à tout nombre ; elle n'est même pas, comme la multitude infinie des perceptions d'une monade leibnizienne créée(2), une pluralité innombrable ; mais, comparable à l'infinité indivisible du Dieu leibnizien, elle est aussi bien une unité que le serait une totalité numérique, mais une unité sans bornes dans laquelle il n'y a pas d'éléments à compter(3). Il n'en est pas moins

---

(1) *Principia philos. cartes.*, p. 196-197. — *Court Traité*, van Vloten et Land, I, ch. 1, p. 5 ; — Ch. II, p. 10, 11, 15. — *Cog. Met.*, II, ch. 1, p. 208. — *Eth.*, I, prop. 20 ; cf. I, cor. 2 prop. 20.

(2) *Théodicée*, p. 195 ; — Lettre à Desbosses, Erdmann 435 B, en bas, etc.

(3) Voir notamment Lettre à Desbosses, Erdmann 139 A ; — *Nouveaux Essais*, liv. II, ch. XVII ; — Comparez : *Correspondance avec Clarke*, notamment Erdmann 176 A.

vrai, en dépit des intentions de Spinoza, qu'une telle conception de l'infinité de la Substance s'accorde mal avec une multitude infinie ou innombrable d'attributs ; car, bien qu'il dépende seulement de l'entendement qui les considère de les poser à part les uns des autres([1]), il reste que ce n'est pas cet entendement qui crée le contenu de chacun ; et la Substance, en elle-même, bien qu'elle soit à la fois tous les Attributs, est précisément par là, quoique non exclusivement, chacun d'eux. Et, par exemple, bien qu'elle ne soit exclusivement ni l'un ni l'autre, Spinoza dit expressément qu'elle est étendue et qu'elle est pensante.

Quoi qu'il en soit, c'est dans le dualisme cartésien qu'est la raison profonde de cette théorie de l'infinité des Attributs. On n'a plus affaire ici, comme à l'égard d'autres points du spinozisme, aux traces ou aux conséquences de thèses que Descartes a admises ou développées, mais qu'il a reçues de doctrines antérieures, — doctrines dont Spinoza a pu subir l'influence directe aussi bien que Descartes lui-même. Mais il s'agit de l'influence évidemment immédiate d'une théorie qui doit sa naissance au cartésianisme. Nous croyons avoir montré suffisamment comment, combinée avec les exigences du monisme, elle suffit à expliquer les raisons profondes de l'infinité des attributs, j'entends : de leur multitude infinie, si l'on peut ainsi parler. Aussi, ne serait-on pas fondé à prétendre, soit, avec Thilo([2]), que Spinoza a arbitrairement assigné à Dieu d'autres attributs que les seuls qui, d'après le spinozisme, sont accessibles à la connaissance humaine ; soit, avec Jacobi([3]), que ce n'est pas là sa véritable pensée et qu'il a voulu, par cette déclaration, prévenir des censures théologiques ; — outre que cette seconde hypothèse est démentie par le caractère et par l'œuvre de Spinoza, et que l'*Éthique* et le *Théologico-politique*, publié du vivant de l'auteur, manifestent si peu un tel souci et heurtent souvent beaucoup plus gravement les théologies confessionnelles que ne ferait l'admission de deux seuls Attributs en Dieu.

Si nous avons cru devoir quelque peu insister sur la doctrine des Attributs, c'est que, comme nous l'avons dit, ils sont au fond les véritables objets fondamentaux de la Pensée dans le système, et que la pensée humaine n'y saurait connaître adéquatement la réalité qu'en eux et par eux. Tout d'abord, ce n'est que dans les Attributs à elle connus qu'elle saisit la Substance unique ou Dieu. De là, une conséquence importante pour la détermination des rapports de notre pensée à son objet. On a vu que Spinoza, tout comme Descartes, admet la possibilité pour la pensée humaine d'atteindre l'essence et l'existence

---

([1]) Cf. Brunschvicg, *Spinoza*, ch. III, p. 58 sqq.
([2]) *Ueber Spinoza's Religionsphilosophie*, in der *Zeitschrift für exacte Philosophie*, B. V und VI, Leipzig, 66-67.
([3]) *Ueber die Lehre Spinozas, in Briefen an Moses Mendelsohn*, 1789, p. 190-192.

de Dieu, puisqu'il tente d'édifier un système en partant de la notion de Dieu telle qu'elle nous est donnée, et de déduire de celle-ci toute la réalité telle qu'elle est en effet, ou du moins tout ce que nous pouvons savoir de cette réalité telle qu'elle est en soi. Nous avons donc, selon Spinoza, — il le déclare en propres termes, — une idée adéquate de Dieu. Néanmoins, nous ignorons la majeure partie du contenu de l'objet de cette idée, puisque nous en ignorons une infinité d'attributs. Nous ne le connaissons donc que dans les deux Attributs divins qui nous soient donnés. Mais de ce que nous ne le connaissons pas tout entier — *omnino*(1), — il ne s'ensuit pas que ce que nous en connaissons, nous ne le connaissions adéquatement. C'est qu'en effet chaque Attribut manifeste également l'essence de Dieu, la substantialité et la divinité d'un tel Être, et tous les traits qui découlent de ces caractères. C'est comme si l'on disait qu'il y a en Dieu une certaine forme qui peut être connue indifféremment dans n'importe quelle matière, ou qu'il suffit, pour la connaître adéquatement, de la voir à l'œuvre dans un Attribut, et pour connaître par là même ce qu'elle est dans les autres Attributs. Descartes avait déjà admis que nous connaissons Dieu sans pouvoir le comprendre, parce qu'étant infini il ne pouvait être analysé par notre entendement fini, — impossibilité que notre entendement concevait lui-même clairement, dès qu'il contemplait un tel objet. Il y avait là les germes d'un agnosticisme qui prend chez Spinoza un aspect bien plus explicite, en ce qu'ici ce n'est plus une simple compréhension par l'intelligence, mais la connaissance même d'une infinité d'Attributs divins qui nous est refusée. L'agnosticisme, en se combinant au rationalisme de l'auteur, introduit une espèce de formalisme, — formalisme réaliste sans doute, mais qui n'en est pas moins un véritable formalisme. Ce que nous connaissons adéquatement en Dieu, c'est en somme une certaine forme. Telle est, au point de vue de la connaissance, la conséquence du parallélisme et de l'unité des Attributs divins. Chacun d'eux, quelle que soit sa matière, reproduit dans son langage une seule et même forme ; et il est indifférent, pour la connaître, de la contempler dans tel ou tel d'entre eux. Nous la connaissons aussi adéquatement dans l'Étendue ou la Pensée, que nous le ferions dans tel autre Attribut inconnu de nous ; et leur connaissance, si elle était possible, n'enrichirait pas notre notion de Dieu à cet égard. Semblablement, cette forme est aussi adéquatement connue dans l'un des Attributs que nous connaissons que dans l'autre. Voilà en quel sens l'idée de Dieu est pour l'homme, malgré notre ignorance de la plupart des Attributs divins, aussi claire et distincte que celle du triangle. Un formalisme étranger à Descartes, plutôt implicite et senti qu'explicitement for-

(1) Epist. LX, 11, 4ᵉ phr.

mulé, est au fond de cette étrange déclaration d'un philosophe qui, par ailleurs, insiste sur l'immanence de la Pensée à ses idées et de la méthode à la connaissance. Pour expliquer sa thèse, Spinoza fait appel à un exemple qui, comme cela arrive souvent chez lui, trahit sa véritable pensée. Nous connaissons Dieu adéquatement sans le connaître tout entier, ni même dans sa majeure partie, nous dit-on, tout comme celui qui connaît adéquatement l'égalité des trois angles d'un triangle à deux droits, alors qu'il ignore encore beaucoup d'autres propriétés du triangle(¹). Mais il est visible qu'une telle comparaison n'est qu'approchée, puisque, d'après les principes mêmes de l'auteur et la solidarité de toutes les parties du Réel au sein d'un Attribut, pour ne rien dire de plus, nous ne connaissons adéquatement la propriété d'une figure, que si nous avons une idée adéquate de toutes les autres propriétés et de tous les autres aspects de l'Étendue dont celle-ci est un mode, — et par conséquent de toutes les autres propriétés de la figure considérée. Une idée n'est complètement adéquate que si elle est rattachée de proche en proche à un principe premier intelligible par lui-même. Si, au contraire, il y a un arrêt dans la marche explicative, elle n'est que partiellement adéquate, si tant est qu'il puisse y avoir des degrés dans l'adéquation, et qu'une idée adéquate puisse procéder, immédiatement ou médiatement, d'une idée qui n'est pas elle-même adéquate. Par contre, notre idée véritable de Dieu est absolument adéquate, puisqu'elle suffit à rendre raison de tout ce que nous connaissons ; — ce que ne pourrait faire une idée inadéquate, dont les conséquences ne peuvent être qu'inadéquates comme elle. De plus, elle est obtenue grâce à l'idée des Attributs que nous connaissons ; or, il n'est nulle part fait de restriction sur l'absolue adéquation de la connaissance que nous avons de ces Attributs ; ils sont considérés comme connus avec évidence par eux-mêmes, et comme suffisants pour rendre adéquatement raison de tout ce que nous connaissons. On a même vu qu'à la rigueur leur exacte connaissance ne se déduit pas de celle de leur substance ; mais plutôt qu'elle est posée en même temps par un seul et même acte. Concluons donc, avec Lagneau(²), qu'il règne au sein du spinozisme une part importante de formalisme ; c'est là plutôt un état profond qu'une doctrine ouvertement professée. Cette tendance, que nous avons déjà signalée au début de ce chapitre, dans l'espèce de dédain manifesté par Spinoza pour le savoir positif comme tel, agit encore ici comme ressort caché ; et nous en retrouverons des traces dans d'autres points importants de la théorie de la connaissance(I).

(¹) Epist. LX, 11.
(²) *Quelques notes sur Spinoza*, p. 391 ; — cf. p. 387.

(I) *Eth*., I, déf. 4 ; — Epist. II, 8 ; cf. Ep. IX, p. 84, van Vloten et Land ; — *Court Traité*, I, ch. 2, van Vloten et Land, p. 10, 11, 15 ; cf. Dialogue I, van Vloten et Land,

XI. Les deux Attributs
accessibles a la connaissance humaine.
L'Attribut « Pensée ».

Nous n'avons examiné jusqu'ici de la théorie spinoziste touchant le rapport de la Pensée et de son objet que le côté le plus général et en quelque sorte le plus formel. Nous allons maintenant aborder la matière même et le contenu concret de cette théorie, c'est-à-dire l'application de celle-ci aux objets qu'il est, selon Spinoza, donné à l'homme de connaître immédiatement et intégralement; et d'abord aux deux seuls Attributs auxquels ce philosophe — parce que, selon lui, nous ne sommes, chacun de nous, des modes que d'eux seuls — limite notre connaissance : l'Étendue et la Pensée.

On a vu comment et pourquoi Spinoza reconnaît à ces deux essences le caractère d'Attributs de la Substance, et quelle est la part du cartésianisme dans cette théorie. Ce sont, pense Spinoza, les deux seuls Attributs que nous connaissions. En effet, nous ne connaissons que des corps et des esprits. Les corps ne peuvent être conçus que comme des modes de l'Étendue; d'un autre côté, tout ce que nous remarquons dans les esprits se ramène à des manières de penser. En d'autres termes, la réalité que nous connaissons est constituée par le monde des corps et par celui des esprits. Or, l'un et l'autre ont respectivement pour sujets derniers l'Étendue indéterminée et la Pensée indéterminée; — un sujet dernier se reconnaissant, suivant Spinoza, à ce qu'il est indéterminé en comparaison de ses prédicats. Les formes déterminées du monde corporel et du monde spirituel ne sont, conformément à la théorie générale de Spinoza sur la détermination, que des restrictions et des négations partielles de la position absolue sans restriction — c'est-à-dire, selon lui, sans déterminations ultérieures — de l'Étendue et de la Pensée. Par là est supprimée la pluralité admise par Descartes de substances étendues ou corporelles et de substances pensantes ou spirituelles. Toutefois, s'il contredit, en ce faisant, la lettre de certaines thèses cartésiennes, Spinoza n'en applique pas moins avec rigueur les conséquences, inaperçues de Descartes lui-même, de la théorie de ce dernier sur les Attributs : Étendue et Pensée. Bien qu'en effet Descartes affirme que le déterminé est seul capable de constituer un objet complet de connaissance, il ne laisse pas en fait de considérer l'Étendue qui n'est qu'Étendue, et la Pensée qui n'est

---

t. III, p. 17. — *Eth.*, I, prop. 10 et scol.; — II, prop. 6, dem. et cor.; prop. 7, dem. cor. et scol.; — Epist. II, 3; IV, 2, vers le début, 3, 5, 6. — Cf. ci-dessus p. 97, note 1.

que Pensée, comme des objets de cette sorte et qui, en principe, n'ont pas besoin, selon lui, pour exister ou être conçus, d'être doués de déterminations ultérieures attributives ou modales. Après avoir refusé l'intelligibilité et — comme dirait Kant — l'objectivité complètes aux idées qui, dans la compréhension de celle d'Étendue et de Pensée, sont moins déterminées que ces dernières, arrivé à ces deux essences, par un brusque changement de front, les considère comme des êtres véritables, sans poursuivre la recherche de l'Être complet jusqu'à leurs dernières déterminations, qui leur restent malgré tout contingentes. C'est ainsi à peu près qu'Aristote arrêtait aux espèces dernières, sans le poursuivre jusqu'à son dernier terme, c'est-à-dire jusqu'aux déterminations individuelles, le processus logique de déterminations croissantes constitutif de la réalité intelligible. Si donc un être complet, une substance, est posé dès qu'est posée la Pensée ou l'Étendue sans autres déterminations, et si l'une ou l'autre essence, indifférente à ses modes et en général à ses accidents, peut exister sans eux, et sans eux être clairement et distinctement pensée, — tandis que ceux-ci ne peuvent sans elle ni exister ni être clairement et distinctement pensés, — on ne voit pas très bien sur quel principe on pourrait appuyer une pluralité de substances étendues ou de substances pensantes (¹). Et même si l'on concède à Descartes qu'une même essence peut être reproduite identiquement dans plusieurs existences qui ne diffèrent entre elles que numériquement, qui ne voit qu'une telle solution est bien précaire quand il s'agit de l'essence étendue? Celle-ci, en effet, considérée en dehors de ses modalités, est donnée sans aucune limite déterminée. Il ne peut donc y avoir de substances étendues distinctes, qu'autant que chacune occupe des lieux différents; que si, par conséquent, elles sont chacune limitées, partant si elles sont autant de modes divers de l'Étendue indéfinie. C'est assez dire que Descartes, pour être conséquent, aurait dû ou ne voir de substantialité achevée que dans des individus rigoureusement déterminés, ou rejeter l'individualité substantielle des corps. On sait d'ailleurs combien, en fait, il est près de cette dernière solution, et combien précaire est, chez lui, l'individualité corporelle. Quant aux esprits, s'il en admet expressément et dans le sens le plus plein l'individualité substantielle, c'est grâce à la conception subjectiviste que l'on connaît de la Pensée, et aussi grâce à une théorie quelque peu empirique de l'Existence comme telle. Spinoza, étranger à l'une et à l'autre, et qui ne pouvait admettre, pour les objets de notions complètes ou adéquates, la distinction cartésienne de l'essence et de l'existence, n'a donc fait que tirer les conclusions logiques du cartésianisme ainsi réduit à sa partie déductive, en affirmant l'unité substantielle du

(¹) C'est ce que semble avoir déjà entrevu avant Spinoza le cartésien Geulincx: *Metaphysica vera*, pars II.

monde corporel et celle du monde spirituel. La théorie des deux Attributs, Étendue et Pensée, tient donc par toutes ses racines au cartésianisme : c'est le dualisme cartésien qui est la base et de l'opposition spinoziste irréductible de ces deux essences, et de leur caractère d'Attributs de Substance; c'est encore le cartésianisme que nous retrouvons comme point de départ de l'unité interne de chacune d'elles, et une inspiration cartésienne que nous rencontrerons au fond de toutes leurs autres qualifications en tant qu'Attributs, — la théorie des Attributs Étendue et Pensée étant dans le spinoxisme celle qui manifeste le mieux une influence immédiate de Descartes, et où l'empreinte cartésienne est marquée le plus profondément et avec le plus d'évidence.

Si maintenant nous pénétrons plus avant dans la manière particulière dont Spinoza entend que tous les prédicats spirituels ont pour sujet la Pensée, nous retrouverons encore cette empreinte. Sans doute il existe à cet égard une différence primordiale entre Descartes et Spinoza, en ce que l'un comprenait surtout par Pensée la Conscience, tandis que l'autre, étendant — comme on l'a vu — à toute essence, et par conséquent à la Pensée, l'ontologisme cartésien des essences en général, sans y apporter les restrictions et les modifications auxquelles des principes d'un autre ordre conduisaient Descartes, ne voit dans la Conscience qu'un Mode, encore que primitif et essentiel, de la Pensée elle-même. Mais, cette réserve faite, la théorie spinoziste de la Pensée en général est aussi cartésienne que le permettait cette nouvelle orientation (1). On a vu, en effet, que toutes les manières d'être de la Conscience, chez Descartes, se ramènent à des modes de l'Entendement ou de la Volonté, c'est-à-dire à des idées ou à des volitions; mais que l'Entendement, ou l'Attribut dont les idées sont des modes, est seul essentiel à la Pensée, à laquelle la Volonté appartient en fait, mais sans être nécessairement incluse dans sa compréhension. Spinoza, qui rejette tout le côté plus ou moins empirique du cartésianisme, et pour qui cela seul appartient à une essence, qui découle nécessairement et analytiquement de sa notion, ne fait donc qu'accommoder des conceptions cartésiennes à cette manière exclusive d'entendre le rapport de sujet à prédicat, et à un réalisme ontologique absolu, quand il ramène toutes les manières d'être de la Pensée à des idées ou modifications d'idées. L'affirmation que l'essence du monde spirituel consiste dans la Pensée signifie, selon lui, que cette essence est un Attribut dont tous les Modes sont, à un degré quelconque, d'un ordre intellectuel : ils sont tous ou des idées — soit claires et distinctes,

---

(1) *Court Traité*, I, 2, van Vloten, p. 10, 11, 15; — p. 98, 99. — *De Intell. Emend.*, XV, § 108, 2° et 3°. — *Eth.*, I, cor. 2 prop. 14; scol. prop. 15; cor. prop. 25; — *Eth.*, II, ax. 2, 4, 5; prop. 1, dem. et scol.; prop. 2; prop. 10 et cor.; prop. 13 et cor. — Epist. II, 3, les trois dern. phr.; — XLI, 8, *passim*; — LXVI, 2-4.

soit confuses, soit intellectuelles au sens étroit, soit imaginatives et sensibles, — ou des modifications d'idées, de sorte que la Pensée, dans cette théorie, et par conséquent l'essence du monde spirituel, est en fin de compte conçue comme une puissance absolue d'idéation. En effet, affirme ce philosophe, toutes les affections de la Pensée qui, comme par exemple le désir ou l'amour, ne sont pas elles-mêmes des idées au sens strict, enveloppent une idée, dans l'espèce l'idée de l'objet désiré ou aimé. La fonction intellectuelle, au sens le plus large de cette dernière expression, est donc, comme chez Descartes, chez Spinoza, la seule essentielle en fin de compte à l'attribut Pensée. Seulement le second de ces philosophes généralise l'intellectualisme cartésien; et en cela, comme ailleurs, il ne fait que tirer les conséquences que comporte le cartésianisme, si on le dépouille de toute la partie qui n'est pas nécessitaire et analytique.

Si notre interprétation est exacte, la Pensée en elle-même et dans ses manifestations, c'est-à-dire comme Attribut et dans ses Modes, est donc avant tout, chez Spinoza, une connaissance et un savoir; et elle n'est en dernière analyse que cela à des degrés divers. Pour ce qui concerne la Pensée dans sa fonction spéculative, aussi bien dans le domaine de l'intelligence claire que dans celui de l'imagination et des sens, personne ne conteste que telle soit la doctrine de Spinoza. Mais il n'en va plus de même à l'égard des autres fonctions de la Pensée. Sans doute tout le monde admet bien aussi que, dans ce système, la Pensée pratique proprement dite, c'est-à-dire le Vouloir, se réduit à la position par l'idée de l'idée elle-même, et, conséquemment, de son objet; et la conception intellectualiste de la Volonté ne fait aucun doute. Nous donnerons plus de détails sur ce point à propos de la théorie de la volonté humaine; qu'il nous suffise pour l'instant de rappeler que l'identité essentielle de l'Entendement et de la Volonté a pour conséquence l'exclusion dans la Pensée absolue, c'est-à-dire en Dieu, de toute volonté proprement dite, de tout pouvoir volontaire distinct de la connaissance, puisqu'une telle Pensée étant adéquate, elle se pose telle qu'elle est en effet, et, pour la même raison, pose ses objets tels qu'ils sont réellement; de sorte que la connaissance qu'elle a d'elle-même et de ses objets ne saurait en aucune façon se distinguer de sa volonté, puisque le Connaître, dans la Pensée absolue, se confond avec l'Être de cette Pensée, et répond infailliblement à l'Être des objets de celle-ci. Il s'ensuit que la Volonté, qui est dans l'espèce la position de l'un et de l'autre de ces Êtres dans et par cette Pensée, ne saurait se distinguer ici du Connaître (1). Quoi qu'il en soit de

(1) *Court Traité*, Append., II, 1°, p. 129, dern. alin. — *De Intell. Emend.*, VI, 34, note 1; — XV, 109. — Epist. LVIII, 5; cf. Epist. LXII, 7-10. — *Eth.*, I, scol. prop. 17; — dem. et cor. 2 prop. 82; — scol. 2 prop. 33. — *Eth.*, II, ax. 3; — scol. prop. 3; — cor. prop. 7; — dem. prop. 11; — prop. 48, dem. et scol.; — prop. 49, dem et cor. 1.

l'intellectualisme de Spinoza à l'égard de la Pensée pratique au sens restreint de ce mot, on a parfois nié qu'un tel intellectualisme s'étendît à la conception spinoziste de ces Modes de la Pensée, à caractère plus ou moins pratique, que Spinoza appelle « affectus » et que nous demandons la permission de traduire par « sentiments » (¹).

Les partisans de cette thèse raisonnent, en effet, à peu près comme suit (²) : L'état affectif, dit-on en substance, si l'on peut encore dire qu'il soit pour Spinoza une connaissance, c'est à condition de n'entendre par ce mot aucun savoir théorique, soit intellectuel à proprement parler, soit sensible ou imaginatif; mais un pur sentiment radicalement hétérogène à la connaissance spéculative, ou claire et distincte, ou confuse. Ce n'est ni un concept, ni une représentation, ni une sensation ou une image; ce n'est même pas une intuition, mais un état plus intérieur encore, et dont l'objet n'est pas donné comme tel, — fût-ce sous forme idéale. Son objet est, en effet, un état interne de l'être pensant et de l'objet qui lui est immédiatement joint; et nous croyons interpréter fidèlement la thèse des penseurs auxquels nous nous rapportons, en disant que, d'après eux, c'est plutôt d'une matière du sentiment que d'un objet de celui-ci qu'il faudrait ici parler. Sans doute, ils reconnaissent que le sentiment porte, chez Spinoza, sur quelque objet, à savoir, d'après la définition même de Spinoza, sur l'état du sujet pensant et, par là même, de l'objet immédiatement uni à celui-ci. Mais cet objet du sentiment, ou plutôt cette matière, le sentiment, nous dit-on, n'en fait rien connaître théoriquement et de manière à pouvoir formuler un jugement spéculatif; elle n'est donnée qu'affectivement et sous une forme hétérogène et irréductible à toute intellection. Spinoza aurait ainsi, comme Malebranche, séparé radicalement le sentiment de l'intellection sous toutes ses formes et à tous les degrés. Selon cette interprétation, le sentiment est un état immédiat qui traduit à la pensée, mais sans faire connaître ce qu'elle est effectivement, la disposition intérieure du sujet pensant et de l'objet qui correspond immédiatement à ce dernier, par exemple celle d'un esprit humain et de son corps. Que si le sentiment est appelé une idée par Spinoza, ce n'est qu'improprement, et parce qu'il donne alors à ce mot le sens large de manière de penser. Et, en effet, nous dit-on, le sentiment se distingue de l'idée en ce qu'il n'a pas pour contenu un objet, fût-il idéal; mais un état, soit la tendance à persévérer dans l'être, soit une augmentation ou une diminution de

(¹) Nous préférons ce vocable à celui de « passions », employé d'ordinaire, conformément à la terminologie cartésienne, à traduire le terme spinoziste « affectus », qui désigne tous les états affectifs en général, et qui correspond en principe aux « passions » de Descartes; car nous croyons qu'il est plus clair de réserver plus particulièrement l'appellation de « passion » à toute affection passive désignée par Spinoza sous le nom de « passio ». Voir *Eth.*, III, def. 3.
(²) Voir surtout Camerer, *Die Lehre Spinoza's*, Teil III, Kap. I, 3, s. 140 und fg.

la puissance d'être ou de cette tendance. C'est à cela, en effet, que se réduisent les trois sentiments fondamentaux : désir, joie, tristesse. Ils accusent les vicissitudes intérieures de l'être qui les éprouve ; et, par exemple dans l'homme, les vicissitudes de l'état intérieur de l'esprit et du corps correspondant. L'idée, au contraire, adéquate ou confuse, proprement intellectuelle ou sensible et imaginative, présente à la pensée, intégralement ou partiellement, un objet à connaître, et non un état à éprouver, au sens véritable de ces mots ; non le degré de tension, pour ainsi dire, de l'être considéré.

Même différence dans la forme que dans le contenu. Comme preuve de cette double différence, on avance les paroles suivantes de Spinoza : « Omnes corporum ideae, quas habemus, magis nostri Corporis actualem constitutionem, quam corporis externi naturam indicant; at haec, quae affectus formam constituit, Corporis, vel alicujus ejus partis, constitutionem indicare vel exprimere debet, quam ipsum Corpus vel aliqua ejus pars habet, ex eo, quod ipsius agendi potentia sive existendi vis augetur vel minuitur, juvatur vel coercetur. Sed notandum, cum dico, *majorem vel minorem existendi vim, quam antea,* me non intelligere, quod Mens praesentem Corporis constitutionem cum praeterita comparat, sed quod idea, quae affectus formam constituit, aliquid de Corpore affirmat, quod plus minusve realitatis revera involvit, quam antea. » (*Eth.*, III : Affectuum generalis definitio, p. 186.)

Ainsi, dans l'homme, conclut-on, le sentiment diffère de la connaissance par la forme aussi bien que par le contenu, en ce qu'il traduit immédiatement un état du corps, sans comparer cet état à l'état passé du même corps, et sans avoir égard à aucun corps étranger ; alors que l'état qui fait l'objet du sentiment ne peut être connu que dans son rapport avec l'état précédent et le corps étranger qui ont contribué à le produire.

Remarquons — pour commencer par le dernier argument, qui est sans doute le plus sérieux — que la citation que l'on vient de lire ne suffirait pas, croyons-nous, à prouver une distinction de nature entre les sentiments et les autres modes de la Pensée. Il est vrai, certes, que, tout état d'un corps humain dépendant d'un état antérieur et, en partie, de l'influence d'un autre corps, son idée adéquate devra enfermer cet état antérieur et cet autre corps. Mais que conclure de là, sinon que le mode de pensée qui ne contient pas ces deux derniers termes est une idée inadéquate ? Disons même, si l'on veut, qu'une telle idée est plus inadéquate que toute autre, les autres idées inadéquates renfermant la connaissance des deux termes en question. Toutefois ces dernières ne la renferment que partiellement ; et c'est en quoi elles sont inadéquates et ne diffèrent pas moins à cet égard de l'idée adéquate que le sentiment lui-même. Celui-ci, de son côté, exprimant un des éléments de la donnée, à savoir : l'état du corps considéré, ne diffère qu'en degré de l'idée adéquate proprement dite qui exprime plus d'éléments sans les exprimer tous ; et la différence du contenu ne suffit pas ici à conclure à une différence de nature entre le sentiment et l'idée. Nous pourrions raisonner de même, *mutatis mutandis*, à considérer le sentiment comme l'expression d'un état de l'esprit. On prouverait que, de ce qu'il n'exprime pas l'état antérieur et la cause extérieure de cet état, il ne s'ensuit pas qu'il diffère par cela seul d'une idée inadéquate qui les exprimerait partiellement et qui n'exprimerait ni tous les états ni toutes les causes dont dépend son objet. L'argument que nous discutons perd d'ailleurs toute portée, si on veut de l'homme le transporter à la Pensée absolue ; car on ne saurait dire qu'ici il n'exprime pas son contenu tel qu'il est en effet, et qu'ainsi il se distingue de l'idée.

Dira-t-on que l'objet du sentiment est hétérogène à celui de l'intellection, en ce que le premier est un état intérieur, en ce qu'il est soit une tendance à l'être, soit une augmentation ou une diminution de la puissance d'exister ? Mais, d'abord, qu'est-ce pour Spinoza que la tendance d'un être, sinon, comme on l'a déjà dit, l'essence même de cet être ? Et, d'autre part, son degré d'existence ou, plus généralement, d'être n'est-il pas le résultat de cette essence et comme la mesure de celle-ci ? Sans doute, chez les êtres finis, la puissance d'exister est entravée et limitée par d'autres êtres ; mais cela signifie pour Spinoza que leur essence est limitée par ces autres êtres et — dans tous les sens du mot — déterminée par eux ; de telle sorte qu'elle se définit, à vrai dire, par ceux-ci, — tout comme tout à l'heure un état extérieur entrait dans la définition d'un état de tel corps humain. Si donc le sentiment exprime un état intérieur de l'être, il exprime par là même l'essence de cet être, — tout comme ferait une idée, — bien que d'une manière propre au sentiment. Qu'est-ce à dire, sinon qu'il n'y a à chercher, ni dans l'objet ni dans la forme, un principe de distinction absolue entre le sentiment et l'idée ? Toutefois, — et c'est le fond solide des arguments que nous discutons, — Spinoza reconnaît une certaine différence entre ces deux termes. Il y voit deux réalités psychologiques distinctes. Mais de ce que sa psychologie du sentiment n'est pas intellectualiste en tant que psychologie, s'ensuit-il qu'il en soit de même de l'explication métaphysique de celle-ci [1] ? Sans doute, il reconnaît la spécificité psychologique du sentiment ; mais comment explique-t-il cette réalité ? Précisément comme une dépendance et un effet de l'idée proprement dite. Les penseurs dont nous examinons la thèse le reconnaissent eux-mêmes : le sentiment exprime le degré d'être de la Pensée et de l'objet de celle-ci, parce qu'il découle de l'état actuel de l'une et de l'autre, et que cet état et ce degré d'être sont une seule et même

---

[1] Cf. L. Busse, *Beiträge zur Entwickelungsgeschichte Spin.* Berlin, 1885, p. 73 et 74.

chose, — un tel état manifestant et exprimant l'essence même considérée. En d'autres termes, tandis que l'idée est une modification immédiate de la Pensée, le sentiment est, dans chaque cas, une manifestation de l'idée. Semblablement, par suite du parallélisme de l'idée et de son objet, l'état actuel de l'objet de l'idée considérée — un mouvement du corps humain, par exemple — est exprimé par un état intérieur de cet objet. Le sentiment est ainsi l'expression d'une idée et, conséquemment aussi, du mode correspondant dans l'objet et de l'état qui en est la suite.

On reconnaît également que les formes différentes des trois sentiments fondamentaux, c'est-à-dire tous les autres sentiments, se distinguent par les idées dont ils dépendent ; et que ce sont elles, et par conséquent aussi les objets sur lesquels elles portent, qui déterminent la diversité des sentiments, en faisant varier de mille manières les sentiments fondamentaux. Seulement, de là on conclut que le sentiment diffère de l'idée, puisqu'il en est un effet et une modification, au lieu d'être l'idée même. Selon nous, c'est la conclusion inverse qui s'impose à qui examine ce que Spinoza entend exactement par effet et par modification. Car nous savons qu'il ne connaît d'autre dépendance que la dépendance analytique ; et qu'à ses yeux, un effet ou un mode d'une essence est inclus analytiquement dans celle-ci. Si donc le sentiment procède de l'idée comme un effet et comme un mode, — car l'effet est ici un mode, comme on l'a vu, — c'est que l'idée contient le sentiment dans sa compréhension. Il y a plus : on sait que, d'après Spinoza, une modification quelconque d'une essence, c'est-à-dire une détermination de celle-ci, est une restriction apportée à la nature de cette essence ; de sorte que celle-ci, prise absolument, est plus indéterminée que cette détermination. Il s'ensuit donc, et que le sentiment, mode de l'idée, est quelque chose de l'idée même ; et que celle-ci n'en a pas pour autant un caractère autre que celui qui se tire de sa seule modification comme idée, puisqu'elle ne saurait, dans son être absolu, être déterminée comme sentiment. L'intellectualisme de Spinoza ressort donc de la distinction même qu'il établit entre l'idée et le sentiment : celui-ci reste quelque chose d'intellectuel, du moins dans son essence métaphysique, et quelle que soit la manière dont en fait on le qualifie, puisqu'il est identique à l'idée comme telle dans ce qu'il a de positif et ne s'en distingue que comme étant une négation partielle de celle-ci. Si donc la pénétration psychologique de Spinoza l'a empêché de confondre en fait l'idée et le sentiment et lui a permis d'en discerner les traits respectifs, sa métaphysique, en interprétant et en expliquant cette distinction, réduit le sentiment à n'être — aussi bien que les autres formes de pensée — qu'un aspect d'une réalité purement et simplement intellectuelle dans son fond.

Toutefois, ce n'est pas à dire que la Pensée, prise absolument, soit, à la lettre et tout entière, un entendement ; et si elle se manifeste tout d'abord comme intelligence, l'Intelligence n'en reste pas moins une manifestation de la Pensée, la plus essentielle et la plus universelle tant qu'on voudra, mais qui ne se confond pas avec la Pensée elle-même. De même que les déterminations affectives de la Pensée n'étaient que des conséquences de ses déterminations intellectuelles, de même ces dernières sont des conséquences de la Pensée prise absolument, de la Pensée qui n'est que Pensée, et qui constitue, au-dessus et indépendamment de ses déterminations, même intellectuelles, un Attribut divin et une réalité substantielle. En d'autres termes, toutes les manifestations de la Pensée sont, immédiatement ou médiatement, des manifestations intellectuelles ; mais la Pensée elle-même est quelque chose de plus ; et en même temps, — comme il est naturel chez Spinoza — de plus indéterminé que ces manifestations, par conséquent, quelque chose de supérieur à l'entendement ; et c'est en cela que l'intellectualisme cartésien, à certains égards poussé à bout par Spinoza, se trouve à d'autres réduit et limité. Descartes ayant admis que les manifestations intellectuelles sont seules vraiment *nécessaires* à la Pensée, Spinoza admet le principe ; mais il en tire, en philosophe nécessitaire, la conclusion que ces manifestations sont, en fin de compte, les seules qui appartiennent *en fait* à la Pensée. D'autre part, pénétré de l'idée que l'indéterminé est antérieur au déterminé et plus réel que lui, il considère l'entendement lui-même comme quelque chose de trop déterminé pour y absorber la réalité de la Pensée ; et il fait consister l'essence absolue de celle-ci dans un principe plus indéterminé que l'entendement. Il relègue ce dernier du rang d'Attribut de la Pensée, que lui conférait Descartes, à celui de simple Mode, auquel il refuse l'existence substantielle que lui accordait en définitive la théorie cartésienne qui identifie la Pensée à la Conscience intellectuelle(I).

Toutefois, pour ne pas être un entendement, il ne faudrait pas, avec certains auteurs, en conclure que la Pensée absolue soit, dans le spinozisme, dépourvue d'entendement ; en d'autres termes, que l'entendement n'y apparaisse que dans les créatures finies et fasse défaut à l'être absolu de Dieu. Si, en effet, ces mêmes auteurs ont raison de faire remarquer que Spinoza dénie à la Substance comme

---

(I) *Eth.*, I, prop. 34 ; — III, def. 2 et 3 ; append., def. 1 et explic. ; Affect. generalis def. ; prop. 4, 7, 8, 34 ; — *Eth.*, IV, def. 8 ; prop. 20 et scol. ; prop. 21, 22 et cor., prop. 24 et 25 ; — *Eth.*, III et IV en entier ; — *Eth.*, V, prop. 2, 3, 4 et scol. ; prop. 6 à 9, 10 et scol. ; prop. 15, 16 ; scol. prop. 18 ; prop. 19, 20 et scol., 26, 27, 32 et cor., 33 et scol., 34 et cor., 35, 37, 38 ; — *Theol. Pol.*, III, p. 408, 409 ; — VI, p. 22, voy. l'expression « ipsissima Dei essentia » appliquée à la Puissance divine ; — *Court Traité*, I., ch. v, p. 34, 35 ; — ch. IX, 3° alin. ; — Append., II, p. 129 ; — *Cog. Met.*, II, ch. 1, p. 208 ; ch. III, p. 211 ; ch. VI, p. 216 ; — Epist. LXVI, 2, 2° phrase début.

telle un entendement semblable à celui de l'homme, il s'ensuit si peu qu'il exclue de celle-ci toute intelligence, quelle qu'elle soit, que, bien au contraire, il oppose à l'entendement humain, borné et fini, fragmentaire et discursif, l'Entendement absolument infini, en même temps qu'omniscient et intuitif, qu'il assigne en propre à Dieu comme tel. Et tel est le véritable sens de la fameuse proposition, où il est dit que ces deux entendements n'ont pas plus de ressemblance entre eux que le chien, animal aboyant, et le Chien, constellation(1).

Peut-être en effet est-il permis de ne voir dans cette comparaison qu'une expression approchée et quelque peu outrée de la pensée de l'auteur. Car, en fait, chaque fois qu'il traite *ex professo* de l'Entendement de Dieu, et avec le dessein de s'expliquer positivement à cet égard, plutôt que de l'opposer à l'entendement humain, nous voyons que l'un et l'autre, dans la doctrine spinoziste, se ressemblent plus que nominalement, puisqu'ils nous apparaissent comme étant également — quoique chacun d'une manière toute différente — des principes de connaissance et d'intelligence. Et bien loin que la connaissance et l'intelligence fassent défaut à l'Entendement divin, ce n'est qu'en lui qu'elles sont absolues et parfaites. Ajoutons — comme l'explique suffisamment le scolie de la proposition XVII, *Eth.*, I — que par « intellectus », lorsque Spinoza exclut de Dieu l'objet d'un tel terme, il entend tout le domaine de la connaissance humaine, aussi bien celui des idées inadéquates que celui des idées adéquates, et qu'il exclut de Dieu toute connaissance inadéquate, où l'idée n'embrasse pas intégralement l'objet correspondant. Lorsque Spinoza dénie un entendement à la Substance comme telle, c'est donc d'un entendement de la nature du nôtre, c'est-à-dire non seulement fini et fragmentaire, mais encore discursif, qu'il s'agit. Ainsi s'explique que, selon l'acception dans laquelle il prend le terme « entendement », Spinoza tantôt nie et tantôt affirme l'existence d'un entendement proprement divin. D'entendement au sens de faculté de discursion, il n'en existe point dans l'Attribut Pensée considéré intégralement. Seule, une vue tronquée des choses peut les penser successivement et les connaître progressivement. Mais, quand elles apparaissent telles qu'elles sont en effet et dans leur pleine réalité, telles par conséquent qu'une Pensée absolue les considère, elles ne peuvent être connues que par une intuition immédiate et absolument simple. La Substance, Réalité suprême et intégrale, ne peut avoir qu'une connaissance intégrale de la Réalité, c'est-à-dire d'elle-même. Or, une pareille connaissance étant nécessairement adéquate, puisqu'elle est complète, rattache toutes les notions qui la constituent à un principe unique, intelligible par lui-même et se suffisant à lui-même, comme il suffit à

---

(1) *Eth.*, I, prop. 17, scol. p. 55 ; — *Cog. Met.*, II, 12, p. 500.

expliquer tout le reste. Mais nous savons que, pour Spinoza, le rapport de principe à conséquence est celui d'un contenant à son contenu; et que, par suite, la conséquence est en soi donnée *ipso facto*, dès qu'est posé le principe; de sorte qu'à considérer les choses absolument, il n'y a place pour aucune discursion et pour aucun mouvement proprement dit de la Pensée. La connaissance à laquelle atteint la Pensée absolue est donc intuitive, d'autant que la simplicité absolue de la Réalité considérée en soi ne permet pas de distinguer une diversité d'éléments positifs au sein de cette connaissance. Celle-ci est donc la position, dans et par la Pensée, d'une Réalité indivisible, intuitivement et immédiatement donnée. Dieu, en tant que tel, ne réalise pas sa connaissance progressivement; mais en connaissant le principe de tout ce qu'il connaît, c'est-à-dire lui-même, il connaît immédiatement par là toutes les conséquences d'un pareil principe; car celles-ci ne sont en soi que des négations partielles et des restrictions de la seule chose véritablement réelle. Telles sont les raisons pour lesquelles l'Entendement absolument infini de Dieu ne saurait être assimilé à un entendement discursif, mais plutôt à une idée absolument simple; aussi Spinoza l'appelle-t-il également l'Idée infinie de Dieu. Dieu, en tant qu'il pense, a nécessairement une idée de son essence et de tout ce qui en découle. C'est cette Idée, infinie et simple comme son objet, et coextensive à lui, que Spinoza considère souvent comme l'Entendement divin. Tandis que l'entendement humain est, du moins dans la plupart de ses démarches, un complexus périssable d'idées qui ne se manifestent que progressivement, l'Entendement divin, qui a pour objet une essence simple et les conséquences éternelles qu'elle enveloppe, est une idée simple éternelle et intuitive. De plus, et cette différence tient de près aux précédentes, l'entendement humain, dans la mesure où il est discursif et complexe, est postérieur aux idées qui le constituent; et par là même, selon qu'on l'envisage dans son ensemble ou dans ses parties, postérieur à ses objets ou contemporain de ceux-ci. L'Entendement divin, au contraire, qui connaît toutes choses dans la commune essence simple dont elles dérivent, est antérieur aux idées de ses objets, et, à ce titre, à ces objets eux-mêmes, autant que cette essence leur est elle-même antérieure. C'est en ce sens que Spinoza a pu dire qu'il était la Cause de toutes choses. Les principes spinozistes ne peuvent permettre de cette assertion qu'une interprétation, à savoir: que c'est dans l'Entendement divin que toutes les choses ont leur cause, quand on les considère au point de vue de la Pensée; autrement dit, que l'aspect représentatif de toutes choses a sa cause en lui.

De tout ceci, il semble donc résulter que la Substance spinoziste non seulement possède la Pensée, et, à vrai dire, est une pensée ou la Pensée même, mais qu'elle est douée d'intelligence proprement dite.

Car sa pensée se détermine comme entendement par le seul fait qu'elle pense toute chose. Non seulement la Substance pense, mais encore elle se pense tout entière ; et c'est cette pensée plus déterminée de la Réalité qui constitue l'Entendement divin ou l'Idée de Dieu.

Il est vrai qu'on a soutenu que cet Entendement divin n'était au fond, aux yeux de Spinoza, qu'une abstraction représentant la somme des entendements finis ; et l'on en donne pour preuve l'assertion faite par Spinoza que notre entendement, ou l'ensemble de nos idées adéquates, est une partie de cet Entendement suprême, et que ce dernier est constitué par l'infinité des entendements finis, c'est-à-dire par la série indéfinie des idées adéquates. S'il fallait prendre ces expressions au pied de la lettre, il est certain, en effet, qu'un tel entendement manquerait de l'unité nécessaire à un produit de l'être absolu de la Substance. Étant composé de parties, il ne saurait, en effet, appartenir à l'essence intégrale d'un Attribut indivisible ; et ce dernier, considéré en soi, serait dépourvu d'intelligence ; il ne serait plus que le principe d'une série d'intelligences finies, sans posséder lui-même l'intelligence infinie. La Substance ne pourrait être dite intelligente : car la série des intelligences dispersées dans des modes finis ne formerait pas une intelligence vraiment une. Malheureusement pour cette interprétation, il est difficile de l'accorder avec les textes exprès où Spinoza traite l'Entendement de Dieu comme un Mode infini de l'Attribut Pensée, c'est-à-dire comme une conséquence de cet Attribut pris absolument, et par conséquent comme quelque chose de tout différent d'une somme ou d'une série de Modes se conditionnant les uns les autres à l'infini. D'autre part, l'expression « intellectus absolute infinitus », appliquée à l'entendement de Dieu, semble indiquer qu'il ne s'agit pas d'une série sans fin de Modes finis ; car toute série de ce genre est appelée par Spinoza, non pas : infinie, et encore moins : absolument infinie, mais : indéfinie. Au contraire, quand il traite une réalité d'infinie, et *a fortiori* quand il l'appelle absolument infinie, c'est qu'il la considère comme soustraite à la division et à la composition, comme rigoureusement simple et sans parties.

Ces raisons semblent donc prouver que, lorsqu'il est dit que Dieu connaît par son Entendement, ou par l'Idée qu'il a de son être, tout ce qui existe, il s'agit d'attribuer sérieusement, et sans métaphore, une pareille connaissance à la Divinité comme telle, et que celle-ci est tenue pour intelligente, autrement que dans ces aspects finis d'elle-même qui, aux yeux d'une intelligence fragmentaire, apparaissent des parties. Enfin, cette interprétation peut plus aisément s'accorder avec les textes mis en avant par l'interprétation contraire, que celle-ci avec ceux sur lesquels s'appuie celle-là. Il suffit de rappeler l'incertitude de la terminologie spinoziste, incertitude dont nous avons parlé et donné des exemples au début de ce chapitre. Dès lors, on comprend comment Spinoza a pu dire que l'Entendement infini de Dieu est constitué par l'infinité des entendements finis qui en sont comme autant de parties. En disant cela, il donne au terme de « parties » un sens différent de celui qu'il lui donne lorsqu'il nie la composition de l'infini. Il veut dire sans doute que les entendements finis des hommes sont des aspects, c'est-à-dire en somme des restrictions de l'Entendement absolument infini de Dieu. Ce n'est pas la seule fois où le terme « parties » est employé par l'auteur à désigner des Modes finis. S'il en est ainsi, si les entendements finis sont des Modes de l'Entendement de Dieu, cet Entendement, loin d'être une somme, possède une unité véritable, comparable à celle de chaque Attribut. Il participe de l'unité et de la réalité supérieure de la Substance, ou de l'Attribut grâce auquel il fait l'unité de ces entendements finis qui n'existent que dans et par lui.

De tout ce qui précède, devons-nous conclure que la Pensée divine soit, dans Spinoza, une intelligence? Nous avons déjà répondu négativement. Pour découler de l'essence absolue de la Pensée, pour être constitué par cette essence tout entière, l'Entendement infini n'est pas identique à cette dernière; il n'en est qu'une émanation en quelque sorte, analogue aux émanations néo-platoniciennes de la divinité. Il procède de l'attribut Pensée, de la Substance en tant qu'elle pense, comme le νοῦς néo-platonicien procédait de l'Un; il n'est pas cette Substance, cet Attribut dont il procède. Si la Substance spinoziste n'est pas, quoique certains le soutiennent, privée d'intelligence, l'intelligence n'est pas non plus, quoique d'autres inclinent à le croire, un de ses principes; elle n'est pas le principe de la Pensée substantielle. Ou, si l'on peut encore appeler l'intelligence un principe de la Substance, c'est un principe dérivé, non un principe primitif, et au delà duquel on ne peut remonter. Elle est un produit, un effet, dont découlent à leur tour d'autres effets; elle n'est pas la cause suprême de tous les effets de la Pensée. Bref, elle est un Mode, infini sans doute, et pour ainsi dire coextensif à son Attribut, mais un Mode néanmoins. C'est ce qu'affirment assez clairement les paroles suivantes : « Intellectus actu, sive is finitus sit sive infinitus... ad Naturam Naturatam; non vero ad Naturantem referri debet[1]. » Or, la Nature Naturante, c'est la Substance; en tant qu'elle existe en soi et est conçue par soi; c'est la Substance en tant que telle; ou, ce qui revient au même, ses Attributs en tant qu'Attributs. La Nature Naturée est constituée, au contraire, par tout ce qui découle de ces derniers, c'est-à-dire par tous leurs Modes en tant que Modes[2]. L'Entendement

---

[1] *Eth.*, I, prop. 31.
[2] *Court Traité*, ch. 8 et 9, van Vloten, p. 34-35; — *Cog. Met.*, p. 118; — *Eth.*, I, scol. prop. 29.

infini fait donc partie de la Nature Naturée, parce que, ainsi que l'explique la Demonst. de la Propos. XXXI, *Eth.*, I, il n'est pas la Pensée absolue, mais un Mode de celle-ci, qui existe en elle et est conçu grâce à elle. Ainsi l'Entendement n'a pas d'être en soi, n'existe pas en soi; autrement dit, la Substance comme telle n'est pas son entendement. Voilà tout ce que permet d'affirmer l'assertion que l'Entendement infini fait partie de la Nature Naturée, et non de la Nature Naturante. Elle est, ce nous semble, un argument irréfutable contre ceux qui prétendent que Spinoza n'a pas moins identifié la Pensée divine à l'Intelligence divine que les philosophes théistes et spiritualistes. Quant à soutenir, comme on l'a fait [1], que l'Entendement infini appartient à la fois à la Nature Naturée comme principe des Modes intellectuels finis, et à la Nature Naturante en tant qu'on le considère en lui-même, c'est, croyons-nous, une solution que n'autorise aucun texte.

Mais de ce que, pour Spinoza, l'Entendement à tous les degrés fait partie de la Nature Naturée, il nous semble également téméraire d'en conclure, avec d'autres auteurs, que le Dieu spinoziste est dans son fond radicalement étranger à l'intelligence, et que celle-ci n'appartient qu'aux individus pensants finis, dont aucun ne dérive de l'essence divine prise absolument. Il faut se souvenir en effet que, comme nous l'avons déjà dit, il y a pour Spinoza un Entendement infini rigoureusement simple, et distinct à ce titre d'une somme — fût-elle indéfinie — d'entendements finis[2]; et que, d'autre part, cet Entendement est un Mode infini, c'est-à-dire une conséquence nécessaire de l'essence absolue de l'Attribut correspondant, à savoir : de l'essence absolue de la Pensée. Ainsi la Pensée comme telle, la Substance en tant qu'elle pense, — et sans qu'il soit besoin d'introduire en elle d'autres qualifications ou déterminations restrictives quelconques, — produit nécessairement, et *ipso facto*, comme un principe sa conséquence, un Entendement infini comme elle, et qu'elle engendre en quelque manière par une éternelle nécessité, comme une notion fait ses propriétés. De chaque Attribut pris absolument découlent des conséquences de cette sorte, les unes immédiates, les autres par l'intermédiaire des premières. L'Entendement absolument infini rentre dans le premier cas; il est une conséquence immédiate de l'Attribut Pensée pris absolument; et d'elle procèdent à leur tour d'autres Modes infinis, tels que, par exemple, l'Amour infini de Dieu pour lui-même. Il y a donc en Dieu comme tel un principe intellectuel et connaissant qui n'est pas la pure Pensée indéterminée et qui s'explique immédiatement par l'essence même de cette Pensée, c'est-à-dire par l'essence même de Dieu; bien différent en cela d'un Mode fini quelconque, qui

---

[1] Busolt, *op. cit.*, II, xii, p. 127 sqq.
[2] Cf. A. Rivaud, *op. cit.*, p. 155-156, 173-174.

n'exprime qu'un aspect déterminé et restreint de l'Attribut correspondant. Sans doute l'Entendement infini de Dieu est déjà une détermination de la Pensée absolue, puisqu'il est un Mode de celle-ci. Mais cette détermination s'explique intégralement par l'Attribut qu'elle détermine, et elle découle de l'être entier de ce dernier; de sorte qu'elle l'exprime tout entier, encore que d'une façon indéterminée. Les déterminations finies, au contraire, ne s'expliquent que par d'autres déterminations finies du même Attribut, et par conséquent elles ne l'expriment qu'en partie. Non seulement elles ne sont, mais encore — en quelque sorte — elles n'expriment qu'un aspect déterminé de celui-ci, du moins quant à leur existence proprement dite. Aussi les Modes infinis, conséquences nécessaires et éternelles de l'être intégral d'Attributs dont l'essence enveloppe l'existence, ont-ils pour cette raison une essence éternellement existante; et en eux l'essence et l'existence ne se confondent pas moins que dans la Substance dont ils dérivent; tandis que l'essence de chaque Mode fini n'enveloppe pas nécessairement l'existence de celui-ci (¹). Nous aurons à revenir sur cette curieuse théorie des Modes éternels et infinis, dans laquelle il est difficile de ne pas voir la marque d'une influence de la théorie néo-platonicienne de l'émanation; théorie que Spinoza ne pouvait pas ignorer, de quelque manière d'ailleurs et par quelque voie que la connaissance lui en soit parvenue. Quoi qu'il en soit, nous croyons en avoir assez dit sur la théorie des Modes infinis pour le but spécial que nous nous proposons maintenant. On voit comment cette théorie, qui n'est en soi rien moins que cartésienne, a permis à Spinoza d'intégrer l'Entendement — qui était en quelque sorte l'essence de la Pensée pour Descartes — dans l'essence en elle-même supra-intellectuelle de la Pensée spinoziste. L'un et l'autre philosophes admettent que l'Entendement appartient nécessairement à la Pensée. Seulement, Spinoza — ne trouvant pas dans l'Entendement les caractères de l'indétermination plus complète qu'il assigne à toute essence absolue et reposant en soi, — en fait, pour ne pas le dénier à la Pensée comme telle, une conséquence analytique de celle-ci. De la sorte, le Dieu spinoziste est un Dieu intelligent, mais non en ce sens que l'intelligence est son être même; tout en résidant en Dieu, l'Entendement n'en est qu'une conséquence, un produit : il n'est pas Dieu même, le *Court Traité* dit qu'il en est le Fils (²). La vérité nous semble donc entre l'interprétation qui voit dans la Pensée spinoziste une activité dénuée absolument d'intelligence, et celle qui l'identifie à l'Intelligence absolue : Une telle Pensée possède l'intelligence comme sa manifestation immédiate; mais elle est elle-même autre chose qu'intelligence. En d'autres termes, la Substance spinoziste est sans doute intelligente;

(¹) Comparez *Eth.*, I, prop. 21-24, 26, 27, 28 et scol. 29; — et cf. ci-après p. 181 sqq.
(²) *Court Traité*, 1, ch. IX, p. 45.

mais elle l'est en vertu d'un principe qui n'est pas lui-même intellectuel, ou qui à tout le moins, s'il est intellectuel, est encore quelque chose de plus (¹); car l'intelligence est déjà dans la Substance une détermination, et partant une restriction. Elle est une conséquence immédiate et première de la Pensée divine; mais elle n'en reste pas moins une conséquence qui n'a pas en soi son être et sa raison (I). Il faut raisonner de même, *mutatis mutandis*, à propos de la question connexe et souvent agitée des rapports, chez Spinoza, de la Pensée divine et de la Conscience.

Comme nous en avons déjà dit quelques mots au paragraphe II de ce chapitre, Spinoza ne définit plus la Pensée comme Descartes par la Conscience, bien qu'il maintienne celle-ci au nombre des caractères de celle-là; c'en est un caractère dérivé, encore que nécessaire. Nous avons vu comment, dans la Pensée comme dans les autres essences, c'est l'Être qui, pour Spinoza, prime le Connaître; mais que, d'autre part, la Pensée ne laisse pas d'avoir une connaissance d'elle-même, ainsi que des autres essences; d'être par conséquent consciente de soi, bien que cette conscience de soi ne fasse pas son être. Nous croyons maintenant le moment venu de nous étendre un peu plus sur ce point.

L'esprit humain, idée du corps humain, peut être à son tour, selon Spinoza, l'objet d'une autre idée; celle-ci, d'une autre, et ainsi de suite à l'infini. Mais cela n'est point particulier à l'esprit humain : il en est ainsi de toute idée, de toute forme quelconque de pensée, et notamment de chacune des idées ou affections de l'esprit humain. De même que toutes les affections de notre corps sont les objets d'autant d'idées déterminées dont l'ensemble constitue notre esprit, de même celles-ci sont à leur tour les objets d'autant d'idées nouvelles qui les représentent, comme les premières représentaient les affections du corps, et dont l'ensemble constitue la connaissance que notre esprit a de lui-même, — laquelle peut à son tour devenir l'objet d'un troisième *complexus* d'idées, et ainsi de suite à l'infini. Telle est la base métaphysique que Spinoza donne au fait psychologique de la Conscience dans l'homme. Mais la Conscience, ou cette propriété de l'idée de se doubler d'une représentation d'elle-même, n'est pas regardée comme une particularité de l'esprit humain sans analogue dans les autres

---

(¹) Cf. A. Rivaud, *op. cit.*, p. 109, 191-192.

(I) *Court Traité*, I, 9, p. 45; — Append., p. 129, dern. alin. — *Cog. Met.*, II, 7. — *Eth.*, I, prop. 16 et cor.; scol. prop. 17; prop. 21 et dem.; prop. 22, 30, 31; cor. 2 prop. 32 et dem. début; prop. 33, scol. 2 *passim*; — *Eth.*, II, prop. 3, 4; scol. prop. 7; scol. prop. 13; prop. 49, dem. 2; — *Eth.*, III, cor. prop. 2; — V, prop. 15; prop. 40 et scol.; prop. 35, 37. — Epist. IX, fév. 1663, van Vloten, p. 224; — LX, 4, 2ᵉ phr.; — LXII, 2, av.-dern. phr.; — LXVI, 8, début; cf. Lettre de Schuler à Spinoza, Ep. LXV, 4. — *Court Traité*, II, Préface, note, van Vloten, p. 39.

modes de la Pensée, ni comme une propriété exclusive de certains Modes de celle-ci ou de tous ses Modes finis, voire de tous ses Modes comme tels. Elle s'étend au domaine entier de la Pensée, et l'homme ne la possède pas, parce qu'il est homme, ou Mode fini, ou simplement Mode, mais uniquement parce qu'il pense. C'est ce qu'exprime en termes assez explicites la démonstration de la proposition XX, *Eth.*, II, où la faculté attribuée à l'esprit humain, de se prendre lui-même pour objet en se doublant d'une idée qui le représente, est tirée de l'existence en Dieu d'une idée ayant pour objet la Pensée comme telle, la Pensée divine considérée absolument. De ce que Dieu a une idée de son essence, et de tout ce qu'elle contient à titre de conséquence, Spinoza en conclut qu'il a par conséquent une idée de l'Attribut Pensée, aussi bien que des autres Attributs, — puisque la Pensée fait comme eux partie de cette essence; et par conséquent, de même qu'en vertu du parallélisme de la Pensée et de son objet, chaque affection d'un autre Attribut a en Dieu une idée particulière qui la représente, — de même et pour les mêmes raisons en est-il des Modes de la Pensée considérée à son tour comme Objet. C'est ainsi que Spinoza a essayé de concilier son réalisme ontologique absolu avec le fait de la Conscience, fait qu'une irréfutable expérience, autant sans doute et plus que l'enseignement de Descartes, l'obligeait d'admettre, mais qui — quoi qu'il en ait — ne saurait, même de la manière dont il l'explique, s'accorder avec l'ensemble du système. Une fois en effet la Pensée définie sans égard à la Conscience, de quel droit arguer, pour établir qu'elle se représente elle-même, de ce qu'elle représente les autres Attributs, alors que précisément cette dernière fonction est basée sur le parallélisme et la complète correspondance de la Pensée et de ces mêmes Attributs? On ne voit donc pas comment pourrait se justifier dans le spinozisme le privilège accordé à l'idée de devenir son propre objet; et c'est avec raison qu'on a comparé l'idée de l'idée à « une impureté isolée flottant à la surface du réalisme spinoziste »(1).

Au reste, l'obscurité des explications de Spinoza lui-même trahit son embarras et l'inconséquence de la théorie. Pour faire comprendre ce qu'il entend par l'idée de l'idée, il compare et va jusqu'à assimiler le rapport entre l'idée représentée et celle qui la représente à celui de l'objet proprement dit et de son idée. C'est sur ce principe général qu'est basée la comparaison, on pourrait dire : l'assimilation qu'il établit entre le rapport d'un esprit humain à l'idée qui le représente et celui d'un corps humain à l'esprit correspondant. Selon cette façon de voir, une idée et celle qui la représente sont dans le même rapport

(1) « ... isolirtem Fettauge das auf den Gewässern des spinozistichen Realismus obenauf schwimmt » (Schlüter, *Die Lehre des Spinosa in ihren Hauptmomenten*, geprüft und dargestellt Munster 1836, p. 18.

qu'un objet proprement dit et son idée, en ce sens qu'elles ne sont qu'une seule et même chose considérée, là en elle-même, — ou en termes spinozistes, formellement, — ici en tant que représentée, — ou en langage spinoziste, objectivement. A son tour, l'idée de l'idée est à la troisième idée qui la représente dans un rapport analogue, et ainsi de suite à l'infini ; de telle sorte que cette série infinie n'est qu'une seule et même chose, chaque terme ne différant du précédent que par la forme et non par le contenu. Qu'elle représente une autre idée ou un objet proprement dit, toute idée a en effet le même contenu que ce qu'elle représente ; la seule différence est qu'en elle ceci est représenté, au lieu d'être en soi. Telle est la singulière théorie qui, pour concilier l'unité de la Pensée avec les distinctions en elle de l'aspect sous lequel elle existe et de celui sous lequel elle se pense, assimile le rapport de ces deux moments au rapport de deux Attributs distincts. Cette comparaison ne fait qu'accuser l'impuissance du spinozisme à opérer la conciliation tentée : car, la Pensée et telle autre essence — l'Étendue par exemple — n'étant à la fois identiques et différentes qu'à titre d'Attributs distincts d'une même Substance, assimiler à cette relation celle de la Pensée comme objet et de la Pensée comme représentative d'elle-même, c'est nier l'unité de la Pensée que par ailleurs on affirmait. Inversement, maintenir cette unité, c'est enlever toute signification à la comparaison. Et par exemple, immédiatement après avoir affirmé qu'il existe entre l'âme et son idée, d'une part, et le corps et l'âme qui en est l'idée, de l'autre, une même sorte d'union, à savoir : celle d'une idée et de son objet[1], Spinoza n'ôte-t-il pas, à son insu, toute valeur à ce rapprochement, lorsqu'il ajoute dans le scolie suivant : « … Ostendimus, Corporis ideam et Corpus, unum et idem esse Individuum, quod jam sub Cogitationis jam sub Extensionis attributo concipitur ; quare mentis idea et ipsa mens una eademque est res, quae sub uno eodemque attributo, nempe Cogitationis, concipitur… » ? Comment, en effet, sortir de ce dilemme : Ou bien l'idée et l'idée de l'idée sont dans le même rapport qu'un objet étranger à la Pensée et l'idée qui le représente, et elles sont alors deux expressions d'un même contenu sous des Attributs différents ; — ou leur contenu commun est exprimé sous un seul et même Attribut, et alors l'idée de l'idée est absolument identique à l'idée considérée, la Conscience absolument identique à la Pensée, et celle-ci ne saurait se définir en dehors de celle-là.

Quoi qu'il en soit, la Conscience, non moins que l'Entendement, est en fait attribuée à la Pensée comme telle par Spinoza, mais au même titre que l'Entendement, c'est-à-dire à titre de conséquence et de dépendance. Considérée comme principe, la Pensée est supérieure

---

[1] *Eth.*, II, prop. 21 et dem.

à l'une comme à l'autre. Si dans les *Cogitata Metaphysica* (II, ch. vii), où la doctrine spinoziste encore en germe se distingue à peine de celle de Descartes, l'Entendement est appelé un Attribut de la Pensée, toujours est-il que dans les ouvrages postérieurs, et même dans le *Court Traité*, l'Entendement, comme aussi la Conscience, ne sont jamais qualifiés d'Attributs, ni jamais traités comme s'ils comportaient une telle appellation. Ils n'y apparaissent ni des Attributs de la Substance ni même des prédicats de la Pensée qui soutiendraient avec celle-ci des rapports analogues à ceux des Attributs à l'égard de la Substance. Ce sont purement et simplement des affections ou Modes; en fait, c'est de ce nom que Spinoza appelle l'Entendement; et il est aisé de voir qu'il convient aussi à ce qui, dans son système, tient la place de ce que nous appelons la Conscience. Ces observations indiquent assez dans quel sens se résout, selon nous, la question tant débattue de savoir si, oui ou non, le Dieu spinoziste est un Dieu personnel[1]; elles expliquent pourquoi nous ne croyons pas devoir souscrire à l'opinion de ceux qui, avec Leibniz et l'école Hégélienne, ne voient dans le Dieu spinoziste qu'une Substance aveugle, — « die blinde Substanz »[2], — en elle-même dépourvue, même à titre de dépendances, non seulement d'activité libre, mais aussi d'intelligence et de conscience, et ne parvenant que dans l'homme à la conscience d'elle-même et à l'intelligence ; — ni à l'opinion de ceux qui identifient purement et simplement le Dieu spinoziste, en tant qu'il pense, à une personnalité intelligente et consciente. D'abord, en effet, la Pensée divine, en tant que sujet absolu de tous les prédicats de la Pensée, engendre parmi ses conséquences, et, par suite aussi, — étant donnée la philosophie tout analytique de Spinoza, — contient parmi ses prédicats l'Entendement et la Conscience. Ensuite, celle-ci accompagne nécessairement, comme étant une de leurs dépendances, non seulement l'être absolu de la Pensée divine, mais aussi toutes les manifestations de cette dernière, y compris l'Entendement absolu qui par là devient une intelligence véritable. On voit dès lors que, si l'athéisme consiste essentiellement à nier une Intelligence et une Conscience divines, cette qualification ne convient pas au spinozisme, et que tous ceux qui la lui ont appliquée [3], sous prétexte qu'il déniait à la Substance la connaissance et la conscience, ont commis une erreur.

Toutefois, il est vrai, croyons-nous, que, tout en possédant intelligence et conscience, le sujet absolu des prédicats de la Pensée, par

---

[1] On trouve un bon exposé de la question dans Busolt, *op. cit.*, Teil II, xiii, p. 117 sq. — A la liste, donnée en cet endroit, des partisans de l'interprétation qui nie la personnalité du Dieu spinoziste, ajoutez Camerer, *Die Lehre Spin.*, t. I, 1, p. 1-2.

[2] Lœwe, *Die Philosophie Fichte's*, Anhang, p. 283.

[3] Voir Bayle, *Dictionnaire critique*, art. *Spinoza*. — Cf. Bouillier, *Histoire de la philosophie cartésienne*, t. I, ch. xix, p. 417; — et Busolt, *op. cit.*, t. II, xiii.

conséquent la Substance divine, n'est pas une personne au sens rigoureux de ce mot. Elle n'est pas en effet un Moi, une activité personnelle qui, par un acte relativement autonome, se distingue de ses représentations et se les rapporte comme à leur sujet; elle n'est pas essentiellement une conscience qui se pose, pour soi et par soi, en face de représentations qu'elle s'attribue et cherche à faire siennes, en faisant l'unité de ce qu'elle pense. Tous les prédicats de la Pensée, y compris l'intelligence et la conscience, se ramènent en fin de compte, comme à leur sujet logique dernier, non à un être dont toute l'essence résiderait dans l'attribution à un Moi — pour qui seul elles existeraient — des idées représentées, mais bien à un objet comme les autres(¹). Celui-ci à son tour n'est pas une synthèse complexe d'éléments ou une sorte de monde intelligible comparable à celui de Platon ou des réalistes du Moyen-Age. C'est l'idée rigoureusement simple et véritablement indéterminée, commune à toutes les pensées particulières et à toutes les espèces de pensées, érigée par Spinoza en substrat concret et singulier, conformément à sa théorie générale du substrat. Dans l'espèce, il constitue le substrat dernier de toutes les pensées, voire de toutes les manières différentes de penser, en éliminant les traits par lesquels elles se distinguent entre elles et en ne retenant que ce qu'elles ont de commun. C'est ce résidu qui est considéré comme le sujet dernier des prédicats de la Pensée; les pensées déterminées étant les Modes finis de celui-ci, et les manières déterminées de penser, comme telles, en étant des Modes infinis. Dès lors l'Entendement, la Conscience et ces autres déterminations de la Pensée qui, tels certains sentiments, ont quelque existence en dehors des pensées finies, tout en appartenant à l'Être absolu de Dieu, ne lui appartiennent que d'une manière dépendante et subordonnée, et non comme des principes, mais d'une façon dérivée. Ce ne sont, à l'égard de la Pensée divine, que des résultats — au sens le plus rigoureux du mot — qui s'expliquent par elle, sans pouvoir en rien l'expliquer. Leur rapport à la Pensée substantielle rappelle assez celui que soutient avec l'organisme physiologique la Conscience dans les théories qui voient en elle un épiphénomène. Ainsi, pour Spinoza, non seulement la Pensée ne prime pas les autres formes de l'Être, mais la Pensée n'a pour principe et pour fond dernier ni l'Intelligence ni la Conscience, ni aucun autre principe véritablement subjectif. La Substance spinoziste, même en tant qu'elle est principe de connaissance, continue de présenter cette prééminence de l'être sur le connaître qu'elle manifestait, d'abord en tant que Substance pure et simple, ensuite en tant qu'Attribut-objet. Dans chacun de ces trois aspects, et qu'elle soit

---

(¹) Cf. J. Lagneau, *Quelques notes sur Spinoza*, p. 389-391; — Busolt, Teil II, xv, p. 156 et 164; xvi, p. 170; xvii, p. 171; — Camerer, *Die Lehre Spin.*, t. I, K. II, p. 15-16.

pure Substance, Attribut-objet ou Pensée, son fond dernier demeure quelque chose d'objectif donné antérieurement et indépendamment de tout sujet connaissant, quelque chose d'ontologique ; bref, une nature au sens large du mot. Bien que les thèses spinozistes sur l'indépendance de la Pensée par rapport aux autres formes de l'être, sur l'existence d'une Intelligence et d'une Conscience divines, voire d'un Amour divin et de sentiments divins, aient pu voiler le fait à quelques-uns, le spinozisme qui, en même temps qu'il proclame l'Universelle Nécessité, place au-dessus de l'Intelligence et de la Conscience le principe de l'Être et de la Pensée, comme aussi de l'Intelligence et de la Conscience elles-mêmes, est bien un naturalisme, comme l'ont cru la plupart des penseurs.

La conception spinoziste de la Pensée et de son rapport avec elle-même à laquelle nous venons d'aboutir est à coup sûr l'antithèse du subjectivisme professé par Descartes sur cette matière ; et ce point capital du spinozisme ne saurait passer ni pour une reproduction plus ou moins fidèle ni pour une conséquence logique — déduite volontairement ou non — de la thèse cartésienne en question. La conception naturaliste et ontologique de la Pensée, conséquence très normalement tirée des principes généraux du système spinoziste, ne se rattache qu'indirectement à la philosophie de Descartes, à savoir en tant que ces principes généraux ont eux-mêmes des principes cartésiens. Voici ce que nous entendons par là.

On a vu comment le rationalisme strictement analytique de Spinoza, combiné avec le dualisme cartésien, avait amené ce philosophe à tenir la Réalité pour une Substance unique douée d'une infinité d'Attributs, dont chacun réalise — malgré la diversité du contenu, ou tout au moins des aspects de ce contenu — une seule et même forme de la possession entière de l'Être. Après cela, Spinoza n'est que conséquent avec les principes rappelés ici, quand il n'admet pas pour la Pensée, qu'il tient avec Descartes pour une essence substantielle, un mode de réalisation spécifiquement différent de celui des autres essences substantielles, malgré la physionomie différente que prend ici et là le contenu de l'Être. Descartes — pour qui la nécessité analytique ne régissait que l'intérieur de chaque essence, sans présider à sa constitution — pouvait, sans qu'il y eût contradiction à cet égard, rattacher dans chacune le contenu à l'être par un lien absolument spécifique, et, par exemple, reconnaître respectivement à la Pensée et à la chose proprement dite des modes de réalisation incomparables entre eux ; d'où la possibilité, sur ce point, d'une conception subjectiviste de la Pensée, à côté d'une conception plus ou moins objectiviste de tout le reste. Spinoza, au contraire, ne pouvait, sans mentir à son principe fondamental, se permettre de pareilles distinctions. Étendant à tout le donné sans exception le rationalisme analytique que Descartes ne professait qu'en partie, et pour ainsi dire qu'à moitié, et déduisant par conséquent toute réalité d'une Réalité unique, il était logiquement conduit à n'admettre aucune pluralité de principes irréductibles dans la constitution des essences et dans le rapport, en chacune, du contenu à l'être. Par conséquent, puisque pour des motifs étrangers à ce principe il admettait des essences substantielles distinctes, les mêmes raisons qui le poussaient à voir en elles autant d'Attributs d'une même Substance, l'amenaient à ne pas voir dans le mode de réalisation de chacune un principe irréductible, mais à considérer le rapport de celle-ci à son être, — c'est-à-dire sa substantialité, — comme un cas particulier et une sorte d'exemplaire de substantialité de la commune Substance. Voilà pourquoi la Pensée étant pour Spinoza une essence substantielle, et par suite un Attribut de la Substance universelle, son mode d'être ne diffère pas par la forme, dans les intentions de l'auteur, de celui qui convient à cette même Substance et à ses autres Attributs. La Substance — et par conséquent aussi chacun de ses Attributs — étant avant tout tenue pour un objet dont la constitution première est indépendante de tout élément subjectif, la Pensée ne fait pas exception et se présente avant tout à titre d'objet existant en soi. Dès lors, qui ne voit qu'à ne consulter que les exigences des principes spinozistes, la Conscience ne saurait trouver place dans la Pensée ainsi conçue? Et ceux qui ont soutenu qu'en fait elle était exclue par Spinoza de la Pensée absolue n'ont eu le tort que d'ériger le droit en fait : car il est certain que rien n'est plus contraire à l'esprit général du spinozisme que l'existence d'une Conscience divine.

Quoi qu'il en soit, cette inconséquence, Spinoza l'a commise. Poussé sans doute par la seule expérience à admettre la Conscience dans l'esprit de l'homme, et ne pouvant refuser à la Pensée infinie et absolue un pareil trait, dont la présence dans la pensée dépendante et bornée de l'homme ne semblait pas à Spinoza pouvoir s'expliquer par la dépendance et la limitation de celle-ci, Spinoza — en dépit de ses principes — admit la Conscience au nombre des caractères de la Pensée comme telle. Seulement, pour conserver à la Pensée sa nature d'objet, il assimila la Conscience — ou connaissance d'elle-même que possède nécessairement, d'après lui, la Pensée, tant considérée en elle-même que dans n'importe quelle de ses manifestations — à la connaissance d'un objet quelconque par la Pensée. Ainsi naquit, croyons-nous, cette conception paradoxale de l'idée de l'idée et d'une Pensée qui, sans cesser d'être un seul et même Attribut, a d'elle-même une connaissance qui ne diffère pas de celle qu'elle a de tout autre objet. Ainsi, non seulement en tant que réalité en soi, mais aussi en tant qu'objet de connaissance, la Pensée, chez Spinoza, est assimilée à une chose proprement dite telle que la conçoit le Réalisme. Bien que ce philosophe ne reconnaisse en fait à aucune autre essence qu'à la Pensée la singulière et exceptionnelle propriété de se représenter elle-même à elle-même; qu'un tel aveu lui est arraché malgré lui, c'est ce qu'il montre assez en s'efforçant de l'atténuer par la comparaison de la Conscience à la connaissance d'un objet extérieur; de sorte que, dans l'espèce, le rapport de la Pensée à son objet, lorsque cet objet est elle-même, se manifeste chez Spinoza comme aussi réaliste que possible et comme le plus éloigné qu'il se peut de la théorie correspondante de Descartes, quels que soient les germes cartésiens des principes fondamentaux du spinozisme, principes auxquels se rattache très étroitement la conception spinoziste en question (1).

XII. Rapports de la Pensée et de l'Étendue.

Jusqu'ici c'est d'abord dans leurs principes généraux, ensuite dans leur application à la Réalité primordiale et globale et à la Pensée prise elle-même comme son propre objet, que nous avons examiné la conception spinoziste sur les rapports de la Pensée et de son objet, ainsi que les vues du même philosophe — dans la mesure où cela nous a paru nécessaire pour l'intelligence de cette conception — sur la constitution de cet objet lui-même. Maintenant nous arrivons à un point du spinozisme autrement capital pour la question qui fait la matière de cette étude, puisque l'objet concret dont il va s'agir de déterminer les rapports avec la Pensée n'est ni la Pensée elle-même ni la Substance universelle, — au sein de laquelle s'absorbe en définitive l'être de la Pensée, et qui, dérobant à la connaissance humaine, et par conséquent à celle du philosophe, la richesse infinie du contenu qu'elle renferme, ne leur révèle en son entier que ce qu'on peut appeler sa forme; — mais puisque, au contraire, à la fois l'objet que nous allons examiner est distinct par essence de la Pensée et que sa constitution (sinon toutes ses déterminations) est tout entière accessible à notre faculté de connaître. Cet objet, au sens fort, ou — pour employer un terme spinoziste — cet idéat, qui pour la Pensée est toujours et tout entier idéat; le seul, en lui-même ou dans ses modes, qui lui soit pleinement accessible, et par conséquent, à parler à la rigueur, son seul véritable objet, c'est l'Étendue. Car, outre le monde spirituel, ou, plus exactement, la partie humaine du monde spirituel, tout ce que notre pensée perçoit immédiatement de la Substance se ramène à l'Attribut étendu ou à des modes de cet Attribut identifié par Spinoza à la matière corporelle. De là l'intérêt capital que

(1) Cf. p. 152, note 1. — *De Intell. Emend.*, VI, 34. — *Eth.*, I, prop. 31 et dem.; — II, prop. 19-23; 29, cor. et scol. début; prop. 43, dem. et scol. — Ep. XXVIII, 7.

présente dans l'espèce l'étude des rapports de la Pensée et de l'Étendue, cette question étant comme le point central et, on le comprend aisément, l'expression la plus achevée de la doctrine générale de Spinoza sur les rapports de la Pensée et de son objet.

Rappelons donc brièvement les principes généraux sur lesquels nous avons vu reposer la théorie spinoziste concernant les rapports de la Pensée à un objet en général ; ou, pour prendre la même question sous un biais plus concret, les rapports de l'attribut Pensée aux autres Attributs. Nous avons vu comment, par suite de l'indépendance et du parallélisme de tous les Attributs entre eux, la Pensée traduisait pour son compte, sans pourtant subir aucune influence de leur part, tous les autres Attributs ; — toute modification de chacun d'eux étant reproduite dans le propre langage de la Pensée et, pour ainsi dire, grâce aux propres forces de celle-ci, par une modification correspondante. Autrement dit, la Pensée absolue se détermine d'abord comme connaissance absolue de tous les Attributs : ce Mode immédiat de la Pensée est l'Entendement infini, d'où découle pour chaque modification de chacun des autres Attributs une idée qui la représente. Le parallélisme des Attributs prend ainsi, dans l'espèce, la forme d'une correspondance absolue entre un enchaînement d'idéats et un enchaînement d'idées réciproquement indépendants : que l'on se place dans l'une ou l'autre série, chacun de ses termes n'a pour cause Dieu qu'en tant qu'il constitue l'essence de l'Attribut considéré ; et, par conséquent, chaque idée n'a pour cause Dieu qu'en tant qu'il constitue l'essence de la Pensée, et non en tant qu'il constitue l'essence de tel autre Attribut ; de même que tout Mode d'un autre Attribut quelconque, comme l'Étendue par exemple, n'a Dieu pour cause qu'en tant qu'il constitue l'essence de cet autre Attribut. Malgré leur complète indépendance réciproque, les Attributs, tout en ne suivant chacun que sa propre loi, se répondent les uns aux autres par un rigoureux parallélisme, conséquence de l'unité de leur substance commune. Tout ce qui est conçu comme appartenant à la même Substance n'est, en fin de compte, qu'une seule et même chose. C'est ainsi que l'Attribut Pensée et l'Attribut Étendue, pour prendre comme exemple des choses que nous connaissons, ne sont qu'une seule et même Substance considérée tantôt sous cet Attribut-ci, tantôt sous celui-là ; d'où il suit que chaque modification dans tel Attribut de la Substance est accompagnée, dans chacun des autres Attributs, d'une modification correspondante. Autrement dit, un Mode quelconque d'un Attribut est exprimé par un Mode correspondant de tel autre Attribut qu'on voudra ; de sorte que, étant donnée l'infinité des Attributs, chaque chose en Dieu reçoit une infinité d'expressions différentes. Appliquons ces principes aux deux seuls Attributs que nous connaissions : à chaque Mode de l'un correspond infailliblement un Mode de l'autre. Un Mode de l'Étendue et son équivalent dans la Pensée ne sont qu'une seule et même chose considérée sous deux points de vue différents. C'est une seule et même chose, mais exprimée de deux façons ; en sorte que Dieu, son Entendement et les objets de son Entendement ne font qu'un. « ... Sed duobus modis expressa ; quod quidam Hebraeorum quasi per nebulam vidisse videntur, qui scilicet statuunt, Deum, Dei intellectum, resque ab ipso intellectas, unum et idem esse ([1]). » C'est pourquoi l'ordre et la connexion des causes et des effets sont les mêmes dans chaque Attribut, et Dieu est la cause de toutes choses ainsi qu'elles sont en elles-mêmes, « ut in se sunt, » en tant qu'il est constitué par une infinité d'Attributs. Aussi l'ordre et la connexion des choses étendues sont les mêmes que l'ordre et la connexion des idées ([2]) : car l'idée de l'effet procède de celle de la cause, comme de la cause réelle procède son effet (I).

La manière particulière dont Spinoza applique à la Pensée la théorie connue sous le nom de « théorie du parallélisme des Attributs » est dans l'espèce des plus intéressantes ; elle achève de nous faire saisir le caractère propre de la Pensée dans le spinozisme. Nous y voyons celle-ci considérée avant tout comme représentation d'un objet différent de cette représentation, quoiqu'il lui soit strictement conforme. La correspondance entre les Attributs prend ici un sens que les principes généraux sur lesquels elle se fonde ne semblent guère indiquer ni justifier. On y passe du concept d'analogie formelle, laquelle résultait de leur Substance commune, à celui d'un rapport plus étroit, et en quelque sorte plus matériel, entre la Pensée et chacun des autres Attributs considéré à part. La théorie générale du rapport des Attributs semble poser seulement que chacun d'eux exprime globalement et indirectement tous les autres, en ce sens qu'il traduit dans son domaine la même Substance que ceux-ci. Maintenant, au contraire, on en déduit sans grande conséquence, croyons-nous, que la Pensée exprime non seulement l'ensemble des Attributs, mais encore chacun d'eux par une traduction le concernant en propre, lui et son contenu matériel. Entre la Pensée et les autres Attributs, ce n'est plus à une analogie que nous avons affaire ; mais, quant au contenu exprimé de part et d'autre, à une véritable ressemblance. La Pensée n'est plus, ou du moins elle n'est plus seulement la traduction dans un langage différent de la même Substance que celle qu'expriment les autres Attributs ; elle est aussi la traduction de chacun de ceux-ci, dans ce qu'ils ont respecti-

---

([1]) *Eth.*, II, scol. prop. 7.

([2]) « Ordo et connexio idearum idem est ac ordo et connexio rerum. » — *Eth.*, II, prop. 7.

(I) *Eth.*, I, cor. 2 prop. 14 ; — II, def. 1 ; prop. 1, dem. et scol. ; prop. 2, 6, 7 et scol. ; cor. prop. 13. — *Epist.* LVI, van Vloten, p. 203, 3° alin. — *Epist.* LXVI, 2. — *Court Traité*, I, 2, van Vloten, p. 10, 11, 15, 98, 99.

A. LÉON.

vement de propre et de distinctif ; au point que Spinoza, risquant ainsi à son insu de briser l'unité de l'Attribut Pensée, est allé jusqu'à affirmer qu'il n'y a pas plus de rapport entre les diverses expressions par la Pensée des Modes qui se répondent dans des Attributs différents qu'entre ces Modes eux-mêmes. Si la correspondance de tous les Attributs entre eux est comparable à celle d'autant de textes qui, sans autre rapport réciproque plus étroit, exprimeraient chacun pour son compte dans un langage différent un même fond commun, on peut dire que l'Attribut Pensée à son tour reproduit spontanément et en vertu de ses propres lois, sans aucune influence de la part de ceux-ci, chacun des autres textes en caractères différents de ceux de l'original considéré, qui se présente ainsi comme sous deux exemplaires écrits chacun avec ses caractères propres. Le parallélisme des Attributs entre eux est donc en fait dans le spinozisme doublé d'un autre parallélisme plus particulier de la Pensée avec chacun des autres Attributs. Spinoza passe ainsi subrepticement de la conception d'un parallélisme général de tous les Attributs à celle d'un parallélisme particulier entre la Pensée et chaque autre Attribut pris isolément. Cette théorie marque l'infructueux effort de Spinoza pour adapter à la conception générale des Attributs la théorie préconçue des rapports de la Pensée et de son objet, dont nous avons essayé d'esquisser à grands traits les principes au second paragraphe de ce chapitre.

De tout ceci il résulte que non seulement les Modes de la Pensée expriment ceux des autres Attributs, mais encore qu'ils les représentent. L'Entendement infini de Dieu, c'est la représentation que Dieu a de sa propre essence ; c'est, en quelque sorte, la réflexion de Dieu sur lui-même, et par suite sur les choses. Le Dieu spinoziste, comme celui d'Aristote, se pense lui-même ; mais en ce faisant, loin de ne penser que la Pensée, il pense aussi une infinité d'autres objets. Il en résulte que les Modes de tous les Attributs sont ainsi représentés dans l'Entendement divin. Il y a donc de la sorte une infinité de mondes analogues au nôtre, constitués chacun par les Modes d'un attribut représenté, tel que l'Étendue, et par les idées de ces Modes. Pour notre Univers, c'est l'Étendue qui est l'Attribut représenté.

Poser ces principes, c'est à la fois reconnaître implicitement à l'Attribut Pensée et une extension plus grande qu'aux autres, et une nature inférieure à la leur, en quelque sorte relative et dépendante à leur égard : double conséquence, qui est d'ailleurs en opposition avec les intentions expresses de l'auteur. Nulle part, en effet, il n'a prétendu, en propres termes, que tous les Attributs ne fussent pas sur le même plan. Il entend toujours les considérer comme étant tous au même titre des expressions de l'essence éternelle et infinie de Dieu, sans jamais reconnaître, semble-t-il, que ses vues particulières sur les rapports de la Pensée avec chacun des autres Attributs, et notamment avec l'Étendue, contredisaient ce principe en deux points, — et, en accordant à la Pensée une extension supérieure et une nature inférieure à celle des autres Attributs, rompaient l'égalité des Attributs. Pour ce qui est du premier point, il est certain que, si chacun des autres Attributs est considéré comme infini, la Pensée, qui non seulement leur est parallèle, mais encore — comme la Substance elle-même — coextensive, doit être regardée comme infiniment infinie. Et, de fait, l'Entendement divin, par lequel s'affirme cette universalité du domaine de la Pensée, est appelé « Intellectus absolute infinitus (1) » et non pas simplement « Intellectus infinitus ». Mais, d'autre part, pour en venir au second des deux points signalés, bien que Spinoza ne semble pas, par ses paroles, considérer la Pensée comme logiquement postérieure à son objet, néanmoins, en fait, elle se trouve, dans toute une partie du système, logiquement subordonnée aux autres Attributs. Car si sa fonction est de représenter autre chose qu'elle-même, il eût été naturel de conclure, en dépit de Spinoza lui-même, qu'elle n'existerait pas, si, par impossible, aucun objet réel en soi ne lui était donné. Les caractères mêmes des idées ne peuvent être que ceux mêmes des objets, avec cette restriction que ces caractères sont représentés. C'est ce que Spinoza affirme implicitement par son attitude dans la plupart des questions. Ainsi, il ne distingue les idées entre elles que par la nature de leurs objets ; et ce n'est pas sans raison qu'il détermine les propriétés de la Substance en fonction de l'Étendue, transportant ensuite les résultats obtenus pour cet Attribut, seul objet représenté que nous connaissons, au seul autre Attribut qui nous soit donné, à la Pensée. La Pensée reste une représentation des objets ; et cette représentation a beau n'être déterminée que par elle-même, et sans aucune influence ni antériorité de l'objet, il n'en reste pas moins que son caractère de représentation d'une essence étrangère la subordonne logiquement à ce qu'elle représente ; ou tout au moins que cela lui confère — quoi qu'en ait Spinoza — une valeur secondaire et inférieure par rapport aux autres essences dont elle est une doublure, — spontanée et indépendante, tant qu'on voudra, mais une doublure quand même (2). Nous retrouvons ici, comme partout ailleurs, l'antériorité spinoziste de l'Être sur le Connaître ; car c'est bien plutôt parce que les autres Attributs sont ce qu'ils sont que Dieu connaît leur existence ou leur nature, — et par conséquent qu'il possède l'Attribut Pensée, — que ce n'est la connaissance que Dieu a de ces Attributs qui les fait être ce qu'ils sont. Non seulement la Pensée ne précède pas les autres Attributs, ses objets ; mais — à prendre les choses à la rigueur et en donnant à la théorie spinoziste sur ce point plus de cohé-

---

(1) Epist. LXVI, 6, début.
(2) Cf. Saisset, traduct. des *Œuvres de Spinoza*, Introduct., p. LXXXIX. — Pillon, *Année philos.*, 1894, p. 141-144 ; — 1898, p. 113.

sion que son auteur ne lui en donne peut-être lui-même — la valeur de l'une (à ne considérer que sa nature intrinsèque et non son extension), loin d'être même égale à la valeur des autres, lui demeure inférieure. Si l'idée n'est pas quelque chose de mort, comme une image sur un tableau — quid mutum instar picturae in tabula(1), — si elle vit et s'affirme, c'est précisément parce qu'elle n'est, en dernière analyse, qu'un reflet, et que ce dont elle est le reflet, est une réalité vivante qui se pose et s'affirme. A proprement parler, en se posant, ce n'est pas elle surtout qu'elle pose : c'est, avant tout, son objet. Voilà pourquoi et comment l'idée adéquate, marquée intérieurement de tous les caractères de l'idée vraie, est vraie par cela même ; pourquoi et comment l'idée vraie, en d'autres termes, est à elle-même sa preuve et son critérium ; pourquoi et comment le vrai n'a besoin d'aucun autre indice que de lui-même pour être reconnu, — « verum index sui ». Car, par vérité, pour Spinoza, il faut entendre l'objectivité au sens réaliste du mot. Sans doute, la Pensée s'étendra à t at le donné ; tout objet conçu est réel ; mais c'est parce que tout objet réel, c'est-à-dire existant en soi en dehors de l'entendement, est concevable et même conçu ; et que la Pensée n'a d'autre essence que de représenter tous les objets réels qui existent en dehors d'elle. Toute chose a pour le moins une double existence : elle existe d'abord en elle-même, comme aussi dans l'idée qui la représente. Il n'y a pas d'idée sans idéat, ou de Mode de la Pensée sans un Mode d'un autre Attribut, et dont le premier reproduit tous les traits, parce que l'idée n'est précisément que la reproduction de l'idéat dans la Pensée, et la Pensée, que la reproduction de l'objet sous forme représentative, sans autre contenu. Le fait que la Pensée s'étend à tout le champ de l'existence actuelle, loin d'atténuer ce réalisme et cette sorte de subordination de la Pensée à l'objet, les affirme au contraire davantage. Non seulement, pourrait-on dire, Spinoza pose l'existence inconditionnelle d'un monde objectif, comme on dirait aujourd'hui, mais encore il postule l'absolue adéquation de ce dernier à la Pensée ; et non seulement il n'attribue à la Pensée d'autre contenu matériel qu'à son objet, mais encore il fait de celle-ci le décalque et le reflet de tout ce qui sans exception existe en dehors d'elle.

On comprend maintenant pourquoi et comment il y a dans le système une relation particulièrement étroite et spéciale entre la Pensée et ses Modes, d'une part, et tel Attribut-objet et les siens, — par conséquent l'Étendue et les déterminations corporelles, — de l'autre. C'est que, bien que la Pensée soit, dans son existence et ses opérations, aussi indépendante qu'il est possible de la réalité externe, néanmoins elle ne se trouve avoir d'autre nature que celle de son objet, sous cette

---

(1) Eth., II, scol. prop. XLIII.

réserve que cette nature s'y trouve représentée, au lieu d'y être formellement. Aussi détermine-t-il toutes les propriétés de la Pensée en fonction de son objet; et il n'y a pas dans le spinozisme d'autre manière possible de les déterminer. L'idéalisme dont Spinoza semble faire profession à l'égard de la Pensée considérée en elle-même, est donc, comme l'idéalisme empiriste, réaliste dans sa forme, encore qu'idéaliste dans sa matière; et cela, à deux titres : la Pensée étant considérée elle-même avant tout comme un objet; et cet objet qu'elle est n'ayant d'autre contenu que celui qui se tire de son caractère d'essence représentative d'autre chose que d'elle-même. C'est à son objet considéré comme existence ou comme essence qu'elle emprunte tout ce qu'elle a de réalité; peu importe d'ailleurs que cet objet ne soit en elle que comme représenté. Par là, tout caractère spécifiquement propre de la Pensée s'évanouit, malgré les intentions expresses de l'auteur; et la Pensée reste un décalque, — autonome sans doute, — mais un décalque du reste du monde. La Pensée qu'il est donné à l'homme de connaître se présente donc comme un décalque de l'autre Attribut connu de nous, à savoir : de l'Étendue, bien que celle-là ne soit pas le produit de celle-ci. La vie de la Pensée se réduit dans ce monde à la pensée d'un Mécanisme géométrique ou à un Mécanisme géométrique pensé; et voilà pourquoi les lois psychologiques peuvent ainsi sans difficulté être exprimées en fonction des phénomènes de l'organisme corporel, quoiqu'elles n'en dérivent pas effectivement.

Les attaches de la théorie spinoziste sur les rapports de la Pensée et de l'Étendue avec la théorie cartésienne relative à cette question ne sont pas douteuses. Le parallélisme des deux essences admis par Spinoza est notamment une conséquence logique du dualisme cartésien, comme nous aurons lieu de l'indiquer plus amplement, lorsque se seront développées devant nous les applications de cette théorie de Spinoza aux Modes particuliers de la Pensée et de l'Étendue, principalement aux esprits humains et aux corps humains. Qu'il nous suffise pour l'instant de montrer en quelques mots le lien logique existant entre le cartésianisme et la conception de la Pensée comme essence purement représentative de son objet, et, notamment, dans notre monde, d'un objet étendu. Nous avons vu que, selon Descartes, bien que la Pensée ne se réduise pas à la traduction représentative d'objets extérieurs, elle ne laisse pas, par certains de ses Modes, d'impliquer immédiatement, et comme de poser pour elle-même, sinon des existences, du moins des essences qui sont quelque chose de plus que de simples éléments de pensée. C'est ainsi que, parmi les modes spirituels, — à côté de ceux qui, si l'on peut ainsi parler, ne représentent qu'eux-mêmes, et n'attachent l'être pensant qu'à lui-même, ou ne le tournent que vers lui-même, — il en est d'autres, à

et de procéder de la Substance pensante, représentent néanmoins des essences extérieures à eux et qui servent à rendre compte, sinon de l'existence de ceux-ci, du moins des propriétés par lesquelles ils se distinguent les uns des autres. Bref, pour parler le langage de Descartes, si toute idée, si en général tout mode de pensée a pour cause formelle une substance pensante, il est des idées dont la cause objective est une essence posée en dehors d'elles et qu'elles n'ont d'autre fonction que de représenter, au point que leur présence dans l'esprit entraîne nécessairement l'attribution à cette essence d'un certain degré de réalité qui est plus qu'idéal : telles sont notamment les idées de la Substance étendue et de ses déterminations. Ainsi la Pensée, j'entends la pensée humaine, est, pour ainsi dire, partagée par Descartes en deux moitiés, dont l'une est entièrement tournée vers le dedans, et dont l'autre, tout en ayant au dedans sa source et sa raison d'être, est tournée surtout vers le dehors. Dans cette seconde moitié, il est aisé de reconnaître en germe la Pensée telle que la conçoit Spinoza. Cet aspect de la Pensée est, en effet, en principe du moins, ce qu'est décidément toute la Pensée pour Spinoza : une activité intérieure et autonome qui, sans recevoir sa loi de l'objet qu'elle représente, ne laisse pas d'être avant tout la représentation de cet objet extérieur ; objet dont la réalité, qu'elle implique nécessairement et immédiatement, n'est pas une dépendance de cette même représentation. Il suffit donc de réduire la Pensée telle que l'entend Descartes, à celui de ses aspects qui est tourné vers l'objet extérieur, et de développer, dans toutes ses conséquences, la Pensée ainsi ramenée à l'unité, pour avoir par là même un des traits de la Pensée, telle que la conçoit Spinoza. La Pensée dans le spinozisme, c'est, en effet, entre autres choses, la Pensée du cartésianisme en tant que représentative des objets extérieurs ; et la pensée humaine pour Spinoza, c'est la pensée du cartésianisme en tant que représentative de l'Étendue et de ses Modes, à condition d'ajouter que cette comparaison ne vaut qu'en partie, et abstraction faite de la manière toute différente dont Descartes et Spinoza conçoivent le rapport de la Conscience à la Pensée considérée sous n'importe quelle de ses formes. Mais cette différence, que nous ne signalons que pour mémoire, n'a pas à nous occuper davantage ici. Pour ce qui est de la réduction de la Pensée, par Spinoza, à un seul des deux aspects que lui assignait Descartes, la raison en est dans le parallélisme spinoziste de la Pensée et de son objet, et dans la façon d'entendre ce parallélisme. Tous les Modes de la Pensée, dans Spinoza, suivant pour ainsi dire pas à pas les autres Attributs, — et cela, ainsi que nous l'avons déjà expliqué, en représentant chacun d'eux et chacun de leurs Modes par une représentation appropriée, — la Pensée était ainsi réduite à être toujours et partout, d'une manière quelconque, un pensée d'objet extérieur. Cela étant, il suffisait de développer avec rigueur la notion cartésienne de pensée d'objet extérieur et de pensée d'objet étendu, pour atteindre à la conception spinoziste que nous examinons. Une représentation tout idéale d'une réalité, à la fois extérieure à sa représentation et pourtant donnée pour telle dans cette représentation qui ne la contient pas, c'est là une conception spinoziste en germe dans Descartes, mais tirée au clair et résolument affirmée sans restriction par Spinoza, si toutefois il est possible de parler de clarté, quand il s'agit d'une thèse aussi contradictoire. Ce caractère de représentations idéales d'objets qui ne sont pas idéaux est présent à toute la théorie de la représentation des objets par la pensée, — les objets autres que les Attributs représentés dérivant, à titre de Modes, de ces Attributs, et la représentation des premiers dérivant ainsi de celle des seconds. Quoi qu'il en soit, la conception cartésienne — encore trouble et indécise — d'un sujet qui se représente comme objet immédiat une demi-réalité, laquelle, sans posséder *ipso facto* l'existence proprement dite, n'est pourtant pas tout à fait idéale; une telle conception n'a besoin que d'être développée et éclaircie — ou, si l'on veut, accentuée, — pour aboutir à la conception spinoziste d'une représentation immédiate, mais purement idéale et résolument dégagée de toute influence extérieure, d'Attributs possédant au plus haut degré l'existence réelle en dehors de cette représentation.

En ce qui concerne la Pensée et l'Étendue, il est encore plus sensible qu'il n'y avait qu'à préciser les indications cartésiennes, et pour ainsi dire qu'à mettre l'accent sur elles pour en tirer les thèses spinozistes. La doctrine cartésienne à laquelle nous faisons maintenant allusion peut, en effet, se résumer ainsi. La Pensée, bien qu'elle ne puisse saisir directement l'Étendue elle-même qui lui est hétérogène, pense néanmoins l'essence de celle-ci; et cette essence est autre chose qu'une pure manière de penser. C'était là indiquer plutôt que donner une solution, et poser plutôt que résoudre un problème. Il restait à préciser la nature de l'opération par laquelle la Pensée saisit ainsi l'essence d'un objet, qui lui-même était hétérogène, et au fond incommunicable à la Pensée. La solution cartésienne ne pouvait évidemment suffire. S'ils voulaient conserver pleinement le principe cartésien de l'hétérogénéité de la Pensée et de l'objet étendu, il fallait que les successeurs de Descartes se prononçassent, d'une part, pour ou contre l'idéalité de l'essence étendue en tant qu'essence; ou, si l'on veut, pour ou contre son homogénéité à la Pensée; — et de l'autre, pour ou contre une communication directe et transitive entre la Pensée et l'Étendue en tant qu'objet de connaissance. Pour ce qui est de la première alternative, Regis résout le problème en déclarant décidément que l'objet immédiat et premier de notre conception de l'Étendue est l'Étendue réelle même, c'est-à-dire une existence extérieure à notre Pensée au sens le plus radical du mot « existence »; tandis que Malebranche(¹), du principe cartésien qu'il ne veut pas sacrifier, de l'irréductibilité de l'Étendue réelle à la Pensée, concluant avec rigueur à leur incommunicabilité, voit dans l'objet étendu que conçoit notre esprit, un objet idéal; mais néanmoins un objet encore qui, s'il est en soi une idée, à savoir une idée de Dieu, reste pour notre esprit une réalité externe que celui-ci perçoit — selon la remarque profonde d'Arnaud (²) — d'une manière qui ressemble fort à celle dont nos organes sensibles entrent en contact avec leurs objets, et, pourrions-nous dire, par une espèce de tact spirituel; de sorte qu'il n'y a rien de plus réaliste que la manière dont Malebranche entend le caractère idéal de l'Étendue considérée comme objet de notre connaissance. Ces deux manières d'entendre la conception de l'Étendue par la pensée humaine se ressemblent en ce point qu'elles admettent également la perception directe et immédiate d'un objet réellement extérieur au sujet percevant. Peu importe, après cela, pour la théorie de la connaissance, la manière différente d'entendre la nature de cet objet. De part et d'autre, on admet l'interpénétration de la Pensée et de celui-ci; et l'on ruine la séparation que Descartes, sans y parvenir, s'efforce d'établir entre ces deux termes, et, avec elle, l'immanence de la Pensée à elle-même, qui en est la conséquence. Et ceci nous amène à considérer la question relativement à la seconde des alternatives énumérées ci-dessus.

En ce qui la concerne, Spinoza, au rebours de Regis et de Malebranche, maintient dans leur pureté, et en les dégageant des alliages qu'ils présentaient chez Descartes lui-même, le principe de l'hétérogénéité de la Pensée et de l'Étendue, et celui de la connaissance par notre pensée d'un objet étendu donné en dehors d'elle. Ici, en effet, la pensée de l'Étendue est bien une reproduction, ou — pour écarter toute idée de copie d'un modèle préalablement observé — une production, tout intérieur à la Pensée et tout idéal, d'une Étendue réellement existante en soi en dehors de cette Pensée, et incapable d'être atteinte immédiatement par celle-ci; c'est la représentation exclusivement interne d'un objet rigoureusement externe. On voit ici consommée la tendance, ébauchée par Descartes, à juxtaposer, à une explication idéaliste de la manière dont l'Étendue vient à notre connaissance, une vue réaliste de la nature de l'objet ainsi connu. Pour Spinoza, en effet, la Pensée se fait par ses seules forces une représentation d'une Étendue qui possède en soi une autre réalité que celle qui est donnée dans cette représentation; et la Pensée elle-même, tout en ne connaissant cette Étendue que dans et par cette représentation,

---

(¹) *Recherche de la Vérité*, l. III, 2ᵉ part., ch. 6; — *10ᵉ Éclaircissement*; — *Réponse au livre des Vraies et des Fausses Idées*, ch. III.
(²) *Des Vraies et des Fausses Idées*, ch. IV; cf. ch. VIII, p. 389, édit. Jourdain, Paris, Hachette, 1843.

connaît, dans et par cette représentation, que ce même objet existe en effet ailleurs tel qu'elle-même se le représente. L'Étendue que nous connaissons immédiatement est donc, selon Spinoza, purement idéale; mais elle se donne elle-même pour la répétition d'un objet existant en soi indépendamment de toute idée; et c'est là ce que nous entendions, en parlant du mélange d'idéalisme et de réalisme que renfermait cette théorie, sans oublier que la manière idéaliste dont, selon Spinoza, la Pensée arrive à la connaissance de l'Étendue, laisse subsister en entier au cœur de la Pensée tout ce que nous avons dit du réalisme relatif à la nature et au contenu de la Pensée elle-même.

Quant au rapport de la Pensée à l'Étendue, il peut se résumer ainsi. De la seule nature de la Pensée découle la connaissance qu'elle a d'une Étendue qui, en soi, n'est même pas une pure possibilité donnée en dehors de la Pensée; mais une réalité, — au sens le plus réaliste de ce mot, — laquelle ne consiste ni dans une connaissance ni dans un rapport quelconque à une connaissance (1).

Il est vrai que certains auteurs (²) ont cru voir dans le rapport de l'Étendue à la Pensée, c'est-à-dire à la Pensée en tant que divine et normale, une relation d'un caractère décidément et en entier idéalistique. Ils raisonnent en effet en substance comme suit:

Bien que l'Étendue, pensent-ils, ne se réduise pas ici, comme au contraire dans les conceptions phénoménistes ultérieures de cette essence, à un ensemble de représentations subjectives des individus pensants finis; — en Dieu, c'est-à-dire dans l'Absolu, elle ne laisse pas d'exister telle qu'elle est conçue avec vérité. A l'inverse de chez Malebranche, loin que Dieu la conçoive comme une essence indifférente par elle-même à l'existence ou à la non-existence de son objet, il ne peut au contraire la penser comme vraie sans la penser nécessairement comme réelle, ni la penser comme essence sans la penser comme existence; au lieu que l'existence de l'Étendue soit, comme chez Descartes et Malebranche, une détermination extérieure qui s'ajoute du dehors à son idée ou essence sans en modifier la nature, elle appartient ici nécessairement à l'essence considérée, c'est-à-dire qu'elle accompagne nécessairement et inévitablement l'idée que Dieu a de

---

(¹) Cf. notamment Brunschvicg, *Spinoza et ses contemporains* (*Rev. Mét. et Mor.*, 1905, p. 698-700). — L. Busse, *Beiträge zur*, etc., p. 24. — A. Rivaud, *op. cit.*, p. 107; cf. p. 108 et 57.

(1) Cf. p. 161, note 1; et dans le présent chapitre, II, La Méthode et la Pensée. — *Court Traité*, I, ch. 1, van Vloten, p. 5; ch. 2, p. 10 et 11; Append., II, p. 100; — II, ch. 15, p. 64-65; ch. 22, p. 85-86; II, Préface, note, p. 39. — *De Intell. Emend.*, VI, p. 33-34; — VII, p. 36; 38, dern. phr.; 39, début dern. phr.; p. 40-41; — VIII, p. 52, 60 et note; — IX, 69, 71; — XII, 91; cf. 92; — XIII, 95 *in fine*; — XIV, 99; — XV, 106 début; 108, 1°, cf. 2° et 3°; — 108, 8°. — *Eth.*, I, ax. 6; — cor. prop. 6; — scol. prop. 17; prop. 16 et cor. 1; — prop. 30; — scol. 2 prop. 33, *passim*; — *Eth.*, II, prop. 3; — scol. prop. 7; — scol. prop. 13; — prop. 49, dem. 2 — Epist. LXIV, 1; cf. 2, 3, 5; — Ep. LXVI, 3, 5.

l'Étendue; au point que Dieu ne peut penser l'essence étendue, sans qu'elle soit par là même une réalité existante. Par conséquent, conclut-on, les deux termes idée et être, ou encore essence et existence, qu'il est le propre de tout réalisme de séparer, ne font ici qu'un, ce qui est la marque d'un idéalisme absolu.

Nous pensons certes, quant à nous, qu'une pareille argumentation s'appuie sur des faits indéniables, et qu'elle a le mérite de montrer à quel point le spinozisme s'écarte du réalisme vulgaire. Mais nous n'oserions pas en conclure à l'absence de tout réalisme dans la conception spinoziste des rapports de la Pensée divine à l'Attribut Étendue; et nous demandons qu'on nous permette de hasarder sur ce point une interprétation quelque peu différente de celle qui vient d'être citée.

Sans doute, l'Étendue ne peut, selon Spinoza, être conçue avec vérité, sans être une réalité, parce que tout objet d'un concept complet, tout sujet dernier de l'attribution logique est, *ipso facto*, conçu comme existant nécessairement, et, par suite aussi, nécessairement existe. Mais, pour tirer de cette thèse une conclusion de tous points idéaliste, il faudrait que l'existence — au sens strict du mot — de l'Attribut Étendue fût une dépendance de l'idée divine de cet Attribut. Or, bien au contraire, le premier de ces termes n'est qu'un accompagnement nécessaire du second, non une suite ou une dépendance de celui-ci. Et c'est ainsi que le conçoit, d'après Spinoza, la Pensée divine elle-même, bien loin de s'identifier avec lui. L'existence accompagne ici l'idée, mais sans plus en découler que l'idée ne découle elle-même de cette existence, que pourtant elle accompagne nécessairement à son tour. Il n'y a donc pas, ce semble, dans l'espèce, identité entre l'idée et l'être; ou, du moins, il n'y en a d'autre que celle qui provient de leur substance commune, qui est aussi bien Pensée qu'Étendue, mais qui ne doit pas plus cette seconde détermination à la première que la première à la seconde. D'autre part, s'il est vrai que l'Étendue comme essence égale l'Étendue comme existence, nous hésiterions à identifier, comme le fait la thèse que nous examinons, l'essence de l'Étendue avec son idée. Spinoza professe, à l'égard de la notion d'essence, une doctrine qui, dans son principe du moins, est purement cartésienne. Pour lui, l'essence qui fait l'objet d'une idée est bien une réalité distincte de cette idée; de sorte qu'aux yeux de Spinoza, l'essence d'un objet — telle que, par exemple, celle de l'Étendue — est pour la Pensée divine, c'est-à-dire dans l'Absolu, ce qu'elle est, au regard de Malebranche, pour la seule pensée humaine : une chose distincte en soi de sa représentation [1].

---

[1] Nous retrouvons l'aveu que telle est la conception spinoziste de l'essence jusque sous la plume de partisans de l'interprétation idéaliste du rapport des Attributs. — Cf. A. Rivaud, *Les notions d'essence et d'existence dans la philosophie de Spinoza*, p. 13, 16-18, 59, 68-69, 70-72, 84, 86-89, 96-98, 118, 134, 135, 166.

Cela suffit à justifier le sentiment généralement admis, qui oppose sur ce point le réalisme de Spinoza à l'idéalisme de Malebranche. Voilà pourquoi, contre une opinion qui a pour elle l'autorité et la compétence du plus expert des partisans de la thèse que nous discutons, nous nous permettons d'avancer que ce n'est pas seulement au point de vue psychologique et purement humain ; — que c'est bien moins, pour ne rien dire de plus, à ce point de vue qu'au point de vue métaphysique et absolu, que cette opposition est légitime.

Il y a plus. Si l'essence spinoziste de l'Étendue, conçue de la façon ontologique que nous venons d'indiquer, possède nécessairement l'existence proprement dite, — au point que c'est une seule et même Étendue à laquelle appartiennent l'essence et l'existence, sans que l'un des deux termes puisse être séparé de l'autre, — ce n'est pas, croyons-nous, parce que Spinoza se fait de l'essence et de l'existence en général une conception moins réalistique que Descartes. Comme on peut s'en convaincre en analysant le moteur qui pousse Spinoza à assigner l'existence nécessaire à l'essence étendue, ce n'est pas parce qu'il aurait admis qu'on ne peut poser une essence sans la poser comme existence, qu'il a été conduit à intégrer dans l'essence étendue l'existence nécessaire, au sens strict de ce terme « existence » dans la philosophie cartésienne. Car autrement il n'aurait pas distingué autant qu'il l'a fait, entre l'essence et l'existence, des Modes finis. A notre sens, non plus que Descartes ni que Malebranche, il ne croit que l'existence proprement dite appartienne *ipso facto* à l'essence comme telle, bien qu'il la croie découler infailliblement de la représentation de celle-ci. A ses yeux, si nous ne nous trompons, c'est parce que l'idée de l'existence est incluse dans le concept de l'essence étendue, que l'objet de ce concept, qui doit posséder tous les caractères que celui-ci lui attribue, possède l'existence qui est au nombre de ces derniers ; bien loin que l'existence soit comprise, comme nous disions, *ipso facto* dans toute essence, elle n'appartient qu'aux essences dont le concept représente lui-même une existence. La différence principale avec Malebranche sur ce point est dans la manière d'entendre le concept d'Étendue, non dans une conception sensiblement divergente des rapports de l'essence à l'existence. Si, pour Spinoza, l'essence étendue existe nécessairement, ou plutôt si l'on doit conclure qu'elle existe nécessairement, c'est parce que le concept de cette essence représente, parmi d'autres propriétés et au même titre qu'elles, l'existence proprement dite que, considéré en lui-même, ce concept ne représente pas pour Malebranche. A cet égard, le réalisme de Spinoza ne le cède donc en rien à celui de Malebranche et de Descartes lui-même ; l'existence, pour le spinozisme, est une propriété comparable à toutes les autres, qui réellement et nécessairement appartient aux objets dont le concept la représente, et à ceux-là seulement. L'essence étendue n'existe donc nécessairement ici que pour les raisons qui font attribuer par Descartes, dans la preuve ontologique, l'existence nécessaire, à l'essence de Dieu.

L'objet premier de l'idée d'Étendue est ainsi une essence ontologique qui rappelle, en les exagérant, les traits d'une essence cartésienne : c'est un « En-Soi » extérieur à son idée, qui possède toutes les propriétés que celle-ci possède idéalement, l'existence étant une de ces propriétés ; mais l'une et l'autre ne font que se développer parallèlement sans interférer jamais. Il n'y a rien de plus ontologique qu'une pareille conception de l'objet étendu, malgré la manière idéalistique dont la Pensée prend connaissance d'un tel objet. Rappelons toutefois que le contenu de cette connaissance n'est sous sa forme idéale que la répétition de ce que l'objet lui-même contient réellement ; et le monde, tel qu'il est connu de l'homme, se réduit ainsi à une essence mathématique sous la double forme ontologique et représentative ; de telle sorte que la théorie spinoziste de ce monde se ramène moins à l'idéalisme mathématique que l'on a cru parfois y voir, qu'à ce que nous nous hasarderons, faute d'un meilleur terme, à appeler un mathématisme ; l'essence étendue qui fait l'objet de la connaissance humaine étant plus comparable, *mutatis mutandis*, aux éléments mathématiques avec lesquels Pythagore construit l'univers qu'à de véritables idées données dans la conscience d'un sujet, et la représentation de cette essence se ramenant, nous le répétons, à une pure transposition — sans plus — de celle-ci. Telle est la conclusion à laquelle nous conduit l'étude des rapports de la Pensée à l'Étendue considérée comme Attribut indéterminé des déterminations corporelles, et que n'a fait que confirmer dans notre esprit, comme nous l'expliquerons en son temps, l'examen des rapports de la Pensée aux étendues finies et déterminées.

En résumé, donc, la Pensée, pour Spinoza, en n'obéissant qu'à ses propres lois et sans ingérence étrangère, représente, telle quelle et sans déformation aucune, l'Étendue qui — abstraction faite de toute considération d'existence ou de non-existence proprement dites — est réelle en dehors de la Pensée, et dont le rapport nécessaire à l'existence proprement dite est en soi, ce qu'il est — représenté dans cette Pensée. Il n'y a donc de différence capitale avec Descartes que dans le rapport à l'existence qui est assigné à l'Étendue, non dans la manière d'entendre la relation de cette dernière à sa représentation : sur ce dernier point, le spinozisme ne fait qu'accentuer la conception cartésienne. La Pensée, de part et d'autre, traduit fidèlement les caractères de l'Étendue, comme d'ailleurs de tout autre objet ; — et parmi ces caractères, l'existence nécessaire, lorsqu'elle en est un. Or, c'est précisément le cas pour l'Étendue spinoziste, tandis qu'il en est autrement de l'Étendue cartésienne pour les raisons que nous avons déjà essayé d'expliquer.

Si donc il n'y a plus, en principe du moins, trace d'empirisme dans la conception spinoziste des rapports de la Pensée à l'objet étendu, nous croyons néanmoins reconnaître dans cette conception, sous un de ses aspects, la marque d'un réalisme particulier, d'une sorte de réalisme *a priori*. La Pensée reste ici, comme dans tout le système, un fidèle miroir de l'être, mais un miroir qui, à la différence des autres miroirs, ne doit qu'à lui-même, et non à son modèle, la reproduction qu'il en donne; et c'est là l'unique germe d'idéalisme que renferme, à notre avis, le système. Au surplus, — et c'est ici que Spinoza se sépare décidément de Descartes dans la voie du réalisme, — non contente d'être un tel miroir, la Pensée n'est que cela et n'a d'autre contenu que celui qu'elle tient de ce chef, qu'elle pense l'Étendue ou tout autre objet. Dans le premier cas, elle n'est donc rien de plus qu'une science immanente à elle-même de l'essence géométrique, une sorte de géométrie spontanée et autonome (1).

XIII. Principaux Traits de l'Étendue.
Les Modes.

Puis donc qu'Étendue et Pensée sont à ce point analogues qu'il faut les dire non seulement parallèles, mais interchangeables, et dans le même rapport que l'objet de la Géométrie à la Géométrie comme telle (¹), il est clair — et c'est en effet la marche que suit Spinoza — que la meilleure méthode pour déterminer le contenu de la Pensée en tant que relative à l'objet étendu et le détail de leurs rapports est de commencer par déterminer les propriétés de ce second Attribut; les résultats obtenus à son égard pouvant aisément ensuite se traduire dans le langage de la Pensée et être transportés à cette dernière; — et cela non seulement parce qu'il y a des propriétés communes aux Attributs comme tels qui peuvent être saisies en prenant pour base n'importe lequel d'entre eux, mais aussi et surtout à cause de la relation bien plus étroite qui existe entre le contenu de la Pensée et celui de l'Étendue, laquelle est, pour l'homme, le seul objet. Passons donc à l'examen de quelques propriétés de l'Étendue, les plus importantes pour le but assigné à cette étude et pour la détermination plus complète des rapports de cet Attribut à la Pensée.

Comme un des aspects de la Substance, l'Étendue, ainsi que tel

---

(¹) Cf. Brunschvicg, *Spinoza et ses contemporains*, loco cit., p. 673.

(I) Cf. p. 169, note I, — *De Intell. Emend.*, VIII, 55; — IX, 66 dern. phr. et 67; cf. 72; — XIV, 102. — *Eth.*, I, dem. prop. 4; — scol. 2 prop. 8, p. 43-44, l. 20-30. — Epist. à Oldenburg, van Vloten; Epist. IV, p. 202.

Attribut qu'on voudra, possède les propriétés de la Substance même, ainsi qu'il a été déjà établi. Elle est notamment infinie et indivisiblement une. Aux preuves déjà alléguées en faveur de l'infinité de Dieu et de chacun de ses Attributs, il faut ajouter la raison suivante : l'impossibilité d'assigner des bornes à l'être d'une chose nécessaire. Un des fondements sur lesquels repose l'infinité de la Substance en général et, par suite, de chacun de ses Attributs, notamment de l'Étendue, c'est qu'une essence nécessaire cesserait d'être telle, si l'on pouvait la concevoir comme non existante au delà de certaines limites. Quant à l'indivisible unité de la Substance et de chaque Attribut en particulier, voici la preuve qu'en donne l'auteur. — La Substance, pense-t-il, n'est jamais divisible en parties réellement distinctes, sous quelque Attribut qu'on la puisse considérer. Si l'on jugeait autrement, il faudrait choisir entre deux suppositions également incompatibles avec les principes qui sont à la base de la théorie de la Substance. Ou bien l'on considérerait un Attribut quelconque, tel que l'Étendue par exemple, comme composé de substances hétérogènes les unes aux autres, ou bien on les regarderait comme homogènes entre elles et à leurs composés. Dans cette dernière hypothèse, voilà qu'on admet une pluralité de substances ayant toutes la même essence, ce qui est absurde, on a déjà vu pourquoi. D'après la première supposition, voilà un tout composé de parties hétérogènes à sa nature, ce qui n'est pas moins absurde. Enfin, selon l'une ou l'autre hypothèse, on est toujours en présence d'un composé dont la notion est par définition antérieure à celle de ses éléments ; car la Substance, que l'on regarde à tort dans ces hypothèses comme composée de parties réellement séparables, est un Être par soi quant à son existence et quant à son essence. Or il n'en est jamais ainsi d'un composé ; car un tout est logiquement postérieur à ses éléments ; et le concept de l'un, à celui des autres. La Substance est donc, sous quelque aspect qu'on la considère, une unité indivisiblement simple et indécomposable, presque aussi simple et indécomposable que l'Être éléatique. Les Attributs sont autant d'essences rigoureusement simples, tout aussi rigoureusement simples que les Essences ou Idées de la philosophie mégarique. Ainsi l'Éléatisme est le dernier mot, ou plutôt le premier mot du Spinozisme, si l'on peut ainsi parler.

A ces raisons s'ajoute un motif d'un ordre particulier en faveur de l'absolue unité de l'essence Étendue. Il s'agit de la théorie cartésienne sur l'impossibilité du vide. Spinoza a compris que, si l'Étendue est divisible en parties réelles, on n'est plus fondé du tout à repousser le vide. Car supposez qu'une de ces prétendues parties soit anéantie, les autres ne disparaîtraient pas pour autant ; et, à la place de la partie qui, dans l'hypothèse, a cessé d'être, il y aura l'espace vide qu'elle remplissait. Rien de pareil, au contraire, dans la doctrine spinoziste. Celle-ci, à l'Étendue cartésienne indéfiniment divisible en parties solidaires, substance continue, mais non pas une, substitue une Étendue indivisible en même temps qu'infinie.

C'est pour n'avoir pas reconnu cette indivisibilité de l'essence étendue que d'autres philosophes, à en croire Spinoza, ont nié et son infinité et son caractère d'Attribut divin. En ce qui concerne ce dernier point, ils ont prétendu que Dieu n'est pas étendu, parce que, s'il l'était, il serait divisible, partant susceptible de pâtir en quelque manière; en quoi ces philosophes ont commis une pétition de principe, puisqu'ils supposent à tort dans l'Étendue une aptitude à être divisée qu'elle n'a pas. Mais l'eût-elle par impossible, ce ne serait pas une raison suffisante pour exclure de la Substance divine cette essence, pourvu qu'une telle Étendue fût infinie et éternelle. En effet, dans cette hypothèse, un Dieu étendu serait encore soustrait à toute dépendance, n'y ayant rien hors de lui qui existe, et par conséquent rien qui soit capable d'exercer sur lui une action quelconque. Avec l'indivisibilité de l'Étendue, comme on l'a déjà dit, certains philosophes nient aussi l'infinité de cette essence. Mais leur raisonnement présuppose justement en elle une propriété qu'elle ne possède pas : l'aptitude à être divisée, la composition en parties. Appuyés sur de pareils fondements, ils nient dans l'espèce l'impossibilité de l'infini actuel. Voici le principal argument dont ils se servent, d'après Spinoza. Si l'Étendue était actuellement infinie, pensent-ils, de deux choses l'une : elle serait composée de parties finies ou infinies. Si les éléments sont finis, voilà un infini composé de parties finies, ce qui est une absurdité. Si l'on choisit l'autre terme de l'alternative, il arrive ce qui suit : que l'on partage l'Étendue en deux parties, on obtiendra deux substances finies par un bout; infinies par l'autre, ce qui est inconcevable; ajoutons que la conception d'un infini divisible en deux moitiés infinies composantes implique qu'il peut y avoir des infinis inégalement grands; et, dans le cas présent, on est en face de deux infinis, dont l'un est deux fois plus grand que l'autre. Pétitions de principe! répond Spinoza à ces arguments. En raisonnant de la sorte, on suppose faussement que l'Étendue est divisible, et ensuite on n'a pas de peine à prouver qu'elle n'est pas actuellement infinie. C'est comme si, après avoir défini le cercle par les propriétés du carré, on en concluait que le cercle n'a pas tous ses rayons égaux (1).

L'Étendue peut être infinie, parce qu'elle est indivisible et qu'elle n'est pas plus composée de parties que le solide de superficies; la superficie, de lignes; la ligne, de points. Pourquoi donc sommes-nous enclins, par nature, à diviser les corps et à y distinguer des parties? Cela vient de ce qu'il y a deux manières radicalement différentes de

---

(1) Éth., I, prop. 12; scol. prop. 15; — cf. prop. 8 et scol. — *Court Traité*, I, 2, p. 15-17. — Cf. Descartes, Lettre à Chanut, 2 juin 1647; — *Princip.*, I, 57; — II, 18-22. — Cf. p. 177, note 1.

considérer l'Étendue ou Quantité. On peut la concevoir comme Substance, c'est-à-dire telle qu'elle est, — ce qui est très difficile; — ou la penser abstraitement et superficiellement, « abstracte... sive superficialiter(1), » — ce qui est beaucoup plus facile. Il faut distinguer l'Étendue substantielle et l'Étendue modale; cette dernière, considérée indépendamment de l'autre, est un objet illusoire de l'Imagination; c'est l'Entendement qui conçoit la première. Elles appartiennent donc l'une et l'autre à deux genres totalement différents de connaissance. La connaissance superficielle de l'Étendue vient de ce que l'Imagination se représente les Modes comme séparés de l'Attribut pris absolument, sans lequel pourtant ils ne peuvent être ni être conçus. De là d'autres différences encore. La Substance, telle que l'Entendement la conçoit avec vérité et en elle-même, est infinie par définition et par essence; en d'autres termes, elle est, dans sa totalité et dans chacun de ses attributs, sans bornes. L'ensemble des Modes d'un Attribut, au contraire, est infini, ou plus exactement indéfini, non par essence, mais parce qu'il procède d'une cause infinie qui n'est autre que l'Attribut. L'indéfini, ou infini modal, n'est pas le fait de répugner à toute borne, mais simplement celui de surpasser tout nombre assignable. De ces sortes d'infinis, les uns peuvent être plus grands que les autres; car, de ce que plusieurs choses sont également inadéquates à tout nombre donné, il ne s'ensuit pas qu'elles soient égales entre elles, et les mathématiciens ont découvert de ces quantités indéfinies lesquelles pourtant sont susceptibles de majoration et de minoration, voire de maximum et de minimum.

De même qu'infinie par essence, la Substance est éternelle; elle existe nécessairement, sans qu'on puisse distinguer dans son éternité de passé, de présent ni d'avenir, d'avant ni d'après, « neque prius neque posterius. » Les Modes au contraire, en tant que séparés de la Substance par l'Imagination, ont une existence limitée, c'est-à-dire une durée, laquelle, pour l'ensemble des Modes de chaque Attribut, est indéfinie et indéfiniment divisible, tout aussi bien que l'Étendue modale, et non pas infinie par essence. L'Éternité, c'est la possession infinie de l'être, «... infinitam existendi, sive... essendi fruitionem(2). » La Durée, au contraire, n'est que la continuation indéfinie de l'existence « indefinita existendi continuatio(3). » De même que par l'Imagination je puis m'arrêter sur un point de l'Étendue modale, et considérer l'extension indéfinie que j'imagine à ma droite et à ma gauche; de même je peux diviser d'une façon imaginaire la Durée en deux portions indéfinies par rapport au présent, dont l'une s'étend dans l'avenir et l'autre dans le passé.

(1) Eth., I, scol. prop. 15, p. 52, l. 27; — Epist. XII, van Vloten, p. 42, l. 22.
(2) Epist. XII, van Vloten, p. 41, 6 dern. l.
(3) Eth., II, def. 6.

On le voit, il y a une certaine analogie dans le spinozisme entre l'Étendue substantielle, que l'auteur eût pu appeler Immensité, et l'Éternité, d'une part ; entre l'Étendue modale et la Durée, de l'autre. Néanmoins, Spinoza n'applique pas les mots d'Attribut à l'Éternité, de Modes aux durées. Sans doute les considérait-il comme des propriétés, celle-là de la Substance, — telle qu'est ce qu'il appelle proprement l'Immensité(¹), — celles-ci, des Modes ; et cela, parce que Durée et Éternité ne sont pas, l'une une modification d'un seul Attribut, l'autre un aspect déterminé de la Substance ; mais qu'elles se retrouvent identiquement, celle-ci dans tous les Attributs, celle-là dans toute apparence modale de chacun de ces derniers, quel qu'il soit. Il reste, en tout état de cause, que l'indéfini dans la Durée est absolument de même ordre que celui qui se rencontre dans l'Étendue modale ; ils sont continus et divisibles l'un et l'autre. Ainsi disparaît dans le Spinozisme la théorie cartésienne d'une durée composée de moments indépendants. De cet indéfini diffère l'infini véritable, qui se trouve également dans l'Étendue substantielle et dans l'Éternité de la Substance. Il y a donc une infinité indivisible, et une qui ne l'est pas ; cette dernière, apparence de l'Imagination, est la fausse infinité, par opposition à l'autre, qui est l'infinité véritable. Il existe une distinction presque identique chez Leibniz entre l'unité infinie et en même temps indivisible de Dieu, et l'infinie multiplicité des perceptions, et par conséquent des Monades, étrangère et supérieure au nombre, et incapable de former un tout numérique véritable(²). Hegel reprendra plus tard pour son propre compte(³) la distinction des deux infinis, quoique sous une forme différente(I).

En tant qu'elle sépare les Modes d'avec la Substance, la Quantité ainsi que la Durée d'avec les Modes par lesquels elles découlent des choses éternelles, — « ... ab aeternitate fluunt, » — l'Imagination, pour explorer ce domaine, se sert du *nombre*, de la *mesure* et du *temps*. Ce ne sont là ni des objets réels ni des concepts véritables, mais de pures manières de penser, ou plutôt d'imaginer, « nihil esse praeter cogitandi seu potius imaginandi modos ; » ce sont des êtres de raison, « entia rationis, » purs auxiliaires de l'Imagination, « auxilia Imaginationis. » C'est pour les avoir confondus avec les choses mêmes que certains philosophes ont nié l'infini actuel, « infinitum actu negarunt ».

(¹) *Cog. Met.*, II, ch. 8, p. 211.
(²) Cf. Leibniz, notamment, *Disc. de Métaph.*, I, p. 427, l. 6-15, édit. Gerhardt ; — IX, p. 434, l. 1-3 et 9-14. — *Théodicée*, 195. — Lettre à Des Bosses, Erdmann, 185 B ; ibid., 189 A. — *Nouveaux Essais*, II, ch. 17 ; — III, Erdmann, 303 B ; — VI, 311 B. — Cf. *Correspondance avec Clarke*, Erdmann, 176 A.
(³) Hegel, *Werke*, Berlin, 1833, Duncker u. Humblot, B. III, s. 149-178, *passim* ; cf. ibid., s. 264 et fg., notamment 295.

(I) Epist. XII, van Vloten, p. 41-44. — Cf. *Eth.*, I, scol. prop. 15 ; — *Cog. Met.*, I, IV. — Epist. LXX, 1.

A. LÉON.

Si ces pseudo-concepts répondaient à une existence objective, la Pensée tomberait à leur sujet dans des difficultés inextricables. Il faudrait, par exemple, considérer le Temps comme une succession d'instants intemporels innombrables, au risque de se condamner à ne pouvoir comprendre, dans cette hypothèse, comment jamais une seule heure parvient à s'écouler. Composer le Temps d'éléments instantanés serait aussi absurde que de considérer un nombre comme une somme de zéros, « ex sola nullitatum additione(1). » Ces difficultés disparaissent, d'après Spinoza, avec la théorie nominaliste des êtres de raison. Le Nombre et le Temps sont maintenus par Spinoza hors du domaine des choses duquel les avait exclus Descartes ; seulement, de l'Entendement proprement dit, où ce dernier les avait placés, Spinoza les relègue dans l'Imagination, siège des apparences illusoires, en leur adjoignant un troisième être de raison : la Mesure. Il fallait bien, étant donnés les principes du système, ne pas mettre ces notions au rang des idées de l'Entendement au sens étroit du mot; ces sortes d'idées, dans le réalisme spinoziste, correspondant toujours hors de la Pensée à un objet réel qui leur ressemble.

Ici encore nous retrouvons, sous la thèse spinoziste, une de ces semences cartésiennes dont parlait Leibniz. Le terrain sur lequel celle-ci est tombée, c'est la théorie des idées adéquates et de ce que nous appellerions aujourd'hui leur valeur objective, au sens réaliste du mot « objectif »; terrain sur lequel ne pouvait germer une théorie assimilant les êtres de raison à des formes de l'Entendement pur. La culture, c'est le Formalisme qui est un des états profonds de l'âme de Spinoza, et qui lui a permis d'admettre des notions dépourvues autant que possible d'objectivité. Spinoza fait ici à peu près comme fera Kant, lorsqu'il expliquera par les infirmités de notre nature sensible, tenues en même temps pour de pures formes, tout un côté de la connaissance considéré comme absolument illusoire.

Au moyen du Nombre, l'Imagination introduit une espèce de distinction dans le domaine des Modes. Elle les divise autant de fois que l'on veut, les répartissant en classes et créant des individualités ; c'est grâce au Nombre qu'elle recompose les quantités ainsi divisées, la division et l'addition étant les deux opérations fondamentales que le Nombre permet à l'Imagination d'accomplir.

Par la Mesure, nous acquérons les notions imaginaires de grandeurs, ou de quantités continues douées de dimensions inégales.

Enfin, grâce au Temps, l'Imagination introduit dans la Durée les déterminations que le Nombre et la Mesure lui ont permis d'introduire dans l'Étendue modale, considérée comme telle ; par ce moyen, nous

---

(1) Voir Epist. XII, van Vloten, notamment p. 43, l. 46 ; — 8, 9, 11 ; — p. 43, l. 20, etc.

distinguons des durées diverses et diversement grandes ; nous les divisons et les additionnons, les comptons et les mesurons.

Mais dans la Durée, comme dans l'Étendue, les distinctions et les individualités ne sont qu'imaginaires et comme illusoires. Dans l'Absolu, la Substance n'a pas d'essence divisible ; elle n'a pas de parties réelles. Ses Modes n'en sont point des éléments composants, mais de simples modifications ou affections qui tirent d'elle toute leur réalité. Ils affectent, il est vrai, une existence indépendante au regard de l'Imagination ; mais c'est là une illusion. C'est sous cet aspect seulement qu'ils sont divisibles et soumis au changement, sujets à la naissance et à la corruption. En tant qu'ils sont conçus par le moyen de la Substance, ils sont éternels et indivisibles. Ainsi, l'eau en tant que Substance, c'est-à-dire en tant seulement qu'elle est étendue, est éternelle et indivisible ; en tant que Mode considéré à part de sa Substance, en tant qu'elle est eau, elle est divisible, changeante ; elle peut naître, disparaître.

Ainsi, l'individuel, le multiple et le devenir sont autant de produits et de dépendances de l'Imagination, apparences dont la raison ne doit pas être dupe. L'unité, l'indivisibilité, l'immutabilité sont, au contraire, des propriétés réellement inhérentes à l'Être unique et universel (1)(I). — Cette dernière théorie, fondamentale dans le spi-

---

(1) En effet, qu'il existe au plus profond de la Réalité une multitude de termes distincts, possédant des caractères communs malgré cette distinction, c'est ce que n'eût pu admettre Spinoza, sans supposer dans les choses, et dans chaque terme de cette multitude, la présence d'une pluralité d'éléments solidaires, susceptibles d'être discernés par abstraction des unités complexes dans lesquels ils entrent. Et, par exemple, attribuer une valeur définitive à des notions comme celles du Nombre, de la Mesure, du Temps, et à celle des Universaux que présupposent les trois premières, Spinoza ne le peut, non seulement à cause de la multiplicité inhérente au contenu même des notions en question, mais aussi et surtout — comme cela est évident en ce qui concerne les Universaux, et comme il en a lui-même une conscience non moins nette en ce qui concerne le Nombre (Epist. XXXIX, 1, 1° et 2°; Epist. L, 2 et 3 ; cf. Eth. I, scol. 2 prop. 8, p. 44) — à cause de leur caractère abstrait, à cause de l'identité qu'elles supposent entre des termes différents à d'autres égards. Admettre que le Nombre, les Universaux, la Mesure et le Temps soient autre chose que des ombres inconsistantes, — et nous ne disons pas : des choses ou des concepts adéquats, mais même des éléments et des articulations véritables de choses ou de concepts adéquats, — ce n'est pas seulement admettre la pluralité des termes mis en rapport par ces notions ; c'est encore supposer la multitude au sein de chacun des termes pris isolément : c'est reconnaître qu'il y a lieu de distinguer dans son unité concrète entre ce qui appartient à ce terme en propre exclusivement et les notions — Nombre, Mesure, Classe, Durée — sous lesquelles il entre et qu'il peut avoir en commun avec d'autres termes semblables ; bref, c'est admettre la valeur rationnelle de l'abstraction. Or rien ne répugne plus à la pensée maîtresse du spinozisme que de composer la Réalité concrète d'une pluralité de moments isolables par abstraction ; il n'y a à ses yeux de réalité que là où il y a unité absolue, unité logiquement aussi bien qu'ontologiquement indivisible, donnée brutale et opaque qui n'admet ni composition ni degrés d'aucune sorte. En face des termes abstraits, Spinoza ne pouvait donc choisir qu'entre

(I) Eth., I, def. 6 ; — II, sec¹. lemm. 7 ; cf. scol. 1 et 2 prop. 40 ; lemm. 1, 4, 5, 6, 7. — Court Traité, I, 2, p. 15-16. — Cf. note I, p. 177.

nozisme, rappelle à beaucoup d'égards la distinction éléatique entre la réalité immuable et indivisiblement une, objet de la croyance vraie, — πίστις ἀληθής, — et les objets chimériques de l'opinion — δόξα. — Cet Être, tel que le conçoit Parménide, présente avec la Substance spinoziste un certain nombre de caractères communs. Il est sans naissance, — ἀγένητον, — impérissable, — ἀνώλεθρόν, — immobile, — ἀτρεμές, — infini, — ἀτέλεστον, — éternel, sans passé ni futur, — ὁμοῦ πᾶν, — un et continu, — ἕν, ξυνεχές. — Ainsi que la Substance de Spinoza est cause de soi, l'Être éléatique — τό ὄν — ne doit son existence qu'à lui-même ; le non-être ne pouvant produire, puisqu'il ne saurait exister ; et que le nommer, ce n'est rien nommer du tout : car il est inintelligible, — οὐ φατόν, οὐδὲ νοητόν, dit Parménide en parlant du néant. D'ailleurs, à supposer que le non-être fût cause de l'être, pourquoi celui-ci serait-il sorti de celui-là à tel moment plutôt qu'à tel autre ? — Autres propriétés que l'Être éléatique a de commun avec la Substance spinoziste : il est indivisible, — οὐδὲ διαιρετόν, — immuable, — ἀκίνητον, — il n'a pas commencé d'exister, il ne cessera jamais d'être, — ἄναρχον, ἄπαυστον. — Enfin, ce qui achève de compléter l'analogie, l'Être éléatique avec ses propriétés n'est connu que par l'Entendement seul, ou, comme dit Parménide, ce ne sont choses présentes qu'à lui seul, — νόῳ παρεόντα. — De même que pour Spinoza, distinctions et individualités, multitudes et changements ne sont qu'imaginaires ; pour l'école d'Élée, ce sont autant d'apparences sans nul fondement (1). Toutefois, quelque judicieux que soient ces rapprochements, si heureusement mis en lumière par M. Pillon (²), il ne faut pas oublier que l'apparence, chez Spinoza, découle — comme toute chose — de la nature de la Substance. Le monde de l'Imagination, pour être un ensemble d'illusions, a pourtant comme tel une cause qui l'explique ; il n'est autre que la totalité même des Modes étendus, isolés par abstraction de l'Attribut qu'ils affectent. Par conséquent, le degré précis de réalité que Spinoza leur assigne, dépend étroitement de la nature et de la portée de cette abstraction. Aussi ajournons-nous, au moment où nous traiterons cette seconde question, l'examen de la première : alors seulement nous serons en état d'expliquer dans quelle mesure nous pensons devoir ou non

---

deux attitudes, qu'en fait il prend tour à tour, selon les cas : ou bien il lui fallait nier le caractère abstrait de la notion considérée et l'ériger en réalité concrète ; — c'est ce qu'il a fait pour ces hypostases que sont chez lui la Substance, l'Attribut et, à certains égards, les Modes infinis, quelque contradiction qu'il y eût à les maintenir toutes côte à côte ; — ou bien encore, reconnaissant la nature abstraite de la donnée, il lui restait à la tenir pour une vaine illusion, comme il a fait à l'égard des notions que nous venons d'examiner et des qualités qu'elles impliquent.

(²) *Année philos.*, 1894, p. 155 à 170.

(1) Zeller, *Philosophie des Grecs*, trad. Boutroux, t. I, ch. 50, Paris, Hachette, t. I, 1877 ; t. II, 1882 ; t. III, 1884. — Cf. Aristote, *De generatione et corruptione*, I, 8.

souscrire à l'opinion qui attribue au spinozisme sur ce dernier point l'attitude d'une sorte d'idéalisme éléatique. Mais dès maintenant nous rappelons que cette thèse est indépendante des opinions que l'on peut professer sur la réalité ou la non-réalité des Attributs, et qu'elle peut s'accorder, et s'accorde en fait chez plusieurs auteurs, avec une interprétation réalistique de ces derniers.

Quoi qu'il en soit, ces Modes qui font l'objet de l'Imagination, — et dont nous parlerons plus en détail, quand nous traiterons expressément de celle-ci, — ce sont les corps qui peuplent l'Univers. L'Imagination se les représente comme réellement distincts; mais ils ne le sont en fait que modalement; par suite, ils ne diffèrent, dans la mesure où ils diffèrent, que comme les divers aspects d'une même Étendue diversement modifiée.

Tel est, brièvement résumé et dans la mesure où le permet le point du système où nous sommes parvenu, le principe spinoziste de la théorie des corps. Comme nous l'avons déjà dit, quels qu'aient été en fait les mobiles psychologiques qui l'ont déterminée dans l'esprit de Spinoza, c'est là une conséquence logique rigoureuse de principes cartésiens, entrevue seulement par Descartes lui-même. Car la théorie sur l'impossibilité du vide, d'une part, et, de l'autre, celle sur l'unité et la substantialité de l'essence étendue comme telle, formulées toutes deux par Descartes, sont logiquement incompatibles avec toute division substantielle de l'Étendue en corps réellement et substantiellement distincts [1].

D'où vient maintenant que, pour Spinoza, les Attributs soient nécessités à s'exprimer de cette manière? Spinoza ne le dit pas. Il pose simplement comme un fait l'existence de Modes finis dans la Substance. Quant à la nature du passage des Attributs aux Modes finis, il ne l'indique pas; de sorte que, pour ne rien dire ici de l'antinomie de la Substance unique et de son infinité d'Attributs, il y a dans le système au moins comme deux mondes séparés, dont Spinoza affirme l'unité fondamentale sans la montrer ni l'expliquer. Spinoza semble même se plaire à accentuer l'écart entre les deux pôles qu'il reconnaît à la Réalité.

Tandis que la Substance, infinie et éternelle dans chacun de ses Attributs, existe nécessairement selon chacun d'eux, les Modes finis, passagers et d'existence limitée, n'existent aucun en vertu de leur essence. C'est qu'en effet tout Mode de ce genre est produit par autre chose que lui-même, n'est pas par conséquent cause de soi, c'est-à-dire qu'il ne peut être dit exister nécessairement en vertu de son essence propre; ce qu'on doit au contraire affirmer de la Substance comme

---

[1] Cousin, *Fragments de philosophie cartésienne*, p. 321 sqq. — *Principia philosophiae cartesianae more geom. dem.*, II, prop. 6, 423, et dem. 424.

telle. D'autant qu'un Mode fini, précisément parce qu'il est tel, peut être conçu comme n'existant pas au delà de certaines limites ; il n'a pas toujours existé, n'existant pas toujours ; et, durant son existence, son être est borné par des existences de même ordre. Aussi ne peut-on conclure son existence de la seule considération de son essence ; c'est à l'Expérience à décider. Un pareil Mode est produit par Dieu, sans doute, comme toute chose ; son essence et son existence se fondent en dernière analyse dans l'essence divine, mais non toutefois dans cette essence prise absolument ; c'est seulement en tant que celle-ci est modifiée par un autre Mode fini, lequel à son tour doit avoir pour cause prochaine Dieu en tant qu'il constitue l'essence d'un troisième Mode fini, et ainsi de suite à l'infini. En voici la raison. — Une conséquence nécessaire immédiate d'un Attribut divin pris absolument, tout en étant un Mode, ne peut être qu'un Mode éternel et infini, et partant nécessaire dans son existence. On peut dire, en effet, qu'il est une suite inconditionnelle d'une certaine essence absolue, c'est-à-dire qu'il est constitué par cette essence tout entière. Si donc le Mode en question était fini, il faudrait le concevoir limité par un autre Mode, lequel devrait être conçu lui aussi comme constitué par la même essence. Mais alors l'Attribut de ce premier Mode n'en constituerait pas tout entier l'essence et l'existence, — ce qui est contre l'hypothèse. Ce Mode infini est donc par essence, comme l'Attribut qui le fonde et pour les mêmes motifs, nécessaire et éternel. Par un raisonnement semblable, on prouverait l'impossibilité, pour un pareil Mode, d'avoir pour conséquence immédiate autre chose qu'un second Mode éternel et infini.

Ainsi, il existe dans chaque Attribut, d'une part des Modes infinis immédiats et médiats, sortes de prédicats qui découlent tous à quelque degré de l'essence absolue de l'Attribut considéré ; et, d'un autre côté, des suites indéfinies de Modes finis se déterminant à l'infini.

Car, pour les raisons déjà énoncées, un Mode fini ne peut être la conséquence immédiate d'un Attribut pris absolument ou affecté d'une modification infinie quelconque, non plus qu'il ne peut être la cause des Modes de cette dernière sorte. La théorie des Modes éternels et infinis, que l'on pourrait considérer à première vue comme le trait d'union entre celle de la Substance et celle des Modes finis, semble au contraire creuser davantage le fossé que l'on croit qu'elle aide à franchir. Jamais l'antinomie de l'infini et du fini ne s'est présentée avec plus d'acuité que dans la philosophie spinoziste. Spinoza, en effet, après avoir posé une fois pour toutes l'unité des deux termes au sein d'un même Être, loin de déduire l'un des deux termes de l'autre, fait tous ses efforts pour en faire ressortir l'antagonisme réciproque.

Il y a même à certains égards, ainsi que nous l'indiquerons ultérieurement avec plus de développements, comme deux philosophies distinctes à l'intérieur du système. La théorie de l'essence absolue de Dieu, c'est-à-dire des Attributs, — ou de la « Nature naturante », — et de leurs suites immédiates, ou « Nature naturée générale » (¹), absorbe entièrement le monde en Dieu : c'est, pour employer l'expression fort juste de Hegel, — qui n'a vu au reste que cet aspect du spinozisme, — un acosmisme plutôt qu'un panthéisme. Par contre, si l'on considère cette partie de la « Nature naturée » qui consiste dans les Modes finis, ou la « Nature naturée spéciale » (²), le système apparaît sous l'aspect d'un immanentisme panthéistique (³) : Dieu, en effet, est immanent aux choses finies, comme à tout ce dont il est la cause, c'est-à-dire à toute chose. Néanmoins, si l'on serre un peu le système de près, on reconnaîtra que, si Dieu est immanent au monde, en Dieu lui-même la « Nature naturante », avec ses prédicats qui constituent la « Nature naturée » dans son principe prochain, ne laisse pas d'être transcendante par rapport à la « Nature naturée spéciale ». Ainsi reparaissent, et pour ainsi dire protestent, chez Spinoza comme chez Aristote, les principes dont ils étaient partis pour les dépasser, à savoir : ici, la transcendance platonicienne de l'Idée par rapport aux individus ; et là, la transcendance cartésienne de Dieu au monde (I).

Ce n'est pas seulement la transcendance, ce sont encore les trois notions cartésiennes, solidaires de la précédente et connexes entre elles, de création, de possible, d'indépendance réciproque de l'essence et de l'existence, que la théorie spinoziste des Modes finis se trouve rappeler à certains égards avec les modifications et, pour ainsi dire, les transpositions nécessitées par le reste du système. Il y a, en effet, chez Spinoza, comme un équivalent de la création, et comme une restauration du possible, amenés par la séparation de l'essence et de l'existence dans les choses finies (⁴). Nous avons vu que l'essence de tel Mode fini qu'on voudra n'enveloppe pas l'existence ; l'expérience est requise pour connaître non seulement l'existence d'un quelconque de ces Modes, mais encore sa durée, laquelle est par définition la continuation indéfinie de l'existence. De l'essence d'une chose finie, on ne

---

(¹) *Court Traité*, I, ch. 8 et 9, van Vloten, p. 34-35.

(²) Id., *ibid.*

(³) Il est à remarquer que, bien qu'il n'y ait aucun lien direct entre tel Mode infini qu'on voudra et un Mode fini quelconque, les Modes infinis n'en sont pas moins rangés dans la « Nature naturée », c'est-à-dire dans le domaine des êtres dépendants et en quelque sorte créés, malgré leur caractère d'émanations immédiates et inconditionnelles de l'être absolu de Dieu. (Cf. scol. prop. 29, *Eth.*, I ; et *Court Traité*, ch. 8 et 9).

(⁴) Cf. A. Rivaud, *op. cit.*, p. 160.

(I) *Eth.*, I, def. 2 et 5 ; — prop. 15, 16, 18, 21-23, 24 et cor. ; cor. 2 prop. 25 ; prop. 26-28, 29 et scol. ; prop. 36. — *Eth.*, II, def. 2 et 7 ; — ax. 5 ; lemm. 1 et 3 ; — postul. 4 et 6 ; cf. postul. 1, 2, 3 ; cor. prop. 31. — *Court Traité*, I, ch. 5, p. 34 ; — ch. 8 et 9, p. 44-46. — *De Intell. Emend.*, IX, 76, note 1. — Epist. XXVIII, 1 ; — Ep. LXVI.

saurait déduire à quel moment cette chose cessera d'exister, toute chose quelle qu'elle soit persévérant indéfiniment dans l'être et dans un même état de l'être, tant qu'aucune cause extérieure ne vient la détruire ou la modifier. Spinoza, pour qui tous les aspects primitifs de l'être sont rigoureusement parallèles, et qui estimait que l'esprit humain ne connaissait d'ailleurs d'autres de ces aspects que le monde physique, et sa traduction littérale dans le domaine de la représentation, généralise ainsi, en la transportant à tous les autres aspects de l'être, la loi d'inertie dont Descartes faisait le principe de sa physique[1]. Aussi une chose finie ne peut-elle être détruite par Dieu qu'en tant qu'il constitue l'essence d'une autre chose finie de même nature; semblablement, elle ne peut être déterminée à exister ou à agir — l'action d'une chose étant, au reste, un aspect de son existence, — que par une chose finie de même ordre.

De leur côté, les essences finies se comportent d'une tout autre façon que les existences correspondantes; chacune d'elles est la chose même, non en tant qu'existant actuellement, mais en tant que comprise dans son Attribut. Ainsi le terme « existence, » quand Spinoza le prend dans son sens étroit, indique pour les choses finies une position dans la durée qui s'ajoute en quelque sorte du dehors à leur essence, sans modifier en rien le contenu de celle-ci. Cette dernière est donc relativement à l'existence actuelle temporelle dans le rapport du possible au réel; et le passage du premier au second de ces états est bien ce qui constitue l'essentiel de l'idée de création. Voilà comment Spinoza, ainsi que nous le disions, se trouve restaurer, au sein de l'immanence, un équivalent pratique de la création cartésienne et des séparations non moins cartésiennes de l'essence et de l'existence, du possible et du réel. Il n'y a ici, au fond, de différence capitale entre Spinoza et Descartes que sur la question de savoir ce qui est ou non par soi. Mais, pour l'un et pour l'autre, dans tout ce qui n'est pas par soi, — et par conséquent aussi, pour le nécessitarisme spinoziste, dans tout ce qui ne dérive pas d'une chose par soi prise absolument, — le lien de l'essence à une existence actuelle proprement dite, du possible au réel, est, malgré les restrictions et les embarras visibles de Spinoza et ses efforts infructueux pour accorder cela avec ses intentions immanentistes, un lien sinon extérieur, du moins indirect et moins interne qu'entre l'essence et l'existence des autres choses. Le moment n'est pas encore venu de développer les conséquences de cette théorie sur la question des rapports de la Pensée et de son objet; mais il importe dès maintenant de rappeler le principe sur lequel elles reposent. Par suite de l'étroite correspondance du monde de la Pensée

---

[1] Cf. *Principia philosophiae cartesianae*, II, ax. xx, p. 419. — *Ibid.*, prop. xiv, p. 432. et cor. — *Ibid.*, prop. xxi à xxxii, p. 437-448, *passim*.

avec toute réalité externe, notamment avec la réalité physique, la distinction que nous venons de signaler entre l'essence et l'existence des objets finis a, dans la représentation des objets, son pendant rigoureux; de sorte que, d'une part, à tout objet existant actuellement comme Mode d'un Attribut quelconque correspond dans la Pensée une idée qui le représente, lui et son existence; et, semblablement, il existe pour chaque essence finie, en tant qu'essence, une idée éternelle qui lui correspond. Il existe donc, pour chaque objet de la « Nature naturée spéciale », un type éternel à la fois idéal et réel. L'équivalent de la création dans le spinozisme consiste dans le passage d'une de ces essences intemporelles, à la fois réelles et idéales, à l'existence temporelle en acte, — elle aussi réelle et idéale à la fois. Au reste, les deux mondes diffèrent profondément et sont étrangement séparés. Les essences ne se réalisent en effet ou ne passent à l'existence que sous l'influence de causes actuellement existantes; une existence, comme telle, découle immédiatement d'une autre existence actuelle; celle-ci, d'une autre, et ainsi de suite à l'infini; tandis que, pour rendre raison d'une essence considérée comme dépendance d'un Attribut, il faut avoir recours, en fin de compte, à cet Attribut considéré absolument (I).

Ces Modes finis, dont l'essence se distingue de l'existence, sont les choses singulières, les choses singulières — « res singulares(¹) » — étant définies: celles qui ont une existence limitée. Dans l'Étendue, les choses de cet ordre sont les corps ou, plus exactement, les affections et déterminations corporelles, d'après la doctrine que Spinoza a professée durant la plus grande partie de sa vie, et notamment dans l'*Éthique*. Les corps ne se distinguent que modalement, comme il ressort de leur définition, d'autant que l'individualité est quelque chose d'essentiellement relatif, voire d'incertain et de flottant. Dans l'espèce, l'individu n'est qu'une certaine proportion de mouvement et de repos; chaque corps individuel est ainsi comme un petit système, que des systèmes environnants limitent, et partant figurent. La figure, dès lors, est quelque chose non seulement de relatif, mais même de tout négatif, puisqu'elle n'est que le résultat de la limitation et de la détermination, par des corps environnants, de l'Étendue, en elle-même illimitée et indéterminée; — et par conséquent, vu les principes

(¹) *Eth.*, II, def. 7.

(I) *Eth.*, I, prop. 24-27, 28 et scol., 30; — II, def. 2, cf. prop. 13; def. 5; prop. 8, 8 et cor., 9 et cor.; scol. 2 prop. 10; prop. 11; 30 et dem., dem. prop. 31; — IV, prop. 6; def. 3; cf. prop. 7; — V, prop. 21, 22; dem. prop. 21; scol. prop. 28; prop. 29 et scol.; prop. 30; scol. prop. 40, cf. prop. 23 et scol., 30 et 29. — *Court Traité*, I, ch. 2, dialog. 2, van Vloten, p. 21; — II, ch. 15, p. 64-65; — Append., p. 128, dém. 1º paragr. — *Cog. Met.*, I, ch. 2, p. 195, 198, etc.; ch. 3, p. 198, 2º; ch. 4, p. 201; — II, ch. 1, p. 207-208. — *De Intell. Emend.*, VIII, 55; — IX, 67; — XIV, 100, 101. — *Princip.*, p. 197. — Epist. XXVIII, 1; — XXIX, 4-5, début.

spinozistes, le résultat d'une restriction partielle de l'essence positive de l'Étendue. Étant donnée cette notion de l'individu corporel, on peut considérer plusieurs corps ayant entre eux des rapports mécaniques définis, comme formant un individu plus composé que chacun d'eux. Si la proportion de mouvement et de repos qui, dans un cas donné, constitue un individu, vient à changer pour une raison quelconque, il s'ensuit la mort de cet individu.

Or, comme il n'est pas de choses matérielles entre lesquelles n'existent des rapports mécaniques, tels que ceux dont il vient d'être question, l'individualité est loin de consister dans un absolu indivisible; c'est une unité de rapports assez extérieure qui n'a pas les caractères d'un lien synthétique véritable. L'Univers matériel n'étant qu'un ensemble de relations constantes de mouvement et de repos, on peut dès lors le considérer comme un grand individu dont tous les corps sont les parties.

En d'autres termes, il y a individu corporel partout où il y a des corps groupés sous une certaine loi, ou plus exactement partout où il y a une certaine loi de groupement entre des corps; et il suffit à la conservation de cet individu que la loi, c'est-à-dire le rapport des termes, ne change pas. Les groupements les plus simples entrant eux-mêmes dans des groupements secondaires, ceux-ci dans d'autres, et ainsi à l'infini, il y a lieu d'admettre des individualités de tous degrés, et, à vrai dire, une infinité de degrés d'individualités. Les derniers éléments de cette sorte de composition, éléments immédiats des individus du premier degré, sont les termes derniers, et par conséquent les plus simples de la division corporelle : ce sont les corps les plus simples, — « corpora simplicissima ; » — mais ce ne sont pas des entités plus ou moins substantielles. Ils sont eux aussi des rapports mécaniques, puisqu'ils se définissent chacun et se distinguent par un degré propre de mouvement ou de repos, de vitesse ou de lenteur. Ce sont, à vrai dire, les mouvements les plus simples, puisqu'aussi bien les corps ne se distinguent en dernière analyse que par leurs mouvements, sans lesquels les diverses figurations elles-mêmes ne pourraient naître. Les derniers éléments des Modes corporels finis sont donc les plus simples des mouvements ; et des rapports fixes et permanents entre ces derniers, que leur matière change ou non, constituent les individus du premier degré (¹). Après cela, que les

---

(¹) Nous ne croyons pas que cette théorie des corps absolument simples soit en contradiction avec l'axiome suivant: « Omnes modi, quibus corpus aliquod ab alio afficitur corpore, ex natura corporis affecti et simul ex natura corporis afficientis sequuntur; ita ut unum idemque corpus diversimode moveatur pro diversitate naturae corporum moventium, et contra ut diversa corpora ab uno eodemque corpore diversimode moveantur ». (*Eth.*, II, ax. II, post schol. prop. XIII). Quelle contradiction, en effet, y a-t-il à admettre que chaque corps simple pris en lui-même a, ou, plus exactement, est un mouvement spécifique, et que ce mouvement se modifie

individus soient également définis par Spinoza comme des rapports de grandeurs, nous ne croyons pas qu'il y ait lieu, avec certains auteurs, de s'en étonner (¹), si l'on songe que Spinoza connaissait fort bien la relation mécanique qui existe entre la quantité de matière et la vitesse, et que la quantité de matière devait se ramener, en fin de compte, au volume, dans une philosophie qui fait de l'Étendue l'essence de la Matière, outre qu'il n'y a pas de mouvement sans trajectoire, ni de trajectoire qui ne soit une figure, et par conséquent une grandeur.

Nous dirons donc, pour réunir dans une même définition les deux aspects de la théorie, et pour écarter de la notion d'individu toute idée de substance et jusqu'à tout soupçon de substantialité, que l'individu corporel est, pour Spinoza, comme un système plus ou moins complexe de trajectoires en rapports mécaniques et géométriques constants; de sorte que, selon la manière dont on le considère, le le même individu peut être pris à son tour pour élément d'un individu plus riche.

Cette théorie du caractère à la fois formel et relatif de l'individualité corporelle, ainsi que la nature purement modale des corps, dont elle est un corollaire, est si bien la conséquence du principe de l'unité substantielle de l'Étendue indéterminée, — admis déjà au fond par Descartes, quoique affirmé avec moins d'énergie, — que nous avons déjà vu ce dernier amené, en dépit d'autres propositions opposées, à la proclamer presque dans les mêmes termes, lorsqu'il fut obligé de se prononcer *ex professo* sur l'individualité des corps. Ainsi la théorie spinoziste de la Matière corporelle, non seulement par le centre autour duquel elle gravite, mais encore par de frappants détails, rejoint la théorie cartésienne correspondante, et jusque dans les conséquences qui, méconnues d'abord par Descartes dans toute leur ampleur, protestent pour ainsi dire malgré lui sous sa propre plume, en s'y faisant partiellement jour.

Maintenant il va de soi que chaque chose singulière, et notamment chaque chose singulière étendue, est représentée dans la Pensée par une idée correspondante, plus ou moins composée selon l'individu représenté. Cette idée n'est autre que l'âme de la chose qui en est l'objet. Ainsi toute chose dans l'Univers est animée à quelque degré. Par là, le spinozisme rappelle à certains égards le Monadisme leibnizien, avec cette principale différence que, pour l'idéalisme de Leibniz,

---

en partie au contact des autres mobiles, ou, pour mieux dire, des autres mouvements; de même que, par suite de sa nature propre, il les modifie à son tour? Et qu'y a-t-il de contradictoire à admettre qu'il subit et reçoit telles et telles modifications, précisément parce qu'il est tel mouvement, plutôt que tel autre? Nous ne voyons pas pourquoi un auteur d'ordinaire aussi pénétrant que Camerer (*Die Lehre Spinoza's*, II, II, p. 62-64), sans la rejeter décidément, il est vrai, hésite devant une pareille solution, conforme non seulement à la logique, mais aux exigences de la mécanique.

(¹) Camerer, *Die Lehre Spinoza's*, p. 61.

la spiritualité universelle s'explique en dernière analyse par le fait que toute chose est en son fond une âme, tandis que Spinoza, tout en doublant chaque objet de l'Univers d'une âme correspondante, ne l'identifie pas avec elle (1).

Au premier abord, quoi de plus étrange, voire de plus contraire à l'universel mécanisme du monde matériel cartésien, que cette théorie de Spinoza ? Et cependant, à y regarder de près, on peut y être conduit par la seule combinaison de certains principes spinozistes avec ceux qui ont amené Descartes à rejeter, en dehors de l'homme, toute participation d'un élément spirituel avec quelque corps que ce soit, fût-ce un corps doué de vie, fût-ce celui d'un animal. Bref, nous croyons que les raisons qui ont engagé Spinoza — certains principes étant antérieurement admis par lui — à doubler d'une âme, ou de ce qui en tient lieu dans le système, tout élément corporel de l'Univers, sont semblables et presque identiques à celles qui ont engendré chez Descartes l'interprétation mécanique exclusive de tous les phénomènes corporels étrangers au règne humain, et la théorie de l'automatisme des bêtes elle-même. Pour Descartes, en effet, c'est parce que tous les effets de la nature corporelle, y compris ceux de la matière vivante, ne requièrent, pour être expliqués, que les seules considérations de figures et de mouvements, qu'il exclut comme inutile tout élément spirituel des êtres dont des phénomènes corporels seuls lui révèlent l'existence, et par conséquent même de ceux d'entre eux qui, comme les bêtes, accomplissent beaucoup d'actes semblables à ceux de l'homme. Ce n'est que pour avoir rencontré, par une observation directe et immédiate, la présence dans l'homme d'un élément qui, n'étant pas mécanique, ne peut être réputé corporel à aucun degré, qu'il juxtapose, dans cet être privilégié, à côté du corps, un principe purement spirituel, une âme; de sorte que c'est ici le mécanisme absolu de sa physique qui l'oblige à séparer radicalement dans l'homme l'âme et le corps, loin que la spiritualité de l'âme humaine porte une atteinte au caractère mécanique qui est attribué à la nature corporelle. Ce n'est ensuite que par une inconséquence, qu'à cette âme humaine, séparée radicalement par son essence du corps humain, et qui, vu les principes mécaniques de la physique cartésienne, aurait dû rester sans action sur le corps humain, Descartes attribue un rôle dans la production des phénomènes dont notre corps est le théâtre.

Passons maintenant à Spinoza.

Ici même conviction, plus forte encore s'il est possible, sur l'universalité des explications mécaniques des phénomènes corporels;

---

(1) *Eth.*, II, prop. 11 et cor.; prop. 13, scol. et ax. 1 et 2; — def. 1 et 7; — lemm. 1-7; cf. postul. 1-6; cor. lemm. 3, et ax. 1 et 2. — *Eth.*, V, scol. prop. 39. — *Court Traité*, II, préf., *passim*; Append. II, notamment p. 133. — *Epist.* XV, 3-6; L, 2°, p. 185, van Vloten. — *Entretien avec Tschirnhausen*, 1675, ap. Stein, p. 281.

mêmes conclusions sur l'hétérogénéité du monde spirituel et de celui des corps, et sur celle, dans l'homme, de l'esprit et du corps. Spinoza, plus conséquent ici que Descartes, et poussant jusqu'au bout le principe du mécanisme, complète cette dernière conclusion en affirmant l'inutilité absolue de l'âme humaine à l'égard des actes du corps humain, et la radicale inefficacité des pensées de celle-là sur les mouvements de celui-ci. Aussi regarde-t-il l'une et l'autre nature dans l'homme, comme des natures parallèles qui se correspondent rigoureusement sans se pénétrer, ni même, si l'on peut dire, sans se toucher. La partie positive de la théorie, dans ses détails, qui a surtout ses racines dans les vues spéciales de Spinoza sur la nature de la Pensée, n'a pas à nous arrêter ici ; rappelons seulement que Spinoza expliquait le rapport du corps et de l'âme humaine par la reproduction dans celle-ci, pour son compte et par ses propres forces, du corps humain qui en devient ainsi l'objet, et rien que l'objet, mais un objet sans action sur elle. Quant au reste, nous en avons dit assez pour indiquer les relations qui unissent la partie négative de la théorie à des principes que Descartes n'eût pas désavoués, puisqu'ils se trouvent déjà tels quels dans sa philosophie. Maintenant, en doublant tous les autres corps ou phénomènes corporels, à l'exemple du corps humain, d'une âme ou idée correspondante, non moins inutile à ceux-là que l'âme humaine à celui-ci, Spinoza, loin de la restreindre, ne fait qu'étendre à tout l'univers corporel la conception mécanique qu'il professe du corps humain, en intégrant en retour celle-ci dans une théorie universelle de toute la nature corporelle, de manière à assurer à la première une plus solide base et une portée plus générale. Affirmer qu'à tout objet corporel correspond une âme ou idée, non moins qu'à notre corps, et que celle-ci demeure sans action sur son objet, qui obéit sans restriction aux seules lois mécaniques, c'était, croyons-nous, le seul biais par lequel on pouvait, sans nier la Pensée ou en faire une dépendance de l'Étendue et un produit du mécanisme, établir avec conséquence l'empire universel et sans partage de celui-ci dans le monde des corps. En effet, bien qu'il n'y ait pas contradiction à la rigueur à admettre pour le seul corps humain le voisinage de pensées sans action sur lui, néanmoins il paraît déraisonnable et invraisemblable de dénier à une telle exception tout effet sur l'organisme ; et la tentation est forte d'admettre au contraire que, si l'organisme humain dont la nature physique est semblable à celle des autres corps, et si voisine notamment de l'organisme animal, est accompagné d'une âme à l'exclusion des autres corps et des autres organismes vivants, c'est qu'elle doit avoir sur lui quelque action qui justifie en quelque sorte l'exception admise, tentation si naturelle que Descartes y a cédé, malgré l'esprit mécaniste de sa physique. Spinoza a pu au contraire éviter cette inconséquence, en faisant du rapport de l'âme et du corps dans l'homme un cas particulier d'une relation universelle affirmée entre tout objet corporel et une idée ou âme qui l'accompagne. L'âme humaine, pense ce philosophe, n'a aucune action sur son corps, et tout se passe en lui mécaniquement : car il en est de même dans tous les corps, quels qu'ils soient, et que la présence d'une âme ou idée n'empêche pas de soustraire, en aucun cas et en aucun point, au mécanisme universel dans leur domaine. En la généralisant, Spinoza a en quelque sorte immunisé le mécanisme contre l'existence de l'âme, et comme conjuré le péril, en faisant perdre en force à sa cause ce qu'il lui donnait en extension. Ainsi disparaissait toute crainte de voir se transformer l'âme humaine en agent perturbateur du mécanisme dans le corps humain ; et, avec cette crainte, le risque de ruiner tout fondement solide du principe même du mécanisme dans le reste du monde physique et d'être conduit à douter, une fois admise l'action de notre âme sur notre corps, si les autres corps — ou tout au moins les organismes vivants, et principalement parmi eux les plus proches parents du nôtre — pouvaient continuer à accomplir, par le seul jeu du mécanisme, les actes soustraits chez nous à son influence. L'universelle spiritualité, ou, si l'on préfère, l'universalité de la présence d'un élément spirituel à côté de la nature corporelle, est donc bien, dans un de ses moments, ainsi que nous le disions, un succédané du mécanisme cartésien ; ou du moins, en réfléchissant sur les conditions d'une physique aussi inflexiblement mécanique qu'elle l'est en principe chez Descartes, Spinoza — étant donnés par ailleurs ses autres principes — devait être conduit à admettre une semblable thèse. Il n'y avait pas pour lui d'autre manière d'assurer le mécanisme, puisque, d'autre part, il se refusait à nier l'existence de la Pensée ou à en faire un produit du mécanisme lui-même.

Partis de la théorie des Modes corporels finis, nous venons de dégager un premier résultat concernant les rapports de la Pensée et de la Matière corporelle considérée comme jouant pour la Pensée le rôle d'objet, et nous avons vu les liens qui unissaient ce premier résultat au cartésianisme. Nous verrons plus loin, quand l'heure viendra d'étudier les rapports de la pensée humaine et du corps humain, se manifester entre les deux philosophies, dans le détail de leurs conceptions respectives de l'union de l'âme et du corps, des relations plus déterminées. Mais, auparavant, essayons de résoudre une dernière question relativement aux Modes singuliers en général : celle de leurs rapports avec les Modes éternels et infinis de même Attribut. Cela nous permettra de définir, dans la mesure du possible, mieux que nous ne pouvions faire antérieurement, la nature de ces derniers.

Qu'il y ait quelques relations assez étroites entre ces deux sortes de manifestations de la Substance, c'est ce que personne ne met en doute.

Certes, nous l'avons déjà vu, un Mode fini n'a pour cause qu'un autre Mode fini de même genre, et non pas un Mode infini. Mais il est conforme à la vraisemblance de voir dans un Mode infini quelconque une somme de Modes finis ou, plus exactement, — puisqu'il n'y a pas en soi dans la Substance de sommes ni de parties, — dans telle multitude indéfinie de Modes finis, une manifestation indéfinie de l'indivisible unité d'un Mode infini. C'est ce que semblent indiquer les remarques suivantes, qui permettent en outre de préciser encore ce rapport.

Considérons, en effet, que la Pensée et l'Étendue comptent respectivement l'Entendement divin ou Idée divine et le Mouvement infini parmi leurs Modes infinis, alors que parmi les Modes finis de ces deux Attributs se trouvent, d'une part, des idées et, de l'autre, des mouvements. Dès lors il semble bien que le Mode infini fasse l'unité des Modes finis correspondants, en représentant, ou, plus exactement, en étant ce qu'ils ont de commun entre eux. Ils sont chacun l'essence commune et indéterminée dont les Modes finis sont autant de spécifications et de déterminations. Et, par exemple, le Mouvement infini et l'Idée infinie sont respectivement le Mouvement et l'Idée indéterminés et comme tels, dont chaque mouvement particulier, chaque idée particulière est une manifestation partielle et une restriction limitative; à peu près comme l'Attribut Étendue et l'Attribut Pensée sont respectivement l'essence indéterminée dont chaque étendue particulière et chaque pensée particulière sont un aspect incomplet et limité, et comme réduit à une détermination. Les Modes infinis sont probablement ces propriétés communes à tous les objets de même essence ou à une classe d'objets, que nous retrouverons à propos de la théorie de la connaissance; ce sont, si l'on veut, autant de classes de Modes finis, mais celles-là seulement dont les individus se déterminent les uns les autres et se transforment pour ainsi dire les uns dans les autres. Ajoutons que Spinoza, tout en les considérant comme communes à plusieurs individus, ne les en tient pas moins elles-mêmes pour des réalités non seulement concrètes, mais encore individuelles, bien différentes des Universaux proprement dits. Ces essences, comme il les appelle dans le *De Intellectus Emendatione*, — en donnant à ce terme une signification autre que celle qu'il a quand il signifie l'Attribut, — sont, pour chaque catégorie de Modes finis, ce qui demeure permanent à travers les changements et transformations de ceux-ci comme étant la loi même de ces transformations et changements. Et, si nous le comprenons bien, c'est à des Modes infinis, à savoir à ceux de l'Étendue, que pense Spinoza, lorsqu'il parle en propres termes des lois de la Nature. Bref, chaque fois que des Modes finis capables de se déterminer les uns les autres peuvent, sans que le système spinoziste y voie de contradiction ou même de confusion, se laisser dépouiller des déterminations qui les distinguent entre eux, on peut être sûr, croyons-nous, qu'un tel objet indéterminé est un Mode éternel et infini : tel est précisément le cas pour le Mouvement et le Repos, — essence commune et permanente des mouvements et repos particuliers et déterminés, — et pour l'Idée infinie de Dieu, — essence commune et permanente des idées particulières et déterminées. Les Modes infinis immédiats sont dès lors ceux qui, comme les deux derniers cités, se déduisant immédiatement de leur Attribut, représentent des propriétés communes à tous les Modes de celui-ci, qui se retrouvent à la base des autres propriétés communes à plusieurs Modes, mais plus spéciales que les premières. Ces nouvelles propriétés peuvent elles-mêmes être conçues comme des Modes, ou des classes qui, moins générales, si l'on peut ainsi dire, que les Modes infinis précédents, — puisqu'elles les supposent et en sont comme des particularisations, — mais infinies néanmoins et développées dans une suite indéfinie d'exemplaires, constituent les Modes infinis médiats de tous les degrés. De ce point de vue, non seulement le Mouvement, mais aussi la Figure, la Vitesse, et toutes les autres propriétés de l'Étendue comme telle; non seulement l'Entendement, mais aussi l'Amour, l'Idée de l'Idée, et toutes les autres Propriétés de la Pensée comme telle, doivent être mises au nombre des Modes infinis; — et, en général, toutes les affections que Spinoza assigne sans restriction à l'être de Dieu considéré absolument, telles que, par exemple, la Joie infinie et l'Amour infini.

Si cette interprétation est la vraie, il faut admettre que Spinoza reconnaissait dans chaque Attribut autant d'espèces de Modes finis qu'il y avait, selon lui, de Modes infinis par Attribut; théorie que Spinoza n'a d'ailleurs nulle part formulée expressément. Au reste, la question des Modes éternels et infinis est une des plus obscures du système. Spinoza cite comme exemple de ces Modes, pour l'Étendue, au premier degré le Mouvement, qui est nommé dans le *Court Traité* « Fils de Dieu » (1), ou plutôt la réalité constituée par le Mouvement et le Repos; au second degré, l'aspect, ou, plus exactement, la forme de l'Univers, — « facies totius universi » (2). — Il n'en cite qu'un pour la Pensée : l'Entendement divin ou Idée infinie de Dieu.

Comme il a négligé de s'expliquer en détail sur les Modes infinis, on ne peut dire avec certitude, dans certains cas, s'il y a lieu ou non d'ériger tel groupe d'individus en Mode infini; par exemple, pour les espèces vivantes, et notamment l'espèce humaine, bien que réponse à cette question eût éclairé d'un jour singulier toute sa philosophie (3). Nous ne savons, en effet, s'il considérait que les membres

---

(1) *Court Traité*, ch. IX, p. 45.
(2) Epist. LXVI, 8.
(3) Cf. *Eth.*, I, scol. prop. 17.

d'une espèce vivante, par cela seul qu'à la fois ils ont des caractères communs et s'engendrent les uns les autres, peuvent être tenus pour les *déterminations diverses d'une même modification infinie*; et s'il assimilait à cet égard la génération aux déterminations plus simples des mouvements par les mouvements, des figures par les figures, des idées par les idées, des sentiments par les sentiments; ou s'il ne voyait dans la génération indéfinie des individus d'une même espèce vivante que la manifestation d'une collection — ou, si l'on veut, d'un rapport — de déterminations plus simples qui seraient autant de Modes infinis; rapport incapable de constituer à son tour un Mode infini nouveau. On ne peut sur ce point faire que des conjectures (I)(¹).

Quoi qu'il en soit, un point important à retenir ressort de cette obscure théorie des Modes infinis : en faisant du Mouvement —

(¹) La première de ces solutions ne laisserait pas d'être possible, malgré les affirmations du scol. I, prop. xl, *Eth.*, II (p. 108-109); rien, en effet, n'empêche d'admettre que, dans ce passage, Spinoza a pour but non de nier que des réalités concrètes — tout au moins aussi concrètes que n'importe quel Mode infini — soient respectivement présentes et communes à tous les hommes, à tous les chiens, à tous les chevaux; mais bien d'écarter simplement, comme imaginaire, de la Science et de la Réalité, la représentation — seule vraiment universelle et abstraite — que l'on se fait d'ordinaire de l'espèce humaine et des espèces animales. Quelle que soit la pensée définitive de Spinoza, le passage dont nous parlons prouve seulement que ce philosophe exclut de la Raison et de la Réalité véritables les Universaux (cf. Brunschvicg, *Spinoza*, ch. vi, p. 143-144); — non qu'il nie la conception rationnelle et l'existence réelle d'une nature humaine ou d'une nature animale quelconque qui, considérée en elle-même, ne serait ni abstraite ni générale; nature comparable, de ce point de vue, à ce qu'est dans le système spinoziste le Mouvement comme tel ou l'Entendement absolu. D'ailleurs, en faveur de cette hypothèse qui, en l'absence de textes absolument décisifs, ne saurait prétendre qu'à la vraisemblance, on pourrait invoquer un argument positif. Dans une foule de passages, Spinoza, dans le moment même qu'il prétend raisonner sur des idées rationnellement et scientifiquement définies, ne parle-t-il pas de la nature humaine, de l'esprit humain, de leurs lois, sans aucune désignation individuelle de tel homme, de tel esprit ? Et le *Traité de la Réforme de l'Entendement*, la majeure partie de l'*Éthique*, la partie politique de l'œuvre spinoziste, n'ont-ils pas avant tout pour objet la détermination rationnelle des lois de l'esprit humain comme tel dans ses divers domaines ? Or, que sur ce point particulier il ait eu, ou non, conscience des exigences de son système, il est certain, nous le verrons, qu'en principe et d'une manière générale, l'existence de lois et de propriétés communes à plusieurs individus, quand elles ne seraient saisies par la raison que dans l'un de ces individus, est liée dans le système, dès qu'elles peuvent être saisies par la raison, à l'existence d'une réalité véritable commune à ces individus. Qu'une telle réalité, exigée par ses principes, Spinoza ait en fait commis ou non l'inconséquence de la refuser à la nature humaine comme telle, il reste toujours qu'il a cru, en quelque sens que ce fût, à l'étude scientifique possible des lois et des propriétés de l'esprit humain, en tant qu'esprit humain : la préface de la troisième partie de l'*Éthique* est assez explicite à cet égard.

(I) *Eth.*, I, prop. 16 et cor. 1, prop. 26, 27, 28 et scol.; — II, cor. prop. 11; prop. 38 et cor. 2; prop. 45 et dem., cor. 2 et scol.; — III, Préface; — V, prop. 22, 23 et scol., 30. — *Court Traité*, ch. IX, p. 45; — p. 100 et note; — Append., p. 129 et 133. — Epist. LXVI. — *De Intell. Emend.*, IV, 19, 3°; — XIV, 101, 102. Cf. Camerer, *Die Lehre Spinoza's*, II, v, p. 127 sq.

entendez : du Mouvement actuel — un Mode infini et, par suite, nécessaire de l'Étendue, nous voyons Spinoza pousser jusqu'au bout en physique le mécanisme cartésien, dont il ne fait que développer les conséquences qui en découlent, quand on le transporte dans un système d'immanence. En effet, non seulement il admet, comme lui, que l'essence des corps ne consiste que dans l'Étendue et que leur diversité vient de la diversité de leurs mouvements; mais il fait du Mouvement actuel, et non pas seulement de la mobilité, une dépendance nécessaire de l'essence étendue. Force lui est bien d'admettre qu'il en est ainsi tant qu'il estime que l'essence des corps consiste dans une Étendue mobile; car il ne peut avoir recours, étant donnés ses principes, à un moteur extérieur à la Matière et transcendant à elle. Toutefois, vers la fin de sa vie, d'après un passage assez obscur et assez bref de sa correspondance, on pourrait croire qu'il s'était ravisé à ce sujet. Nous le voyons affirmer nettement que Descartes lui paraît avoir mal défini les corps par l'Étendue : car, dit-il à peu près, de l'Étendue considérée comme une masse en repos, il est absolument impossible de tirer le Mouvement et, par suite, la variété des corps qui en résulte. « Porro ex Extensione, ut eam Cartesius concipit, molem scilicet quiescentem, corporum existentiam demonstrare non tantum difficile,... sed omnino impossibile est. Materia enim quiescens, quantum in se est, in sua quiete perseverabit nec ad motum concitabitur, nisi a causa potentiori externa(¹). » Est-ce à dire que Spinoza entendait avoir recours à la Pensée, pour rendre raison du mouvement de l'Étendue? Il ne le semble pas, si l'on considère que la Pensée ne soutient, dans tout le reste du système, d'autre rapport avec les autres Attributs que celui qui consiste à les représenter en vertu de ses lois immanentes. Spinoza, changeant d'opinion sur le nombre des Attributs que nous pouvons connaître, aurait-il songé à assigner pour cause au Mouvement un troisième Attribut? Mais il faut alors admettre qu'il eût abandonné la théorie si essentielle, semble-t-il, au spinozisme de l'incommunicabilité des Attributs entre eux; ce qui reviendrait à un remaniement presque complet du système. L'hypothèse la plus vraisemblable à cet égard est que les quelques lignes que nous avons citées plus haut indiquent un changement plus verbal et externe que réel et profond dans la pensée de l'auteur. Il veut sans doute dire que le Mouvement est moins une dépendance de l'Étendue qu'une partie intégrante de la définition et de la nature de celle-ci, au point de ne faire qu'un avec elle. Quoi qu'il en soit, sur ce sujet on ne peut faire que des conjectures, la mort ayant empêché l'auteur de développer plus clairement sa nouvelle théorie des corps et des mouvements. Ce qui est certain, c'est qu'il

___
(¹) Epist. LXX, prem. alin.; — cf. Ep. LXXI, 1.

considéra, dans tous ses ouvrages antérieurs, les corps et leurs divers mouvements comme des Modes de l'Étendue, et de l'Étendue seule ; du moins chaque fois qu'il eut à traiter directement ou indirectement de ce sujet. C'est ainsi que le spinozisme, tel que son auteur l'avait constitué antérieurement à la Lettre dont nous venons de parler, compte au nombre de ses doctrines fondamentales celle de l'Étendue comme fondement essentiel des corps et de leurs mouvements (1).

Mais si le mécanisme universel du monde corporel, si même, dans leur connexion, le parallélisme étroit et l'indépendance réciproque des deux séries ou groupes de séries qui constituent pour Spinoza ce que nous appellerions aujourd'hui l'univers des phénomènes, — c'est-à-dire, bien entendu, de ceux que dans le système la connaissance humaine peut atteindre, — si de telles théories, quelle qu'en soit l'origine psychologique, portent une marque cartésienne, il ne faut pas oublier que leur retentissement sur les vues adoptées par Spinoza, relativement à la nature et au contenu de la Pensée, donne un résultat qui dépasse de beaucoup non seulement la lettre du cartésianisme, mais les conclusions qu'on en pourrait déduire. Étant donnés, en effet, le caractère exclusivement représentatif, en fin de compte, de la Pensée dans le spinozisme, d'une part ; — et les théories que nous venons immédiatement de rappeler, de l'autre ; il s'ensuit que les Modes de la Pensée donnés dans notre univers se ramènent à des représentations de réalités mécaniques, et que le monde des phénomènes accessibles à l'homme n'est pour Spinoza qu'un double mécanisme, à la fois réel et idéal ; de sorte qu'en un certain sens, Spinoza eût dû en conclure — contrairement à Descartes et conformément à l'opinion de Malebranche — que nous connaissons moins la Pensée que l'Étendue, puisque nous ne percevons de la Pensée que les idées représentatives des corps, à l'exclusion de celles des Modes des autres Attributs. Ces conséquences pèsent d'un grand poids sur la théorie spinoziste de la nature humaine, où nous allons maintenant voir à l'œuvre, dans leur application la plus importante, les principes concernant les rapports de la Pensée et de l'Étendue.

XIV. Rapports de la Pensée et de son objet dans l'Homme. L'Ame et le Corps.

L'homme est, pour Spinoza comme pour Descartes, un composé des deux essences : Étendue et Pensée. Les hommes sont autant de Modes de la Substance divine sous les deux points de vue de l'Étendue et de sa

---

(1) Cf. p. 183, note 1.

représentation. Sous le premier aspect, ce sont les corps humains ; sous le second, les âmes humaines, qui ne sont que les idées des corps humains ; idées complexes, car les corps individuels sont des systèmes de rapports plus ou moins nombreux entre divers Modes corporels plus simples. L'individualité de l'esprit humain, comme d'ailleurs celle de l'âme d'un corps quelconque, vaut ainsi ce que vaut l'individualité du corps correspondant, sans plus ni moins d'unité que ce dernier ; de sorte que, si on entend par esprit une unité supérieure à ses éléments, à laquelle ils doivent tout leur être, et sans laquelle ils ne peuvent exister, il n'y a pas plus d'esprits finis dans le spinozisme que de substances corporelles finies ; mais, à la place des premiers, des rapports entre pensées qui elles-mêmes ne doivent pas leur être à ces rapports. Aussi, en ce qui concerne les âmes individuelles, et notamment celles des hommes, Spinoza eût pu adopter la formule aristotélicienne, en vertu de laquelle la Pensée, c'est les pensées (¹). Au lieu des sujets pensants du cartésianisme, nous trouvons des systèmes plus ou moins unifiés de représentations de Modes étendus. L'unité substantielle de la Pensée comme telle ne laissant place dans le monde des Modes spirituels finis qu'à une poussière indéfinie et indéfiniment divisible d'idées, ou plutôt le monde des âmes reflétant ou imitant dans sa sphère celui des corps, l'individualité n'est pas mieux assise là qu'ici, participant au même caractère relatif et flottant, et soumise — il est du moins logique de le supposer — à la même échelle variable. Il semble, en effet, que Spinoza dût admettre que, partout où il y a des pensées en rapport, partout par conséquent où il a des systèmes mécaniques représentés, il y a lieu de considérer un tel rapport comme un individu spirituel plus ou moins complexe, et de reconnaître — parallèlement aux divers degrés de l'individualité corporelle — des degrés équivalents dans l'individualité spirituelle. Aussi, croyons-nous apercevoir dans la théorie de la relativité de l'individualité la raison profonde d'un des traits caractéristiques de l'inspiration spinoziste, par lesquels celle-ci se sépare de l'esprit cartésien : nous voulons dire que cette théorie, si elle n'est la cause profonde et génératrice qui explique, paraît du moins la base métaphysique qui justifie l'importance accordée par Spinoza aux spéculations sur la société négligées par Descartes, et la manière — également étrangère à Descartes — dont il envisage la réalité politique et sociale.

Si, en effet, il n'y a lieu d'accorder ni plus ni moins de solidité aux rapports des corps entre eux qu'à ces corps mêmes ; si, dans la mesure où des corps soutiennent entre eux des rapports constants, ils constituent un seul individu dont la science peut déterminer les

---

(¹) Aristote, *De Anima*, A, III 407 a 7 ; — Γ, IV, 3o a 2.

lois, il s'ensuit que les âmes — dont la constitution reproduit exactement celle des corps dans le domaine de la Pensée — sont capables de former entre elles, par leurs rapports réciproques, des réalités de même valeur et de même portée que les individualités constituées par plusieurs corps en rapport. Par suite, il n'y a plus de raison d'admettre, entre les hommes groupés en société, cette sorte de cloison étanche, que constituait dans la philosophie de Descartes l'isolement réciproque de leurs âmes, qui n'entraient en quelque sorte en contact que d'une manière superficielle et du dehors, et — sans se pénétrer — formaient autant d'absolus distincts, incapables de donner naissance par leur groupement à une réalité rationnellement et scientifiquement déterminable. Et, de fait, Spinoza traite les phénomènes sociaux, en tant que tels, comme des réalités spécifiques, non moins solides que leurs éléments individuels proprement dits; et dans une partie de son œuvre qui compte parmi les moins caduques, il s'efforce d'établir rationnellement et scientifiquement les lois de la société politique(¹). Sans doute celle-ci, pas plus d'ailleurs que les individus finis proprement dits, ne lui apparaît sous l'aspect d'une unité absolue et définitive qui serait la raison déterminante de ses parties; mais, tout comme dans les individus, il voit dans les sociétés les objets d'autant de déterminismes rigoureux et rationnels. Or, il nous semble qu'une telle conception, bien que Spinoza ne l'ait pas proclamée en propres termes dans toute sa force, qu'il ne s'y soit pas toujours tenu avec rigueur, et que peut-être il ne l'ait qu'entrevue, est en conformité avec la métaphysique de ce philosophe. Puisque, en effet, une société est un rapport constant entre des corps humains et entre les âmes humaines qui les représentent, il est absolument conforme aux principes spinozistes, — il est même exigé par eux que la réalité attribuée à un rapport de cette sorte ne soit pas tenue pour moins solide, moins unifiée et moins déterminable par la Raison que les rapports analogues qui constituent les individus proprement dits; et c'est ce qu'affirme implicitement l'attitude prise en fait par Spinoza dans l'étude des faits sociaux. Que si, après cela, il lui échappe des déclarations en sens contraire sur la validité plus grande de la réalité individuelle, et le caractère par contre plus provisoire — et même tout provisoire — de la réalité sociale(²), il faut croire qu'elles lui sont arrachées sans doute par la préoccupation actuelle d'insister surtout alors plus sur la relativité du groupement social que sur celle de l'individu. Et Spinoza n'est que conséquent avec lui-même

---

(¹) *Tract. Pol.* — *Eth.*, IV, scol. prop. 18, 1ʳᵉ alin.; prop. 35, cf. 32-34; cor. 1 et 2, prop. 35, cf. scol.; prop. 36 et scol., cf. *Eth.*, V, prop. 20. — *Eth.*, IV, prop. 37 et scol. 1; scol. 2, 2ᵉ alin., *passim*; — Append., c. xx, xxiii, xxiv, p. 246; — prop. 71, dem. et scol. p. 240, cf. prop. 72; prop. 73. — Epist. L, 1. — Cf. *Eth.*, IV, c. xxi et prop. 46 dem. et scol.

(²) *Eth.*, IV, prop. 24 et 25; scol. prop. 35.

lorsqu'il dit, dans une comparaison que la logique du système nous oblige de prendre à la lettre, que les membres d'une société véritable ne forment plus qu'un seul corps et une seule âme(¹). Ainsi Spinoza a pu sans contradiction, en brisant l'unité opaque et en rabaissant la réalité accordées par Descartes à l'âme humaine, diminuer assez la distance qui, chez ce même philosophe, la séparait de la société, pour assigner à celle-ci — en la relevant à son tour à la hauteur de celle-là et en les infléchissant en quelque sorte l'une vers l'autre — la même sorte d'unité et de réalité.

Ces remarques faites, revenons à l'examen de la conception spinoziste de la nature humaine et du rapport qu'y présente la Pensée avec son objet, c'est-à-dire l'âme avec le corps. Que l'homme ne soit, comme on vient de le voir, qu'un Mode, et non une substance, cela est évident, selon Spinoza, si l'on considère qu'il ne possède pas la propriété fondamentale de la substance, savoir : l'existence absolument nécessaire. De ce point de vue, l'âme humaine, comme on l'a expliqué, n'est plus qu'un certain ensemble de Modes, et ceux-ci ne sont que des idées. Quant à une Volonté distincte des idées de l'Entendement, il n'en existe pas. Une idée quelconque, en effet, enveloppe l'affirmation de son objet par le fait même qu'elle est pensée, comme aussi la négation de tout objet incompatible avec celui-là. Ainsi le jugement n'est pas quelque chose de surajouté aux idées. La Volonté n'étant, en dernière analyse, pour Spinoza ainsi que pour Descartes, que le pouvoir d'affirmer et de nier, il en conclut que la Volonté et l'Entendement ne sont qu'une seule et même chose. Plus exactement, la volition n'est que l'envers de l'idée. Si l'on peut dire que la Volonté a plus d'extension que l'Entendement, ce n'est qu'en prenant ce dernier mot dans le sens étroit de siège des idées claires et distinctes ; mais il est faux que la Volonté soit plus compréhensive que l'ensemble des perceptions de toutes sortes. Ainsi donc, Spinoza partage absolument l'opinion de Descartes sur l'assimilation du Jugement — ou de la faculté d'affirmer et de nier — avec la Volonté : pour l'un comme pour l'autre, juger, c'est vouloir ; et tout acte de jugement est un acte de volition. La différence entre les deux penseurs ne commence qu'à propos de la volition, non à propos du Jugement comme tel. Si le Jugement est chose intellectuelle pour Spinoza, à l'opposé de ce qu'il est pour Descartes, ce n'est pas parce que Spinoza le séparerait de la Volonté ; c'est parce que la Volonté pour lui n'est qu'un aspect de l'Entendement. Il ne reconnaît pas dans l'âme, comme Descartes, un pouvoir indépendant des idées elles-mêmes, destiné à les poser ou à les supprimer ; il ne voit à la place d'un tel pouvoir que la volition inhérente à chaque

---

(¹) *Eth.*, IV, scol. prop. 18, p. 202.

idée. Toute idée, comme d'ailleurs tout Mode d'un Attribut quelconque, se pose dans la mesure où il est, se supprime dans la mesure où il n'est pas. Autrement dit, chaque idée représentant un objet qui se pose dans la mesure où il est se supprime dans la mesure où il n'est pas; celui-ci est également représenté par son idée avec la force d'affirmation ou de négation de soi, qu'il contient; et son idée l'affirme ou le nie, et par suite s'affirme ou se nie dans la même mesure. L'assimilation de la volition à l'idée est, comme on le voit, une conséquence directe des vues générales de Spinoza, que nous avons déjà exposées, sur la nature de la Pensée. La Pensée, dans ses Modes comme en elle-même, dans l'homme comme en Dieu, n'a pas un pouvoir d'affirmation et de négation, de position et de suppression, distinct du contenu qui est affirmé ou nié, posé ou supprimé, parce qu'elle est dans son principe un objet en soi, non un sujet pour soi; et que, d'autre part, cet objet n'est lui-même que le reflet d'autres objets. De là l'impossibilité pour la Pensée sous toutes ses formes de poser, ou non, à son gré pour elle-même et en elle-même, un contenu indifférent à cette acceptation ou à ce refus; et de l'application de cette théorie au dogme cartésien du jugement volontaire, l'identification du jugement à l'intellection distincte ou confuse.

Pour ces raisons, la théorie de l'âme se réduit à celle de ses idées, c'est-à-dire des concepts qu'elle forme en tant qu'elle est chose pensante : « Per ideam intelligo Mentis conceptum quem Mens format propterea quod res est cogitans [1]. » Leur caractère de représentations d'objets corporels donne ici lieu à une curieuse conséquence. L'âme en tant qu'âme n'a que les caractères qui peuvent s'expliquer par la nature pensante seule; mais, en tant qu'elle représente un corps actuellement existant, ses affections se trouvent n'être que celles du corps considérées sous une forme idéale. Autrement dit, les idées dans l'âme ne se produisent que selon des rapports idéaux; mais ces rapports sont ceux mêmes des corps, sous cette réserve que ces derniers rapports sont alors représentés et non pas réels. De là vient que le mécanisme domine en fait la psychologie spinoziste; et c'est ce qu'avait en vue Leibniz, lorsqu'il traitait le spinozisme de système naturaliste.

La remarque précédente explique suffisamment comment Spinoza peut indifféremment traiter les représentations de l'âme, sans avoir égard au corps qu'elle représente ou en fonction de ce dernier, selon qu'il veut insister sur leur mode de production ou sur leur contenu. Et nous ne voyons pas quelle raison sérieuse on pourrait invoquer, pour soutenir avec certains penseurs [2] que ces deux points de vue

---

[1] *Eth.*, II, def. III.
[2] R. Avenarius, *Ueber die beiden ersten Phasen des Spinozistischen Pantheismus und das Verhältniss der zweiten zur dritten Phase*, Leipzig, 1868. — Sigwart, *Spinoza's neuentdeckter Traktat*, etc., p. 55 et 96. — Busolt, op. cit., I, § 2, p. 21-25.

correspondent dans le spinozisme à deux conceptions successives, radicalement différentes, des rapports de l'âme et du corps. Nous croyons, quant à nous, que si dans le *Court Traité* les représentations sont exprimées et expliquées en fonction du corps qui en est l'objet, il n'y a pas lieu d'en conclure, avec ces penseurs, que cet ouvrage représente un état du spinozisme où l'âme et le corps ne sont pas encore dénués d'une action réciproque l'un sur l'autre, et où, par une sorte de matérialisme sensualiste, on considérerait celle-là et ses représentations comme le produit de celui-ci et de ses actions ; mais qu'ayant dessein d'expliquer le contenu de l'âme, — lequel n'est autre chose que le contenu du corps sous une forme idéale, — il n'est pas étonnant que l'auteur du *Court Traité* ait parlé comme si les représentations envisagées venaient du corps représenté, et qu'il ait eu recours aux phénomènes corporels dont elles sont les exactes représentations ; puisque ce que les unes sont réellement, les autres le sont idéalement, et que les raisons qui valent pour l'explication des unes valent pour l'explication des autres. Au reste, nous voyons jusque dans l'*Éthique*(¹) où, de l'aveu même des penseurs que nous venons de mentionner, on ne peut plus parler d'action du corps sur l'âme, des passages où les représentations de l'âme humaine sont encore exprimées en fonction de ce qu'elles représentent dans notre corps, ou, plus généralement, en fonction de leurs objets. Et l'un des partisans de la théorie que nous discutons, Busolt, ne reconnaît-il pas, dans le moment précis qu'il développe cette théorie, que la correspondance et l'équivalence de l'esprit et du corps font que Spinoza, sans qu'il soit besoin d'admettre de communication transitive entre eux, n'a qu'à étudier le corps pour connaître l'esprit ? Semblablement, on peut prouver que, si dans le *Court Traité* certains mouvements du corps sont expliqués en fonction de leurs idées, ce n'est qu'une façon de présenter les choses, permise par l'équivalence de ces deux ordres de faits, et non, comme le prétendent encore les mêmes auteurs, parce qu'à ce moment du spinozisme il y aurait eu place pour une action de l'âme sur le corps, et en général de l'idée sur l'objet. Quand il est dit, par exemple, qu'un objet ne peut pas être mû par l'idée d'un autre objet, mais seulement par la sienne ; que l'idée d'un objet en repos ne peut mouvoir son objet ; et que le mouvement ne peut être produit que par celle d'un objet en mouvement(²), il est facile d'interpréter de pareilles phrases et d'autres semblables, — qui ne sont pas d'ailleurs sans analogues dans l'*Éthique* même, — comme des façons communes de parler plutôt que comme les marques d'une théorie expresse. Car il n'est pas étranger à Spinoza d'emprunter le langage vulgaire, lorsqu'il n'a pas le dessein exprès d'en critiquer

---

(¹) *Eth.*, III, IV.
(²) *Court Traité*, ch. xx, 2°, p. 106-108.

la valeur. Dans l'espèce, on veut sans doute, en parlant d'une idée qui meut un objet, désigner ce rapport spécial de l'idée à son objet, que le vulgaire exprime en disant qu'il est mû par elle, sans qu'on ait le dessein arrêté de s'expliquer sur la nature intime de rapport. Il semble donc bien qu'à tous les moments du spinozisme, l'âme et le corps, quoique se correspondant, n'exercent aucune action l'un sur l'autre; et, à cet égard, il suffit d'invoquer le contexte même du passage du *Court Traité* dont il vient d'être question et qui semble explicite à souhait(1).

De cette théorie des rapports de l'âme et du corps, un premier point, encore à peu près tout négatif, doit tout d'abord nous arrêter. La correspondance de ces deux natures n'est jamais fondée sur une communication effective, et elles sont tenues pour incapables d'agir l'une sur l'autre. Voilà qui est très cartésien, bien que contraire à la lettre de la philosophie de Descartes, telle que celui-ci la professait en fait. Car l'hétérogénéité absolue qu'il admettait entre l'essence de l'âme et celle du corps s'accorde mal avec une action transitive, quelle qu'elle soit, de l'une quelconque de ces deux réalités sur l'autre. Et nous avons vu que, sur ce point, l'embarras du philosophe est sensible. Aussi bien, cette incompatibilité s'est-elle fait jour chez ses successeurs de France et de Hollande; d'où les théories, plus ou moins complètement occasionnalistes, des rapports de l'âme et du corps, qui tirent expressément des principes cartésiens — d'abord, avec de la Forge(2) et Clauberg(3), lesquels se piquent d'être de purs cartésiens, l'impossibilité de l'action du corps sur l'âme; — ensuite, non seulement avec Malebranche(4) et ses disciples, mais avec Cordemoy(5), qui se donne comme un interprète fidèle de Descartes, avec Nicole(6) et Geulincx(7) et d'autres, l'incommunicabilité complète des deux natures, et l'égale incapacité de l'âme à agir sur le corps que de celui-ci à agir sur celle-là. Sur ce point, comme sur les conclusions de la création continuée, Spinoza est non seulement d'accord avec les conséquences légitimes des principes cartésiens, mais encore avec celles qu'en ont tirées en fait les interprètes autorisés de la pensée cartésienne, et notamment avant lui ceux qui dans sa patrie passaient pour les dépositaires attitrés du

---

(1) *Court Traité*, ch. xx, 2°, dern. phr., p. 108; — cf. ch. xix, p. 100 : « Par exemple, lorsqu'une pierre gît immobile..., etc. »

(2) *Traité de l'âme humaine, de ses facultés et fonctions, et de son union avec le corps d'après les principes de Descartes.*

(3) *De corporis et animae in homine conjunctione* (*Œuvres complètes*, p. 209).

(4) IV° Entretien; — VII° Entretien, les 4 prem. §§.

(5) *Discernement de l'Âme et du Corps*, Paris, 1666; et notamment 5° *Discours, de l'Union de l'Âme et du Corps.*

(6) *Instruction sur le Symbole*, sect. VI, ch. ix.

(7) *Metaphysica vera*, p. 22 et 26; — *Ethica, Tractatus*, I, sect. II; — *Physique*, p. 120 et ailleurs.

cartésianisme et dont les enseignements ne pouvaient pas ne pas lui avoir été transmis en même temps que celui de Descartes, et comme confondus avec celui-ci(1).

Mais la conception spinoziste de l'union de l'âme et du corps à laquelle nous venons de parvenir, pour ne pas partager le système avec une théorie qui ferait, sur le même objet, quelque place à l'action transitive, règne-t-elle néanmoins seule dans la philosophie spinoziste? On a prétendu que non. Dans un des ouvrages les plus ingénieux et les plus clairvoyants qui aient été écrits en France sur Spinoza, M. Couchoud a soutenu, avec un rare talent, que Spinoza fait alterner dans ses écrits et professe presque simultanément — et sans qu'il y ait moyen de les concilier, ni que leur auteur cherche à le faire — deux théories différentes et incompatibles sur les rapports de l'âme et du corps; et, en général, sur les rapports des Modes de la Pensée avec les Modes correspondants de l'Étendue, et sur le principe d'unité de la Substance dans lequel ces rapports sont en dernière analyse fondés(¹). Selon cette interprétation, à côté des théories substantialistes sur l'unité de la Substance, sur l'union de toute Pensée à son objet, notamment sur l'union de l'âme et du corps, il y aurait dans le spinozisme une explication intellectualiste et idéaliste de ces divers points, aux termes de laquelle l'unité de la Substance et les conséquences qui en découlent relativement aux rapports de la Pensée et de son objet, notamment de son objet étendu, — et par suite de l'âme et du corps, — auraient leurs derniers fondements, non plus dans un En-Soi dont la Pensée ne serait qu'un aspect ni plus ni moins primitif que l'Être comme tel, mais dans un Entendement identique à tout le domaine de l'Être, parce qu'il le pense et en tant qu'il le pense(²). Tout d'abord nous n'avons pas à nous arrêter aux textes par lesquels on veut prouver que la Substance est parfois identifiée par Spinoza à l'Entendement infini de Dieu; nous avons déjà vu, en effet, que ces textes où l'inhérence métaphysique des Modes à la Substance est déduite, ou tout au moins mise en lumière par Spinoza au moyen de l'inhérence logique de leurs idées à l'Entendement divin, sont parfaitement intelligibles par la doctrine de la correspondance entre l'ordre intellectuel et logique d'une part, et l'ordre métaphy-

---

(¹) Couchoud, *Benoît de Spinoza*, p. 189-194.
(²) Que ce soit là la seule théorie spinoziste sur la question, c'est ce qu'a soutenu à peu près M. Rivaud, en s'appuyant sur des arguments analogues à ceux par lesquels M. Couchoud veut établir l'existence, au sein du spinozisme, de cette théorie à côté de la théorie contraire. — Rivaud, op. cit., p. 104, 106-110, 112, 116.

(I) *Eth.*, II, prop. 7 et scol.; 9 et cor.; 10 et scol.; 11 et cor.; prop. 12; 13, cor. et scol.; 49, cor. et scol.; — def. 3; — ax. 1 à 5; — cf. prop. 16 et cor. 1; scol. prop. 43. — *Eth.*, III, préface et *passim*. — IV, *passim*. — *Court Traité*, p. 119 sqq.; — Append., II. de l'âme humaine. — Epist. XXXIV, 13, 14, 20, cf. 19. — *De Intell. Emend.*, IV, 21, prem. phr., 22 prem. phr.; — XI, 85 fin.

sique de l'autre, sans qu'il soit besoin pour en rendre compte, si d'autres raisons ne viennent s'ajouter, de donner à de tels textes pour base une théorie de l'identité de ces deux ordres au sein et au profit de l'Entendement, ou plus généralement de la Pensée. Il suffit, avons-nous dit, que Spinoza croie à la correspondance inconditionnelle du monde des objets et de celui des idées, pour qu'il s'estime le droit de conclure de celui-ci à celui-là et de régler ses jugements sur la Substance par le seul moyen qu'il ait d'en découvrir le bien-fondé, à savoir par la manière dont elle est représentée dans l'Entendement absolument correct.

Quoi qu'il en soit, ce n'est pas seulement l'unité de la Substance en général et ses conséquences comme telles que l'on prétend qui reposent parfois chez Spinoza sur la base d'un idéalisme intellectualiste; ce sont, dans leurs détails spécifiques, certaines thèses relatives plus spécialement aux rapports de l'âme et du corps ou de toute pensée avec l'objet étendu qui lui correspond. Pour expliquer ces rapports, Spinoza, affirme-t-on, fait appel tantôt à une commune substantialité de deux essences parallèles, mais distinctes aux autres titres; tantôt, au contraire, à une identité logique au sein de la Pensée; dans ce second cas, on substitue à l'identité métaphysique du parallélisme l'identité logique et littérale. Et, en effet, dit-on, dans certains passages, le corps est donné à l'âme, l'objet à son idée, en même temps que sont données l'âme ou l'idée et dans un seul et même terme; et c'est tout un pour l'âme d'être soi-même ou de penser le corps, pour l'idée d'être soi-même ou de penser l'objet. Tel est le sens de la fameuse assertion qui affirme sans restriction l'identité de l'ordre des idées et de celui des choses : ici, ils ne sont plus seulement parallèles; leur identité doit être prise au pied de la lettre. Telle est encore la pensée de Spinoza, lorsqu'il compare et assimile les rapports d'un objet à son idée, d'un corps à son âme, avec ceux de l'idée elle-même et de son idée : par là, il montre qu'en ce cas le corps ou l'objet étendu ne diffère pas plus de l'âme ou idée que celle-ci ne diffère d'elle-même considérée comme représentation de soi, et que par conséquent ces deux premiers termes ne sont à la lettre qu'une même chose, c'est-à-dire qu'une même pensée, qu'un même aspect de l'Entendement; et leur identité n'est qu'un moment de l'identité absolue de cette série infinie qui va de l'objet à sa représentation et aux représentations ultérieures que celle-ci implique à l'infini. Dans cette théorie, conclut-on, ce n'est plus la Substance comme telle qui fait l'unité de l'Ame et du corps, de l'idée et de l'objet étendu, du Mode de la Pensée et du Mode corporel correspondant et équivalent; c'est un principe supérieur à la Substance elle-même; c'est son Entendement ou Entendement infini de Dieu, Entendement avec lequel, Spinoza le dit lui-même, ne font qu'un et Dieu et les objets de cet Entendement.

Tout d'abord remarquons que, si Spinoza n'affirme pas, — chaque fois qu'il s'agit de l'union de l'âme et du corps, de l'idée et de son objet étendu, — qu'une telle union consiste dans l'équivalence des deux termes comme Modes de deux Attributs différents d'une même Substance, il ne s'ensuit pas, croyons-nous, *ipso facto,* qu'en ce cas il ne professe plus une telle doctrine; et nous ne voyons pas pourquoi on considérerait qu'il l'a abandonnée, chaque fois qu'à l'occasion des faits qu'elle est destinée à établir, il ne la reprend pas *ab ovo* et ne l'expose pas *ex integro.* Lors donc qu'il parle sans autres explications de l'unité d'un Mode de la Pensée et d'un Mode de l'Étendue, peut-être serait-il téméraire d'en conclure qu'il entend alors cette unité d'une manière différente de celle dont il l'entend, lorsqu'il la fonde expressément sur le parallélisme et l'équivalence des deux Attributs entre eux. D'un autre côté, il n'est pas douteux en un sens que le corps et l'idée du corps ne soient donnés dans un seul et même terme à la pensée qui les pense; mais cela en une acception qui ne ruine en rien la distinction de l'idée et de son objet étendu. Ce qui est, en effet, rigoureusement identique à son idée dans l'espèce, c'est le corps pensé, le corps idéal, lequel n'est effectivement pas autre chose que l'idée qui le représente, et qui par lui représente le corps réel. Voilà en quel sens la pensée considérée pense le corps par cela seul qu'elle est donnée et en tant qu'elle est donnée : car elle est tout entière ce corps qu'elle pense; et, par exemple, l'âme ne fait qu'un avec la perception de son corps, parce qu'elle n'est autre chose que cette perception, ou si l'on veut que le corps perçu en tant que perçu; et en ce sens, mais en ce sens restreint seulement, nous souscrivons à la remarque de M. Couchoud, lorsqu'il dit qu'à la formule : « L'âme perçoit un corps, » il est plus exact de substituer cette autre : « Il se perçoit un corps, » — attendu, selon nous, que cette perception constitue toute l'âme.

Mais de cette identité de l'âme et du corps idéal, de l'idée et de l'objet étendu en tant que pensé par elle, s'ensuit-il que, lorsqu'est affirmée cette théorie, et même lorsqu'elle est affirmée sans autre explication, Spinoza abandonne la croyance à un objet corporel existant en soi indépendamment de la perception qu'en a la Pensée, indépendamment de l'objet corporel perçu, — en tant que perçu, et rigoureusement équivalent à ce dernier? Aucun texte de Spinoza ne semble autoriser une pareille conclusion. Les deux séries de textes qu'on oppose dans l'interprétation que nous examinons semblent, au contraire, à notre avis, se compléter l'une l'autre et contribuer, chacune pour sa part, à préciser la physionomie d'une seule et même théorie de l'union des Modes idéaux et des Modes étendus.

Nous voyons, par la comparaison de ces deux séries de textes, se confirmer ce que nous disions précédemment, à savoir que la correspondance de ces deux sortes de Modes, et notamment celle de l'âme et du corps, — bien différente, ainsi que l'a judicieusement noté M. Brunschvicg(¹), de ce qu'on appelle aujourd'hui le parallélisme psychophysique, — est comparable à celle d'un objet réel et de ce même objet considéré comme idée, à celle d'une vérité et de l'objet de celle-ci existant en soi indépendamment d'elle. C'est, dans l'espèce, la correspondance de la géométrie et d'une réalité possédant identiquement les propriétés représentées par celle-ci, — telle, selon la comparaison de M. Brunschvicg, la correspondance et l'équivalence d'une courbe et de son équation(²). Quant à l'assimilation faite par Spinoza des rapports de l'objet et de son idée à ceux de celle-ci à l'idée qui la représente, ou du rapport du corps et de l'âme à celui de l'âme et de son idée, Spinoza l'accompagne d'une restriction qui doit suffire à écarter toute conclusion intellectualiste sur les rapports des Modes de la Pensée aux Modes corporels, lorsqu'il dit : « ... Ostendimus, Corporis ideam et Corpus, hoc est... Mentem et Corpus, unum et idem esse individuum, quod jam sub cogitationis jam sub extensionis attributo concipitur; quare Mentis idea et ipsa Mens una eademque est res, quae sub uno eodemque attributo, nempe Cogitationis concipitur... (³). » D'ailleurs, une telle assimilation, prise au pied de la lettre, pourrait avec tout autant de raison être tenue pour destructrice de l'unité de la Pensée en tant qu'Attribut que pour la preuve d'une unification logique et absolue — au sein de la Pensée — d'un Mode de la Pensée et de l'objet corporel correspondant; unification comparable à celle d'un même Attribut. Au fond, cette comparaison ne fait que trahir, comme nous l'avons déjà vu, — et sans qu'il faille lui donner d'autre portée, — l'embarras de Spinoza à fonder la théorie de l'Idée de l'Idée, c'est-à-dire de la Conscience.

Reste la fameuse phrase du scolie de la proposition VII, *Eth.*, II, où il est dit que Dieu, son Entendement et les objets de cet Entendement sont une seule et même chose. Mais d'abord il n'est pas expliqué comment est comprise cette identité, ni au profit de quel terme se fait l'identification; de sorte qu'une telle base est bien fragile pour asseoir une interprétation intellectualiste et idéaliste de cette théorie. En outre, les mots « quasi per nebulam vidisse videntur », par lesquels Spinoza qualifie la valeur qu'il attribue à cette thèse de certains philosophes juifs, montrent assez qu'il n'entend pas l'adopter telle quelle, mais qu'il la faut interpréter à la lumière du reste de son système.

Nous croyons, en définitive, que M. Couchoud, emporté par le légitime besoin de réaction contre les écrivains trop nombreux qui

---

(¹) *Spinoza et ses contemporains*, p. 678.
(²) Cf. *La Révolution cartésienne et la Notion spinoziste de la Substance*, III, p. 781-782.
(³) *Eth.*, II, scol. prop. 21.

préfèrent voiler les difficultés et les incohérences du spinozisme que chercher à en rendre raison, a dans l'espèce augmenté peut-être le nombre déjà trop considérable de celles-ci. L'union de l'âme et du corps reste, pensons-nous, à travers tout le système, le même cas particulier et concret des rapports des Attributs différents au sein de la Substance unique, notamment des rapports de la Pensée et de l'Étendue : nous avons affaire, toujours et partout, dans l'homme et d'ailleurs dans tous les êtres particuliers et finis de la nature connue de nous, à une Réalité à la fois incurablement une et double ; une, parce qu'elle appartient à une seule et même Substance, parce qu'elle n'est qu'une seule et même Substance modifiée d'une certaine façon ; double, parce que cette Substance y est modifiée selon deux Attributs différents, c'est-à-dire selon deux différentes positions en soi d'elle-même. Or, qui ne voit qu'une telle contradiction, dont Spinoza développe d'ailleurs toutes les conséquences, n'est qu'une adaptation aux principes spinozistes, et en quelque sorte la réduction en forme, d'après ces mêmes principes, de la thèse cartésienne qui fait de l'homme une substance composée de deux substances, un être vraiment un, composé de deux êtres distincts et hétérogènes (1).

XV. APPLICATION
DE LA THÉORIE PRÉCÉDENTE DE LA NATURE HUMAINE A LA THÉORIE DE LA CONNAISSANCE.

§ 1. — Idées adéquates et idées inadéquates.

Les remarques qui précèdent éclairent, en lui donnant un sens nouveau, la distinction des idées de l'âme en inadéquates et adéquates. — Le corps humain, chose finie, doit chacune de ses affections particulières à l'action des corps étrangers, dont l'idée, par définition, en tant qu'ils diffèrent de notre corps, n'est pas comprise dans son âme. Dès lors, il résulte dans celle-ci, pour chaque modification du corps humain, que l'idée qui représente cette dernière est nécessairement mutilée ou tronquée : car il n'y est exprimé distinctement que ce qui, dans la modification, se rapporte à notre corps, et aux corps étrangers en tant qu'ils ne sont pas différents du nôtre ; et non ce qui a trait aux corps étrangers en tant qu'ils diffèrent du nôtre ; — alors que pourtant le concept véritable de cette modification enveloppe l'existence de ces corps, concept qui est donné nécessairement dans une idée de Dieu, en tant qu'il existe absolument. Mais en tant qu'il cons-

(1) Cf. les notes I, pp. 161 et 169.

titue l'essence de l'âme humaine, les idées de ces affections du corps ne lui sont données que fragmentairement. Ce sont des idées inadéquates : vraies, dans la mesure où elles n'affirment que ce qu'elles représentent, c'est-à-dire un objet incomplet, elles nous conduisent dans l'erreur si nous les prenons pour des représentations plus parfaites qu'elles ne sont, — comme cela arrive chaque fois qu'aucune autre idée ne nous avertit que nous sommes en présence d'une notion tronquée. Toute chose, en effet, s'affirme autant qu'il lui est possible et dans la mesure où rien ne vient la contredire. Ainsi l'erreur n'est rien de positif; elle se réduit en fin de compte à l'ignorance. Mais que l'idée inadéquate soit contredite, dans une partie de ce qu'elle affirme, par une autre idée, elle cesse de nous tromper, bien qu'elle puisse continuer à subsister dans l'âme.

Les idées de cette sorte constituent les perceptions des sens et de l'imagination : ce sont les sensations et les images. La différence entre les unes et les autres est tout extrinsèque; dans l'image, l'affection corporelle représentée n'est plus suscitée par le corps étranger capable de susciter l'affection similaire objet de la sensation; — telle ou telle modification de notre corps, produite à l'origine au contact d'un objet étranger, pouvant être de nouveau suscitée par une des modifications qui l'avaient d'abord accompagnée. Aussi, toutes les idées inadéquates sont considérées par Spinoza comme faisant partie d'un même domaine, celui de l'Imagination. On peut les considérer dans une âme donnée comme des perceptions dont les objets ne peuvent être entièrement expliqués par le corps correspondant à cette âme considéré isolément. En d'autres termes, l'idée inadéquate, dans une âme humaine quelconque, est celle qui n'a pas sa cause adéquate dans la nature du corps correspondant. Par suite, de pareilles idées sont comme les parties d'un tout idéal plus compréhensif, desquelles l'âme humaine en question n'est pas la cause adéquate (1).

§ 2. Expérience et Étendue empirique.

Ainsi est rétablie la connaissance empirique dans un système qui semblait devoir ne lui faire aucune place. Voici comment il le faut entendre : inadéquate, notre connaissance empirique, selon Spinoza, a pour matière les affections particulières de l'Attribut à nous représenté, c'est-à-dire de l'Étendue; seulement, au lieu d'être perçues, ainsi que cela a lieu dans la connaissance adéquate, comme nous le verrons

---

(1) *Eth.*, II, prop. 11, 12; 16 et cor. 1 et 2; 17, cor. et scol.; 18, 29; 24-27; 28 et scol.; 29, cor. et scol.; 32-34; 35 et scol., cf. prop. 30 et 31; — scol. prop. 49, *passim;* def. 1, 2, 7; — postul. 5 et 6. — III, postul. 2; def. 1; — IV, prop. 7. — *De Intell. Emend.*, IX, 73, 78; — XI, 82, 83, début. — *Court Traité*, Append.

plus loin, à titre de simple limitation d'une étendue indivisiblement une, elles apparaissent détachées de leur Substance, abstraites de l'Attribut qui les rendait intelligibles. Leur connaissance est alors inadéquate, parce qu'elles affectent une existence indépendante qu'elles ne comportent pas de par leur essence, et qu'elles se présentent ainsi comme de purs faits que la Pensée ne peut légitimer en droit, faute de pouvoir les rattacher à un terme qui les explique en les complétant. La connaissance empirique existe donc pour nous, parce que toutes les idées qui composent notre esprit ne sont pas adéquates, mais que certaines sont des portions d'idées détachées par une sorte d'abstraction de Touts idéaux plus compréhensifs, dont le complément intelligible est en dehors de nous. Chacun de nous n'est essentiellement qu'un Mode à la fois idéal et réel, représentatif et étendu, de la Substance divine, et nous ne sommes intelligibles qu'en tant qu'on nous considère comme dépendants de cette Substance. Mais que nous venions à nous poser comme indépendants des Attributs qui nous constituent, que nos idées se posent comme se suffisant à elles-mêmes, et nous devenons dès lors inintelligibles, nous et nos idées; notre connaissance, en faisant ainsi abstraction de ce qui la légitime, devient fragmentaire, et de la sorte produit l'expérience sensible et l'imagination qui en est la suite. En d'autres termes, et pour exprimer la même chose dans le langage du représenté, c'est-à-dire du corps, la connaissance empirique est en nous la représentation de notre corps et de ses affections, abstraction faite de ce qui dans les corps étrangers les conditionne. Notre corps, en effet, n'est qu'un Mode déterminé de l'Étendue, c'est-à-dire une pure limitation de celle-ci; par suite, il ne saurait s'expliquer par lui seul, mais requiert pour être compris la considération des autres Modes qui le limitent dans l'Étendue, et partant la connaissance de l'Étendue tant prise absolument que dans son rapport à ce corps déterminé. En résumé, les choses singulières que nous présente la connaissance empirique ne sont, par définition, concevables qu'en autre chose qu'elles-mêmes; si donc nous les considérons en soi, nous les connaissons inadéquatement; et c'est ainsi que naît l'Expérience. La sensation n'est dès lors que la représentation tronquée d'une affection corporelle dont nous ne nous représentons pas la cause extérieure qui l'explique; et l'Imagination, comme il a été déjà dit, n'est autre chose que la sensation, mais en l'absence de la cause extérieure qui l'a primitivement provoquée. Quelques remarques sont encore nécessaires au sujet de ce genre de connaissance qui constitue le domaine des sens et de l'imagination.

Et d'abord, en attribuant aux Modes finis limités et dépendants une existence par soi et un être en soi, cette sorte de connaissance morcelle l'indivisible unité de l'infinie Substance en une multitude indéfinie d'individus. La composition indéfinie, la multiplicité et aussi l'individualité sont, en effet, — comme on sait, — pour le spinozisme, des produits de la connaissance inadéquate. C'est que, d'une part, dans l'Attribut pris absolument, il n'y a ni multiplicité ni division actuelle ou possible; et, de l'autre, dans leur essence adéquate, les Modes de l'Attribut ne peuvent subsister que dans et par lui. Là tout est indivisiblement un; et, à proprement parler, on n'y peut distinguer ni des parties ni un tout. C'est la simplicité absolue dont les modifications ne sont point des parties intégrantes, mais bien des émanations et des suites, qui par surcroît n'ont rien de positif. Considérées adéquatement, les choses singulières sont dans l'Attribut à titres de limites négatives introduites en lui; elles y sont donc plutôt éminemment, et à titre de possibilités réelles, peut-on dire, qu'en qualité d'éléments distincts. Mais quand ces données limitées, ou plutôt limitatives, viennent à être considérées superficiellement, abstraction faite de ce qu'elles limitent, c'est alors qu'apparaissent la multitude et la composition, lesquelles sont toutes relatives à l'Imagination qui les considère. Or, comme la Substance, dont l'Imagination sépare ainsi les affections pour les regarder comme transcendantes, est infinie, les distinctions que l'Imagination y peut introduire se trouvent indéfinies; et l'Expérience peut distinguer dans son domaine autant d'objets distincts au regard de l'Imagination, qu'il y a de limitations possibles dans l'Attribut pris absolument. Les individualités ainsi distinguées, étant entièrement relatives au point de vue de l'Imagination qui les forge, ne consistent chacune que dans un certain rapport quelque peu extérieur entre les idées ou dans une certaine proportion de mouvement et de repos. En effet, les mouvements particuliers et les idées particulières n'affectent une existence indépendante qu'autant qu'on les considère abstraction faite de ce qui fonde éternellement leur essence; par suite rien ne désigne en soi plus spécialement tel ensemble d'idées ou de mouvements à être un individu distinct que tel autre groupe d'idées ou de mouvements où le premier groupe est intégré; et dans chaque cas l'individualité est introduite dans les choses particulières par suite de raisons extrinsèques à leur nature et auxquelles celle-ci reste indifférente. Rien n'empêche, par conséquent, de considérer tout Mode de l'Étendue ou de la Pensée comme un individu composé d'autres individus, faisant à son tour partie intégrante d'autres individus, et ainsi de suite à l'infini. C'est pourquoi l'Univers matériel dans son ensemble — c'est-à-dire la somme des individus corporels — est lui-même considéré par Spinoza comme un individu.

De tout ceci il suit que la connaissance empirique consiste en dernière analyse à poser en soi un Mode fini et limité et à l'ériger en quelque sorte en absolu à part du Mode infini sans lequel il ne se comprend pas; c'est dans cette abstraction illégitime à certains égards que consiste l'inadéquation de cette sorte de connaissance. Comment cette dernière enveloppe en outre la Durée, et comment le Temps, la Mesure et les Universaux sont ses instruments, c'est ce que nous avons déjà expliqué (1).

§ 3. Objet de la Connaissance adéquate.

Cependant les idées inadéquates ne sont pas les seules dont l'âme soit susceptible. Il en est dont elle est la cause adéquate, qui sont par conséquent des touts complets au sein d'une même âme. Un corps humain donné est, en effet, cause adéquate de certaines de ses modifications; ou tout au moins elles peuvent s'expliquer par des propriétés corporelles qui sont communes à ce corps et à d'autres : telles sont les propriétés qui constituent l'essence de toute nature corporelle; elles sont ce qu'elles sont, dans le corps humain considéré isolément, aussi bien que dans tous les autres; par conséquent, l'âme de celui-ci peut en former une idée complète ou adéquate, partant absolument vraie. Les idées de cette sorte constituent le domaine de l'Entendement proprement dit.

Quant à l'objet de la connaissance adéquate en général, c'est celui qui se suffit à lui-même; ou tout au moins, s'il existe des objets dérivés qui puissent être connus adéquatement, ce ne peut être qu'en tant que leur idée les représente dans leur état de dépendance à l'égard de la Réalité autonome dont ils dérivent. Autrement dit, les objets de la connaissance adéquate ne peuvent être que celui qui se suffit à lui-même et ceux que cette première Réalité explique en tant que par elle on en rend compte; d'où il suit que la connaissance adéquate est faite de l'idée représentative de l'Être premier et par soi, et de celles qui représentent les êtres dérivés en tant qu'elles dérivent de cette première idée. C'est par cette sorte de connaissance que sont connues les essences : la connaissance des essences étant toujours, comme nous le verrons, adéquate; celle des existences étant, au contraire, nécessairement inadéquate.

Quoi qu'il en soit, c'est dans la Substance en tant qu'elle est tel Attribut, c'est-à-dire telle essence une et simple comme elle, que la connaissance adéquate de Dieu saisit immédiatement toute la Réalité, c'est-à-dire l'ensemble des Modes ou modifications des Attributs divins considérés expressément comme Modes de ces Attributs; car la Réalité, en son fond et adéquatement entendue, n'est pas autre chose. Ceci

---

(1) *Eth.*, I, scol. prop. 8; prop. 13, cor. et scol.; prop. 15 et scol.; cor. prop. 25; cor. 2 prop. 32; cor. 1 prop. 44; def. 2. — II, prop. 28 et scol.; ax. 5; lemm. 1, 4, 5, 6; 7 et scol.; def. post. ax. 2 post lemm. 3; def. 7; — *Court Traité*, I, ch. II, 15. — Epist. XXVIII, 1; — XXIX; — XXXV, van Vloten, p. 138, § 2 et 3; — XLI, §§ 4-9; — L, van Vloten p. 185, 2°; — Ep. IV, *passim* et notamment van Vloten, p. 11, l. 25; Cf. ci-dessus p. 207, note 1.

posé, on voit que la connaissance adéquate dans l'homme a pour objet premier la Substance considérée dans les deux Attributs que nous connaissons, à savoir : la Pensée et l'Étendue; et nous en connaissons adéquatement les Modes, quand nous les rattachons à ces mêmes Attributs (I).

§ 4. Les trois genres de Connaissance ou trois manières de connaître l'objet étendu.

A cette distinction des idées en inadéquates ou adéquates répond la théorie connexe des trois genres de connaissance([1]); adaptation plus ou moins heureuse et plus ou moins cohérente au corps du système, de cette division platonicienne des degrés de la connaissance, d'où qu'elle se soit transmise à Spinoza; — laquelle, depuis Platon jusqu'à lui, a, sous une forme ou l'autre, été enseignée par toute une lignée de philosophes et de penseurs, au nombre desquels, pour le dire en passant, ce serait forcer les textes que de compter Descartes. Nous allons essayer de résumer la théorie spinoziste en question. Aux idées inadéquates s'applique la connaissance empirique « ab experientia vaga », ou du premier genre; elle présuppose l'existence actuelle de notre corps et les actions des autres choses matérielles sur lui. Elle a pour matière des représentations d'affections corporelles subies passivement, du moins en partie, par notre corps; elle est la cause des passions de l'âme. Par elle s'expliquent tous les effets de l'Imagination. L'ordre dans lequel se suivent les idées constitutives de ce genre de connaissance n'est que l'ordre même des affections du corps dans la durée. Aussi les successions de cette sorte sont-elles des associations empiriques en une certaine mesure, différentes d'un individu à l'autre, et dans un même individu d'une circonstance à l'autre. La Mémoire est un des effets les plus importants de ces sortes d'associations. Les idées générales sont des conséquences de ce genre de connaissance; ce sont des images génériques dont l'élément principal est un résidu de plusieurs expériences présentant certains traits identiques. Ainsi se forment ces sortes d'idées, qui sont d'autant plus confuses qu'elles résultent d'une plus grande multitude de sensations;

([1]) Car la division définitive des manières de penser en quatre espèces distinctes, adoptée dans le *De Intell. Emend.*, se laisse réduire en fin de compte, comme Spinoza l'a lui-même reconnu dans l'*Éthique*, à la division tripartite admise dans ce dernier ouvrage : en effet, la connaissance par ouï-dire, ou plus généralement par le moyen des signes extérieurs attachés arbitrairement à certains objets, n'est, bien examinée, qu'une variété et un mode indirect de la connaissance par expérience.

(I) *Eth.*, II, prop. 37, 38; lemm. 2; — V, prop. 21, 24; prop. 29 et scol.; prop. 30; 31 et scol. — *De Intell. Emend.*, cf. VII, 38 fin; — 39 fin; — 42. — *Epist.* XXVIII, 1.

ainsi naissent des notions souverainement générales, et partant souverainement vagues, telles que celles de l'être et du quelque chose. Il ne faut pas confondre avec ces Universaux les notions communes adéquates qui — autant qu'on peut le conjecturer d'après les termes quelque peu obscurs et flottants de l'auteur — représentent non des traits communs d'images diverses, mais l'essence commune des Modes d'un Attribut. Par une telle essence, à ce qu'il nous semble, il faut entendre tantôt un Attribut considéré en lui-même, tantôt l'un quelconque des Modes infinis; autrement dit, chaque essence de ce genre est ou un Attribut considéré en lui-même, ou un Attribut considéré sous un certain aspect, c'est-à-dire cet aspect lui-même. Cet aspect est aussi simple et aussi rigoureusement un que l'Attribut; et, de même qu'une forme aristotélicienne, quoique commun à une pluralité de choses singulières, il n'en reste pas moins en lui-même singulier et individuel à sa façon, en ce sens qu'il se retrouve identiquement et tout entier lui-même dans chacun des individus auxquels il se rapporte. De là le caractère concret qui distingue des Universaux ces essences communes. Car s'il est vrai qu'elles soient, comme ces derniers, abstraites des choses singulières proprement dites, il est juste d'ajouter qu'elles ne sont des abstractions qu'exclusivement par rapport aux choses singulières; mais que considérées en elles-mêmes, elles sont des réalités concrètes; de sorte qu'on peut, avec Busolt (¹), les appeler des « abstractions concrètes »; et les Universaux, des « abstractions abstraites ». Au sujet de ces essences, Spinoza s'exprime comme il suit : « Haec fixa et aeterna, quamvis sint singularia, tamen ob earum ubique praesentiam ac latissimam potentiam erunt nobis tanquam universalia sive genera definitionum rerum singularium mutabilium, et causae proximae omnium rerum (²). »

(¹) Busolt, op. cit., I, § 3, p. 45-46.
(²) De Intell. Emend., XVI, 101, s. fine. — Nous croyons que les expressions « ob earum ubique praesentiam ac latissimam potentiam » et « genera definitionum » permettent, ainsi que le contexte, de trancher le débat entre ceux qui voient dans ces « res aeternae » l'équivalent des Modes infinis (Trendelenburg, Historische Beiträge zur Philosophie, III, 1867, p. 384) et ceux qui prétendent que ce terme comprend, en outre, également ces essences propres aux choses singulières, au sens étroit du mot (Pollock, Spinoza, his life..., p. 142 sqq. — A. Rivaud, op. cit., p. 49, note 91) desquelles nous parlerons bientôt. Les paroles de Spinoza nous invitent, quant à nous, à pencher en faveur de la première solution, par suite à identifier les « res aeternae » à ces « notions communes » de l'Éthique, que Spinoza, d'un terme cartésien, — hérité des κοινά d'Euclide, en passant par les κοιναὶ ἔννοιαι d'Aristote (Descartes, Resp. ad secundas Objectiones. — Trendelenburg, Histor. Beiträge, p. 382), — appelle ainsi, parce qu'elles sont communes aux esprits de tous les hommes. Toutefois, sur cette question, Spinoza ne s'explique pas d'une façon assez claire; et peut-être la forme incomplète sous laquelle nous est parvenu le Traité de la Réforme de l'Entendement est-elle la cause de cette obscurité. Quoi qu'il en soit, notre interprétation ne concerne que les essences physiques, telles que le mouvement et le repos, et non les essences proprement mathématiques, les choses mathématiques, comme dit Spinoza, dont il sera question plus loin, et qui sont évidemment d'un caractère strictement individuel.

La connaissance du second genre est définie de deux façons par Spinoza. Dans l'*Éthique*, il lui donne pour matière les notions communes et les idées adéquates des propriétés des choses, c'est-à-dire — si nous comprenons bien sa pensée — les idées adéquates des propriétés communes aux choses singulières : « ex eo, quod notiones communes, rerumque proprietatum ideas adaequatas habemus; atque hunc Rationem et secundi generis cognitionem vocabo (¹) ». C'est ce mode de connaissance qu'il appelle la Raison proprement dite. Mais dans le *Traité de la Réforme de l'Entendement*, nous trouvons du second genre de connaissance la définition suivante, qui diffère quelque peu de celle que nous venons de voir : « Est perceptio, ubi essentia rei ex alia re concluditur sed non adaequate; quod fit, quum vel ab aliquo effectu causam colligimus vel quum concluditur ab aliquo universali, quod semper aliqua proprietas concomitatur (²). » Il ajoute dans la note qui suit : « Hoc quum fit nihil de causa intelligimus propter id, quod in effectu consideramus quod satis apparet ex eo, quod tum causa non nisi generalissimis terminis explicatur, nempe his ergo datur aliquid ergo datur aliqua potentia, etc...; vel etiam ex eo quod ipsam negative exprimant : *ergo non est hoc vel illud...*, etc., in secundo casu aliquid causae tribuitur propter effectum, quod clare concipitur... verum nihil praeter propria; non vero rei essentia particularis. » — Quelle est de ces deux opinions celle que Spinoza professait en dernier lieu ? C'est difficile à découvrir, d'autant plus que nous voyons, d'après les notes du *Traité de la Réforme de l'Entendement*, que ce livre a été écrit en partie avant, en partie après l'*Éthique*. Il n'en reste pas moins vrai que c'est dans le dernier passage cité que Spinoza s'étend le plus sur la connaissance du second genre.

Il existe encore un troisième genre de connaissance, le plus haut qui puisse être atteint ; c'est celui qui procède de la connaissance adéquate de l'Attribut à la connaissance adéquate de l'essence d'un Mode (³), et qui connaît ainsi son objet par la seule essence de celui-ci ou par la connaissance de sa cause prochaine (⁴). C'est la connaissance intuitive (⁵).

Quelle que soit, dans son fond, la connaissance du second genre, il reste qu'elle diffère profondément de celle du troisième genre, en ce que celle-là — adéquate ou non — procède discursivement et par déduction de notions claires et distinctes; en ce qu'elle n'est pas

---

(¹) *Eth.*, II, scol. prop. 40.
(²) *De Intell. Emend.*, IV, 19 et note.
(³) « Atque hoc cognoscendi genus procedit ab adaequata idea essentiae formalis quorumdam Dei attributorum ad adaequatam cognitionem essentiae rerum » (*Eth.*, II, scol. 2 prop. 40.)
(⁴) « Perceptio est ubi *res percipitur per solam suam essentiam* vel per cognitionem suae proximae causae. » (*De Intell. Emend.*, IV, 19, fin.)
(⁵) « ... Quod scientiam intuitivam vocabimus. » (*Eth.*, II, scol. 2 prop. 40.)

immédiate, mais procède par analyses de concepts ; — tandis que celle-ci est immédiate, comme étant l'intuition directe et intime de l'essence de l'objet connu, laquelle elle saisit par un acte indivisible de la Pensée, sans discursion ni mouvement. Enfin, et c'est à cela que se ramène, selon nous, toutes les différences qui séparent le second genre de connaissance du troisième, tandis que celui-ci — tout comme la connaissance du premier genre, quoique d'une manière différente — ne connaît dans son objet que cet objet lui-même, celui-là porte principalement sur ce qu'il y a de commun à son objet et à tous ceux de même nature ou de même essence, sans que pourtant ni cet objet ni cette essence commune ne dévoilent leur réalité foncière et immédiate. La connaissance ne porte ici ni sur l'être concret comme tel des objets individuels dont elle saisit l'essence commune, ni sur cette essence en tant que saisie en elle-même comme une donnée immédiate ; mais bien sur cette dernière, en tant que reconnue dans un des individus auxquels elle s'étend sans s'y épuiser, et grâce à lui ; à peu près de la même manière que, sans atteindre la Substance en elle-même, nous la connaissons néanmoins dans deux de ses Attributs, et grâce à eux. Nous voilà une fois de plus en présence d'un produit des tendances formalistes que nous avons déjà notées chez Spinoza. Qu'il nous suffise de signaler ce caractère sans nous y attarder, le cadre et l'objet de cette étude ne nous permettant pas même d'ébaucher un examen approfondi d'une question aussi complexe, et aussi obscure, et encore aussi peu débrouillée que celle de la nature véritable de la connaissance du second genre et de la discursion chez Spinoza, question assez importante pour demander à faire l'objet d'un ouvrage spécial. Contentons-nous seulement de préciser encore par quelques remarques la place et la portée que nous venons d'assigner à cette sorte de connaissance, c'est-à-dire par conséquent au rapport particulier de la Pensée et de son objet qui la constitue. Voici en quelques mots le principe de cette connaissance formelle dont c'est le grand mérite de Busolt d'avoir le premier déterminé avec force la caractéristique, et mieux que personne ne l'a su faire depuis, quel que soit d'ailleurs le jugement que l'on doive porter sur son interprétation de l'ensemble de la théorie spinoziste de la connaissance (1).

La Raison proprement dite, *Ratio*, ainsi que nous l'avons vu, à la différence de l'Expérience d'une part, et de l'Intuition de l'autre, négligeant dans les choses singulières immédiatement données à notre intelligence ce qui est propre à chacune d'elles et les distingue les unes des autres, pour ne voir que ce qu'ont de commun entre elles celles qui ont une même essence, est ainsi une connaissance de formes générales qui sont comme les cadres de la Pensée et de l'Être

---

(1) Busolt, I, § 3, p. 38, 40 sq., surtout 40-44. — Cf. Couchoud, *Benoît de Spinoza*, p. 201.

dans notre monde, ou des lois qui régissent les Modes finis de notre Univers. Mais ces formes générales, quoique particulières et concrètes en elles-mêmes, étant indéterminées relativement aux individus qu'elles embrassent et infinies, ne sont pas données à notre Raison immédiatement et telles qu'elles ; car nos idées particulières, finies et déterminées, ne peuvent porter immédiatement et sans intermédiaire sur un objet infini et moins déterminé. C'est donc dans des objets finis et plus déterminés, dans des particularisations de ces formes générales que notre Raison découvre les lois communes à ces objets ; et cela parce qu'elles sont, dans tous les objets qu'elles embrassent, identiques à ce qu'elles sont dans l'objet de notre contemplation actuelle ; ce qui nous permet de les saisir sans sortir de ce dernier, à peu près d'une manière analogue à celle dont nous saisissons la Substance sans sortir d'un de ses Attributs. La Raison, c'est-à-dire, pour traduire le langage spinoziste, la raison discursive, c'est donc la connaissance des individus idéaux ou corporels, choses singulières proprement dites de notre monde, non dans leur être propre et individuel, mais dans leur raison d'être générale ; c'est, comme la connaissance intellectuelle Kantienne, la subsomption de ceux-ci sous des lois générales qui les expliquent et qu'ils révèlent. De ce point de vue, tout provisoire d'ailleurs chez Spinoza et qui ne traduit à ses yeux qu'un moment inférieur et incomplet de la connaissance, les notions communes apparaissent comme autant de catégories *a priori* de la Pensée et de l'Être, où les connaissances particulières et leurs objets viennent nécessairement se couler, sans que pour autant soit expliquée la nature propre de chaque terme pris en particulier ; d'autre part, chacune de ces notions communes est manifestée à la raison — comme une forme Kantienne l'est par sa matière — par chaque connaissance particulière et par l'objet de celle-ci. De la sorte, la Raison, — qui saisit dans chaque individu l'essence commune à tous ceux de la classe, pour ainsi parler ; mais qui ne contemple jamais cette essence à titre de donnée immédiate manifeste par elle-même, c'est-à-dire telle qu'elle existe en soi et en effet — ne perçoit pas celle-ci à la rigueur, mais la conclut seulement en partant de l'individu qui lui en fournit l'occasion. C'est pourquoi la connaissance du second genre est essentiellement discursive ; elle part de la considération d'un individu donné, pour en déduire les lois communes à tous ceux de son espèce ; et cela sans avoir besoin de les saisir en elles-mêmes dans leur réalité nue, puisqu'elles sont partout ce qu'elles sont dans l'individu considéré. Par là, la connaissance rationnelle ou discursive est une connaissance incapable d'erreur et adéquate, puisqu'elle rattache à leurs conditions les propriétés générales qu'elle découvre dans ses objets. Mais, d'autre part, et bien qu'elle ne puisse se tromper, elle est — en tant que connaissance des individus — imparfaite et inadéquate, puisqu'elle ne peut expliquer le contenu propre et tout l'être de chacun d'eux, ni en rendre raison. Adéquate dans son domaine, elle est, absolument parlant, inadéquate; et c'est sans doute ce qui explique sur ce point les incertitudes de langage de Spinoza qui, dans l'*Éthique*, appelle adéquate cette même sorte de connaissance dont ailleurs il considère certains résultats comme inadéquats. D'autant plus que, d'un autre côté, pour ce qui concerne même les propriétés générales des choses singulières, comme elle les découvre dans ces dernières et non en elles-mêmes, bien qu'elle les conclut avec certitude, elle ne saurait en saisir la raison d'être, mais seulement la nécessité. A propos de chaque connaissance particulière, elle comprend que telles propriétés, telles lois sont exigées, et comme postulées par elle, que la Pensée et l'Être sont incompréhensibles sans celles-ci; mais, ne les percevant pas dans leur être concret, elle voit plutôt qu'elles doivent être, qu'elle ne comprend qu'elles sont, puisque pour cela il faudrait que lui fût immédiatement présent tout le champ qu'elles embrassent. C'est pourquoi Spinoza, dans le *Court Traité*(¹), appelle « vraie foi » cette sorte de connaissance qui, tout en saisissant son objet avec vérité, ne le pénètre pas néanmoins et ne l'éclaire pas de la lumière de la connaissance proprement dite, mais lui demeure quelque peu extérieur. Ainsi, une connaissance intégrale et pleinement lumineuse n'est pas le fait de notre Raison au sens spinoziste du mot. Des postulats indubitables, à cela se ramène au fond les résultats de la connaissance rationnelle : définitions, axiomes et postulats proprement dits, qui expriment les conditions universelles du donné, sans qu'il ait besoin de passer tout entier devant nos yeux; sortes d'anticipations de la Raison qui, sans être données, se tirent avec certitude de ce qui est donné.

Telle est à grands traits, à ce qu'il semble, cette curieuse théorie de la connaissance du second genre, où, sous l'empire d'un formalisme qui fut toujours étranger à Descartes, Spinoza, tout en prétendant maintenir l'équivalence de la Pensée et de son objet, admet que la Pensée peut, sans cesser de traduire un objet qui lui soit conforme, découvrir dans cet objet, et grâce à lui, des éléments de connaissance et de réalité contenus en lui dans sa représentation actuelle, mais qui les dépasse en ce qu'ils ne s'y absorbent pas. Il n'a pas vu que le principe de l'équivalence de la Pensée et de son objet était mis en péril, dès que celle-là, même sans atteindre d'autres données que celles que contient celui-ci, leur trouve néanmoins une portée plus étendue qu'elles n'en ont en lui.

Quoi qu'il en soit, il reste que le troisième genre de connaissance, alors même que le second se composerait, en tout ou parties, d'idées

---

(¹) *Court Traité*, II, 1, p. 54.

adéquates, est la forme la plus éminente de la connaissance adéquate. D'autant qu'aucune des deux théories exposées par Spinoza dans l'*Éthique* et dans le *Traité de la Réforme de l'Entendement* sur la connaissance rationnelle discursive — même si l'on y ajoute les quelques paroles qui en sont dites dans le *Court Traité* — n'indique clairement la nature intime de cette sorte de connaissance ni son rapport avec l'ensemble du système.

La connaissance du troisième genre, connaissance proprement adéquate, est dans l'homme celle qui a pour objet premier la Substance dans les deux Attributs que nous connaissons; et elle connaît adéquatement les Modes, quand elle les rattache respectivement à ces mêmes Attributs. C'est ainsi que connaître adéquatement les objets particuliers se ramène pour l'homme à connaître ceux-ci dans leur essence commune, c'est-à-dire à les considérer comme des limitations de l'Attribut commun dont ils sont des modifications, et dans lequel, à ce titre, ils sont éternellement compris. C'est cette essence commune des choses particulières qui est le seul objet positif de notre connaissance adéquate; seulement, tandis que dans la Déduction — même entendue à la façon de l'*Éthique* — l'essence de chaque objet, au lieu d'être rattachée immédiatement à son principe, est expliquée par des raisons superficielles et extérieures tirées d'autres essences analogues, dans l'Intuition nous saisissons le lien de dépendance qui unit le Mode à son Attribut, et par conséquent — lorsqu'il s'agit de l'Attribut qui fait l'objet de la Pensée humaine — les corps particuliers à l'Étendue divine une et indivisible. Et il y a là ainsi comme une sorte d'expérience supérieure, en prenant le mot d'expérience dans son sens large[1], la connaissance adéquate parfaite n'étant qu'une expression immédiate, et infaillible par là même, de la Substance ou de tel de ses Attributs par la Pensée divine, en tant qu'elle pense cet Attribut. Quand nous connaissons adéquatement la Réalité par intuition, c'est que l'idée de l'objet connu se pose en nous telle qu'elle est dans l'Absolu, c'est-à-dire soit comme dérivant de l'idée de l'Attribut pris absolument, soit comme idée de cet Attribut. Dieu se pense éternellement lui-même par une sorte d'expérience immanente; et c'est cette pensée en nous qui constitue notre connaissance adéquate intuitive. Le dernier mot du spinozisme est ainsi un mysticisme intellectualiste; car, non moins qu'Aristote et Descartes, c'est à l'intuition simple de l'intellect qu'il résout finalement la connaissance sous sa forme éminente; et, comme le système de ces deux penseurs, le sien est à plus d'un titre un empirisme intellectuel plutôt qu'un rationalisme au sens rigoureux du mot. Ce qui double cet empirisme intellectuel de mysticisme, c'est que l'intuition simple de

---

[1] *Eth.*, V, scol. prop. 28.

l'intellect dont nous parlons est, contrairement à l'esprit cartésien orthodoxe, et bien plus étroitement que chez Aristote, la même dans l'homme et dans Dieu, au point que les deux opérations ne se distinguent même pas logiquement ni numériquement.

Que si maintenant nous comparons les trois genres de connaissance entre eux, nous verrons que le premier est profondément séparé des deux autres tels qu'ils sont entendus dans l'*Éthique,* et qu'en tout état de cause un véritable abîme sépare la connaissance sensible de la connaissance intellectuelle, de quelque façon qu'on l'entende, et la connaissance adéquate de la connaissance inadéquate.

Par la connaissance adéquate, en effet, l'âme contemple non plus les existences passagères, mais les essences éternelles des choses, qu'elle saisit en prenant connaissance de la nature immuable de son corps ; elle connaît ses objets en tant qu'elle est cause adéquate de leur idée ; par suite, elle est soustraite aux passions ; elle est libre en tant qu'elle a de pareilles idées, en ce sens qu'elle n'agit alors que par la seule nécessité de sa nature ; en comprenant la nécessité, elle la fait sienne (I).

§ 5. Valeur des Essences individuelles.

Mais, avant de pousser plus avant, il nous semble opportun de dissiper tout malentendu, s'il est possible, au sujet de cette essence immuable des Modes ou des choses singulières qui fait l'objet de la connaissance la plus haute à laquelle puisse atteindre l'homme, et grâce à laquelle il connaît, sinon dans toute son étendue, du moins avec pleine vérité, le plus qu'il lui soit donné de percevoir de la Substance.

Les solutions qui ont en fait été proposées de cette question se ramènent à trois principales, selon que l'essence considérée est assimilée à une pure idée, à un Mode infini, ou à une réalité — identique dans son contenu, sinon dans sa manière d'être, à la chose singulière dont elle est l'essence.

Selon la première de ces interprétations([1]), la connaissance du troisième genre connaît adéquatement les choses singulières ou Modes

---

([1]) Brunschvicg, *Spinoza*, ch. vii : L'Éternité, notamment p. 177, 186, 188, 198. — Delbos, *Le Problème moral*, etc., ch. xi : La Vie éternelle, p. 191-192.

(I) *Éth.*, I, Append. — *Éth.*, II, prop. 17, cor. et scol. ; prop. 18 et scol. ; cor. prop. 26 ; prop. 28 et scol. ; 32, 37 ; 38 et cor. ; 39 et cor. ; prop. 40, scol. 1 et 2 ; 41, 44 ; 45 et scol. ; prop. 46 ; 47 et scol. ; scol. prop. 48 ; — cf. scol. prop. 44. — *Éth.*, V, prop. 1 ; 3 et cor. ; 4, cor. et scol. ; 6 et scol. ; 10 et scol. ; prop. 14 à 17 ; 21, 22 ; 23 et scol. ; 24, 25, 27 ; 29 et scol. ; prop. 30 ; 31 et scol. ; 34 et cor. ; 36, cor. et scol. ; prop. 38 ; 39 et scol. ; cor. prop. 40 ; — cf. prop. 18, cor. et scol. ; 19, 20 ; 32 et cor. ; prop. 35. — *De Intell. Emend.*, IV, 18-22 ; — VIII, 63, 64 ; — IX, 68, 72 s. *fine* ; cf. 75 ; — XI, 82, 83, début ; — XII, 93. — *Court Traité*, 2ᵉ partie, ch. 1 et 2, p. 53-56 ; — Append., p. 128, dern. 1° . — *Theol. Pol.*, ch. iv.

finis, en ce qu'au lieu d'être astreinte à les percevoir, comme fait la connaissance sensible, tels qu'ils se posent dans l'existence temporelle, c'est-à-dire à part des conditions qui les expliquent en les déterminant, elle les conçoit tels qu'ils sont en vérité, c'est-à-dire en les rattachant à *l'ensemble de leur Attribut*, ensemble dont ils sont solidaires; et cela parce que, par l'intermédiaire de la spontanéité immanente de cet Attribut, ils ne représentent pas les existences temporelles telles qu'elles se posent en dehors de la Pensée, mais qu'ils ne supposent uniquement que les idées qui traduisent éternellement dans la Pensée divine la nature immuable et vraie de ses objets sans omettre la représentation de leurs conditions. En d'autres termes, tandis que les existences temporelles se présentent à la connaissance sensible chacune à part des conditions qui la déterminent, et comme autant de faits isolés de l'ensemble de l'Attribut qui les explique; la connaissance du troisième genre, qui n'est plus astreinte à suivre l'ordre de succession dans lequel elles sont amenées à l'existence, mais qui saisit les idées éternelles où est représentée leur nature véritable dans la Pensée divine, saisit par là même les conditions intelligibles dont dépend cette nature, en concevant les raisons éternelles qui la rendent dans chaque cas intelligible à la Pensée divine(¹). Chaque Mode fini a dans la Pensée divine un type idéal antérieur et supérieur au passage de ce Mode dans l'existence temporelle et qui la représente *telle qu'elle est en vérité*, c'est-à-dire avec toutes ses conditions : c'est son essence, une « essence idéale » (²), selon le mot d'un des principaux adeptes de cette interprétation. La connaissance du troisième genre, qui porte sur les Modes finis corporels, suppose, il est vrai, un objet actuel différent de la Pensée, mais cet objet n'est autre que l'Étendue considérée comme Attribut(³). Mais on soutient que les Modes corporels finis qui sont ici pensés ne sont eux-mêmes, en aucune façon que ce soit, réalisés hors de la Pensée; ils n'existent dans l'espèce que pour la Pensée qui, en concevant leur Attribut commun, conçoit par là même les déterminations modales dont il est la source éternelle; et, sans qu'elles existent hors de la conception que nous en avons, nous les concevons comme des idées qui découlent de la pensée véritable de leur Attribut. Dans l'espèce, leur réalité ne consiste que dans le fait d'avoir une raison éternelle dans la Pensée divine, d'être une idée de Dieu(⁴); elle se ramène à leur vérité, au sens étroit du mot; et l'on cite à l'appui de cette thèse les expressions « verae seu reales » (⁵), par lesquelles Spinoza lui-même les qualifie(⁶).

(¹) Brunschvicg, *ibid.*, p. 198; — Delbos, *ibid.*, p. 191.
(²) Brunschvicg, *ibid.*, p. 187.
(³) Brunschvicg, *ibid.*, p. 198.
(⁴) Brunschvicg, *Spinoza*, p. 186.
(⁵) *Eth.*, V, scol. prop. 29.
(⁶) Brunschvicg, *ibid.*, p. 187; et le texte de Spinoza auquel on renvoie.

De ce point de vue, c'est dans le sens le plus littéral qu'il faut entendre l'identité de l'âme et de son objet dans la connaissance du troisième genre : ici l'objet n'est autre chose que son idée ; et, en dehors d'elle, non seulement elle ne connaît point d'autre objet ; mais il n'y en a point d'autre, si ce n'est l'Attribut infini dont elle exprime un Mode. Le sujet ne fait plus qu'un avec son objet ; l'âme, avec le corps, parce que celui-ci n'est plus désormais que sa propre idée(1) : l'idée du corps, — ce qui est précisément la définition de l'âme. De là, l'éternité et la liberté de l'esprit qui conçoit les objets corporels par la connaissance du troisième genre : il ne périt pas avec son objet, parce qu'il est l'idée éternelle qui représente éternellement celui-ci dans la Pensée divine(2) ; et il est libre, parce qu'au lieu d'être astreint à régler servilement la succession de ses idées sur les affections corporelles correspondantes, c'est par l'enchaînement de leurs idées au contraire qu'il dirige ces affections(3) ; au lieu d'obéir à son corps, c'est son corps qui lui obéit, puisque l'idée qu'il en a ne dépend plus des états de fait de celui-ci.

En résumé donc, la connaissance du troisième genre étant la connaissance des essences, — par opposition à celle du premier qui porte sur les existences, — on en conclut que celle-ci a pour objet la Réalité proprement dite, au sens réaliste du mot ; et celle-là, l'idée pure, en assimilant dans l'espèce le terme d'essence à celui d'idée(4).

Quelle que soit, en définitive, l'exactitude de cette théorie, celle-ci a pour base un sentiment fort juste : celui — et du rôle prépondérant de l'esprit — et de son indépendance relative par rapport à son objet dans la connaissance du troisième genre. Quelque nature, en effet, qu'ait cet objet, il est certain que la connaissance parfaite adéquate consiste pour l'âme humaine à dépasser les limites de l'existence sensible pour le poser et pour se poser elle-même dans la vérité absolue, c'est-à-dire comme relatifs à l'ensemble de leur Attribut respectif ; or, un tel acte, que Spinoza le veuille ou non, et que ce philosophe ait ou non de cela une pleine conscience, implique de la part de l'esprit qui l'accomplit une certaine autonomie à l'endroit de son objet, sinon à tous égards, du moins à l'égard de ce dernier considéré comme une existence temporelle, puisqu'un tel acte consiste précisément à s'élever au-dessus des conditions d'une pareille existence. Il y a là comme une rupture d'équilibre entre l'ordre des existences corporelles et celui des idées qui le représentent, puisque la Pensée, dans l'espèce, déborde le premier de ces deux ordres

---

(1) Brunschwicg, *ibid.*, p. 177.
(2) *Eth.*, V, prop. 22. — Brunschwicg, *ibid.*, p. 188. — Delbos : *Le Problème moral etc.*, p. 191 et 192.
(3) Brunschwicg, *ibid.*, p. 198. — Delbos, *ibid.*, p. 191.
(4) Brunschwicg, *Spinoza et ses contemporains* (Rev. Mét. et Mor., p. 699).

pour considérer ses objets sans avoir plus égard à leur succession temporelle et sensible.

Cette remarque nous amène à laisser de côté une objection qu'on pourrait être tenté de produire contre l'interprétation que nous avons exposée ci-dessus : c'est, à savoir, l'incompatibilité de cette dernière avec le parallélisme des deux Attributs ; car un tel argument risquerait de valoir aussi contre tout changement de point de vue de l'esprit sur un même objet, ce dernier continuât-il d'être une réalité en dehors du sujet percevant. Or, en fait, inconséquence ou non, Spinoza n'a pas craint de doter l'âme humaine, malgré le parallélisme qu'il affirme en principe entre ses états et ceux de ses objets, du pouvoir de passer de la considération de l'existence temporelle de ces derniers à celle de leur essence éternelle ; et quand il n'y aurait en cela, comme nous le croyons, aucune modification de la nature intrinsèque de l'objet, il reste que cette dualité de point de vue est la marque, dans l'âme, d'une certaine indépendance à l'égard de celui-ci ; soit qu'elle consiste à s'élever au-dessus des conditions de l'existence sensible pour le contempler tel qu'il est en soi ; ou au contraire à déchoir de cette contemplation véritable, pour se donner l'illusion d'objets isolés et posés à part de leurs raisons dernières.

Quoi qu'il en soit, si une réalité extérieure à l'idée est maintenue sous une forme quelconque à l'objet corporel dans la connaissance du troisième genre, il est certain que l'inconséquence que nous venons de signaler est moins flagrante, et a pu échapper plus aisément à Spinoza, que s'il avait assimilé purement et simplement, dans l'espèce, l'essence qui fait l'objet de ce genre de connaître à l'idée qui la représente. Néanmoins, entre les deux inconséquences, il n'y a jamais qu'une différence de degré qui, toutes choses égales d'ailleurs et avant tout examen, peut sans doute mettre en garde et faire hésiter devant cette seconde interprétation, mais n'est pas une raison péremptoire pour la rejeter. Toutefois, si des nécessités de cohérence interne ne suffisent pas, à elles seules, à infirmer cette interprétation, on peut encore moins en invoquer pour l'établir. En quoi, en effet, le passage de l'existence à l'essence est-il plus aisé à concevoir, s'il ne répond pas dans la Pensée à un état de l'objet, que s'il y répond ? D'autant qu'il n'y a pas à arguer, quand il s'agit du spinozisme, de l'idéalisme que devrait impliquer l'immanence de la Pensée à elle-même : car une telle conclusion qui s'imposait aussi bien à propos des autres moments du rapport de la Pensée et de son objet, il n'y a aucune raison de croire, *a priori*, que Spinoza, à qui elle avait échappé partout ailleurs, ne l'ait saisie que dans ce cas unique. Il est au contraire bien plus vraisemblable que les propositions spinozistes sur la dualité de l'idée et de son objet s'appliquent à tous les cas, et aussi bien au rapport de l'âme humaine et d'un Mode corporel connu par le troisième genre de connaissance, qu'à celui de la Pensée divine comme telle et de tout autre Attribut en tant qu'Attribut, ou de l'âme humaine et d'un Mode fini considéré comme doué d'une existence temporelle. Il reste donc, pour trancher le débat, à consulter les textes spinozistes directement relatifs à la question que nous examinons. Or, aucun de ces textes ne semble affirmer le caractère entièrement idéalistique de la connaissance du troisième genre ; mais inversement, il en est même qui paraissent indiquer la théorie contraire.

En premier lieu, s'il est affirmé qu'un corps existant actuellement n'est pas nécessaire à ce genre de connaissance, et à l'éternité de l'esprit dans lequel elle trouve place [1], il faut se souvenir que l'existence actuelle dont il s'agit, c'est l'existence temporelle à laquelle Spinoza oppose non une existence purement idéale, mais une essence éternelle qui n'est pas dite être l'équivalent de cette dernière sorte d'existence ; d'autant que cette distinction entre l'existence temporelle et l'essence éternelle s'étend, aussi bien qu'au monde des corps, à celui des idées dans lequel il ne saurait être question d'opposer le réel à l'idéal à la manière exposée ci-dessus [2]. La possibilité de la connaissance adéquate et de la vie éternelle, qui en est un aspect, est basée expressément par Spinoza sur la distinction générale et applicable à tout le domaine de l'être entre l'existence temporelle et l'essence éternelle ; distinction qui permet à l'idée non seulement de poser son objet corporel comme compris dans l'Attribut dont il découle, mais aussi — car ceci est une condition indispensable de ce premier état de choses — de se poser elle-même comme comprise dans son Attribut et autrement qu'elle ne le fait dans la connaissance du premier genre.

Quant aux textes où Spinoza affirme que les successions idéales, soumises dans la connaissance sensible à la direction des successions corporelles, les dirigent au contraire dans la connaissance adéquate, ils prouvent simplement la prépondérance de l'esprit dans cette sorte de connaissance, sans qu'on soit autorisé à conclure que les objets que ces idées dirigent à certains égards n'ont aucune réalité en dehors de lui. Il s'agit pour Spinoza d'opposer à la passivité de l'esprit dans la connaissance sensible — où il se borne à reproduire les vicissitudes de son objet, sans d'ailleurs être influencé par lui, mais aussi sans comprendre la nécessité de cette reproduction, et, par conséquent, pratiquement, comme s'il subissait une pareille influence — l'activité par laquelle dans la connaissance adéquate, comprenant la nécessité de son développement et par là s'identifiant avec elle, il dirige ce dernier et par conséquent le développement parallèle de son objet. Ce

---

[1] *Eth.*, II, schol. post. cor. prop. 10 ; — *Eth.*, V, prop. 23 et schol. ; — prop. 29 cf. ; prop. 30 et 31 ; — prop. 34 ; — schol. prop. 40, début ; — cf. prop. 21.

[2] *Eth.*, V, dem. et schol. prop. 23 ; — prop. 30 et dem. — Rapprocher prop. 37 et dem. du schol. suivant et de l'ax. de la partie IV.

que Spinoza veut ici mettre en lumière, c'est l'opposition entre la détermination extérieure des idées et leur détermination intérieure; entre celle qui vient à l'esprit d'idées qu'il ne connaît ni ne comprend et celle qu'il se donne à lui-même en intégrant en lui les idées qui déterminent ces états actuels; bref, entre celle dont il n'est pas et celle dont il est la cause adéquate. Il est plus que permis de supposer, en présence des autres textes spinozistes relatifs au même sujet, et sans qu'un pareil manque de rigueur dans l'expression soit un exemple unique dans les écrits de ce philosophe, qu'il n'était pas dans son intention que l'on entendît à la lettre les propos que nous venons de rappeler, et qu'il voulait indiquer par là non que l'esprit dirige en fait les affections corporelles, mais bien qu'il dirige les représentations de celles-ci, en ce qu'il représente ces dernières telles qu'elles sont en réalité; et, par ses propres forces ou en vertu d'une détermination interne, retrouve leur véritable nature, sans d'ailleurs la modifier elle-même en quoi que ce soit. C'est précisément dans ce point de vue sur elle, lequel il ne doit qu'à lui-même, que l'esprit procède par la connaissance du troisième genre autrement que par celle du premier, sans qu'il faille admettre que le corps soit là plus subordonné ou identifié à l'esprit, que l'esprit n'est ici — en dépit de la lettre des termes — subordonné et identifié au corps.

Reste enfin l'expression « verae seu reales » appliquée aux essences des choses singulières présentées à la connaissance du troisième genre. Il serait peut-être, croyons-nous, quelque peu hasardeux d'attribuer au vocabulaire de Spinoza, dans l'interprétation de sa doctrine, d'autre valeur qu'une valeur subsidiaire et conditionnelle, quand on se souvient des variations de sa terminologie. Mais il y a plus; et si l'on veut faire état de l'association de ces deux mots « verae » et « reales », il y a tout autant de raisons *a priori* pour accorder une portée doctrinale au second qu'au premier de ces termes, et pour en conclure l'identification de la vérité des objets à leur réalité hors de la Pensée, aussi bien que l'identification de leur réalité à une vérité purement idéale. Mais n'oublions pas que le terme de « vérité » lui-même a, chez Spinoza, un sens tout réaliste et qu'il signifie non une qualité intérieure de la pensée, mais un accord entre un objet extérieur et son idée, comme le prouve assez la distinction qu'il établit entre la vérité et l'adéquation, malgré leur indissoluble et inconditionnelle connexion; et que, par conséquent, un objet vrai est avant tout pour lui un objet réel au sens fort du mot, un objet existant en soi en dehors de son idée, quoique conforme à celle-ci [1].

[1] Sur la parenté, pour ne rien dire de plus, qui existe chez Spinoza entre les termes de vérité et de réalité, en prenant ce dernier mot dans le sens de réalité donnée en dehors de l'Entendement, cf. *Eth.*, I, prop. 30, cor. 1; — Epist. XXVIII, p. 526, van Vloten et Land.

Nous croyons, pour toutes les raisons que nous venons d'énumérer, pouvoir conclure que l'objet de la connaissance du troisième genre est, dans tous ses aspects et à tous ses moments, une réalité au sens le moins idéaliste du mot. Mais quelle réalité ?

Partant de deux observations exactes en elles-mêmes, à savoir que l'essence en général est définie comme une réalité indépendante de l'Entendement (1), et que les Modes éternels et infinis constituent chacun l'essence commune des Modes finis correspondants, et par conséquent d'un ensemble de choses singulières déterminées (2), Camerer en conclut que l'objet de la connaissance du troisième genre est une réalité donnée en soi en dehors de la représentation que nous en avons, et que cette réalité, qui est une essence, n'est autre, dans chaque cas, qu'un Mode éternel et infini de l'Étendue ; ou plutôt que le domaine auquel se rapporte cette sorte de connaissance se compose d'idées qui sont les Modes éternels et infinis de la Pensée, et d'objets qui sont les Modes éternels et infinis de l'Étendue et qui sont représentés par ces idées (3).

Et, en effet, poursuit-on, les idées constitutives de la connaissance du troisième genre sont des Modes éternels de la Pensée ; par conséquent, en vertu du parallélisme de la Pensée et de l'Étendue, les essences corporelles qui sont l'objet de ces idées ne peuvent être que des Modes éternels de l'Étendue. Quant à l'infinité de ces idées et de ces objets, elle ressort, pense-t-on, de leur éternité, dont l'interprétation que nous examinons la suppose inséparablement solidaire. Concevoir les choses par le troisième genre de connaissance, raisonne-t-on, c'est les concevoir non comme une existence corporelle bornée par d'autres existences finies, mais comme une essence éternelle qui existe par cela seul qu'elle est posée comme une conséquence de la nature divine et comme participant de la nécessité et de la nature absolue de celle-ci : une telle connaissance procède par suite de l'âme en tant qu'elle se pose à son tour comme une conséquence éternelle de la Pensée divine. Or, toute conséquence de la nature absolue de Dieu, en tant que nature absolue de Dieu, — que cette conséquence soit d'ordre corporel ou spirituel, — en même temps qu'elle est éternelle, est aussi infinie ; car d'où lui viendrait en Dieu, dont elle dérive sans autre condition, le germe d'une limite dans la durée ou la simultanéité ? Suite inconditionnelle d'un Attribut divin pris absolument, bien qu'elle n'existe pas par soi, son existence découle nécessairement de sa définition, à cause du lien nécessaire qui l'unit sans condition à l'être nécessaire de Dieu ; c'est dire que son existence est affirmée d'une manière absolue, et partant qu'une telle conséquence est éternelle ;

---

(1) Epist. XXVII, p. 523. — Camerer, *Die Lehre Spinoza's*, I, ch. III, § 2, p. 24.
(2) Camerer, *ibid.*, p. 22 sqq. — *Eth.*, II, prop. 8, cor. et scol.
(3) Camerer, *ibid.*, p. 22 sqq.

car l'éternité n'est pas autre chose que l'affirmation absolue de l'existence. Mais, à son tour, l'affirmation absolue de l'existence, affirmation sans restriction ni limitation, qu'est-ce autre chose que l'infinité? Toute essence est en elle-même infinie, puisqu'elle est tout ce qu'elle peut être, puisqu'en elle son être se pose sans restriction ni limite. La finité ne lui est pas inhérente et ne lui vient que de l'existence empirique qui réalise l'essence considérée dans des expressions tronquées d'elle-même, à travers une suite indéfinie de choses finies dont chacune n'est finie que parce que précisément son essence en elle est incomplète, limitée qu'est cette dernière par d'autres choses finies de même essence dans la durée et la simultanéité; et parce que, au lieu d'être la source active de tout ce qui se passe en elle, une telle chose est soumise à celles-ci et déterminée par elles du dehors, grâce à cette autre finité, ou plutôt à cet autre aspect de la finité qui s'appelle la passivité. Il n'y a même d'autre principe, suivant Camerer, à la distinction de l'essence et de l'existence empirique d'une même chose, que la distinction de l'infini et du fini, — l'existence empirique étant dite résulter, dans chaque chose finie, de l'échec que subit en elle, du fait des autres choses, la tendance de son essence à se réaliser le plus possible; autrement dit, à être infiniment et sans limite. Une pareille tendance, qui constitue dans la chose elle-même son essence, ne pouvant se limiter soi-même, c'est du concours des autres choses, conclut-on, que lui vient la finité qui caractérise l'existence empirique; celle-ci est ainsi avant tout une négation partielle de l'essence (¹).

Selon cette interprétation, l'essence représentant tout ce qu'il y a de positif dans la chose considérée, ce n'est que dans l'existence empirique qu'elle peut subir une négation partielle. Et du même coup, c'est de l'existence empirique seule que viennent les distinctions individuelles des choses de même essence; car les déterminations qui distinguent ces choses ne peuvent venir que de négations partielles au sein de l'essence commune; ainsi le veut la logique spinoziste(²).

Quelque ingénieuse, quelque séduisante même que soit une telle interprétation; quelque solides certains des fondements sur lesquels elle s'appuie, et incontestables certains des dogmes spinozistes qu'elle invoque, ces motifs ne suffisent pas, croyons-nous, à contre-balancer la puissance des raisons qui militent en sens contraire. Et d'abord, bien qu'il ne faille pas exagérer la portée de ces sortes d'arguments,

---

(¹) M. Brunschvicg, qui affirme l'identité absolue et métaphysique, en même temps que logique, de l'idée et de l'objet dans la connaissance du troisième genre, et qui par conséquent ne reconnaît à l'objet dans l'espèce aucune réalité hors de son idée, doit être néanmoins rapproché de Camerer, en ce qu'il admet comme lui que les idées constitutives de ce degré de la connaissance sont littéralement infinies (Brunschvicg, *Spinoza*, ch. vii, L'Éternité, p. 178-180, 199, 201-203).

(²) Camerer, *ibid.*, p. 21-25, 30-43, 38, 42-43.

A. LÉON.

quand il s'agit de Spinoza ; mais sans qu'il soit interdit de faire ressortir leur valeur subsidiaire, lorsqu'il y a lieu, il serait non pas impossible, mais du moins surprenant que Spinoza, ayant à traiter longuement et *ex professo* de la Vie éternelle de l'homme, et de la connaissance du troisième genre avec laquelle elle ne fait qu'un, négligeât d'indiquer que les idées et les objets, les esprits et les corps, constitutifs de ce domaine de la Pensée et de l'Être, sont respectivement autant de Modes infinis de la Pensée et de l'Être. Bien plus, on chercherait en vain, dans toute cette théorie, une seule phrase où l'épithète d'« infini » fût, même en passant, même indirectement, appliquée aux éléments spirituels ou corporels de la connaissance du troisième genre. Ce fait est d'autant plus digne de considération qu'inversement il ne s'agit pas une seule fois ailleurs, comme tels, des Modes éternels et infinis, sans que leur nom ne soit accompagné de l'un comme de l'autre de ces qualificatifs, constamment unis dans l'expression, même quand l'absence du second n'enlèverait rien à la clarté du discours. Ou plutôt, s'il lui arrive parfois de les désigner autrement que par cette double expression, il ne les désigne jamais, dans de tels passages, comme éternels, sans les désigner en même temps expressément comme infinis[1]. Cela ne donne-t-il pas à penser que lorsqu'il parle ici de Modes éternels, sans autre épithète, c'est à dessein ; et qu'il entend par là autre chose que des Modes qui seraient infinis en même temps qu'éternels? Ce n'est pas tout ; que l'on pèse les termes du passage suivant, en remarquant les mots que nous soulignons ; et que l'on dise si, sans trancher absolument le débat, il n'est pas pour faire hésiter devant une identification des Modes constitutifs du troisième genre de connaissance à des Modes éternels et infinis : « ... apparet, quod Mens nostra, quatenus intelligit, *aeternus* cogitandi modus sit, qui alio *aeterno* cogitandi modo determinatur, et hic iterum ab alio, et sic in infinitum ; ita ut omnes simul Dei aeternum *et infinitum* intellectum constituant[2]. » Cela ressemble fort, jusque dans les termes, — l'éternité mise à part, — au déterminisme des Modes finis dans la durée. Sans doute on aurait quelque droit de prétendre — sans se dissimuler les difficultés que rencontre une telle interprétation dans la théorie spinoziste de l'infini (nous ne disons pas : de l'indéfini) modal, et dans l'identification de cet infini faite par l'auteur, sans autre commentaire, avec l'indéterminé, comme aussi dans la rareté des explications de Spinoza sur tout ce qui regarde les Modes infinis ; mais sans que le spinozisme laisse d'ailleurs place à une meilleure solution, — que l'essence qu'est un Mode infini, bien que ne comportant comme telle aucune détermination d'elle-même

---

[1] *Eth.*, I, cor. 1 prop. 16 ; prop. 21-23 ; prop. 30, 41 ; cf. scol. prop. 31. — *Eth.*, II, prop. 8 ; — V, scol. prop. 40 fin ; prop. 35 et 36, etc. — Epist. LXVI, début.

[2] *Eth.*, V, scol. prop. 40.

ni restriction d'elle-même, représente néanmoins une forme d'être plus déterminée que ne font ni son Attribut considéré comme tel, ni — quand il y en a un — tel Mode infini d'un degré supérieur; ou plutôt que chaque Mode infini représente sans détermination ni restriction une essence qui est elle-même une forme plus ou moins déterminée de l'Attribut correspondant, et en même temps aussi, parfois d'un autre Mode infini; de sorte qu'il y aurait, non pas certes entre l'Attribut et ses Modes infinis, mais entre l'infinité du premier et celle des seconds, un rapport analogue à celui qui existe entre l'infinité de la Substance et celle de ses Attributs. Mais quelque légitimes en droit que puissent paraître de telles considérations, il resterait, en tout état de cause, singulièrement étonnant, — et dans le passage que nous venons de citer, Spinoza aurait fait preuve d'une négligence de langage qui dépasse toutes celles dont ses écrits offrent des exemples, et que pour cette raison il est difficile de lui prêter, — s'il avait sans dessein appliqué dans la même phrase la qualification d'infini en même temps que celle d'éternel à l'Entendement de Dieu, pour ne donner que celle d'éternel à l'esprit humain en tant qu'il se pose, par la connaissance adéquate, comme un aspect constitutif de son Entendement. Semblablement, est-ce un simple hasard, si l'épithète d'« infini », appliquée en tant qu'il est considéré comme tel, à l'Amour intellectuel de Dieu pour lui-même, dès l'entrée en scène de ce sentiment[1], n'est jamais prononcée, — ne fût-ce qu'à la première mention de ce second sentiment ou de ce nouvel aspect du premier, — à propos de l'Amour intellectuel de l'homme pour Dieu[2]? Et n'est-ce pas plutôt parce que l'âme humaine, en tant que sujet du troisième genre de connaissance, et qui est à ce titre le principe de ce dernier sentiment, est pour Spinoza, même en ce cas, finie encore qu'éternelle? Au reste, le texte suivant, à cet égard, ne laisse au doute sur les intentions de Spinoza qu'une place si faible qu'elle est bien près d'être nulle : « Mentis Amor intellectualis erga Deum est ipse Dei Amor, quo Deus se ipsum amat, non quatenus infinitus est, sed quatenus per essentiam humanae Mentis, sub specie aeternitatis consideratam, explicari potest: hoc est, Mentis erga Deum Amor intellectualis pars est infiniti amoris, quo Deus se ipsum amat[3]. » Cette partie de l'Amour intellectuel de Dieu pour lui-même qu'est l'Amour intellectuel de l'âme humaine pour Dieu, il n'est pas dit qu'elle soit infinie, tandis que, dans la même phrase, cette infinité est affirmée du premier sentiment; nous retrouvons la même opposition que nous remarquions tout à l'heure entre l'affirmation de l'infinité de l'Entendement divin et l'omission d'une telle affirmation à l'égard des âmes humaines, con-

[1] *Eth.*, V. prop. 35.
[2] *Ibid.*, prop. 36.
[3] *Ibid.*, prop. 36.

sidérées comme éternelles, qui entrent dans sa constitution. Mais pourquoi invoquer la vraisemblance, quand nous avons un texte décisif qui suffit à lui seul à prouver que l'objet immédiat de l'esprit humain dans la connaissance du troisième genre, et par conséquent l'idée qui correspond à cet objet, ne sont pas respectivement l'essence de plusieurs individus finis, corporels ou spirituels, mais un individu de cette sorte ? Nous lisons, en effet, à la proposition XXII de la V° partie de l'*Éthique*, ces paroles dont il est étonnant que Camerer, qui les cite (¹), ait pu ne pas voir la portée considérable : « In Deo datur necessario idea, quae hujus et illius Corporis humani essentiam sub aeternitatis specie exprimit (²). » Que si ces mots « hujus et illius Corporis » ne suffisent pas à ouvrir les yeux, par quel artifice arrivera-t-on à montrer que des essences mathématiques, que des figures telles que le cercle par exemple, objets éternels de la connaissance du troisième genre, sont infinis, si l'on considère que pour Spinoza la figure se définit essentiellement par ses limites (³) ? Il reste donc, en tout état de cause et de quelque façon qu'on doive expliquer cela, que la connaissance du troisième genre est faite de Modes individuels finis et qu'elle porte sur des individus finis (⁴).

Il reste à répondre à un dernier argument. Celui-ci, nous le reconnaissons pour être juste envers la théorie qui assimile les essences constitutives de la connaissance du troisième genre et de ses objets à autant de Modes infinis, est à vrai dire le nerf, et sans doute, le motif déterminant de la théorie ; et bien qu'il ne doive pas — quelle que fût en dernière analyse, à les prendre en elles-mêmes, la vérité des allégations dont il part — faire pencher en faveur d'une interprétation contredite par les textes exprès de Spinoza, il est néanmoins de nature à impressionner qui le considérerait isolément, et il mérite d'être examiné pour lui-même : nous voulons parler de la solidarité qui, nous dit-on en avançant les raisons déjà exposées ci-dessus, unit inséparablement d'après les principes spinozistes l'éternité à l'infinité(⁵). Il faut avouer que ces raisons ont au moins

---

(¹) Camerer, *ibid.*, p. 26.
(²) *Eth.*, V. prop. 22 ; cf. dem.
(³) Cf. *Eth.*, II, scol. prop. 7 ; — *De Intell. Emend.*, VI, 33, 34 ; cf. IX, 69, 72 ; — Epist. L, 4.
(⁴) Cf. surtout Busolt, I, § 5 ; — Camerer, *Die Lehre Spinoza's*, p. 92 ; — Salinger, *Spinoza's Lehre von der Selbsterhaltung*, I. rlin, 1881, p. 15 ; — L. Busse, *Ueber die Bedeutung der Begriffe...* (*Vierteljahrschrift für w. Ph.*, 1886, p. 293). — La même vue est soutenue — mais à un point de vue idéaliste que nous croyons, pour les raisons exposées ci-dessus, ne pas pouvoir admettre — par M. Delbos dans *Le Problème moral*, etc., ch. IV, p. 79 ; ch. VI, p. 193-195 ; cf. 196. — Cf. Couchoud, *op. cit.*, p. 172-175. — A. Rivaud, *Les Notions d'Essence...*, p. 101-102, 106, etc.
(⁵) *Eth.*, I, def. 2 ; prop. 26-28 ; — II, prop. 9 ; scol. prop. 45 ; — III, notamment prop. 3 et scol. ; prop. 4, 6, 7, 8 ; def. 2, 3 den. alin. ; — IV, prop. 2, 4, 7 ; scol. prop. 18, p. 202 ; prop. 26 et dem. ; dem. prop. 53 ; Append. 30, p. 249 ; ax. ; — V, préf., p. 250, sqq. — *De Intell. Emend.*, XI, 84. — *Pol.*, ch. II, 2, cf. 3 ; 8. — Cf. *Eth.*, II, def. 7, prem. phr.

un grand air de vérité, et qu'en tout état de cause il est fâcheux que Spinoza n'ait pas expliqué avec plus de précision en quoi il pouvait en être autrement. Il n'en est pas moins vrai qu'en fait, à un moment de son système, et quelles que fussent à cet égard les exigences logiques de ses principes, il sépare les deux termes. Tâchons donc, avec les faibles ressources qu'il met à notre disposition, de rechercher si, et dans quelle mesure, il y a lieu ou non, à propos de ce point, d'inscrire à son actif une inconséquence de plus. Nous hasardons, quant à nous, sans ignorer qu'il est peut-être impossible d'en donner une vérification irréfutable, l'interprétation suivante; et nous croyons qu'il se peut, sans que la chose soit absolument certaine, que Spinoza, en admettant des Modes éternels qui ne seraient point infinis, n'ait pas menti aux principes qui sont à la base de sa théorie des Modes finis et de sa conception de l'éternité.

Tout d'abord le scolie de la Proposition XL, *Eth.*, V, texte capital en la matière, et qu'il ne faut jamais perdre de vue en traitant de la connaissance du troisième genre, nous fournit la clef sinon de la solution, du moins du chemin qui y mène ou qui a chance d'y mener. Nous devons conclure de ce passage que les essences éternelles qui constituent respectivement le domaine spirituel et le domaine corporel de la connaissance du troisième genre, constituent au sein d'un Mode infini un déterminisme indéfini, où chaque essence est déterminée par une autre essence de même ordre, éternelle, mais finie comme elle; celle-ci par une autre, et ainsi de suite indéfiniment; de telle sorte que chaque terme de la série est, en soi, et par conséquent pour la connaissance du troisième genre qui le pose dans sa vérité, rattaché par un acte aussi indivisible que l'on voudra, sans développement progressif, sans discursion de la Pensée ni mouvement de l'Être, à la nature absolue d'un Attribut divin; mais, à la différence des Modes infinis, grâce à des conditions de nature finie, encore qu'indéfiniment nombreuses, ou, plus exactement, innombrables. C'est pourquoi, à certains égards, on ne peut considérer comme immédiat le lien qui unit chacune de ces essences à son Attribut ou à son Mode infini, dans le sens où on l'entendait du lien qui unissait un Mode infini, comme à sa source, à un Attribut ou à un autre Mode infini. Voilà en quelle façon les Modes éternels qui constituent le monde de la connaissance du troisième genre nous paraissent ne pas être des Modes immédiats de la nature absolue d'un Attribut ou d'un Mode infini, mais procéder de l'une et de l'autre directement pour ainsi dire, mais non immédiatement. Ils ne dérivent de leur Attribut et du Mode infini dont ils sont chacun une détermination que sous certaines conditions qui, étant elles-mêmes nécessairement comprises dans cet Attribut et dans ce Mode infini, n'affaiblissent pas le lien nécessaire qui unit, dans l'espèce, l'éternel fini à l'éternel infini. Il y a plus : l'Attribut étant radicalement et littéralement un et indivisible, il ne saurait être question d'établir en lui, dans la vérité absolue et telle qu'elle apparaît dans la connaissance du troisième genre, des degrés proprement dits ; de telle sorte que tout ce qui est en lui et se pose comme tel, Mode infini ou Mode éternel fini, n'est pas séparable, même logiquement et provisoirement, du moins pour une pensée parfaitement adéquate, de son indivisible unité, et est donné, dès qu'elle est donnée, sans qu'on ait le droit de distinguer de moments dans le lien qui unit ces deux termes ; celui-là étant au fond, dans ce qu'il a de positif et par conséquent de réel, identique à celui-ci. *A fortiori*, faut-il en dire de même du lien qui unit le Mode infini à l'un de ses Modes éternels finis. C'est cette indivisibilité du lien qui unit l'Attribut comme tel, et comme modifié d'une modification infinie, à tel de ses Modes éternels et finis, qui permet, croyons-nous, d'expliquer que ce dernier puisse être éternel, quoique fini ; et puisse, quoique fini, être posé comme existant indépendamment de toute considération de temps, — mais par le seul fait de sa définition, quelle que soit d'ailleurs la raison de cette dernière, c'est-à-dire de l'essence ainsi définie : en d'autres termes, c'est là ce qui permet d'expliquer qu'il soit dit éternel(¹). Seulement, cette indivisibilité de l'Attribut et du lien qui unit à lui et en lui tous ses aspects n'empêche pas chacun d'eux d'avoir, de son rapport à lui ou à tel de ses aspects, une raison propre et particulière. Quand il s'agit du rapport d'un Mode infini à l'Attribut, cette raison n'est autre que l'Attribut lui-même considéré comme tel ; ou si ce Mode n'est pas immédiat, un autre Mode infini. Quand il s'agit d'une essence éternelle finie, la raison de son rapport à l'Attribut est sans doute d'une certaine manière le Mode infini dont elle est une détermination ; mais à son tour son rapport à ce dernier a sa raison dans une autre essence finie, ou, plus exactement, si l'on veut achever l'explication, dans l'ensemble des autres déterminations finies de ce même Mode(²). Bref, chaque essence éternelle finie procède de l'Attribut en tant qu'affecté d'un Mode infini, grâce au concours d'une série indéfinie d'autres essences de même ordre. Seulement à la différence de la connaissance empirique qui rattache un à un chaque Mode fini à sa cause prochaine, c'est-à-dire au Mode fini qui le détermine, sans jamais pouvoir achever l'explication, la connaissance du troisième genre voit, d'un seul coup, dans une intuition infaillible, l'ensemble, ou plus exactement l'unité de toutes les essences éternelles finies d'un Mode infini découler de ce dernier, et déterminer la place et l'essence du Mode fini considéré ; et cela, en posant l'individu envisagé dans son rapport à toutes les conditions finies qui le déterminent au sein de l'Attribut. Ce qui revient à dire, étant donné le

---

(¹) Cf. *Eth.*, I, def. 8.
(²) Cf. A. Rivaud, *op. cit.*, p. 110.

point de vue strictement analytique et réaliste dont Spinoza concevait toute relation, que l'intuition adéquate d'une essence individuelle finie enveloppe à certains égards, plus qu'elle ne ferait un corrélatif, la connaissance des termes avec lesquels cette essence est conçue en relation; c'est-à-dire qu'à certains égards, elle enveloppe l'infini, malgré la finité de son objet immédiat(¹). C'est là le fond solide, et qui doit rester, de l'argumentation de ceux qui voient des Modes infinis dans les idées et les objets de la connaissance du troisième genre. L'objet de ce genre de connaissance est un individu fini; mais comme ce dernier est saisi dans son rapport, et à vrai dire dans son unité avec la nature absolue de l'Attribut et d'un des Modes infinis de celui-ci, c'est l'infini lui-même, c'est la nature même de Dieu qui est connue dans un tel acte de connaissance; et il n'y a pas d'ailleurs pour l'homme d'autre manière de la connaître; ou plutôt, l'objet normal de la connaissance parfaite dans l'homme, le seul qui mérite vraiment d'être considéré comme réel, c'est bien un individu fini, mais posé comme découlant de l'essence infinie de Dieu; ou, à prendre les choses par un autre aspect, c'est ce second terme, mais posé comme raison d'être du premier, et en fin de compte comme identique à lui; d'un mot, c'est l'identité indissoluble de l'infini et du fini, de l'indéterminé et du déterminé, lequel a dans l'indéterminé sa raison et toute sa raison.

Poser ces principes, c'est reconnaître que l'individuel, — non pas seulement cet individuel qui, malgré l'individualité qu'il possède en lui-même, est général par rapport à d'autres individus dont il est l'essence commune, mais l'individuel au sens le plus fort et le plus définitif du mot, — a sa réalité et sa vérité, une réalité et une vérité aussi légitimes aux yeux de la Raison que celles de tout être, que celles de la Substance elle-même, puisqu'il tient de cette dernière sa réalité et sa vérité; puisque poser celles-là, c'est *ipso facto* poser celles-ci; c'est reconnaître que l'esprit humain, dans son plus grand effort pour atteindre l'absolu, et au terme même de cet effort, aboutit nécessairement et légitimement à l'individu au sens plein du mot; qu'il est lui-même un individu de cette sorte; que cette individualité est pour lui la marque et le gage de sa réalité; et qu'à ce titre, et à ce titre seul, il est éternel comme tout ce dont la réalité est fondée en vérité. Il faut en dire de même de toute autre essence finie : elles ne sont réelles et vraies qu'en tant qu'elles se posent comme ayant en Dieu leur raison; elles ne se posent comme telles qu'en tant qu'elles sont individuelles; elles ne sont donc éternelles qu'à cette condition; mais à cette condition, elles le sont en effet; et à ce titre, individuelles. Telle est, et sous réserve de remarques ultérieures sur la manière dont il faut entendre

---

(¹) Cf. A. Rivaud, *op. cit.*, p. 118, 116, et p. 53.

la nature profonde de ces individualités, la conclusion à tirer de ce qui précède. Ce n'est pas le moindre mérite du livre de M. Delbos : *Le problème moral dans la philosophie de Spinoza et dans l'histoire du spinozisme*, que d'avoir insisté sur ce caractère parfois inaperçu de la doctrine de Spinoza, et d'avoir montré la place occupée par l'individu proprement dit dans ce système panthéiste. Cet écrivain a bien vu que l'essence où la chose finie trouve la raison prochaine de son être et de ses déterminations est une essence individuelle et que leur raison éternelle est une raison individuelle (1). Et bien que son interprétation idéaliste de la connaissance du troisième genre conduise ce penseur à n'appliquer ces principes qu'au monde spirituel, il est facile de les étendre au monde corporel, pour quiconque croit que ce genre de connaissance porte dans Spinoza sur des essences étendues non moins que sur des idées(2). Sous cette réserve, il nous faut donner notre assentiment à cette formule : « Il n'y a que des natures individuelles qui peuvent, quand elles sont pourvues d'intelligence, comprendre la loi de leur union et en éprouver la force(3) ; » — et à cette autre : « Nous sommes de toute éternité des Raisons individuelles(4). »

Cependant nous ne devons pas oublier qu'à d'autres égards l'individu fini, pour ne parler que de celui-là, est un rapport assez extérieur sans réalité propre, sans existence définitive, quelque chose d'assez précaire et d'assez inconsistant. Comment accorder ces deux thèses qui semblent pourtant également spinozistes? La solution se trouve dans la distinction, au sein d'un même individu fini, entre l'essence éternelle ou intemporelle et l'existence passagère ou temporelle, distinction qui achève de préciser le sens et la portée de la connaissance du troisième genre(5).

Cette dernière ne devient complètement intelligible que si l'on admet que le mot « essence » chez Spinoza a trois acceptions, selon les cas, et qu'il sert également à désigner l'Attribut comme tel, le Mode infini et le Mode fini pris sous un certain aspect(6) : triple acception qui ne laisse pas de rendre parfois obscure la lecture de Spinoza, et qui explique que l'on n'ait pas toujours saisi exactement sa pensée sur la question qui fait l'objet de ces lignes.

Non seulement les trois sortes de choses que nous venons de mentionner sont considérées comme étant en elles-mêmes également des

---

(1) V. Delbos, *Le Problème moral*, etc., ch. II, p. 35, jusqu'à la fin du chapitre.
(2) Voir surtout, *Ibid.*, ch. IV, p. 79; cf. p. 97-98; — ch. V, p. 106; — ch. IX, p. 193-195; — Couchoud, *Benoît et Spinoza*, ch. VII, p. 173; — *ibid.*, p. 264-265.
(3) Delbos, ch. V, p. 106.
(4) *Ibid.*, ch. IX, p. 193; cf. ch. III, p. 60 et 62; — ch. X, p. 204 et 215.
(5) Cf. Busolt, *op. cit.*, I, § 3, p. 40-41, 48; — § 5, p. 61; — III, § 17, p. 175.
(6) L. Busse, *Ueber die Bedeutung*, etc. (*Vierteljahrschrift für w. Ph.*, 1886, p. 295).
— Cf. A. Rivaud, *op. cit.*, p. 59-60.

essences ; mais encore chaque individu fini est tenu pour les avoir également, chacune à titres divers, pour son essence. Le contexte seul permet de décider, dans chaque cas, dans quelle acception il faut prendre l'essence des êtres singuliers finis. Ces trois sortes d'essences, dans l'espèce, ont ceci de commun qu'elles sont également des conditions *sine qua non* de leur objet, liées à lui par un lien de nécessité réciproque tel, que le premier terme ne peut pas être donné ni conçu sans le second, ni le second sans le premier([1]). Il y a ainsi, pour tout individu déterminé, trois conditions indispensables qui l'impliquent nécessairement et qui nécessairement sont impliquées par lui, selon que la condition de l'individu considéré est la position absolue et indéterminée dont il est un appauvrissement et une détermination restrictive ; ou, si l'on peut ainsi parler, une position indéterminée d'un aspect relativement déterminé de cette première condition ; ou enfin la raison prochaine · et spécifiquement propre non pas de l'existence temporelle, mais du contenu comme tel de la détermination individuelle des deux conditions précédentes. Il y a ainsi, pour chaque individu, comme une hiérarchie de trois essences dont chacune détermine la suivante ; ou plutôt elles forment toutes les trois comme un faisceau indissoluble où chacune implique les deux autres et est impliquée par elles : la première est commune à tous les Modes d'un même Attribut ; la seconde, à tous ceux d'un même Mode infini ; la dernière est strictement propre à tel et tel Mode fini déterminé. Elles ressemblent assez, quant à leurs rapports avec leurs objets individuels déterminés : l'une, à la Matière Première d'Aristote, qu'on aurait douée de plus de réalité que toutes ses déterminations formelles, et dont celles-ci seraient des conséquences nécessaires ; — la seconde, à une Idée de Platon, ou à une Espèce Dernière d'Aristote, à ce que l'un et l'autre philosophes appellent une essence ; — la troisième, enfin, à un λόγος σπερματικός des Stoïciens, ou à une haeccéité des Scotistes. Ainsi que les uns et les autres de ces derniers, ainsi aussi que Leibniz, Spinoza admet donc que chaque individu a une essence rationnellement déterminable, qui lui est exclusivement propre ; que son contenu singulier n'est pas accidentel par rapport au principe premier de l'Être ; qu'il entre dans l'ordre universel d'une manière que la raison peut entièrement saisir ; bref, il admet tout l'essentiel de ce qu'en langage scolastique on appelle l'individuation par la forme. Mais, tandis que, pour ces philosophes, l'essence individuelle est positive jusque dans son contenu individuel, ici l'individu — j'entends : l'individu fini, — si en tant qu'essence il est réel et concret, n'a d'autre contenu positif que celui qui lui est commun avec tous les autres Modes du même Attribut, — autrement

---

([1]) *Eth.*, II, def. 2.

dit, que celui de l'Attribut lui-même considéré comme tel ; et ce qui lui appartient en propre est purement négatif ; c'est, à savoir : la diminution, en lui et par lui, et l'appauvrissement de cette nature commune. Comme l'Univers stoïcien, et comme celui de Leibniz, la Réalité spinoziste, malgré son unité, se pose dans des individus qui l'expriment tous avec vérité, mais avec cette différence capitale que les λόγοι σπερματικοί, et surtout les Monades, sont fondés dans l'Être et la Vérité, en ce que chacun de ces individus traduit à sa façon tout le contenu positif de l'Être et de la Vérité, en ce que ce dernier y repose tout entier comme en un sujet ; tandis que l'essence individuelle finie du spinozisme ne contient qu'un aspect incomplet et limité de l'Être ; que c'est précisément par ce caractère incomplet et négatif qu'elle se distingue de la Réalité et de la Vérité qu'elle exprime en partie ; qu'enfin elle est contenue et comprise dans celles-ci, comme le moins est compris dans le plus ; ou encore, pour emprunter l'exemple donné par l'auteur lui-même, comme un angle droit non encore réalisé est compris *ipso facto* dans un cercle[1]. Et c'est là ce qui nous fait hésiter, tout en rendant justice aux profondes remarques de M. Delbos sur la réalité de l'individu dans le spinozisme, à en conclure avec lui que le système soit un véritable individualisme. Sans doute l'individu, tel que Spinoza le conçoit, existe autrement que comme une illusion ; sans doute il ne s'anéantit pas dans une réalité étrangère ; mais c'est précisément que son être consiste en trop peu de chose pour fournir matière à l'anéantissement et à l'aliénation, et qu'il n'a pas assez de réalité pour l'aliéner ; c'est qu'il n'est, en ce qu'il a de distinctif, qu'anéantissement et aliénation lui-même. Après cela, sous cette réserve, on peut affirmer qu'il existe réellement ; mais il faut se rendre compte de la nature de cette chose dont on affirme l'existence : celle-ci n'est, du moins en tant que réalité distincte du contenu de l'Attribut, qu'une négation. Certes, pour prendre pour exemple l'individu humain, ce n'est pas nous abîmer dans l'infini que de nous unir à Dieu, mais nous poser tels que nous sommes[2]. Seulement, que sommes-nous ? Là est tout le nœud de la question. Nous ne sommes pas, a-t-on dit[3], dans notre vérité, des individualisations accidentelles et transitoires d'une forme commune, seule éternelle ; et c'est en cela principalement que la théorie spinoziste de l'éternité de l'homme diffère de la théorie aristotélicienne sur le même sujet, malgré un certain air de ressemblance. Rien de plus vrai ; ajoutons même que, d'une façon générale, tandis que, pour Aristote, seule la forme, ou l'essence commune à tous les individus d'une même espèce, est pleinement rationnelle, et partant

[1] *Eth.*, II, scol. prop. 8.
[2] Delbos, *Le Problème moral*, etc., ch. x, p. 196.
[3] *Ibid.*, p. 193.

éternellement nécessaire, à l'exclusion de ces individus ; pour Spinoza, cette rationalité et cette éternelle nécessité se poursuivent jusqu'aux individus eux-mêmes. Seulement, nous ne croyons pas que l'individualisme ait au fond gagné au change : car, d'une part, la réalité de ces individus, éternelle et nécessaire, est loin d'être aussi riche que celle de ces véritables substances qu'étaient les Formes aristotéliciennes ; de sorte qu'en passant d'Aristote à Spinoza, il n'y a pas lieu d'inscrire intégralement au bénéfice de l'individu tout ce que l'espèce cesse de posséder, ou de posséder à l'exclusion de l'individu ; — d'autre part, la Forme aristotélicienne, quelque indifférente qu'elle fût aux membres individuels de l'espèce dans lesquels elle se réalisait, n'en devait pas moins nécessairement, pour exister, se réaliser dans les uns ou les autres de ceux-ci, et être présente tout entière dans chacun de ceux qu'elle se trouverait informer ; de sorte que l'individu, contingent et irrationnel chez Aristote, se trouve néanmoins, tant qu'il dure, doué d'une réalité plus riche que l'individu fini éternel de Spinoza ; et que ce que ce dernier gagne en solidité, ou plus exactement en rationalité et en stabilité, il le perd en richesse et en indépendance ; nous présentant, à la place d'un sujet dernier absolu, — moins qu'une partie, — un appauvrissement. Nous avons vu, en effet, plus haut que l'individualité ne consistait, pour Spinoza, que dans un rapport assez extérieur de Modes finis ; mais, d'autre part, nous avons vu qu'un tel rapport était néanmoins fondé en raison, qu'il était un aspect nécessaire, par conséquent éternellement vrai, de l'Être par soi. Voici comment la chose est possible. Nous avons dit comment l'individualité de pareils rapports n'a rien d'absolu, puisqu'il n'est pas de Modes finis entre lesquels il n'existe de relations constantes, et que les modes d'un Attribut ne sont pas en nombre limité, et qu'on ne peut ni en faire la somme ni achever la division d'un groupe quelconque d'entre eux, quelque petit qu'il soit. Pour ces raisons, il y a lieu d'admettre qu'il y a autant d'individus que de Modes au sein d'un Attribut, c'est-à-dire une infinité ; et que tout individu peut à son tour être considéré ou comme élément d'un autre individu, ou comme formé d'autres individus. Il s'ensuit que l'individu est quelque chose de provisoire, s'il est posé en lui-même à part de l'Attribut, ou, si l'on veut, du Mode infini dont il est une des innombrables déterminations possibles. Mais, d'un autre côté, pour n'être pas absolu, - puisqu'il est une détermination de ce qui, en soi, est indéterminé, et par suite, d'après les principes spinozistes, indifférent à telle ou telle détermination prise isolément, tout en les impliquant nécessairement toutes, — il est une vérité fondée en raison et cesse d'être proprement provisoire, s'il se pose tel qu'il est véritablement, c'est-à-dire comme compris dans l'essence indéterminée dont il est une détermination ; c'est-à-dire encore, en d'autres termes, comme cette essence même, en tant que limitée et partiellement niée. Pour cela, il faut qu'une pareille négation soit posée comme telle, et par conséquent en relation avec l'essence intégrale dont elle est une réalisation partielle; c'est dire qu'une telle position est la position même de cette essence du point de vue de la détermination en question; et comme un tel point de vue n'a son plein fondement que dans et par l'essence indéterminée considérée, il est en fin de compte identique à elle. L'individu qui fait l'objet de la connaissance du troisième genre, c'est ainsi l'Attribut lui-même, ou plus exactement l'Attribut comme modifié d'une modification infinie, en tant que — par cela seul qu'il est ce qu'il est et que de lui découlent nécessairement, comme le moins du plus, toutes ses déterminations possibles — il pose la détermination individuelle considérée. Semblablement, on peut également dire que, pour la connaissance du troisième genre, l'individu fini n'est connu qu'en tant qu'il implique nécessairement l'essence indéterminée dont il est un aspect limitatif, puisque, connu autrement, il serait connu pour autre qu'il n'est en vérité, et par conséquent par un autre genre de connaissance. Sans doute, il est étrange que ces essences individuelles, amoindrissements d'une essence indéterminée qui, en soi, existe dans son intégrité, puissent exister effectivement si aucune force extérieure ne vient pratiquer de coupures, en quelque sorte, au sein de cette dernière; mais, quoi qu'il en soit, Spinoza en a jugé ainsi, poussé sans doute par le besoin de donner, malgré sa doctrine de l'indétermination de la Réalité absolue, un fondement rationnel au déterminé. Imbu comme il l'était de conceptions ontologiques et réalistes, il voyait dans la capacité de l'indéterminé à recevoir toutes les déterminations autre chose qu'une virtualité; et c'est pourquoi il confère aux individus, en tant que compris dans l'essence indéterminée qui les implique, une réalité qui est quelque chose de plus que l'existence potentielle qu'il est pourtant bien près de leur assigner; quelque chose d'intermédiaire — comme l'essence cartésienne — entre l'actuel et le possible; comme une sorte de possibilité réelle qui n'a pas d'être propre en dehors du lien qui l'unit à l'essence indéterminée correspondante, tout en étant plus qu'une illusion [1]. Le caractère potentiel qui s'impose à Spinoza malgré lui, nous avons la preuve qu'il l'a entrevu, dans les expressions « existence en acte, existence actuelle »[2], dont il se sert pour distinguer l'existence temporelle de cette existence éternelle qu'il assigne aux objets de la connaissance du troisième genre (I).

---

[1] Cf. A. Rivaud, *op. cit.*, p. 70.

[2] *Eth.*, II, prop. 8 et cor., 9, 11, 12, 13, 26; cf. I, scol. 2 prop. 8, p. 43, ligne 18-21; cor. prop. 24, dern. phr.; — V, prop. 21 et dém., 29 et dém., 34, 37, scol. prop. 40.

(I) *De Intell. Emend.*, IV, 19, note, fin; — cf. XIII, 98; VI, 34, début; VII, 51: « essentiam unius cujusque perceptionis; » VII, 55; XI, 82; cf. XII, 93. — *Eth.*, I,

§ 6. Degré de réalité des Modes finis.

Munis de ces remarques, nous pouvons maintenant aborder la question tant controversée, que nous n'avions pu jusqu'ici qu'indiquer, de la réalité des Modes. Nous entendons ici par Modes, suivant l'usage de maint auteur, et nous entendrons par là pour plus de brièveté dans tout le développement qui va suivre, les Modes finis. Cette question mérite de nous arrêter, puisque celle de l'existence du monde et des objets de l'expérience y est intéressée.

De la théorie de la connaissance du troisième genre se dégage tout d'abord cette première conclusion : les Modes, objets d'une connaissance absolument adéquate et vraie, sont, quelque nature qu'il y ait lieu de reconnaître à tel de leur aspect, des réalités aussi sérieuses, quoique moins primitives et moins riches, que la Substance dans laquelle ils sont fondés, et qui, non moins que celle-ci et par le fait de celle-ci, existent en dehors de l'entendement qui les conçoit, s'il s'agit d'autres Modes que ceux de la Pensée ; ou, quand il s'agit de ces derniers, ne tiennent pas leur être de la conception qu'en a l'Entendement, mais existent avant tout à un autre titre.

Malgré cela, il s'est trouvé des penseurs pour soutenir le caractère purement idéal des Modes spinozistes ; et d'abord, parmi eux sont tous ceux que nous avons vus interpréter d'une manière idéaliste la doctrine de l'Attribut ; aussi leurs arguments sont-ils basés sur cette manière d'entendre l'Attribut, et ils concluent l'idéalité du Mode de celle de l'Attribut dans lequel il se fonde. Nous avons déjà répondu à cette conclusion, en répondant à son principe et en montrant que l'Attribut était plus qu'une forme de pensée.

En second lieu, tous ceux qui nient la réalité des Attributs hors de l'Entendement, en s'appuyant sur l'indétermination absolue de la Substance, appliquent le même principe au Mode, et en affirment pour les mêmes raisons le caractère subjectif. La multitude des déterminations modales, au regard de ces penseurs, ne peut être qu'une illusion, puisque l'unique réalité est l'unité absolument simple de l'indéterminé absolu(¹). Certains auteurs n'en maintiennent pas moins ce principe d'une interprétation idéaliste des Modes, tout en

---

(¹) Sur les partisans de la subjectivité des Modes qui admettent aussi la subjectivité des Attributs, cf. notre chapitre II, x : Les Attributs, p. 109 sqq. — Sur cette question de l'idéalité des Modes, cf. notamment Busolt, *op. cit.*, III, § 17, p. 173 — rool. 2 prop. 8, p. 43 ; — II, prop. 8 ; — V, prop. 21-32, surtout 22 et 24 ; scol. prop. 18 ; — cf. V, *passim* depuis prop. 32. — *De Intell. Emend.*, IX, 71, 72, 75 ; — X, 80, début et fin ; — XI, 90. — Eth., II, scol. prop. 18 ; — V, prop. 1 ; cor. prop. 3 ; 4, cor. et scol. ; 6 et scol. ; 10 et scol. ; prop. 14.

reconnaissant que l'Attribut est autre chose qu'une forme de pensée ; car, disent-ils, l'Attribut ne saurait être la source de Modes qui déterminent d'une multitude de façons l'essence qui en lui est simple et indéterminée (¹). Nous avons déjà rencontré cette sorte d'argument lors de la discussion de l'interprétation idéaliste des Attributs, et la réponse que nous avons donnée est d'ordre général et applicable à tous les cas. Nous espérons avoir montré comment, quelque impossible qu'il soit, en droit, de déduire le déterminé de l'indéterminé, Spinoza avait en fait cru la chose possible, et que toute sa méthode reposait en fait sur cette méprise (²).

Mais les divers partisans de la subjectivité des Modes ont avancé à l'appui de leur thèse un troisième argument (³), positif celui-là et spécifiquement propre à son objet, d'ailleurs beaucoup plus spécieux que les deux précédents. On a invoqué les textes où, opposant la distinction des parties, la multiplicité et la division, la durée, qui n'apparaissent que dans les Modes, à la simplicité, l'unité, l'indivisibilité, l'éternité de l'Attribut, Spinoza déclare les premières des illusions de l'Imagination, qui n'ont, au regard de l'Entendement proprement dit et en elles-mêmes, aucune réalité ; on conclut que les Modes, qui en sont le théâtre, partagent ce caractère imaginaire et illusoire. Ils n'ont de place, affirme-t-on, que dans le monde de l'Imagination et de la Sensibilité, qui n'est lui-même que le monde de l'illusion subjective (⁴) ; les Modes ne sont que le produit des divisions illusoires que l'Imagination introduit dans l'unité indivisible de l'Attribut.

A cela nous ne répondrons pas, avec Busolt (⁵), que l'axiome II de la première partie de l'*Éthique* — « omnia, quae sunt, vel in se, vel in alio sunt » — implique la réalité de ce qui n'est pas en soi, mais en autre chose ; c'est-à-dire, du Mode. Car on pourrait répliquer que l'axiome n'indique pas l'espèce d'existence qu'il faut attribuer à un tel objet ; ni si elle est illusoire ou non ; ou encore, si elle est comparable ou non à celle d'une idée ou d'une forme quelconque de pensée dans un entendement ou un sujet percevant ; mais que, laissant entière la question qu'il n'appartient pas à cet axiome d'élucider et qui ne peut l'être encore, Spinoza emploie à dessein, faute d'un terme plus général, l'expression très étendue « sunt » dans son sens le plus large ; et il n'y a pas plus à en conclure à la réalité du Mode, que ne serait impliquée l'existence réelle de l'illusoire, s'il y avait : « tout ce qui est *est* réel ou illusoire, » — outre que, dans l'axiome allégué, on pourrait soutenir

---

(¹) Schaarschmidt, *Descartes und Spinoza*, p. 102 sqq. — Pillon, *Ann. philos.*, 1894, p. 155-170.
(²) Cf. Busolt, *ibid.*, p. 174 sqq.
(³) Cf. les notes 1 et 2 ci-dessus.
(⁴) Cf. Busolt, III, § 17, p. 173, note.
(⁵) *Ibid.*, II, § 8, p. 86.

que le second membre de l'alternative désigne seulement les Modes infinis. Nous ne répondrons pas davantage, avec le même auteur, que l'existence de l'homme — c'est-à-dire d'un Mode — est impliquée par l'axiome II de la seconde partie de l'*Éthique* : « homo cogitat, » et par toutes les propositions relatives à l'homme (¹). Car rien ne nous assure — à considérer en eux-mêmes cet axiome et ces propositions, comme aussi d'ailleurs toutes les propositions qui prennent les Modes comme donnés sans s'interroger sur leur valeur — que les Modes dont il s'agit ne soient pas des produits subjectifs de l'Imagination ; tous ces passages ayant pour office de déterminer les propriétés et les lois de ces Modes tels qu'ils sont une fois donnés, non de critiquer la valeur de ceux-ci. Combien Busolt est mieux inspiré quand il oppose à l'interprétation subjectiviste des Modes la déclaration suivante de Spinoza (²) : « ... extra intellectum nihil datur praeter substantias earumque affectiones. Nihil ergo extra intellectum datur..., praeter substantias, sive quod idem est..., earum attributa, earumque affectiones (³). » Toutefois un doute théorique est encore possible, le mot « affectiones » pouvant ici, au besoin, signifier seulement les Modes infinis, bien que Spinoza n'ait ailleurs jamais employé le terme de « mode » ou « affection » tout court dans cette acception restreinte.

Quoi qu'il en soit, le caractère à la fois illusoire et modal de la multiplicité des parties, de leur division et de leur distinction, ne peut être mis en doute : sur ce point, les textes sont formels. Faut-il en conclure à la subjectivité absolue des Modes ? Mais une telle conclusion se heurte à d'autres textes non moins formels sur ce que nous appellerions aujourd'hui l'objectivité des objets de la connaissance du troisième genre, qui sont précisément des Modes finis. La contradiction n'est qu'apparente entre ces deux séries de textes et se résout par la distinction spinoziste entre l'essence éternelle et l'existence temporelle.

Sans doute, il est une espèce de distinction et d'individualité qui appartient à la fois au domaine des Modes et à celui de l'illusion : c'est la distinction et l'individualité des parties ; ce n'est pas la distinction et l'individualité des Modes considérés comme tels et pour ce qu'ils sont en vérité. En d'autres termes, en opposant la distinction réelle des Modes, comme illusoire, à leur distinction modale qu'il tient pour véritable, Spinoza laisse entendre que ce n'est pas comme tels que les Modes n'existent que relativement à l'Imagination ; mais seulement en tant que parties réellement distinctes et posées comme autant d'absolus, isolés et les uns des autres, et de leur essence commune. Il fait même plus que le laisser entendre : il le dit expressément dans deux passages, explicites à souhait, consacrés spéciale-

---

(¹) Cf. Busolt, III, § 17, p. 173 ; — II, § 11, p. 112 et 114.
(²) *Ibid.*, II, § 11, p. 114 ; cf. p. 115.
(³) *Eth.*, I, prop. 4 dem ; — Cf. Epist. IV, van Vloten et Land, p. 102.

ment à cette question, et auxquels nous avons renvoyé en parlant du domaine de l'Imagination (¹). Dans leur vérité absolue, les Modes, au lieu d'être des parties extérieures les unes aux autres, sont plutôt des termes de rapport indissolublement inséparables entre eux et d'avec leur rapport, quoique différents les uns des autres, — chaque Mode étant d'ailleurs lui-même un rapport de pareils termes, et non, comme le croit l'Imagination, un assemblage de parties proprement dites. De ce point de vue de la connaissance adéquate, lequel est le point de vue même de la Réalité véritable, les choses finies ne sont pas une multitude indéfinie de parties, mais un rapport infini, indivisiblement un et absolument simple, de termes corrélatifs et solidaires, dont chacun est lui-même un rapport non moins indivisible de termes secondaires, — cet enveloppement de rapports se poursuivant d'ailleurs à travers une infinité de degrés. Toutefois ces rapports sont conçus de la manière la plus réaliste, comme des affirmations analytiques, et comme antérieurs de tous points de vue à leurs termes, comme les conditionnant à tous égards sans être à aucun titre conditionnés par eux ; bref, comme étant en eux-mêmes et avant tout plutôt des choses que des rapports : cette seconde dénomination exprime moins leur nature absolue, quoiqu'elle en dérive, que leur situation relativement aux Modes qui constituent leurs termes.

Quoi qu'il en soit, en affirmant la vérité de la distinction modale des Modes, et le caractère illusoire de leur distinction réelle, Spinoza entend que, dans la vérité absolue, ils ne se distinguent que comme des termes de rapport corrélatifs, et que chacun — tout en étant différent des autres et de l'Attribut pris en lui-même ou modifié d'une modification infinie — est posé en relation avec les autres Modes et avec l'Attribut considéré sous ces deux aspects ; de telle sorte que chaque Mode implique, et même pose explicitement, dans un acte indivisible, par le seul fait qu'il est donné, toute la Réalité substantielle et modale dans la constitution de laquelle il entre, et dont il n'est qu'un aspect nécessaire, une conséquence inséparable, et partant éternelle. Un Mode fini tel que l'eau, par exemple, considéré pour ce qu'il est en réalité et au regard de l'Entendement, c'est-à-dire comme compris irrémédiablement dans l'Étendue indéterminée, est tenu pour une détermination de celle-ci ; — détermination qui ne peut ni être ni être conçue sans elle, et que l'Étendue pose, ainsi que toutes ses autres modifications, dès qu'elle-même est donnée. L'eau considérée sous cet aspect, disons-nous, n'est ni une partie distincte des autres Modes de l'Étendue, comme du sang et du bois ; ni un assemblage de parties séparables par la division : elle n'est que l'Étendue absolue, modifiée d'une certaine façon, mais inséparable de ce qu'elle modifie

---

(¹) Cf. Camerer, *Die Lehre Spinoza's*, I, ch. III, § 1, p. 17-20. — Cf. ci-dessus, ch. II, XIII, p. 175 sqq.

et de toutes les autres modifications de cette même essence; inséparable par conséquent de l'Étendue prise absolument et des autres modifications de celle-ci. Le même Mode considéré au contraire simplement en tant qu'eau, c'est-à-dire en tant qu'un certain corps réellement distinct des autres, et lui-même divisible en parties réelles, est un produit illusoire et tout subjectif de l'Imagination; et les idées qui représentent de tels objets sont en elles-mêmes des illusions qui constituent l'Imagination[1]. Tel est le sens de cette phrase célèbre : « Exempli gratia aquam, quatenus aqua est, dividi concipimus, ejusque partes ab invicem separari; at non quatenus substantia est corporea; eatenus enim neque separatur, neque dividitur [2]. » Après quoi, Spinoza ajoute : « Porro aqua, quatenus aqua, generatur et corrumpitur; at, quatenus substantia, nec generatur nec corrumpitur. »

En effet, chaque chose finie, en tant que posée isolément et à part, comme elle n'a pas en elle-même tout ce qu'il faut pour l'expliquer, puisqu'elle est relative aux Modes qui la limitent, et comme, d'autre part, elle ne se pose pas dans cette relation qui l'explique, c'est-à-dire en fin de compte dans sa relation à son Attribut, au lieu de découler éternellement de la Substance, n'a qu'une existence limitée à telle durée. Son existence ne lui vient pas de son essence, mais des causes extérieures de même ordre qu'elle qui limitent sa durée *a parte ante;* et cette existence lui est enlevée par d'autres causes extérieures semblables aux précédentes, qui limitent sa durée *a parte post*. Tel est le sens de la distinction établie par Spinoza entre l'essence et l'existence des choses singulières : ce qui est illusoire en l'espèce, ce n'est pas la chose singulière elle-même, c'est son existence proprement dite, son essence étant seule véritable. Sans doute, l'une et l'autre sont finies; seulement, tandis que la première reste en quelque sorte renfermée dans sa finité, qui cause sa mort, c'est-à-dire dans son néant; tandis qu'elle se meut dans une durée déterminée, et que, si elle est étendue, elle ne dépasse en aucune façon le point de l'espace qui lui est assigné, la seconde pose sa finité dans la relation de celle-ci à l'infini dont elle dérive, et par là elle la dépasse en quelque sorte. De là, son éternité; et de là aussi, s'il s'agit d'une essence corporelle, une sorte d'infinité du fini par delà les limites spatiales.

L'essence individuelle possède elle aussi, comme on le voit, une sorte d'existence[3]; et Spinoza affirme plus d'une fois qu'une telle essence existe. Toutefois le terme d'« existence », quand il s'oppose à celui d'« essence », désigne cette sorte d'existence qui est indiquée parfois plus explicitement comme l'existence temporelle, l'existence déterminée à telle durée. Ce flottement d'expression, ce double sens du mot

---

[1] Cf. Busolt, *op. cit.*, II, x, p. 147.
[2] *Eth.*, I, scol. prop. xv. — Cf. Epist. XXIX, surtout § 7.
[3] Cf. A. Rivaud, *op. cit.*, p. 118.

« existence » (¹) suffit à laver Spinoza des contradictions que l'on a quelquefois cru voir (²) entre les passages où il affirme d'une manière générale, et sans établir de distinctions ni d'exceptions, que l'essence implique l'existence de son objet (³), et ceux où il nie la nécessité d'un tel lien dans les êtres finis (⁴). Des uns aux autres, ce n'est pas la conception de l'essence qui diffère; c'est le sens du mot « existence » ou de ses équivalents, qui désignent là le pur fait d'exister, ici celui d'être donné dans la durée (I).

§ 7. Détermination interne et Détermination externe.

Le domaine de cette dernière sorte d'existence est celui de la connaissance sensible et imaginative; bref, celui de l'expérience; tandis que celui de la première constitue le monde de la connaissance intellectuelle sous sa forme éminente. L'une et l'autre connaissance portent sur les mêmes objets. Mais ils s'y présentent, dans chacun des deux cas, d'une manière différente, et même radicalement hétérogène, comme nous le verrons. Le monde de l'expérience sensible et celui de la connaissance intellectuelle, ou, en langage spinoziste, le monde de l'Imagination et celui de l'Entendement comprennent, l'un comme l'autre, des Modes étendus et leurs idées, c'est-à-dire des corps avec leurs propriétés et des esprits avec les leurs; c'est-à-dire encore des corps et des esprits avec les Modes qui découlent des uns et des autres. Seulement, tous ces Modes, corporels et idéaux, — posés, dans un cas, à part des relations avec l'ordre universel dans lequel ils entrent, et n'en contenant pas par conséquent en eux-mêmes la raison, — apparaissent comme le produit et le théâtre de déterminations extérieures passivement subies : de là, dans l'esprit humain, les idées inadéquates des sens et de l'imagination dans l'ordre spéculatif, et les passions dans l'ordre affectif. Dans l'autre cas, au contraire, ces mêmes Modes — posés avec toutes les relations dont ils procèdent et comme étant des aspects constitutifs et nécessaires de celles-ci — apparaissent comme entrant spontanément et de par l'essence particulière à chacun, dans l'ordre universel, qu'ils s'assimilent en quelque sorte et se rendent intérieur, en se posant comme autant de moments nécessaires de ce dernier et inséparables d'avec lui : de là, dans l'esprit humain, les idées adéquates de l'Entendement et les sentiments qui en dérivent;

(¹) *Eth.*, II, scol. prop. 45; — V, scol. prop. 29; dem. prop. 30.
(²) Cf. Couchoud, *op. cit.*, ch. VII, p. 191-198.
(³) *Eth.*, II, def. 2; scol. post. cor. prop. 10.
(⁴) *Eth.*, II, ax. 1; cf. I, prop. 24 et cor.; IV, def. 3. — *Epist.*, XXVIII, 1. — *Cog. Met.*, II, ch. 1, p. 208.

(I) Cf. notre chapitre II, XIII, p. 178 sqq.; XV, § 6, p. 237, et § 5, p. 218.

de là aussi, cette intelligence de la Nécessité qui constitue la vraie Liberté.

On comprend maintenant, à la lumière des explications qui précèdent, le sens véritable de la distinction des trois genres de connaissance, et l'abîme qui sépare le premier du troisième s'éclaire d'un jour nouveau (I).

§ 8. Transcendance de la Connaissance adéquate par rapport à la Connaissance inadéquate. Leur opposition radicale et irréconciliable.

Entre la connaissance inadéquate et la connaissance adéquate, il existe une véritable scission : l'idée adéquate, en effet, procède nécessairement d'une autre idée adéquate, et ne procède que d'une telle idée ; car la connaissance adéquate de l'effet procède toujours de la connaissance adéquate de la cause. Aussi, d'une connaissance adéquate ne dérive qu'une connaissance du même ordre ; et une idée inadéquate ne saurait avoir une idée adéquate pour cause ni pour conséquence. C'est ainsi que la série des idées adéquates, ou même simplement claires et distinctes, — qu'elle parcoure une suite d'essences ou de propriétés, ou encore qu'elle établisse un lien entre une essence quelconque et ses propriétés, — se développe d'une façon absolument indépendante de la série des idées inadéquates ou confuses (1).

Il y a, entre les liaisons logiques et rationnelles dont les objets n'ont pas besoin d'exister actuellement dans la durée et les associations empiriques, toute la différence qui sépare dans un Mode fini l'essence éternelle de l'existence passagère. Car notre âme, en tant qu'elle conçoit par l'Entendement proprement dit, — c'est-à-dire en tant qu'elle a des idées adéquates, — c'est-à-dire en tant qu'elle est un Mode éternel de pensée, — pense son corps sous la forme de l'essence, non sous celle de l'existence ; et, par suite, elle est elle-même une pure

---

(1) D'après le scolie de la Propos. xl, *Eth.*, V, ce sont les essences des Modes finis eux-mêmes, considérées chacune comme exclusive à chacun d'eux, qui peuvent ainsi être rattachées par l'Entendement les unes aux autres, ce qui constitue une sorte de déduction. Mais nous avons vu, d'autre part, qu'on ne peut décider si, vers la fin du *Traité de la Réforme de l'Entendement*, la déduction dont il s'agit alors porte sur les essences des Modes infinis ou sur celles des Modes finis, à moins qu'il ne s'agisse à la fois des unes et des autres. Quoi qu'il en soit, voici les propres termes de l'auteur dans le passage de l'*Éthique* dont nous parlons : « Haec sunt, quae de Mente, quatenus sine relatione ad corporis existentiam consideratur, ostendere constitueram : ex quibus, et simul ex Prop. 21, p. I, et aliis, apparet, quod Mens nostra, quatenus intelligit, aeternus cogitandi modus sit, qui alio aeterno cogitandi modo determinatur, et hic iterum ab alio, et sic in infinitum ; ita ut omnes simul Dei aeternum et infinitum intellectum constituant. »

(I) Cf. ci-après, notes I, pp. 268 et 273.

essence, étrangère aux conditions d'existence dans la durée. Ainsi les essences finies comprises dans les deux Attributs que nous connaissons, en tant qu'essences, ne sont chacune déterminées que par d'autres essences du même genre, étrangères comme elles aux considérations de l'existence ; ce qui n'empêche pas chacune d'elles d'émaner de l'Attribut pris absolument ; mais, à vrai dire, au moyen de cette détermination des essences les unes par les autres, dont nous venons de parler. Cette détermination, comme on le voit, n'est dans son fond qu'une négation, une limitation à tel aspect déterminé de l'unité indéterminée de l'Attribut ; le côté affirmatif et positif de chacune de ces essences est au contraire dû au seul Attribut. Ainsi, la connaissance adéquate est transcendante, qu'elle soit intuitive ou déductive, mais surtout sous sa forme intuitive, à la connaissance inadéquate. Par celle-là l'âme humaine prend directement conscience de son essence comme fondée en Dieu lui-même, en tant qu'il est la substance de l'âme ; ou plutôt notre âme n'est plus que Dieu lui-même, en tant qu'il constitue l'essence de celle-ci ; dans la science intuitive, c'est Dieu lui-même qui se pense en nous ; nous sommes alors un aspect véritable de l'Entendement infini de Dieu ; nous en sommes une des idées éternelles.

Mais différentes, et pour ainsi dire, contraires par leur objet et — comme nous l'avons vu précédemment — par leurs instruments, la connaissance empirique et la connaissance intellectuelle ne le sont pas moins par leur forme, c'est-à-dire par la différence interne qui, du point de vue de la connaissance et de l'état intérieur de l'esprit, les distingue l'une de l'autre. A cet égard, leurs caractères distinctifs sont ce qu'il est naturel d'attendre de façons de penser dont la matière est respectivement telle que nous l'avons déterminée. Inadéquate et tronquée, la Pensée empirique se distinguera, dans son caractère formel et par rapport à l'assiette de l'esprit, par les traits opposés à ceux qui caractérisent de ce point de vue la Pensée adéquate. Cette dernière, nous l'avons vu, est à elle-même sa propre garantie ; et, en se posant, elle pose en même temps pour elle-même son adéquation et sa vérité. L'Idée vraie se connaît comme telle par cela seul qu'elle existe ; elle est certaine par soi, et la certitude qu'elle se confère n'est que la connaissance d'elle-même. Autrement dit, l'Idée vraie a pour conséquence de sa nature une connaissance ou idée d'elle-même ; et c'est en cela que consiste sa forme. Certaine en elle-même, elle ne l'est pas moins dans ses conséquences ; car la vérité d'une conséquence n'est autre que son rapport à son principe : d'où il suit que, de l'idée adéquate, on ne saurait déduire que des idées adéquates, qui, par définition, seront immédiatement reconnues pour telles. L'idée adéquate et vraie est ainsi le point de départ et le terme de toute certitude, l'instrument ainsi que le garant de toute vérité. Celui qui la possède non seulement n'a pas d'autre critérium à chercher de la Vérité, puisqu'elle est par définition la vérité même, mais encore il n'a pas à s'enquérir d'une méthode extérieure pour atteindre le vrai ; il lui suffit de tirer de l'idée adéquate ainsi pensée immédiatement, la conséquence qu'elle implique, et que, par conséquent, elle manifeste. La vraie méthode n'est que la marche de l'esprit sous la direction de l'Idée vraie ; ou, en tant que méthode distinguée de son objet, elle n'est que la connaissance qu'un tel procédé a de lui-même, c'est-à-dire de la connaissance vraie ; elle n'est que la connaissance réflexive, comme la certitude, qui en est le premier élément, n'est que l'idée de l'idée[1].

Aussi celui qui, favori de la Destinée, tomberait d'emblée en possession d'une idée vraie, n'aurait pas à se poser le problème de la Méthode, et ne se le poserait pas, puisque la marche de son esprit vers la vérité se manifesterait à lui comme infaillible, sans que le doute fût possible. La méthode est immanente à ses instruments, de même que la certitude à l'idée qui en est la matière. Et comme dans l'Univers, et par suite dans la Pensée, tout est lié et ne fait qu'un, en dernière analyse, la possession d'une seule idée vraie suffit à nous conduire à la connaissance adéquate de tout ce que nous pouvons connaître.

Tout autres sont les propriétés de la connaissance inadéquate au regard de la Certitude et de la Vérité. Posée à part de ce qui l'explique, et par conséquent en dehors de sa propre essence, l'Idée inadéquate ne saurait se manifester ni comme vraie, — puisqu'elle n'est pas intelligible par définition, — ni immédiatement comme fausse, — car elle ne connaît pas son essence. Reste que l'Idée inadéquate, quand elle est isolée et posée seule dans l'esprit, n'entraîne ni certitude, ni incertitude, ni doute qu'elle n'est qu'une telle sensation, et rien de plus. Et Spinoza parle ainsi à son sujet : « Si tantum unica sit idea, in anima, sive ea sit vera, sive falsa, nulla dabitur dubitatio, neque etiam certitudo, sed tantum talis sensatio. Est enim in se nihil aliud nisi talis sensatio. » (*De Intell. Emend.*, X, 78.)

Pour n'être pas objet de doute ni de négation par l'esprit, c'est-à-dire par elle-même, — car une chose ne saurait se nier elle-même par le fait de son existence, mais au contraire ne peut que persévérer dans son être par cela qu'elle existe, — elle n'est pas pour cela certaine, la certitude positive étant tout autre chose que l'absence du doute. Par

---

[1] « Unde colligitur methodum nihil aliud esse, nisi cognitionem reflexivam aut ideam ideae ; et quia non datur idea ideae, nisi prius detur idea, ergo methodus non dabitur nisi prius detur idea. Unde illa bona erit methodus, quae ostendit, quomodo Mens dirigenda sit ad datae verae ideae normam. Porro quum ratio, quae est inter duas ideas, idem est ac ratio quae est inter essentias formales idearum illarum, inde sequitur, quod cognitio reflexiva ceterarum idearum, hoc est, *perfectissima erit Methodus*, quae ad datae ideae entis perfectissime normam ostendit quomodo Mens sit dirigenda. » (*De Intell. Emend.*, VII, 38.)

suite, une idée inadéquate ne peut être manifestée comme telle que par une idée vraie qui la contredise ; car l'idée vraie manifestant seule la vérité, est seule capable de décider de la fausseté de ce qui contredit cette vérité. Ainsi l'Idée inadéquate, tant qu'elle n'est pas détruite dans l'esprit, n'est considérée comme inadéquate que si par ailleurs nous avons la certitude d'une vérité contraire à ce que cette idée, considérée isolément, affirme ou semble affirmer. Alors l'Idée inadéquate cesse de se prendre pour adéquate, ou plus exactement de ne pas être prise pour inadéquate par l'esprit ; et, sans cesser d'être présente et inadéquate, si les conditions de son apparition continuent d'agir, elle est néanmoins réduite à son rang d'idée inadéquate par l'idée adéquate, et l'erreur disparaît. L'erreur, on le voit, est, ainsi que l'affirmation de l'idée inadéquate, ignorée comme telle par l'esprit, par suite de l'absence de tout signe indiquant l'inadéquation de l'idée fausse ; elle n'est rien de positif. Quant au doute et à l'incertitude, ils ne viennent que de l'antagonisme de deux ou de plusieurs idées inadéquates, qui s'empêchent l'une l'autre d'être affirmées sans restriction.

On peut dire que, pour Spinoza, l'idée inadéquate, comme toute idée, ne cesse de s'affirmer que dans la mesure où d'autres idées, vraies ou fausses, adéquates ou non, se présentent à côté d'elle, comme en étant ce que Taine eût appelé des *réducteurs*. De cette manière la connaissance sensible peut servir indirectement à conduire à la vérité. En effet, sans doute, d'une idée inadéquate on ne saurait tirer une conséquence adéquate, puisque toute conséquence adéquate n'est telle, que si son principe est une idée adéquate ; mais précisément parce que l'idée inadéquate n'enferme que des suites inadéquates et fausses quand on les considère isolément, toute idée inadéquate peut arriver à être reconnue pour telle indirectement, grâce aux conséquences qu'on en tire, lorsqu'on arrive à l'une d'entre ces conséquences qui se trouve en contradiction avec une idée adéquate possédée par ailleurs.

Mais, en dehors de ce rapport extérieur et indirect qui ne saurait se légitimer en lui-même, y a-t-il dans la doctrine de Spinoza entre la connaissance empirique et la connaissance adéquate quelque rapport plus interne qui le fonde? C'est ce qu'il nous faut maintenant examiner. Et tout d'abord qu'est-ce qui, dans le système, légitime en droit la connaissance empirique? Sans doute, Spinoza considère en un certain sens cette dernière comme illusoire ; et la connaissance de l'indivisible Substance ou de tel de ses Attributs, comme seule absolument véritable : à peu près comme les Éléates distinguaient les objets multiples, changeants et périssables de l'opinion, — δόξα, — de l'objet de la croyance vraie, — πίστις ἀληθής, — seul réel, lequel était l'unité immuable, éternelle et absolument indivisible. Toutefois Spinoza n'a pas commis, en principe du moins, la faute de prendre une opposition de ce genre pour une solution. Il sent bien qu'une illusion n'est pas un rien, qu'elle a besoin elle-même d'être expliquée ; et, de fait, il la rattache à notre imagination qui, elle, du moins, est quelque chose de réel. L'illusion du multiple vient en nous de ce que notre pensée n'est pas entièrement explicable par notre esprit, mais a parfois en dehors de lui son fondement ; en un mot, de ce que nous ne sommes pas toujours les causes adéquates de nos idées. La connaissance empirique, à en croire Spinoza, est ainsi expliquée comme un néant partiel de connaissance ; elle vient de ce que la Pensée, ou plutôt l'Entendement un et indivisible, ne se manifeste en notre esprit que par fragments, qui sont inintelligibles quand on les considère à part de leur tout. Resterait, il est vrai, à expliquer pourquoi le morcellement de l'Entendement divin se produit, s'il n'existe aucun autre entendement en dehors de celui-là. Spinoza explique l'illusion de l'Expérience ; mais, à vrai dire, il ne le fait qu'en conférant à cette sorte de connaissance plus de réalité qu'il ne le voudrait lui-même. Car le monde de l'Expérience a beau être le résultat d'une vue tronquée de l'Univers, cette limitation de la connaissance est bien quelque chose de réel, encore que tout négatif ; et elle implique que l'Entendement divin, en dépit des assertions spinozistes, se fragmente lui-même en fragments d'idées ; — ce qui, en vertu du parallélisme des Attributs, confère en retour une sorte d'existence réelle à l'Étendue empirique elle-même. Cette impuissance du système spinoziste à embrasser tout le contenu de la connaissance ne se montre nulle part mieux que dans sa théorie de l'Erreur, solidaire de sa théorie de l'Expérience, et où les défauts de cette dernière s'accusent le plus nettement.

Il est bien vrai, en effet, croyons-nous, que l'Erreur a pour première condition une limitation de connaissance, et pour matière des éléments de pensée perçus sous certains seulement des rapports requis. De ce point de vue, la théorie de Spinoza, si on la purge de tout élément réaliste, a bien saisi — ainsi que Descartes dont il ne se distingue pas sur ce dernier point — les conditions négatives de l'Erreur. Mais ces conditions suffisent-elles à rendre complètement compte du phénomène ? Si elles étaient seules, comment l'abstraction qu'implique l'Erreur serait-elle elle-même possible ? surtout dans le spinozisme ? Elle ne peut avoir lieu que s'il se trouve déjà, — comme il se trouvait en fait chez Descartes, — pour opérer cette abstraction, quelque esprit distinct, à certains égards, de la réalité qu'il juge et de la Pensée totale ; d'autant que l'Erreur ne va pas sans l'érection de cette abstraction en tout concret, en absolu. Or, Spinoza ne saurait expliquer d'après ses principes une pareille mutilation de la Pensée, puisque la Pensée absolue est au fond la seule Pensée, et qu'on ne voit pas comment elle pourrait se mutiler elle-même. En outre, il ne peut rendre raison de l'affirmation de l'idée inadéquate comme adéquate; car à cela revient, en dépit qu'il en ait, l'affirmation sans restriction de l'Idée inadéquate. Alors même qu'on accorderait à Spinoza que l'Erreur ne contient rien de positif dans sa matière, il resterait toujours qu'elle est positive dans sa forme et que la position d'une négation n'est pas elle-même quelque chose de tout négatif. La théorie spinoziste de l'Erreur montre, plus que tout autre point du système, l'impuissance du spinozisme à expliquer le Monde et la Pensée en se passant de toute activité individuelle véritable, de toute conscience personnelle douée d'une activité propre[1]; et la tentative de Spinoza, pour intégrer dans son système la théorie cartésienne de l'Erreur, n'aboutit qu'à une inconséquence, que cette tentative soit uniquement le produit de l'influence de Descartes; ou que, résultant de la nature même des choses, elle soit comme la protestation, au cœur même du spinozisme, de principes méconnus par lui et s'imposant à lui malgré lui. Toujours est-il que, pour éviter l'inconséquence que nous signalons, la seule issue possible dans le spinozisme eût été la négation pure et simple de l'Erreur. Ce parti radical, Spinoza ne pouvait songer à le prendre: le temps était passé de ces négations brutales où se complaisaient les Éléates. Il admet donc l'Erreur, comme il admet la Conscience et l'Expérience, malgré les exigences de ses premiers principes; et, en admettant l'Erreur, il admet qu'elle résulte de la disproportion de l'Entendement et de son objet, de la précipitation de l'esprit dont les jugements dépassent le donné immédiat. Car, une fois admise l'existence de l'Erreur, une telle explication, étant à peine plus qu'une simple description du phénomène, s'imposait à lui, si contraire soit-elle à la direction générale du spinozisme.

Mais s'il ne justifie pas complètement la connaissance empirique, Spinoza montre du moins comment, étant donnée sa conception du Monde et de l'homme, elle nous est indispensable pour connaître certains objets; il y a, à cet égard, comme une sorte de déduction de l'Expérience, au sens Kantien du mot « déduction » appliqué à la justification des facultés cognitives[2].

Connaître par expérience, nous l'avons dit, c'est percevoir le Mode limité, abstraction faite de l'Attribut dont il est une limitation; c'est percevoir le fini comme fini et indépendamment des causes qui le rendent fini. Or, cette considération exclusive d'un aspect fini particulier, soit de l'Attribut pris absolument, soit d'une des modifications infinies qui en sont la suite nécessaire, se fait dans la mesure où notre esprit est fini et limité; c'est-à-dire dans la mesure où nous nous représentons un corps déterminé, en tant qu'il diffère de l'Étendue prise

---

[1] Cf. Busolt, op. cit., I, § III, p. 39.
[2] *Von der Deduction der reinen Verstandsbegriffe, Kant, Kritik der reinen Vernunft*, zweit. Teil, I Abt., zw. Hauptstück, Hartenstein, 1867, dritter Band, p. 106.

absolument et des autres corps de l'univers, mais non pas dans la mesure où nous pensons l'essence adéquate de ce corps ; car cette représentation implique l'idée de l'Étendue infinie dont ce corps, ou plutôt son essence, est un aspect nécessaire et par suite éternel. On voit maintenant comment tous les points relatifs au rapport des divers genres de connaissance, même ceux qui en semblaient le plus éloignés, intéressent de près dans le spinozisme la théorie de l'Étendue, c'est-à-dire de l'objet de la pensée humaine, par suite du parallélisme des deux Attributs, et de ce fait que le tout de la pensée humaine est constitué par la représentation de l'Étendue. La connaissance empirique se produit donc, disons-nous, en tant que notre esprit est l'idée d'un corps particulier actuellement existant ; car ce ne peut être que dans son existence, non dans son essence, qu'un Mode fini soit de l'Étendue, soit de la Pensée, c'est-à-dire — en ce qui concerne l'homme — soit de l'Étendue réelle, soit de l'Étendue pensée, apparaît et, à certains égards, est et se pose indépendamment de l'Attribut un et infini, où son essence est fondée. Le domaine de l'Existence, voilà donc le domaine propre de la connaissance empirique ; elle porte sur les Modes particuliers de l'Étendue en tant que leur existence est limitée en tel lieu et en telle durée. Or, une telle connaissance ne saurait jamais être adéquate ; car le limité comme tel n'a de sens pour la Pensée intelligible que si on le considère avec ce qui le limite ; et il ne saurait s'expliquer par lui-même, la limite étant pure négation de la chose limitée. Par suite, un Mode fini quelconque, en tant qu'il existe dans la durée, ne peut être adéquatement connu — supposé qu'il puisse l'être — que si l'on connaît les Modes finis de même genre qui le limitent, et partant le délimitent dans l'espace et la simultanéité, comme dans la durée et la succession. Il faut en dire de même de ces derniers, et ainsi de suite jusqu'à l'infini. La connaissance d'un Mode fini quelconque de l'Étendue, considéré comme existant, ne pourrait être obtenue que si nous pouvions totaliser l'indéfinie multiplicité des corps ; — ce qui ne se peut, puisque nous sommes nous-mêmes un Mode fini ; et ce qui d'ailleurs est impossible en soi, vu le caractère illusoire et provisoire de la multiplicité comme telle. Quant à dériver chaque existence, ou même l'une d'entre elles qui serait la condition de toutes les autres, des essences ou de l'essence correspondante, il n'y faut pas songer.

En effet, l'essence d'un être limité n'est la suite nécessaire de l'Attribut correspondant qu'en tant que ce dernier le comprend éminemment ; c'est-à-dire en tant qu'il en est un aspect concevable seulement dans et par cet Attribut où il est compris à la manière dont une limitation non effectuée est éminemment comprise dans la nature dont elle est une limitation. A ce titre, l'essence d'un Mode fini est éternellement et nécessairement un aspect de son Attribut, ou plus exactement d'une modification éternelle de cet Attribut ; mais de cet aspect, qui est plutôt une possibilité, — disons, si l'on veut, une possibilité réelle, — à son existence effective, déterminée à tel temps et à tel lieu, il n'y a aucun passage nécessaire. En effet, par définition même, l'essence de ce qui n'est pas par soi n'implique pas l'existence ; et l'Attribut dans lequel l'essence du Mode fini est fondée ne saurait non plus, quoique Spinoza ne le dise pas en propres termes, impliquer immédiatement l'existence de ce Mode, qui, par définition, est une limitation et une négation partielle de cet Attribut. Voilà pourquoi il dit expressément qu'en un sens l'existence de tel Mode fini qu'on voudra, considéré en lui-même, est contingente. Quant à la modification infinie dont ce Mode est un aspect, nous savons déjà que celui-ci non plus n'en est pas — considéré en lui-même — une suite nécessaire ; car le Mode infini ne peut avoir pour suite nécessaire un Mode fini qui en est une restriction. Sans doute, les êtres particuliers et leurs actions sont nécessairement déterminés par d'autres êtres particuliers du même genre, puisque c'est cette détermination qui fait leur être ; et, par suite, l'ordre entier de la nature est bien soumis à un déterminisme inflexible [1], qui s'étend dans une succession indéfinie *a parte ante* comme *a parte post*. Mais, précisément pour cela, chacun des moments de ce déterminisme est, pris en lui-même, contingent dans son existence comme dans sa durée ; d'aucun d'eux, en effet, l'essence n'implique l'existence ; mais cette dernière dépend d'une cause existante antérieure, qui elle-même dépend d'une autre cause actuelle de même ordre, et ainsi de suite à l'infini ; de telle sorte que l'explication et la connaissance de tel être fini qu'on voudra, bien qu'elles puissent, grâce au déterminisme de la nature, aller en se complétant et se perfectionnant indéfiniment, ne peuvent être jamais achevées et atteindre à la véritable adéquation. Aussi, nécessaire par rapport à l'ensemble du cours de la nature, qui manifeste une modification nécessaire de la Substance, chaque Mode fini de cette modification, en tant qu'il existe, est — pris en lui-même et quelque loin que l'on pousse l'explication — contingent. Aussi, Spinoza reconnaît-il expressément que c'est, en fin de compte, à l'Expérience seule à prononcer sur l'existence ou la non-existence d'un Mode fini quelconque, ainsi que sur sa durée.

Une fois existant, un Mode de cette sorte ne contient rien en lui-même qui implique une durée déterminée ; mais tout ce qu'il renferme de positif implique la continuation indéfinie de son existence, tout être s'efforçant autant qu'il est en lui de persévérer dans son être, et ne pouvant se nier et se détruire soi-même sans contradiction. C'est donc de l'extérieur que vient à un Mode fini, c'est-à-dire à un être particulier déterminé, comme à un corps déterminé ou à une déter-

---

[1] *Eth.*, I, scol. prop. 17 ; prop. 18, 26, cor. 1 prop. 32 ; surtout, prop. 28, 29 ; 33 et scol. 1 et 2. — Epist. XXIII, 1-3 ; cf. Epist. XXV, 1-4.

mination active ou passive de cet être, la limite dans la durée comme dans la simultanéité; et de même qu'il est produit par un Mode fini du même Attribut, de même il est déterminé dans chacun de ses actes, et il est détruit par un autre Mode fini de cet Attribut. Ainsi, les Modes finis de l'Étendue, c'est-à-dire les corps et leurs mouvements, en un mot les déterminations mécaniques qui composent l'Univers matériel sont, dans leurs existences et leurs durées respectives, les seuls objets de l'Expérience, et relèvent de l'Expérience seule par suite de leur contingence par rapport à leur essence. On peut même dire, à certains égards, que l'ordre et la série entière de ces déterminations sont, même dans l'ensemble, relativement contingents et fortuits(1); car, malgré les liens de nécessité qui unissent toutes ces déterminations les unes aux autres, l'ensemble qu'elles forment ne saurait découler de la modification infinie qui en fait l'essence commune, attendu qu'il n'y a dans l'infini aucune tendance en tant que telle à la détermination et au morcellement dans une série de négations de soi-même, qu'il s'agisse de l'Entendement infini ou du Mouvement infini dans sa corrélation avec le Repos. Et pourtant Spinoza est bien obligé de reconnaître une existence sinon aux Modes finis de l'Étendue, du moins à la pensée fragmentaire, à l'Imagination qui crée ces illusions. Voilà comment il en vient à admettre en fait, ainsi que Descartes, à côté de la Nécessité rationnelle, la Contingence et l'Expérience. Seulement, l'élément rationnel est ici, au rebours de chez Descartes, en fait sinon en droit, la source de l'élément contingent et empirique, puisque les essences sont exclusivement des produits d'une nécessité rationnelle; et que la Contingence empirique, tout en apparaissant dans les connaissances individuelles, ainsi que chez Descartes, n'apparaît néanmoins que là. Quoi d'étonnant, après cela, si le spinozisme est impuissant à esquisser un retour de la connaissance empirique à la connaissance adéquate, alors qu'il n'a pu dériver par aucun lien déterminable celle-là de celle-ci? L'Expérience, empire de la dispersion dans l'existence fragmentaire et temporelle, domaine de l'Imagination, et par suite de la Mémoire et des associations machinales qui résultent de l'ordre fortuit des existences et spécialement des affections corporelles de chacun de nous; la connaissance empirique, disons-nous, ne peut en aucune façon produire et faire sortir d'elle-même l'ordre rationnel et logique de la connaissance adéquate. En effet, leurs objets respectifs, bien qu'identiques, s'y présentent, nous l'avons vu, sous deux aspects irréductibles : là, sous l'aspect de l'existence dans le temps; ici, sous celui de l'essence éternelle. Aussi, à supposer qu'une heureuse destinée nous mît une fois en possession d'une idée adéquate, point ne serait besoin de recourir,

---

(1) *Eth.*, I, scol. 2 prop. 8; — II, scol. prop. 29; scol. 2 prop. 40, prem. phr. — *Cog. Met.*, ch. III, p. 188. — *De Intell. Emend.*, IV, 19, 3°; — XI, 84, prem. phr. — Cf. A. Rivaud, *op. cit.*, p. 110.

pour progresser dans la connaissance des essences, à une expérience désormais superflue et d'ailleurs toujours inféconde par elle-même. Mais, en fait, nous ne possédons jamais pratiquement d'emblée la connaissance adéquate; et Spinoza admet que nous ne sommes pourtant pas condamnés à attendre passivement qu'elle surgisse en nous; il entend faire collaborer en un sens l'Expérience à la conquête de l'Idée vraie. Ne parle-t-il pas d'expériences conduites avec méthode par l'Entendement pour arriver à ce résultat (1)? Et n'avoue-t-il pas, d'ailleurs, dans les premières pages du *De Intellectus Emendatione*, qu'en fait l'Expérience a été, nous ne disons pas la base de son édifice philosophique, mais en quelque sorte l'aiguillon de son esprit vers la recherche de la vérité et un auxiliaire dans l'invention de son système : tel un échafaudage que l'on abat une fois l'édifice construit? — Que l'on pardonne cette succession de métaphores disparates à notre désir de rendre avec exactitude une partie quelque peu imprécise de la pensée de Spinoza. — Comment il entendait dans le détail cette tâche spéciale de l'Expérience, destinée à aider l'avènement de l'Idée vraie, il se proposait de le dire dans le *Traité de la Réforme de l'Entendement*, en traitant des procédés préconisés par les philosophes de l'école empirique (2), c'est-à-dire probablement Bacon et ses continuateurs (3); mais nous ne possédons pas ses idées sur ce point (4).

Quoi qu'il en soit, Spinoza ne pouvait en droit rattacher l'Expérience à la pensée claire et distincte de l'essence; et ce qu'on sait à cet égard de sa pensée justifie cette assertion. Il reste que pour lui l'Expérience prépare en une certaine manière l'avènement de la Pensée adéquate, mais sans concourir positivement à sa manifestation. Voici comment, croyons-nous, peut se résumer la théorie spinoziste à cet égard : Spinoza semble penser que l'Expérience rend la connaissance adéquate plus aisée à acquérir, en ce que plus nous connaissons d'objets existants, — c'est-à-dire, dans l'espèce, plus nous connaissons de corps, — plus nous en saisissons de parties communes, et plus par conséquent nous sommes aptes à saisir leur essence commune à tous : l'Étendue, et à les connaître dans leur essence adéquate, en faisant évanouir tout ce qui est propre à chacun d'eux en tant que simples Modes. — Voilà comment l'Expérience peut préparer la connaissance vraie; et les perceptions confuses de la foi, les jugements absolument droits de la raison; voilà pourquoi l'Expérience peut être utile pour conduire à la connaissance proprement dite celui qui ne la possède pas encore et n'a pas eu le bonheur de la posséder d'emblée. Mais, quoi qu'il en soit, la connaissance empirique facilite peut-être la

---

(1) *De Intell. Emend.*, XIV, 103, début.
(2) *De Intell. Emend.*, V, 26, note.
(3) Cf. Couchoud, op. cit., p. 299, note 2. — Epist. II, 7-10.
(4) Cf. Spinoza, édit. van Vloten, t. II, p. 217.

connaissance rationnelle ; elle n'en est pas proprement un moment, et elle n'en est en aucune façon le principe, pas plus d'ailleurs que la conséquence. Il n'est pas vrai pour Spinoza, comme il l'est au contraire pour Leibniz, que la Raison puisse se manifester graduellement dans l'homme par une élucidation progressive de perceptions confuses. Mais l'Expérience dans sa nature reste toujours aussi éloignée de la Raison, et ces deux genres de connaissance sont deux absolus irréductibles l'un à l'autre. Sans doute, la connaissance empirique, par l'accumulation des expériences, nous fournit comme résidu commun de ses données les éléments de plus en plus généraux représentant un nombre croissant d'expériences par ce qu'elles ont de commun, et par là rend plus facile l'aperception de l'essence véritable des choses. Mais, nous le répétons, il faudrait se garder de confondre cette essence avec ces résidus communs à plusieurs objets : en fait, ce sont là deux manières de penser totalement différentes et même opposées. La généralité empirique, loin d'être quelque chose de précis ou même qui approche de la précision, est au contraire d'autant plus vague et confuse qu'elle est plus générale, attendu qu'elle ne représente aucun objet de la classe en particulier, mais tous indifféremment : ce sont les Universaux de l'École, à l'égard desquels Spinoza professe le plus exprès nominalisme. L'Attribut, au contraire, qui constitue l'essence commune de ses Modes, et le Mode infini qui est la suite de celui-ci sont des objets de la connaissance adéquate ; et, loin d'être généraux, ils sont, bien qu'indéterminés, absolument particuliers ; ce sont, pour Spinoza, tels êtres, et non pas tels autres. Il n'en reste pas moins vrai que Spinoza en revient sous une autre forme à accepter — du moins en ce qui concerne les sciences de fait — le vieil adage suivant lequel il n'y a de science que du général. Il a beau dire et croire que les essences communes aux Modes finis sont chacune une essence particulière et une chose singulière : ce n'en est pas moins quelque chose de commun aux individualités empiriques. Toute la différence à cet égard avec le réalisme des universaux, c'est que Spinoza considère comme particulier cet élément commun pris en lui-même, sans voir d'ailleurs que l'indéterminé ne saurait être un individu véritable. Mais il ne laisse pas de donner, comme Aristote, pour dernier objet à la Pensée normale, une essence transcendante aux objets dont elle est l'essence, tout en prenant, comme Aristote, cette essence pour la Réalité concrète par excellence, et les individualités empiriques pour des accidents extérieurs et superficiels de celle-ci (¹). Le fait que la Pensée adéquate peut avoir pour objet, comme cela a lieu en mathématiques, l'essence exclusivement propre à tel Mode fini (²), ne modifie en rien la question ; car les essences déterminées et finies —

(¹) Aristote, *Seconds Analytiques*, dern. chap. ; — *Métaphysique*, chap. I.
(²) *De Intell. Emend.*, VI, 33, 34 ; — cf. IX, 69, 72.

telles que par exemple une essence mathématique comme le cercle, ou encore cet aspect éternel du corps humain dont il est question dans la cinquième partie de l'*Éthique*, — ne sont conçues qu'en tant qu'on les rattache à leur essence commune, — Attribut ou Mode infini, — et, en quelque sorte, qu'on les y absorbe, au point que par leur côté positif elles ne se distinguent en rien de cette essence commune et qu'elles n'ont en propre que des qualités négatives. Car elles ne sont, comme on sait, que des négations et des limitations plus potentielles qu'actuelles de cette essence ; c'est elle qui reste toujours l'objet de la Pensée, puisqu'on ne peut connaître adéquatement celles-là que dans la mesure seulement où l'on connaît celle-ci. Quant à la connaissance de ces réalités, étant absolument simple et indivisible, elle est, quand elle se produit, indivisiblement tout ce qu'elle peut être. La connaissance empirique peut bien en hâter plus ou moins l'apparition ; mais quand cette apparition se fait, elle se fait d'un seul coup et ne se réalise pas graduellement ; du moins chacun de ses actes, quand elle en comporte plusieurs, est lui-même un indivisible et un absolu à l'égard de la connaissance empirique. A un certain moment du développement de l'homme, chez ceux qui atteignent ce moment, il y a — quels qu'aient été les intermédiaires par lesquels ce moment a été atteint — une véritable rupture entre la connaissance empirique et la connaissance adéquate ; notre corps cesse de nous apparaître, du moins à titre de chose positive, dans son existence déterminée, pour être conçu dans son essence, c'est-à-dire dans ce qu'il a de commun avec tous les autres corps et comme dépendance négative de l'Étendue absolue ; nous le concevons alors sous la forme de l'Éternité, « sub aeternitatis specie[1] ; » et par là nous devenons éternels nous-mêmes en pensant un objet éternel. Corrélativement notre âme ne s'apparaît plus à elle-même comme isolée de sa véritable essence ; elle se conçoit adéquatement comme partie, ou plus exactement comme aspect de l'Entendement éternel de Dieu ; ou plutôt Dieu même alors se pense en nous ; nous ne sommes, au sens véritable du mot, que Dieu en tant qu'il constitue l'essence de notre âme ; et — s'il est permis de donner de cette transformation une traduction que Spinoza n'a jamais indiquée avec cette précision, mais qui semble ressortir de sa théorie à cet égard, — nous dirons qu'alors, ce que l'âme humaine était en soi, elle le devient pour soi.

Mais cette suppression des limites de notre connaissance et, à vrai dire, de notre être, n'est pas le résultat immédiat du développement empirique de celui-ci : c'en est bien plutôt la suppression ; et la connaissance adéquate abolit la connaissance empirique bien plutôt qu'elle ne résulte de cette abolition. Il y a dans le spinozisme une véritable con-

---

[1] Voir *Éth.*, V, notamment prop. 22.

version vers Dieu qui rappelle l'ἐπιστροφή des néo-platoniciens : sorte d'irruption de Dieu en nous, sans la participation directe de notre être empirique ; de sorte que c'est avec assez de fondement que, dans une note du *Court Traité*, ce retour de l'individu extérieurement déterminé à l'unité de son essence divine — ce salut spinoziste (¹) — est comparé à la Grâce chrétienne (²). Il ressemble surtout à la Grâce gratuite (³) telle que la concevaient Calvin (⁴) et les théologiens qui, comme les Jansénistes, se réclament de saint Augustin (⁵).

Sans doute, pour abdiquer ainsi devant la divinité, la créature — ou ce qui, chez Spinoza, mérite ce nom — ne renonce pas à elle-même, puisqu'elle ne fait que retourner à sa véritable essence, qui est identique à Dieu ; sans doute, elle ne renonce pas à sa liberté, puisqu'en s'identifiant à la nécessité divine qui est la vraie liberté, elle participe de cette liberté ; sans doute, pour ces raisons, la recherche du salut n'implique de la part de l'homme aucun sacrifice de soi, puisque pour cela il n'a qu'à chercher et aimer Dieu, et que cette recherche et cet amour ne se distinguent pas de la recherche et de l'amour de soi-même ; — et tels sont les points par lesquels Spinoza, à ses propres yeux et à ceux de certains de ses commentateurs, non seulement se distingue des théologiens auxquels nous le comparions, mais encore aboutit — malgré certaines ressemblances dans le point de départ — à des résultats absolument contraires en fin de compte et à leur ascétisme et à celui de la théologie chrétienne en général (⁶).

Pour nous, s'il y a une différence, nous nous demandons si elle est bien, en ce qui concerne Spinoza, aussi en faveur de l'individu qu'elle le paraît tout d'abord ; s'il ne faut pas faire ici la même remarque que nous faisions au sujet de la réalité des essences individuelles, et si, maintenant comme alors, le cadeau que Spinoza fait à l'individu n'a pas pour résultat d'écraser celui-ci. Sans doute, disions-nous, l'individu est réel ; mais il n'est réel qu'autant qu'il ne se distingue pas de ce qui n'est pas lui ; — ou, s'il a quelque autre réalité, cette réalité est celle de la négation, et de la négation posée comme telle. Semblablement ici, si le salut de l'homme ne consiste pas à se sacrifier à la divinité, c'est qu'au fond il n'y a là rien à sacrifier ; c'est que l'homme n'a pas en propre une liberté, une personnalité, bref une réalité à sacrifier. Si l'homme n'abdique pas devant Dieu, c'est qu'au fond il n'y a personne pour abdiquer : il n'y a plus que l'omniprésence de Dieu, duquel l'homme n'est plus qu'un instrument d'autant plus docile qu'il

---

(¹) *Eth.*, V, scol. prop. 36, début. — *Court Traité*, II, ch. xxxvi, p. 122.
(²) *Court Traité*, II, ch. xix, p. 97, note.
(³) Cf. Couchoud, *op. cit.*, p. 291-292.
(⁴) Cf. Couchoud, ch. vi, p. 54, note 1.
(⁵) Cf. Couchoud, p. 7 et 192.
(⁶) Brunschvicg, *Spinoza et ses contemporains*, p. 288-289. — Cf. Delbos, *Le Problème moral*, etc., ch. v, p. 103 et 106-107.

ne fait qu'un avec lui; de sorte que Spinoza ne refuse d'absorber l'homme en Dieu que parce qu'il l'identifie avec Dieu : singulière manière de garantir son individualité et son autonomie ! L'absorption est donc ici aussi complète que possible, et plus que ne l'ont jamais enseigné les théologiens les plus intransigeants de la Grâce gratuite et de la Prédestination.

Cette réserve importante faite, ajoutons que par ailleurs l'union spinoziste de l'âme humaine avec Dieu dans la connaissance du troisième genre rappelle d'autant plus la Grâce chrétienne que la connaissance de Dieu par l'homme est chez Spinoza accompagnée, comme dans la théologie chrétienne, d'un sentiment de béatitude ou de Gloire, comme ne craint pas de l'appeler Spinoza dans une comparaison, en empruntant le langage même des théologiens [1]. Ce sentiment n'est autre que la satisfaction qu'éprouve l'être humain à jouir de sa perfection, c'est-à-dire de son essence pleinement réalisée ; par conséquent, il n'est que la conscience même de cette perfection et de cette essence ; or cette essence n'étant ce qu'elle est qu'en et par Dieu, et n'étant autre chose que Dieu lui-même en tant qu'il la constitue, cette joie qui résulte pour l'esprit humain de la contemplation de son propre être, on peut dire aussi bien, et au même titre, qu'elle résulte de la contemplation de Dieu ; qu'elle se confond par conséquent avec l'Amour intellectuel de Dieu : car l'amour n'est que la joie accompagnée de l'idée de son objet ; et, d'autre part, la joie dont il est question est la conséquence du plus haut exercice de l'Entendement, de la plus haute connaissance, qu'elle ne fait que traduire en langage affectif [2]. Ainsi, à ce degré du développement de la Pensée, comme à tous les autres, un élément affectif reste joint à l'élément intellectuel et en traduit les vicissitudes ; mais c'est toujours, à tous les degrés, l'élément intellectuel qui est logiquement antérieur à l'autre, et qui reste la manifestation primitive de la Pensée. A cet égard, si la forme que prend le côté affectif du plus haut degré de perfection de l'esprit humain rapproche l'intellectualisme spinoziste de certains dogmes chrétiens, et le distingue à certains égards de l'intellectualisme d'Aristote et de celui du Portique, il ne faut pas oublier que ce n'est pas par la seule présence de l'élément affectif, mais seulement par le contenu de celui-ci, que le spinozisme se distingue à cet égard de ces deux doctrines [3]. Car si, pour l'une et pour l'autre de ces dernières, la fin de l'esprit humain est la perfection intellectuelle, il faut se souvenir qu'une telle perfection, et d'ailleurs tous ses actes d'intellection sont

---

[1] *Eth.*, V, scol. prop. 36.
[2] *Eth.*, V, prop. 15, 16 ; cor. prop. 18 et scol. ; prop. 19, 20 et scol., 27 ; scol. prop. 31 ; prop. 32 et cor. ; 33 et scol. ; cor. prop. 34 ; prop. 37 ; scol. prop. 38 ; prop. 42 ; surtout prop. 36, cor. et scol.
[3] Sur le mélange d'influences stoïciennes et chrétiennes qui ont pu agir sur l'esprit de Spinoza, voir Couchoud, p. 253.

accompagnés, à leurs yeux, d'un sentiment de plaisir. Sur ce point, les principes généraux de la psychologie d'Aristote[1] sont bien près de reparaître presque sans changement dans le spinozisme : c'est la même primauté de l'intelligence sur le sentiment, ou à tout le moins la même antériorité de l'une à l'autre; c'est aussi la même indissolubilité des deux termes; la même nécessité pour le second d'accompagner le premier, sans pourtant rien y ajouter. Mais notre sujet ne nous permet pas d'étendre plus longuement ces remarques secondaires que nous ne voulons qu'indiquer chemin faisant.

Ceci dit, revenons aux rapports de l'Expérience et de la connaissance adéquate entre elles, et de leurs domaines respectifs entre eux, dont l'examen nous avait conduits à cette digression. Il s'en dégage le résultat suivant : de même que les essences éternelles des Modes finis descendent dans le Temps sans qu'on puisse donner de ce passage une explication véritable; de même certaines de ces essences reviennent ensuite de l'existence temporelle — qui les détachait pour ainsi dire de leur principe — à ce principe lui-même, pour s'absorber en lui comme des négations dans leur affirmation absolue, sans que cet autre passage puisse être plus intelligiblement expliqué. La connaissance adéquate est ainsi semblable à un acte aristotélicien qui peut bien être préparé, ou plutôt précédé par un processus plus ou moins divisible et réalisé plus ou moins graduellement; mais qui, quand il vient à se produire, est indivisiblement et immédiatement tout ce qu'il peut être. Elle ressemble surtout — et ici la ressemblance, qui va jusqu'à l'identité, est probablement plus qu'une coïncidence ou une rencontre [2] — à la sagesse stoïcienne, qui, elle aussi, est précédée des démarches plus ou moins laborieuses de la sensibilité, malgré le caractère indivisible qu'elle revêt dès qu'elle se produit. Et nous avouons ne pas apercevoir clairement les raisons qui ont pu déterminer des critiques érudits et avertis à voir dans la connaissance adéquate spinoziste un acte d'intelligence moins brusque en principe que dans la sagesse stoïcienne[3] : ou il y a coup d'État de la raison dans les deux cas, ou dans les deux cas il n'y en a pas; et le jugement à porter sur l'un nous paraît absolument solidaire de celui à porter sur l'autre. Non seulement — comme on se plaît presque universellement à le reconnaître — la perfection, pour l'homme, consiste en principe, chez Spinoza comme chez les stoïciens, à se comprendre parfaitement tel qu'il est et comme intégré dans la Raison absolue; mais encore cette perfection ne se produit ni plus ni moins brusquement dans un cas que dans l'autre; et si, dans

---

[1] *Éthique à Nicomaque*, X, ch. IV, les 4 prem. alin.; — ch. V, 2ᵉ et 7ᵉ alin.; — ch. VII; cf. IX, *passim*.
[2] Couchoud, p. 210 sqq.; p. 219-220, 228-229, 234 sqq.; p. 245; cf. p. 253, 254 et 53. — *Les deux Sectes de Naturalistes*, apud Stein, *Leibniz und Spinoza*, p. 308.
[3] Cf. Delbos, ch. VI, p. 134; cf. p. 130-156.

l'espèce, l'œuvre de la Raison se manifeste chez Spinoza non pas avec plus de lenteur que chez Descartes, mais du moins à la suite de plus de démarches étrangères à la Raison consciente d'elle-même, la finesse de l'observation psychologique de celui-là se trouve — plus que les spéculations, déjà teintées de stoïcisme, de celui-ci — approcher de la pure doctrine stoïcienne avec laquelle elle se confond presque à cet égard. Nous n'en voulons pour preuve que la célèbre théorie de la προκοπή ou du progrès continu qui, selon le Portique, est nécessaire pour mener à la sagesse, mais est à ce point étranger à l'essence indivisible de celle-ci qu'il ne peut ni contribuer à la constituer, — bien qu'il la précède et en prépare l'avènement, — ni en être même un commencement. La conclusion à tirer de tout ceci, c'est que, dans le spinozisme, il n'y a pas et ne pouvait y avoir, au sens rigoureux et analytique du mot, la déduction de l'Expérience qu'exigerait la lettre du système; la connaissance empirique y est postulée ou, plus exactement, elle y est acceptée sur le témoignage de l'Expérience même; — ce qui, d'ailleurs, était inévitable, étant donné le moteur de cette philosophie. Nous savons assez que d'un principe expressément indéterminé et absolument simple, on ne pouvait déduire la complexité de l'Expérience. Aussi, en poussant à bout l'aspect rationaliste et analytique du cartésianisme, Spinoza aboutit-il à mettre en fait l'Expérience, c'est-à-dire en somme la Réalité concrète, encore plus en dehors de la Raison que Descartes lui-même (1).

§ 9. Conclusion de ce qui précède.

Le monde spinoziste semble ainsi divisé en trois parties absolument étrangères, — et, en réalité, en trois mondes étrangers et inconciliables entre eux, dont l'unité et l'identité sont affirmées, mais non expliquées; à savoir : la Substance, les Attributs avec leurs affections infinies; les Modes finis, changeants et corruptibles, de l'existence temporelle, — pour ne rien dire des essences finies éternelles, dont il est difficile d'expliquer complètement et de justifier entièrement la

---

(1) Cf. nos notes 1 des pages 99, 210, 211, 218. — *Eth.*, I, prop. 21 à 24; prop. 25 et cor.; prop. 26 à 28; scol. prop. 29; prop. 30 à 32; prop. 33 et scol.; 35; — déf 2. — *Eth.*, II, prop. 14; scol. prop. 21; prop. 24, 25, 26 et cor.; 27, 28 et scol.; 29, cor. et scol.; 30, 31 et cor.; prop. 32, 33, 34, 35 et scol.; 36, 37, 38 et cor.; 39 et cor.; 40 et scol. 1 et 2; prop. 41, 42, 43 et scol.; 44, cor. 1 et scol.; 45 et cor.; 46, 47 et scol.; 48 et scol.; 49, cor. et scol. — *Eth.*, V, prop. 1, 2, 3 et cor.; 4, scol. et cor.; prop. 5 à 16; 20 et scol.; prop. 21, 23 et scol.; 25, 26, 28 à 30; scol. prop. 29; prop. 31 et scol.; cor. prop. 32; prop. 33 et scol.; 34, cor. et scol.; 36, cor. et scol.; 37, 38, 39 et scol.; 40 et scol.; scol. prop. 42. — *Court Traité*, I, ch. II, p. 15. — *Epist.* XXVIII, 1, et XXIX. — *De Intell. Emend.*, VI, 33-35; — VII, 36-42, 44, 45, 49 fin; — VIII, 52 début, 53 *passim*, 55, 58, 61, 63, 65; — IX, 66-70, 72, 73, 75, 76; — X, 78, 80; — XI, 82, 84, 86, 90; — XII, 91 à 93, 94 et note; — XIII, 95, 98; — XIV, 99-105; — XV, 108; — XVI, 110. — Cf. VIII, 56; XI, 81. — Cf. LXIV.

présence au sein des essences infinies correspondantes, mais que toutefois une théorie au moins spécieuse — encore qu'exprimée d'une manière trop peu explicite — fait des efforts pour unir à ces dernières. Ces trois mondes sont à ce point séparés qu'il faut les assurances expresses, répétées et indéniables de Spinoza pour décider qu'en fait il les considérait comme unis. Et l'on comprend que certains penseurs — qui, au lieu de partir de ces textes comme de données historiques, irréfragables en tout état de cause, ont pris l'un de ces trois moments comme centre, en cherchant à grouper autour de lui sinon tout le spinozisme, du moins la conception spinoziste de la Réalité en soi et de ses dépendances, moins selon les déclarations formelles de leur auteur qu'ils négligeaient à leur insu, que d'après les exigences d'une raison plus avertie et philosophiquement plus mûre — on comprend, disons-nous, que de tels penseurs aient pu interpréter cette Réalité selon le centre de gravité adopté : qui, comme une Substance unique douée d'une simplicité éléatique exclusive de tous Attributs réels ; qui, comme un ensemble, ou plutôt une poussière d'Attributs réels ou de substances simples, sans autre lien qu'une rigoureuse correspondance indifférente et extrinsèque à chacune ; qui, enfin, à la manière de Karl Thomas, — lequel, en partie du moins, considère la Réalité spinoziste accessible à l'homme, ou tend du moins parfois à la considérer comme une multitude indéfinie ou continue de Modes finis ; ce dernier tient, en effet, en ce cas, la Pensée et l'Étendue spinozistes pour deux courants indéfinis parallèles de matière et de pensée qui couleraient perpétuellement à la manière d'un double automatisme atomistique (¹) ; et il est bien certain, quels que soient l'inexactitude historique et l'exclusivisme erroné d'une telle interprétation, qu'en droit il est impossible — une fois qu'on s'est enfermé dans le monde des Modes finis, des existences empiriques — de remonter, en vertu des principes spinozistes, à un principe supérieur d'unité, à un sujet d'inhérence absolue dont ils tireraient leur être, bien que, pour le dire en passant, et en tout état de cause, le monde de l'Expérience n'offre pas le caractère atomistique que croit y voir Karl Thomas.

Comme l'a fortement montré Camerer (²), le monde de l'Expérience appartient à un genre d'être irréductible à celui du monde des essences, c'est-à-dire du monde des réalités qui sont données en tant que fondées dans ce qui ne repose qu'en soi. Cet auteur montre qu'en effet les êtres empiriques, les phénomènes proprement dits, comme nous dirions aujourd'hui, obéissent à des lois irréductibles à celles qui régissent les essences ; et qu'à l'intérieur de chacun de ces deux mondes

---

(¹) Karl Thomas, *Spinozae systema philosophicum*, 1835, §§ 4 et 5. — *Spinoza als Metaphysiker*, Königsberg, 1840, p. 98 et 173.
(²) *Die Lehre Spinoza's*, I, ch. III, § 2, p. 21-22 ; — III, ch. VII, p. 286-287, 289 sqq.

règne une causalité étrangère à celle qui gouverne l'autre, au point qu'elles ont des caractères diamétralement opposés. Comme nous l'avons déjà entrevu, tandis que les essences sont autant de puissances actives et spontanées qui, de par la tendance à se conserver et à persévérer dans l'être, ne procèdent que de la détermination tout intérieure qui les fait être et agir, — les existences sont, au contraire, les produits tout passifs d'une détermination extérieure qui les amène du dehors à l'être et à l'action : les unes et les autres découlent en dernière analyse de la puissance infinie de Dieu, puisqu'elles en sont, les unes et les autres, autant d'expressions déterminées. Mais les premières — posées comme étant, en vertu de leur force interne et de leur nature même, corrélatives de cette puissance et des manifestations de celle-ci qui entrent dans leur définition adéquate, et, à vrai dire, comme indispensables à cette puissance et comme entrant à leur tour dans l'être de cette dernière et des manifestations dont elles sont solidaires — participent de la spontanéité absolue de la puissance divine comme n'étant que cette même puissance dans un de ses moments ; les secondes, au contraire, ne sont posées qu'à titre de produits et de résultats purs et simples, extérieurs à la pression qu'exerce sur eux la puissance divine dans les manifestations dont ils procèdent. Bref, les unes, intégrant en elles toutes les conditions qui les font être et agir, ont en elles tout ce qu'il faut pour s'expliquer, et partant résultent de leur définition et de leur nature propre ; les autres, posées à part et en dehors des conditions de leur être et de leur action, apparaissent comme recevant l'une et l'autre du fait d'une contrainte extérieure (1).

(1) Il est pour les Modes finis un troisième genre de causalité qui, à vrai dire, mérite à peine ce titre, tant il est loin des deux autres et tant l'application de ce même terme à des choses si différentes risque de jeter la confusion dans l'esprit! Quoi qu'il en soit, Spinoza donne aussi les noms de cause et d'effet aux deux termes du rapport qui unit le Mode fini, même considéré comme existant dans le temps, à l'infini dont il est une expression ; cette sorte de causalité, qui ressemble si peu aux deux autres qu'elle a précisément pour caractère, à l'inverse de celles-ci, que la cause comme telle n'y a rien de commun avec son effet, est le rapport vague et lointain de l'indéterminé à l'une quelconque de ses déterminations. Mais chacune de celles-ci ne laisse pas, pour s'expliquer complètement, de requérir une causalité plus précise et plus prochaine, où l'effet doit avoir les mêmes propriétés que la cause, et qui rend compte de l'être de telle détermination expressément considérée. La première de ces causalités ressemble assez à la causalité matérielle d'Aristote : insuffisante à expliquer à elle seule le détail du donné, elle en marque plutôt la possibilité ; et la cause y est plus une condition et une matière qu'une cause proprement dite ; ou, étant donné le nécessitarisme absolu de Spinoza, la première sorte de cause n'est qu'une cause éloignée ; la seconde seule étant la cause prochaine et dernière, celle qui rend immédiatement compte de son effet. Cette distinction permet de lever la contradiction que l'on a cru saisir (Couchoud, ch. VII, p. 167) entre l'assertion faite dans la Démonstration de la proposition VI, Éthique, première partie, à savoir que l'effet doit avoir quelque élément commun avec sa cause, — et où le contexte montre qu'il est évidemment question de la cause prochaine, immédiate et de tous points déterminante, — et cet autre passage (scol. prop. XVII, Éth., I) où il est parlé d'une cause qui n'a de commun avec son effet ni l'essence ni l'existence. Il est certain que, dans ce dernier texte, il est question de la causalité lointaine de l'infini par rapport au fini et de l'hétérogénéité de ces deux

L'effort le plus sérieux pour disculper Spinoza de cette inconséquence a été fait, à peu près dans le même esprit général, par M. Delbos([1]) et — avec un égal talent, mais plus décidément et sans les mêmes réserves, si légères fussent-elles — par M. Brunschvicg ([2]). Voici le résumé et le fond commun de leur argumentation.

Il n'y a pas lieu, dit-on, d'admettre dans le spinozisme une dualité irréductible de déterminations, incompatible avec les premiers principes du spinozisme, parce que cette dualité n'est pour Spinoza qu'apparente et provisoire, la détermination extérieure n'étant qu'un moment de la détermination intérieure, et parce que la première est au fond destituée de toute réalité, et n'est qu'une illusion — presque un néant — destinée à disparaître au regard de la Raison pour qui la détermination intérieure existe seule. Pour ce qui concerne le premier point, on avance que la nécessité mécanique qui constitue la détermination extérieure n'est que l'aspect apparent de la nécessité logique qui constitue la détermination intérieure ; puisque chacun des objets considérés se laisse saisir, à une connaissance adéquate, comme contenant en lui dans son essence la raison des déterminations qui paraissent à une connaissance inadéquate venir du dehors à cet objet; puisqu'il est en soi inséparablement solidaire des causes qui le déterminent, et que par conséquent ces dernières et leurs actions sont à ce titre incluses dans son essence et sa définition, quoi qu'il en semble au regard d'une connaissance empirique qui ne voit ces objets qu'isolés des conditions dont ils dépendent et que sous certains seulement des rapports qui entrent dans leur constitution. Les deux sortes de déterminations s'appliquent au même objet qui, dans un cas, apparaît — dans l'autre, n'apparaît pas tel qu'il est en soi, c'est-à-dire comme une tendance indestructible à être et à se conserver et dont les conditions déterminantes sont non pas des limites extérieures, mais des instruments de sa propre réalisation et de son propre développement, partant des moments intégrants de son être. Le passage est donc possible de la détermination extérieure à la détermination intérieure, puisqu'il suffit — pour l'effectuer dans chaque cas — de changer simplement le point de vue,

termes, en tant que le second est considéré uniquement comme fini ; non sans doute — malgré les expressions forcées de Spinoza — en tant que l'on considère l'essence que tel Mode fini a en commun avec les autres déterminations de la même essence infinie. Ce que Spinoza a voulu indiquer, c'est l'absence de tout passage direct possible entre la Cause infinie et tel de ses effets finis, considéré individuellement et à part de l'ensemble; mais, en ce faisant, il montre à son insu l'impossibilité absolue de tout lien — même indirect — entre ces deux termes, vu l'impuissance où l'on est, de par la nature même des choses et non pas seulement de par la faiblesse de notre entendement, d'achever jamais de remonter la série qui, depuis l'infini, a amené à l'existence l'expression finie considérée de l'essence infinie donnée.

([1]) Delbos, *Le Problème moral*, etc., ch. II, p. 35-38 ; — IV, p. 72-74, 97-98 ; — V, p. 105-109 ; — VI, p. 133, 140 sqq. ; — X, p. 215.

([2]) Brunschvicg, *Spinoza*, ch. VII, p. 177 sqq., surtout 181-199. — *Spinoza et ses contemporains* (*Rev. Mét. et Mor.*, 1905, p. 689-705 ; Janvier 1906, *passim*).

en incorporant à l'objet considéré les conditions qu'une vue tronquée en avait indûment isolées. Par cette transformation, l'objet en réalité ne change pas ; son contenu demeure le même : sa forme seule semble changée. Mais, au vrai, elle ne fait qu'apparaître telle qu'elle est, et que se retrouver. Il n'y a là qu'un approfondissement de la nature de la chose donnée ; et la vraie nature de celle-ci une fois reconnue fait évanouir la fausse apparence qui la voilait. C'est ainsi qu'il n'y a au fond qu'une seule espèce de détermination, qu'une seule nécessité : mais en elle, l'expérience, qui abstrait et isole les données solidaires, voit une nécessité mécanique et physique de contrainte ; — la connaissance rationnelle discursive, qui ne rapproche les choses que par leurs formes générales et leurs contours extérieurs, y voit une nécessité géométrique et abstraite qui s'impose, comme intelligible, à qui la conçoit et en est le sujet, sans encore le pénétrer du dedans et lui donner ainsi le sentiment raisonné de l'inévitable, c'est-à-dire la résignation ; — l'intuition absolument adéquate enfin y voit une nécessité logique, c'est-à-dire une nécessité autonome et spontanée, l'adhésion spontanée et tout interne de l'être à la nécessité universelle de sa cause immanente, nécessité avec laquelle il se confond parce qu'il lui est indispensable et qu'il est elle-même dans un de ses moments nécessaires et intérieurs : bref, la science intuitive y voit la détermination par soi ou la Liberté véritable.

Quant au second point de vue de cette argumentation, il consiste à dire que l'apparence de la dualité de déterminations vient précisément de ce que l'un des deux termes proprement n'existe pas, qu'il n'est rien en réalité — un pur non-être — et que la substitution de la détermination intérieure à la détermination extérieure est le passage non pas d'un terme réel à un autre terme réel, mais du non-être à l'être, où l'on reconnaît le néant de ce qu'on prenait à tort pour quelque chose, ou plutôt où l'on supprime et oublie purement et simplement la pensée du néant. De l'un de ces termes à l'autre, ou du second au premier, il n'y a pas à demander d'expliquer le passage, puisqu'il n'y en a aucun — l'un de ces termes existant seul, l'autre n'étant rien du tout. Ainsi tombent les vieux arguments qu'on a de tout temps opposés au panthéisme — ou au prétendu panthéisme — de Spinoza, à savoir que son Dieu est composé de toutes les imperfections de l'univers, et que l'unité d'un tel Dieu se disperse en éléments opposés et se divise contre elle-même ; ainsi est rendu vain le reproche qu'adresse Malebranche à Spinoza, de composer son Dieu de l'assemblage des parties de l'univers([1]), et « l'Être parfait..... de tous les désordres de l'Univers »([2]) ; et non moins vaines ces paroles de Fénelon : « Suivant ce philosophe, deux hommes, dont l'un dit oui et

---

([1]) *Entretiens métaphysiques*, VIII, 8.
([2]) Lettre XXIX, septembre 1713.

l'autre non, dont l'un se trompe et l'autre croit à la vérité, dont l'un est scélérat et l'autre un homme vertueux, ne sont qu'un même être indivisiblement(¹); » et toute portée est enlevée à cette boutade de Bayle : « Ainsi, dans ce système de Spinoza, tous ceux qui disent : les Allemands ont tué mille Turcs, parlent mal et faussement ; à moins qu'ils n'entendent : Dieu, modifié en Allemands, a tué Dieu modifié en mille Turcs; et ainsi toutes les phrases par lesquelles on exprime ce que font les hommes les uns contre les autres, n'ont point d'autre sens véritable que celui-ci : Dieu se hait lui-même ; il se demande des grâces à lui-même, et il se les refuse; il se persécute; il se tue; il se mange; il s'envoie sur l'échafaud, etc. (²). » A ces objections, répétées par tout le XVIII° siècle, Voltaire en tête, M. Brunschvicg répond(³) que Spinoza, en niant l'existence de parties réellement distinctes dans l'Univers, a expressément écarté une telle interprétation; qu'il proteste formellement (Epist. LXXIII, à Oldenburg) contre ceux qui identifient son Dieu à la nature conçue comme une certaine masse; que les parties de l'Univers dans le spinozisme — ou ce qui en tient lieu — n'ont aucune réalité positive en dehors de leur Substance commune; que, lorsqu'elles se posent à part de celle-ci, elles ne sont que des apparences vaines, des ombres incommensurables avec la réalité concrète; que par conséquent la division de celles-ci les unes contre les autres, la Haine, la Guerre, l'Erreur et le Mal, produits de cet apparent isolement et de ce morcellement apparent, sont aussi des apparences comme eux, sans valeur au regard de la Vérité absolue. Il n'y a donc pas d'éléments contradictoires au sein de la Substance, puisque leur contradiction est aussi illusoire que leur séparation dont ils procèdent en tant que contradictoires; il n'y a pas d'un côté un homme qui dit oui, un autre qui dit non, parce que l'une de ces deux opinions, étant nécessairement fausse, est due à une mutilation arbitraire et à une vue tronquée de la Réalité; et par conséquent, dans l'Absolu, elle ne demeure pas en face de l'autre qui seule existe dans la Substance(⁴). Enfin la Substance n'est pas composée de vérité et d'erreur, de bien et de mal, parce que l'erreur, le mal, étant des néants d'existence, ne s'additionnent pas au vrai et au bien, et qu'à côté de ceux-ci ils ne comptent pas plus que rien ajouté à quelque chose; en d'autres termes, le bien ne fait un avec le mal, la vérité avec l'erreur, que parce que, le second terme n'existant pas, on n'est plus en effet en présence que d'un seul.

Quant à déduire *a priori* ces apparences que ce sont les phénomènes

---

(¹) *Deuxième lettre sur la Religion.*
(²) *Dictionnaire*, édit. Bourot, t. XIII, p. 444.
(³) *Spinoza et ses contemporains* (*Rev. Mét. et Mor.*, 1906, p. 699-701). *Spinoza*, p. 178-188.
(⁴) Brunschvicg, *Spinoza et ses contemporains*, p. 704-705.

empiriques de la considération pure et simple de la Réalité première, le système ne l'exige pas, affirment les auteurs dont nous résumons l'argumentation ; et cela nous conduit à examiner un troisième aspect de celle-ci. La déduction géométrique, dit-on, n'a pas à créer des états qui avant tout doivent être sentis. Spinoza ne prétend pas en faire un instrument de découverte à l'égard des faits d'expérience, mais seulement d'explication et de détermination rationnelle de ceux-ci une fois donnés ; son rôle est de ramener à l'unité logique le désordre apparent des successions empiriques, de montrer qu'elles ne sont pas en réalité ce qu'elles semblent tout d'abord être. Loin d'avoir à créer la dualité qu'implique l'Expérience, elle a rempli son office dès qu'elle a montré le caractère illusoire de cette réalité, et qu'elle l'a expliquée en la faisant évanouir devant la Raison. En juger autrement, ce serait se méprendre sur le vrai caractère du système. Sans doute, pour poser la Réalité absolue dans son rapport à elle-même, pour en dessiner les contours et déterminer les conséquences qu'elle comporte, en tant qu'elle est ainsi considérée, la déduction est seule requise, — ou, d'une manière plus générale, la méthode géométrique *a priori*. Tel nous apparaît le système dans la première partie de l'*Éthique*. Mais le point de vue change, lorsque la Réalité, au lieu d'être étudiée en soi et par rapport à elle-même, l'est par rapport à l'homme. Ici il ne s'agit plus de rechercher purement et simplement ce qu'elle est, mais quelle est en fait la vraie nature de l'homme une fois empiriquement donné. De ce point de vue, l'Expérience est un fait qu'il s'agit de ramener après coup à sa véritable place, mais sur la présence duquel on n'a pas à s'interroger, puisque par hypothèse on le prend comme point de départ de spéculations ultérieures, et non comme le produit de spéculations antérieures. La théorie de l'homme, qui dans le spinozisme débute par une constatation empirique, et prend un point de départ qu'elle ne s'est pas donné par une élaboration rationnelle préalable, n'est pas un système métaphysique, mais une dialectique et une morale, — une méthode et une loi d'action, par où l'esprit humain s'élève de l'apparence dans laquelle il s'aliène, à la reconnaissance théorique et pratique de sa vraie nature et de l'identité de celle-ci avec cette Réalité foncière que la partie proprement métaphysique du système avait pour objet de présenter. On demanderait donc en vain un passage rationnellement déduit de la première partie de l'*Éthique* — qui traite de Dieu — aux suivantes, qui traitent du monde de l'Expérience humaine. Tout le système métaphysique est virtuellement achevé dès la première partie ; l'œuvre des suivantes est de reconnaître que l'Expérience elle-même, prise alors comme point de départ, se révèle comme identique à cette Réalité intégrale déjà posée, — l'objet étant ici non la théorie de la Réalité, mais la description des démarches par lesquelles l'homme, en partant d'un mode d'existence une fois donné et qu'il ne choisit pas, arrive à se reconnaître pour identique à cette Réalité que la spéculation philosophique *a priori* a manifestée comme la seule réalité. En d'autres termes, la théorie de l'homme comme celle de Dieu aboutit au même résultat, à la position de l'unité de la Substance et des Modes. Seulement, si nous comprenons bien la pensée que nous exposons ici, ce résultat, atteint dans ce dernier cas par la contemplation directe de la vérité, l'est dans le premier indirectement, et en quelque sorte de biais, par l'élimination de considérations extérieures prises comme point de départ; c'est-à-dire, si l'on nous permet de traduire d'une manière personnelle l'interprétation que nous résumons, comme autant d'objections à réfuter et que l'on a d'autant moins pu déduire *a priori* de la Réalité absolue, que le résultat nouveau qui va se manifester sera précisément de montrer qu'elle ne les contenait pas. Bref, l'absence de passage de la première à la seconde partie de l'*Éthique* n'est pas une inconséquence involontaire de Spinoza, mais un produit conscient et conséquent de sa doctrine. Les trois dernières parties expriment, en effet, moins un nouveau moment dans le développement du système qu'un autre point de vue dans la manière d'atteindre un résultat déjà virtuellement donné dans son entier par la première partie; et celles-là nous présentent, par la continuité d'un progrès dialectique et moral, les conclusions que dégageait celle-ci par voie purement ontologique. Le seul lien que l'on soit en droit d'exiger entre les diverses parties de l'ouvrage, et qui en fait s'y trouve, c'est un progrès de la seconde à la cinquième partie et un retour de celle-ci aux conclusions de la première, dans lequel se montre l'identité des résultats des deux points de vue successivement adoptés.

Quant au progrès qui, de l'Imagination et de la Passion, en un mot de l'Expérience, conduit à la Raison et à la Liberté, il est, nous dit-on, rationnellement déterminable; car l'inadéquat tend de lui-même à l'adéquat et l'appelle pour s'expliquer et se compléter, — étant inintelligible dans son isolement. Son imperfection même et son néant sont la cause du progrès qui les fait disparaître, et qui par conséquent fait disparaître en même temps l'inadéquat lui-même. L'esprit humain est ainsi nécessairement conduit par un processus absolument rationnel à passer de la connaissance et de la vie empiriques — inintelligibles comme telles — à la connaissance et à la vie rationnelles qui expliquent les premières en les niant, ou du moins en les niant comme distinctes du domaine de la Raison et en reconnaissant leur inanité en tant qu'empiriques et inadéquates. Le progrès dialectique de l'inadéquation à l'adéquation n'est ainsi qu'une suite de la tendance de tout être à conserver son être, tendance qui, lorsque ce dernier est posé d'une manière incomplète et mutilée, devient une tendance à le restituer dans son intégrité, et par conséquent à l'accroître. Sans doute chaque être fini est dans sa réalité et tel qu'il est en soi ; et — absolument parlant — il n'y a pas à distinguer en lui une manière d'être incomplète et inadéquate, étrangère à son essence véritable, et une manière d'être achevée et adéquate, conforme à cette essence. Mais l'homme, étant un être pensant, a — malgré l'unité de l'être possédée par chacun d'eux pris en soi — deux façons de concevoir ses objets, selon qu'il les considère isolés de leurs conditions, ou qu'il les replace au sein de celles-ci. Le progrès dialectique de l'inadéquat à l'adéquat manifeste donc le développement de la nature pensante, qui, par sa tendance à conserver le savoir, et à l'accroître s'il est mutilé, — cas particulier de la tendance de toute chose à conserver son être, — est amenée, de l'intelligible ou du moins intelligible où elle se place en vertu de ses propres forces, à le nier comme tel et à le faire évanouir dans ou devant ce qui est pleinement intelligible.

Tel est le meilleur plaidoyer que l'on ait jamais fait et, croyons-nous, que l'on puisse jamais faire, pour justifier Spinoza du reproche de ne pouvoir, dans son système, légitimer la place qu'il fait au domaine empirique de l'Imagination et de la Passion ; et il faut avouer que s'il existe quelque issue par où la chose soit possible, il n'en existe pas d'autre que celle que prétend ouvrir l'interprétation qui vient d'être résumée.

Malheureusement, même après cette subtile argumentation, un doute subsiste dans notre esprit. Tout d'abord, on peut se demander si, par le fait même que la détermination externe est un aspect de la détermination interne, — ce que nous n'aurions garde de contester, — la dualité des deux déterminations n'en serait pas aggravée par là même, et la contradiction rendue plus éclatante. Car ce n'est plus seulement alors dans la Réalité intégrale, c'est au sein de chacune de ses manifestations que cette dualité et cette contradiction se manifesteraient ; et le problème qui se poserait serait de savoir, non plus seulement comment deux manières d'être hétérogènes se concilient au sein d'une même Substance unique ; mais encore comment une seule et même modification de cette Substance peut à la fois être soumise à deux espèces radicalement différentes de déterminations, ou, si l'on préfère, comment ses déterminations peuvent prendre deux aspects opposés. Sans doute, l'un de ces aspects est tout négatif ; c'est une illusion destinée à disparaître : encore n'en restera-t-il pas moins à expliquer dans l'Être la nécessité de ce moment illusoire, d'autant plus énigmatique au regard de la Raison, qu'une fois qu'il a disparu, il n'en reste plus trace dans la constitution définitive et sérieusement réelle de l'Être, pas même à titre d'échelon nécessaire de la pleine vérité ; car il disparaît purement et simplement devant la lumière de la Raison qui reconnaît son erreur ou, plus exactement, qui pose immédiatement la vérité, sans même être effleurée par la pensée de l'erreur ou de la moindre vérité, ne fussent-elles considérées que comme moment supprimé et dépassé. En soi et dans l'Absolu, la Vérité ni la Réalité ne se développent, ne se font; elles sont toutes faites immédiatement et éternellement. Le développement, comme ses moments inférieurs, est donc lui aussi une illusion destinée à disparaître purement et simplement, dès qu'est atteinte l'immuable et indivisible Vérité; et l'on est en droit de se demander, avec M. Delbos lui-même, hésitant devant sa propre interprétation : « Comment, étant naturellement et réellement ce qu'il est, l'homme peut-il à un certain moment être ce qu'il n'est pas [1]? »

Mais, insiste-t-on, l'Expérience est un point de départ par définition; il n'y a donc pas à demander à la déduction géométrique, destinée à tout déterminer scientifiquement et non à tout découvrir, de créer en quelque sorte des états qui sont donnés au philosophe par une tout autre voie et antérieurement à toute spéculation sur leur compte : il n'y a pas deux moments hétérogènes au sein du même système, mais deux points de vue également légitimes, indépendants dans leur point de départ, et auxquels il suffit pour s'accorder d'aboutir à la même conclusion.

Rien de plus exact que la profonde remarque qui sert de base à ce raisonnement. Mais, s'il est vain de demander au philosophe de déduire de la Réalité suprême, au moment où il le prend comme point de départ, l'état de fait dont il part pour retrouver cette Réalité, est-on si mal fondé à exiger que, le point d'arrivée une fois atteint, il justifie ce point de départ et montre dans celui-là la raison de celui-ci? Si la déduction géométrique n'a pas à nous fournir les données de l'Expérience, est-elle dispensée, dans un système où tout est censé suspendu analytiquement à un principe unique, de montrer le lien analytique qui unit ces données à la Substance, de quelque manière qu'elles aient été découvertes tout d'abord? Et la logique du système ne requiert-elle pas, non qu'il crée, mais qu'il recrée déductivement, — arrivé au terme de la marche qui de l'Expérience aboutit à l'Intuition infaillible, — le point de départ de ce progrès? Au lieu de cela, il montre simplement que les données de l'Expérience, tant qu'elles restent empiriques, ne peuvent s'expliquer, et qu'elles ne sont intelligibles que transformées en données *a priori* de l'Entendement; que les existences temporelles tendent d'elles-mêmes — par besoin de se compléter et de se fonder en raison — aux essences éternelles qui constituent leur seule vraie réalité. Mais, procéder ainsi, c'est justifier bien plutôt celles-ci que celles-là, en montrant que seules les essences éternelles ont le droit d'exister; car, loin d'expliquer les

---

[1] V. Delbos, *Le Problème moral dans la philosophie de Spinoza*; conclusion, p. 541.

existences empiriques, le progrès que nous envisageons consiste bien plutôt à les nier : on montre bien sans doute comment, l'Expérience étant donnée, elle appelle la connaissance adéquate, — et encore avons-nous fait des réserves à ce sujet, — non comment cette dernière a pu descendre et se dégrader au degré de celle-là ; si le domaine de l'Imagination et de la Passion est un néant qui se détruit lui-même par son propre développement et qui appelle ainsi le domaine opposé, cela ne dispense pas d'expliquer pourquoi ce néant apparaît d'abord comme positif ; pourquoi l'unique Réalité n'apparaît pas seulement telle qu'elle est, mais aussi sous une forme contraire qui la voile ; et l'on ne saurait exprimer cette idée mieux, ni en meilleurs termes, qu'en citant les paroles qu'écrit en manière de réserve l'un même des partisans de l'interprétation que nous discutons : « Il semble que, pour tout expliquer, l'Être absolu doive contenir en soi un principe d'intelligibilité capable d'embrasser non seulement ce qu'il est, mais ce qu'il paraît être [1]. »

Ajoutons que, si l'on aperçoit le principe d'un retour de l'inadéquat à l'adéquat, et si, sur ce point, la scission entre les deux domaines apparaît moins grande ou moins criante que lorsqu'il s'agit de trouver un passage pour descendre de celui-ci à celui-là ; nous avons vu néanmoins que le principe seul de ce retour est donné, mais que Spinoza, à ce qu'il nous semble, est impuissant à achever le processus commencé, et qu'il ne peut y mettre fin — quelque avancé que soit celui-ci — que par un véritable coup d'État de la raison [2].

Il est vrai que la dualité de l'Expérience et de la connaissance adéquate s'explique à tout le moins — sans préjudice de l'unité que comporte chaque objet étendu, considéré tour à tour de l'un ou de l'autre point de vue — par la nature pensante de l'homme, qui lui permet d'adopter également l'une et l'autre attitude à l'égard des objets de son esprit. Mais, outre qu'en étant restreint à la Pensée, le problème du rapport entre le domaine empirique et le domaine intellectuel proprement dit n'en perd pas ses difficultés, il surgit de cette restriction une difficulté nouvelle : ou bien, en effet, il faut renoncer au parallélisme de la Pensée et de l'Étendue ; ou bien conclure qu'en vertu de ce parallélisme, la dualité des deux aspects de notre pensée a dans l'Étendue son pendant, — ce qui ramène le problème à son état précédent ; à moins que — et c'est, croyons-nous, la solution de Spinoza — il ne faille voir dans l'Imagination et ses dérivés une réalité aussi illusoire que celle de ses objets étendus ; et, dans l'Étendue empirique, une espèce de réalité non moins consistante que celle des Modes de pensée qui la traduisent à notre esprit : solution qui d'ailleurs complète, tout en la laissant entière, la dernière des deux

[1] V. Delbos, *ibid.*, chap. x, p. 218.
[2] Cf. ci-dessus pp. 251 sqq.

conclusions précédentes. Il n'en reste pas moins vrai que, si la pensée inadéquate, étant en soi aussi illusoire que son objet, n'est pas plus la cause que l'effet de celui-ci, c'est la Pensée qui reste pour Spinoza l'instrument de la libération de l'individu une fois soumis à la contrainte mécanique du déterminisme empirique et à l'esclavage des passions, et que c'est par la Pensée que l'homme s'élève de cet état à l'état de liberté que procure la connaissance de son être et de la Réalité tels qu'ils sont. Sans doute le progrès de notre connaissance ne change rien à l'En-soi de la Réalité; il ne fait que le retrouver tel qu'il est : mais c'est bien ce progrès qui permet à l'individu empirique de retrouver cette Réalité, et il y a là un véritable démenti à la théorie de l'égalité des Attributs, sans que d'ailleurs on puisse trouver dans les principes du système — même étant admise cette primauté de la Pensée — de quoi justifier ce privilège, accordé à l'individu humain sur tous les autres êtres finis de notre univers, de sortir, par la connaissance, de l'état de servitude, alors que le spinozisme accorde une âme à tout Mode de l'Étendue. On dira sans doute que l'esprit de l'homme, étant plus complexe et ayant un corps plus complexe, a plus d'idées et connaît plus d'objets que les autres esprits finis; partant, que plus nombreuses sont en lui et dans son objet les avenues — si l'on peut ainsi dire — de la Vérité et de la Réalité suprêmes, plus nombreux les points par où rattacher son être et celui de son corps aux conditions dont ils dépendent, et, en définitive, à l'Étendue en soi et à la Pensée en soi. C'est bien, en effet, ainsi qu'en juge Spinoza, mais sans réussir — croyons-nous — à lever la difficulté. Nous avons vu que, si nombreux que soient les éléments d'une image ou d'un Mode étendu empiriquement donné, la distance de l'une ou de l'autre à l'idée adéquate ou à l'essence étendue éternelle n'en demeurait pas moins infinie; et que la multiplicité des données empiriques dans l'un et l'autre Attribut, pour précéder nécessairement l'avènement de la connaissance adéquate dans l'homme, n'entrait en aucune façon dans la constitution de cette dernière; de telle sorte qu'il n'y avait point de passage continu entre les deux domaines, mais une séparation nette et tranchée. Dans ces conditions, on ne comprend guère pourquoi, relativement à toute portion de réalité si maigre soit-elle, étant donné qu'elle est en soi solidaire de l'ensemble et qu'à cet égard elle le contient, la Pensée qui la contemple n'est pas amenée à passer — de par la tendance de tout être à se conserver et à se compléter ou, si l'on veut, à restituer son intégrité — d'un savoir fragmentaire et tronqué à un savoir intégral et qui embrasse toute la réalité de l'objet, et en même temps des conditions dont il dépend. Chaque être étant en soi ce qu'il est, c'est-à-dire compris dans l'essence dont il est une détermination, il eût été plus conséquent d'admettre que, si la Pensée a le pouvoir de passer à son égard d'une vue inadéquate à une vue adéquate par la tendance à rétablir la véritable idée qui représente l'être considéré, ce pouvoir doit être inhérent à l'esprit de n'importe quel individu pensant.

De tout ceci il résulte, comme nous l'avions annoncé, que le monde empirique, tant de la Pensée que de l'Étendue, est dans Spinoza affirmé gratuitement, du moins par rapport aux premiers principes du système, malgré l'affirmation non moins gratuite de son identité à la Réalité primitive et unique. C'est une illusion, nous dit-il; mais comme il ne peut fonder cette illusion dans la nature de l'Être universel, qui en soi est nécessairement ce qu'il est et se connaît comme tel ; et que, d'autre part, il n'existe en dehors de lui aucun autre sujet pensant pour lequel cette illusion se produirait, et que l'existence de tels sujets, en tant que substantiellement distincte de lui, est elle-même une illusion, il reste que, malgré Spinoza et en dépit de ses intentions, ce philosophe, comme les Éléates, arrive à poser une illusion absolue et se suffisant à elle-même, et que les créatures de notre univers — ou ce qui dans son système mérite ce nom — ne sont pas seulement, comme les qualifiait l'abbé de Lignac, « des songes de la Divinité[1] », mais des songes tout court. Il reste que — nous tenons à le rappeler — Spinoza se distingue des Éléates non seulement par sa doctrine des Attributs, mais encore en ce que — bien qu'on soit parfois porté à l'oublier — les individus finis, en tant qu'essences et en tant qu'intelligences au sens étroit, c'est-à-dire les essences étendues éternelles et les essences pensantes éternelles, ne sont pas des fantômes imaginaires, mais des réalités coéternelles et coessentielles à la Réalité suprême, avec laquelle d'ailleurs elles se confondent dans ce qu'elles ont de positif. La difficulté qu'il y a à comprendre comment la Substance se pose ainsi elle-même dans une infinité de points de vue individuels, sortes d'appauvrissements potentiels d'elle-même posés pour ainsi dire comme tels, ne doit pas empêcher de reconnaître l'existence de fait de cette théorie dans le spinozisme.

Une autre conséquence de la théorie des rapports de la connaissance inadéquate et de la connaissance adéquate, c'est le double formalisme auquel elle aboutit, en fait, dans le domaine psychologique et moral. D'une part, en effet, l'Expérience, l'Imagination, les passions, portant sur le même contenu que la connaissance adéquate et ses dérivés affectifs, avec cette seule différence que, dans ce dernier cas, il est connu pour ce qu'il est, rien n'empêche des idées théoriquement fausses ou inexactes, des sentiments n'ayant pas la Raison comme telle pour source, de déterminer les mêmes actes que des idées adéquates et vraies ou que des sentiments suscités par de telles idées[2];

---

[1] *Témoignage du sens intime*, II, ch. VIII.
[2] *Eth.*, V, prop. 41 ; cf. scol. ; — IV, presque en entier. — Cf. *Theol. Pol.*, cap. III, p. 407.

et, à vrai dire, bien que Spinoza en jugeât autrement, non seulement rien n'empêche qu'il en soit ainsi, mais encore il eût été dans la logique de la théorie d'admettre qu'il en est toujours ainsi, une fois posé le principe que le domaine de l'Entendement ne diffère de celui de l'Expérience quant à leur contenu, que comme l'en-soi du pour-soi. Toujours est-il que ce dernier principe a conduit Spinoza à poser, ou à tout le moins lui a permis d'admettre que certaines images et certains sentiments correspondants à celles-ci déterminent en l'homme des actions raisonnables en soi et conformes à sa nature, — par conséquent bonnes, — dont le contenu est identique à d'autres actions, que déterminent une connaissance adéquate et des sentiments appropriés. L'Expérience ainsi, tout erronée ou inexacte qu'elle est, peut donc être le substitut pratique de la Raison, notamment cette forme particulière d'expérience que sont les imaginations et les sentiments qui constituent la foi chrétienne; — laquelle, théoriquement fausse, est pratiquement vraie quant à ses éléments fondamentaux(1). Il ne nous apppartient pas de développer la théorie de Spinoza sur ce chapitre; mais il était intéressant de signaler son point d'attache avec notre sujet.

La seconde sorte de formalisme psychologique et moral que développe la théorie spinoziste sur les rapports de la connaissance empirique et de la connaissance rationnelle consiste en ce que, la pensée de l'essence ne dépendant pas de celle de l'existence, et l'esprit humain pouvant s'élever à celle-là malgré les fatalités de celle-ci, l'homme peut par les seules forces de son esprit avoir telles ou telles idées, sans avoir égard aux actions qu'en fait il accomplit dans son existence empirique; et, par conséquent, plusieurs hommes peuvent accomplir un même acte, tout en ayant dans le même moment des pensées différentes et même contraires. De là, — bien que Spinoza néglige d'indiquer expressément que l'idée qui va suivre se rattache au principe dont nous parlons, — de là, malgré le parallélisme des Attributs, cette théorie qu'aucun stoïcien ne désavouerait, à savoir: la possibilité admise pour l'homme d'échapper par la Pensée à toute tyrannie extérieure des choses ou des hommes; de là, l'inviolabilité du for intérieur, inviolabilité de droit parce qu'elle est une inviolabilité de fait; de là, l'impossibilité pour l'État d'empiéter sur ce domaine, la vanité, et par suite, l'illégitimité d'un tel empiétement(2).

---

(1) *Eth.*, IV, scol. prop. 54; — scol. prop. 68, p. 238. — V, prop. 41; cf. scol. — *Theol. Pol.*, I, p. 378, 383; — IV, p. 420 sqq., 426; — V, p. 440 sqq.; — XIV, p. 540-542; — XV, p. 549-552; — XX, fin; — *Annotat.*, 6 p. 614;.— Epist. XXIII, 5-9; XXV, 6, cf. 4; — XXXII, 9-11; — XXXIV, 1-3, 15, 21-23; — XXXVI, 2, 5. — Cf. Rauh, *Quatenus doctrina quam Spinoza de fide exposuit cum tota ejusdem philosophia cohaereat*, Tolosae, 1890.

(2) *Eth.*, IV, prop. 31; cf. prop. 65, 66; — V. prop. 2; 3, cor. et scol. — *Theol. Pol.*, XIX, XX.

Il ne nous reste, pour en finir avec la théorie que nous examinons sur le rapport de l'Expérience et de la Raison, qu'à dire encore quelques mots sur la libération de l'homme par la pensée adéquate et sur le rôle prééminent qu'en fait et malgré le parallélisme des Attributs, y joue la Pensée, prééminence que nous voyons s'affirmer dans la cinquième partie de l'*Éthique*. La Pensée, en effet, nous l'avons vu, nous élève au delà des bornes de l'existence actuelle par la connaissance des essences; elle nous rend, dans la mesure où nous les concevons, immortels ou, plus exactement, éternels : « Sentimus experimurque nos aeternos esse (¹); » elle nous permet de substituer aux associations empiriques des liaisons rationnelles d'idées; elle nous unit plus intimement à la Substance divine, à l'essence adéquate de Dieu. Quoi qu'il en soit, les conceptions de l'âme, à quelque ordre de connaissance qu'elles appartiennent, sont encore des idées d'objets dont l'essence consiste en autre chose que dans le fait d'être pensés. La connaissance adéquate est la connaissance de l'essence des corps, il est vrai, non de leur existence : il existe des idées auxquelles aucun corps ne correspond dans la durée; mais leur objet se fonde nécessairement dans une essence corporelle qui n'est pas une pure idée, mais une étendue réelle objective en soi. En dehors de la représentation soit d'une existence temporelle, soit seulement d'une essence, la Pensée n'est rien. Cette essence, pour l'âme humaine, c'est l'Étendue avec ses déterminations possibles; et l'on peut appliquer au Dieu spinoziste, en tant qu'il constitue l'essence de nos âmes, la formule attribuée à Platon : ὁ θεὸς γεωμετρεῖ.

Et de fait, pour Spinoza, la géométrie consiste essentiellement dans l'étude par la Pensée des essences étendues, indépendamment de toute considération d'existence et de non-existence dans la durée. Pour penser les « choses mathématiques », comme dit Spinoza, c'est-à-dire les figures, et enchaîner des raisonnements géométriques, il n'est pas besoin que ces figures soient données actuellement dans le temps; la pensée qui les considère n'est point asservie à refléter passivement des consécutions mécaniques et corporelles; mais s'élevant au-dessus de l'existence passagère, elle s'identifie avec Dieu en tant qu'il pense les essences de ces figures telles qu'elles sont absolument.

Dans la Géométrie s'affirme donc d'une façon vivante et palpable l'indépendance de l'âme à l'égard du corps et sa prééminence sur lui : suite de la distinction de l'essence et de l'existence, indépendance que Spinoza affirme en fait sans pouvoir la justifier en droit. Cette distinction entre l'essence et l'existence domine la théorie spinoziste de l'Étendue, comme elle dominait tout le cartésianisme, mais pour des raisons toutes différentes. Et l'on peut dire qu'une des faces les plus importantes des théories spinozistes sur l'Étendue est la coexistence,

---

(¹) *Éth.*, V, scol. prop. 23.

dans une même philosophie, de la réduction de la Physique à la Géométrie et de la distinction radicale de ces deux domaines. Cet aspect du spinozisme a, d'ailleurs, sa source au plus profond du système ; à savoir, dans ses tendances rigoureusement analytiques qui, avec le réalisme absolu et inconditionnel, résument en quelque sorte le spinozisme et sa doctrine de l'Étendue (I).

§ 10. Rapports avec le Cartésianisme de la théorie spinoziste de la connaissance que l'on vient d'exposer.

Avant d'aborder la conclusion générale de cet ouvrage, nous n'avons plus qu'à puiser quelques considérations relatives à l'objet de celui-ci, dans la théorie que nous venons d'exposer sur la nature respective de la connaissance adéquate et de la connaissance inadéquate, c'est-à-dire du domaine de l'Entendement proprement dit et de celui de l'Expérience. Nous avons cru devoir nous étendre un peu longuement sur ce dernier point, qui achève de déterminer la physionomie de la doctrine de Spinoza sur les rapports de la Pensée et de son objet, parce que la théorie de l'Expérience, de sa nature et de ses rapports avec le mode de connaissance qui n'est pas elle, est, dans Spinoza et dans Descartes, une des pièces les plus importantes de la question générale des rapports de la Pensée et de son objet.

Sur ces deux manières essentielles de percevoir un objet, c'est-à-dire l'objet étendu, et sur leurs rapports, la théorie de Spinoza ne présente avec celle de Descartes que des différences qu'on serait tenté, pour les points essentiels, d'appeler nominales ; ou plutôt, le contenu et ce qu'on peut considérer comme le matériel de ces deux théories étant presque identiques, — peut-être même parfois plus que ne le permet la conception différente que les deux philosophes ont de la nature pensante, — il n'y a de différence capitale que dans la manière d'expliquer ce contenu. Voici ce que nous entendons par là : De part et d'autre, c'est la même distinction radicale entre l'Entendement qui conçoit et l'Expérience qui perçoit ; entre l'essence, objet du premier, et l'existence proprement dite, objet de la seconde ; entre les qualités purement mécaniques, réellement inhérentes aux objets auxquels la Pensée les attribue et accessibles à la connaissance vraie, et les autres qualités que nous attribuons aux corps, relatives seulement aux sens et à l'Imagination, mais sans existence réelle dans les corps eux-mêmes.

(I) Cf. note 5, p. 228 ci-dessus. — *Eth.*, III et IV, notamment IV, prop. 40 ; — scol. prop. 45, p. 222 ; — prop. 23, 24, 26, 27 ; — prop. 7, 32, 33, 59, 15. — Append., XXX, p. 249 ; XXXII, ibid. — V, præfat.; scol. prop. 20, p. 264 ; 39 et scol ; — prop. 1-14, 24, 25, 26, 28, 38, 40, 42 et scol. — *Court Traité*, II, ch. IV, 21, 22 ; — V, p. 64-65. — *Cog. Met.*, p. 201, 207, 208. — *De Intell. Emend.*, IX, 74 ; — XI, 86-90 ; — XIV, 100-104.

Seulement, tandis que cette dualité est pour Descartes un fait irréductible et premier, Spinoza, sans la donner en fait pour moins tranchée, affirme que les deux termes sont les deux aspects d'un terme unique qui est leur raison commune, — le second n'étant qu'une apparence mensongère sous laquelle se voile le premier. Toutefois, comme une telle unité est basée dans le spinozisme sur une affirmation gratuite dont il ne peut donner l'explication, le système est bien près, sur ce point, d'être la répétition du cartésianisme accompagnée de réserves purement verbales. Et, sans doute, la Pensée ne peut plus, comme chez Descartes, s'exercer sans penser un objet; et Spinoza pousse jusqu'au bout la tendance, déjà présente chez Descartes, à donner à toute idée un objet correspondant; par suite, non seulement les sens et l'Imagination, mais l'Entendement même portent toujours et nécessairement sur un objet, au sens plein et définitif du mot; sans doute aussi cette autre tendance cartésienne à soustraire la Pensée à toute action transitive de la part de la matière corporelle aboutit chez Spinoza à la négation absolue d'une telle action, même dans le domaine de la perception sensible et imaginative et dans celui des passions : mais ces réserves faites, et dont on voit assez les éléments cartésiens, la distinction entre la connaissance sensible et la connaissance intellectuelle de l'Étendue est — quant à son contenu — la même chez les deux philosophes, quelle que soit d'ailleurs chez l'un et l'autre la nature intime de chacun de ces domaines pris à part. Non seulement, en effet, de part et d'autre, l'une de ces connaissances a pour objet l'existence, la second l'essence; mais encore, chez Spinoza, pour être une illusion, la connaissance empirique ne se pose pas moins — ainsi qu'en fait chez Descartes — comme indépendante de la connaissance intellectuelle. En effet, cette réserve faite une fois pour toutes que les existences empiriques avec leurs idées — c'est-à-dire avec les sensations et les images qui correspondent à ces existences — ont un caractère illusoire, cette illusion ne s'en trouve pas moins, comme l'expérience cartésienne et ses objets, chargée de se justifier elle-même et justiciable de ses seules lois, à la manière d'un absolu qui se poserait en face et en dehors du domaine de la Raison proprement dite. Et, en effet, ce caractère de pur fait que revêtent l'« Imagination » spinoziste et ses objets ressort — que Spinoza le veuille ou non — de ce que ce domaine ne soutient avec la connaissance adéquate d'autre rapport que d'être nié par elle : car elle ne l'explique qu'en le niant; de sorte que, pris en lui-même, il se trouve aussi indépendant, sinon davantage, de la Raison explicative — c'est-à-dire, en l'espèce, de la Raison déductive — que chez Descartes le domaine équivalent.

Sans doute, la Pensée n'étant pas, chez Descartes, comme elle le sera chez Spinoza, une essence purement représentative d'objet, les qualités purement sensibles des corps — tout en correspondant à des mouvements, et à des qualités mécaniques et géométriques, — ne les représentent pas comme tels, même confusément ; ou du moins, en disant qu'elles les représentent confusément, Descartes entend seulement qu'elles les traduisent sans les représenter, et que, d'autre part, — bien qu'ayant leur valeur propre, considérées comme perceptions de l'âme, et à ce titre une vérité sans mélange, — elles ne donnent qu'une idée confuse de l'objet extérieur auquel faussement on les rapporte comme à leur sujet et qu'elles traduisent sans le représenter. Spinoza ne pouvait admettre cette façon de voir ; mais il conserve néanmoins tout l'essentiel de cette théorie de Descartes compatible avec la conception spinoziste de la Pensée comme essence représentative, en accentuant même, s'il se peut, dans ce nouvel état de la question, certains traits de la conception cartésienne. Tous les rapports entre l'Étendue et la Pensée se ramenant pour Spinoza à des rapports de représenté à représentant, la traduction sensible des phénomènes corporels devient leur représentation inadéquate ; ce qui permet d'unir toute la connaissance empirique sans exception — sensations de tout genre et imagination comprises — sous les espèces de la représentation inadéquate des déterminations mécaniques. Spinoza unifie ainsi la conception cartésienne, en adoptant en même temps d'elle tout ce qui pouvait passer dans un système qui ne voit dans la Pensée qu'une essence représentative ; et dans les rapports entre l'âme et le corps, que des rapports de sujet représentatif — ou plutôt de représentatif tout court — à objet représenté donné en dehors de lui. Il y a plus : le caractère de solide réalité que les qualités purement sensibles, illusoires quand on les rapportait au corps, tiraient chez Descartes de ce qu'on les fondait telles quelles dans la nature substantielle de l'esprit, disparaît dans le spinozisme où toutes les qualités sensibles ne deviennent rien autre chose que des représentations inadéquates. La conséquence est que non seulement leur présence dans les corps, mais aussi leur existence absolument parlant tombent hors de portée de l'Entendement ; de telle sorte que l'Expérience tout entière, dans ses éléments spirituels et dans ses objets, — autant du moins qu'elle est elle-même et ne s'évanouit pas dans autre chose, — échappe aux prises de l'Entendement, non pas seulement, comme chez Descartes, quant à sa production, mais aussi quant à son contenu, ou, si l'on préfère, quant à l'aspect qu'y prend celui-ci. De même, en effet, que chez Descartes la pure déduction ne peut tirer d'une essence étendue ce qu'il appelle son existence, ni de l'essence de l'âme ce fait particulier qu'est telle sensation ou telle image ; de même en est-il en fait et en dernière analyse chez Spinoza, en dépit des assertions générales du système et des efforts de l'auteur pour pallier en paroles cette impuissance de la déduction. Bien plus, poussant jusqu'au bout cette hétérogénéité de l'Expérience et de l'Entendement *a priori*, comme nous dirions aujourd'hui, Spinoza est conduit, sans le vouloir expressément, à mettre en dehors de la déduction intellectuelle non seulement la production des faits d'expérience qui ont la Pensée et l'Étendue pour théâtres, mais encore l'aspect qu'y prend leur contenu. Il est vrai que ce contenu est donné pour identique en soi à celui des essences qui correspondent aux existences empiriques ; et par là est resserré le lien qui, plus lâche, existait déjà dans Descartes entre le contenu des sensations et les propriétés mécaniques. Toutefois nous avons vu qu'aucun procédé rationnellement déterminable ne peut effectuer le passage de la réalité en soi et de sa représentation adéquate à sa représentation inadéquate dans l'Expérience, ni le retour de celle-ci à celle-là ; de telle sorte que l'identité des deux termes est posée sans être expliquée, et qu'en même temps qu'il l'affirme, Spinoza accentue plus que jamais leur écart, faisant épanouir ainsi en deux sens opposés — et, au vrai, contradictoires — un germe cartésien ambigu. Ajoutons qu'en donnant au domaine de l'Imagination, ainsi qu'il l'appelle, un contenu en soi identique à celui du domaine de l'Entendement et de la Réalité véritable, Spinoza aboutit par une voie opposée à donner à l'Expérience une valeur propre aussi forte — quoique d'une autre façon — que celle qu'y attache Descartes. Pour ce dernier, l'Expérience dans son domaine a autant d'autorité que la Raison, parce qu'elle est un mode de connaissance irréductible, vrai en ce qu'il est seul qualifié pour indiquer la présence de ses objets et de ses perceptions : ainsi est fondée, ou du moins rendue possible la véracité et de l'Expérience en général et de cette sorte d'expérience qu'est la Foi religieuse(1). Pour Spinoza, au contraire, il ne peut plus être question de la véracité absolue d'aucune connaissance d'origine empirique : connaissance sensible proprement dite ou croyance révélée, — puisque l'Expérience porte identiquement sur le même contenu que la Raison, qui seule a qualité pour savoir véritablement ce qu'il est en soi. Celle-là n'est donc qu'une perception incomplète ou théoriquement inexacte de ce qu'est en réalité le domaine de celle-ci ; par là elle perd toute valeur théorique ; mais elle acquiert une portée pratique d'autant plus grande que le contenu des actions humaines auxquelles l'une et l'autre s'appliquent étant exactement le même de part et d'autre, il se peut fort bien que des actes absolument semblables soient susceptibles d'être déterminés indifféremment par l'un ou l'autre mode de pensée. De là l'indépendance de l'Expérience dans son domaine, lequel dans l'espèce est purement pratique ; de là cette détermination d'actes rationnels par les perceptions de l'Imagination et de la Foi, et par les sentiments qui en résultent.

Remarquons, enfin, qu'en séparant ainsi en deux parties — malgré

---

(1) Cf. Descartes, *Lettre à MM. les doyens et docteurs de la sacrée Faculté de Théologie de Paris.* — *Remarques sur un certain placard*, etc., p. 713, 2ᵉ col., édit. Aimé Martin.

l'affirmation de l'unité de leur principe commun — l'âme humaine et, par elle, les objets de ses pensées, Spinoza arrive à rendre en fait, non moins que Descartes, l'esprit humain indépendant des phénomènes empiriques qu'il perçoit. En percevant les essences éternelles, il s'élève ici, comme chez Descartes, par son libre arbitre, au-dessus des nécessités mécaniques de cet univers empirique ; et il arrive ainsi à les dominer en une certaine mesure. De cette manière est rétablie, malgré le parallélisme du corps et de l'esprit, l'indépendance intérieure de ce dernier par rapport aux objets et aux phénomènes de l'Expérience, la possibilité pour lui de penser autre chose que le déterminisme des phénomènes au sens étroit de ces mots.

On le voit, Spinoza procède dans la question qui nous a occupé en dernier lieu, comme lorsqu'il intègre — ou prétend intégrer — dans son monisme le dualisme cartésien. Dans un cas comme dans l'autre, après en avoir nié le principe, il transporte en fait, telle quelle quant à ses contours principaux, une doctrine cartésienne, dont il se borne à affirmer sans l'expliquer la concordance avec ses autres vues. Cette doctrine, dans l'espèce, c'est cet autre dualisme qu'est celui de l'Entendement et de l'Expérience. Ces façons de procéder sont rares ; nous les avons notées au passage. Le plus souvent Spinoza cherche en effet à n'accepter du cartésianisme que ce dont s'accommode la conception analytique et moniste que ce philosophe a de la Pensée et de l'Être ; et ce n'est qu'exceptionnellement, mais sur des questions fort importantes, quoique en petit nombre, qu'il manque de pénétration, pour discerner ce qui, dans Descartes, s'accorde avec cette conception dominante du spinozisme.

CONCLUSION

Nous pouvons maintenant conclure. La théorie spinoziste des rapports de la Pensée et de son objet à travers ses divers moments — théorie de la Pensée en général et de son rapport à un objet en général ; théorie de la Substance ; théorie de l'Attribut ; théorie des Modes, avec la théorie connexe de l'essence et de l'existence ; théorie de l'Homme et théorie des divers genres de connaissance — emploie, mêlés à d'autres éléments, des concepts cartésiens ; met en œuvre des principes cartésiens. Mais parmi les concepts et les principes cartésiens, ceux-là seuls en principe sont adoptés, qui s'accommodent d'une certaine conception de la Pensée et de l'Être ; et quand ils comportent ou paraissent comporter chez Descartes plus d'une interprétation, c'est toujours celle qui s'accommode de cette conception particulière, qui est délibérément choisie. Quant à cette conception elle-même, elle est d'origine cartésienne, ou du moins elle existe dans Descartes. Seulement, elle n'embrasse qu'un aspect du cartésianisme, et en quelque sorte la moitié de ce système. Chez Spinoza au contraire, elle est l'âme unique de toute la doctrine, le principe auquel tout le reste est ou veut être suspendu : ce principe, c'est la conception exclusivement analytique et ontologique de la Réalité et du Savoir, ainsi que nous l'avons indiqué. Si c'est cette moitié du cartésianisme qui est prise pour le tout, la théorie spinoziste des rapports de la Pensée et de son objet, laquelle embrasse les aspects généraux et les cadres de tout le système, prouve la vérité de l'observation de Leibniz, à savoir que le spinozisme est un « cartésianisme immodéré » ; elle donne également raison à un auteur qui a fait de curieuses remarques sur Spinoza, lorsqu'il affirme que, parmi les métaphysiques possibles auxquelles pouvait donner lieu le cartésianisme considéré comme un fait à interpréter et un problème à résoudre, le spinozisme est la plus simplifiée et la plus unitaire qui puisse être ; du moins c'est ce qu'elle est dans la mesure où Spinoza est fidèle à ses premiers principes et à ses intentions expresses[1].

Et, d'abord, le dualisme, ou plutôt le pluralisme cartésien, qui supposait, à côté de l'intuition intellectuelle et de l'analyse, quelque procédé différent pour la constitution de la Vérité et de la Réalité,

---

[1] J. Lagneau, *Quelques notes sur Spinoza* (Rev. Mét. et Mor., 1895, p. 380).

sera remplacé par un monisme rigoureux ou se donnant comme tel : de là une première manière d'entendre la Pensée et la Substance. S'il n'y a qu'une Substance, partant qu'une substantialité, il faudra opter une fois pour toutes entre la manière réaliste et la manière idéaliste de concevoir la substantialité; mais on ne pourra admettre, comme Descartes, les deux conceptions concurremment. Spinoza choisit la forme réaliste qui, chez Descartes, s'étend plus loin que l'autre et y est plus primitive; la conception idéaliste de la substantialité n'y étant relative qu'à la Pensée et comme à titre d'exception. Cette exception ne pouvant trouver place dans le spinozisme, l'ontologisme cartésien s'étend jusqu'à la théorie de la nature pensante considérée elle-même avant tout comme un En-soi, comme un objet. C'est encore la conception tout analytique de l'Être et du Connaître qui va présider à la théorie de l'unité de Substance telle qu'elle est donnée dans le spinozisme, et conséquemment au choix fait par Spinoza entre les deux interprétations du concept cartésien de substance qui s'offraient ou semblaient s'offrir. Nous avons vu, en effet, que les paroles de Descartes pouvaient laisser entendre, et en fait avaient laissé entendre — par erreur, croyons-nous; mais enfin l'erreur était rendue possible par certains textes mêmes de Descartes, — que la notion cartésienne de substance était celle non de l'être en général, mais d'une chose bien déterminée qui aurait précisément pour caractère de n'avoir en propre aucune détermination. Telle est précisément la Substance spinoziste. La raison s'en conçoit aisément : s'il adoptait le concept cartésien de substance, et s'il voulait en même temps professer un monisme rigoureux strictement analytique, force était à Spinoza de s'en tenir à cette interprétation de ce concept. Mais le monisme lui-même tient d'ailleurs à une raison plus profonde : Spinoza a vu, dans l'Être indéterminé et sans restriction, l'Être par soi, parce que dans son effort pour réduire toute la Réalité à une explication rationnelle, il n'a pas trouvé d'autre manière d'expliquer les déterminations concrètes de l'existence que de les considérer comme dérivant analytiquement de l'existence en soi pure et simple. Aussi a-t-il été conduit à faire de toute existence concrète comme une négation comprise analytiquement à titre de négation dans la Substance absolument simple et sans déterminations. C'est pour les mêmes raisons qu'à leur tour les déterminations particulières de l'Étendue ou de la Pensée ont été prises pour des limitations de l'Étendue ou de la Pensée pures et simples et relativement indéterminées; car Spinoza prenait pour un lien analytique le lien synthétique qui, en fait, rattache le complexe concret au simple indéterminé; et comme il ignorait cette dernière sorte de liaison rationnelle, il n'osait poser l'Être par soi comme doué de déterminations multiples; car il ne voyait aucune explication rationnelle possible du groupement de pareilles déterminations dans un tout. Que si Descartes fit de la Substance, c'est-à-dire de chaque substance, un être relativement déterminé, ce n'est pas qu'il connût davantage la liaison synthétique rationnelle ; mais, chez lui, l'Expérience — ou son équivalent intellectuel — se charge de grouper les déterminations dont résulte en fin de compte la Substance ; de sorte que, pour ce philosophe, il n'y avait au fond, dans l'espèce, d'autre lien rationnel qu'entre la Substance une fois constituée admise comme un fait et ses déterminations. Seulement, au lieu de tout soumettre à une explication rigoureuse, Descartes admettait que les essences déterminées et leurs existences étaient posées par un acte de liberté, et plutôt constatées par l'Entendement qu'expliquées par lui.

En somme, la conception spinoziste de la Substance vient d'un effort impuissant à rationaliser intégralement le Réel. Ne connaissant d'autre lien rationnel que l'analyse, il voulut réduire la Réalité, et par conséquent l'Être par soi, au développement d'une substance aussi absolument simple que l'Être éléatique, de manière à échapper à une multiplicité dont l'analyse seule ne pourrait expliquer la genèse.

Mais Spinoza ne s'est pas borné à développer les conséquences du cartésianisme ainsi entendu, en s'aidant, chemin faisant, — pour la découverte de conséquences que Descartes n'avait pu tirer, — de conceptions étrangères au cartésianisme, dont les unes sont exclusivement propres à Spinoza, dont d'autres lui viennent ou lui pouvaient venir du platonisme ou de la tradition platonicienne, des deux scolastiques juive et chrétienne, des stoïciens ou de la tradition stoïcienne, et d'ailleurs. Son système, notamment pour le point qui nous occupe, est encore animé de certains principes cartésiens, qu'il accepte moins comme conséquences du principe premier dont il part, que comme un héritage direct et immédiat, semble-t-il, de la philosophie cartésienne ; parmi lesquels il faut citer tout d'abord — principe qui, autant que l'unité de Substance, domine toute sa théorie sur les rapports de la Pensée et de l'objet — l'immanence ou l'innéité de la Pensée, jointe à la correspondance entre la Pensée et un objet extérieur à elle, et incapable d'agir sur elle ou d'être influencé par elle. Ce principe, posé ou, plus exactement, annoncé par Descartes, Spinoza n'a fait que le pousser jusqu'à ses extrêmes conséquences ; et en cela aussi il est un cartésien immodéré ou, si l'on veut, conséquent. Monisme analytique absolu et réalisme ontologique, d'une part ; théorie à la fois innéiste et réaliste de la connaissance, de l'autre : tels sont les deux grands moteurs — cartésiens eux-mêmes — de la théorie spinoziste sur les rapports de la Pensée et de son objet. Ayant choisi ces deux faces du cartésianisme, le reste, dans les grandes lignes et sauf de sérieuses, mais rares exceptions, s'ensuit rigoureusement, — ou tout au moins, quels que soient d'ailleurs les points de contact des conséquences ultérieures avec d'autres philosophies et la part prise dans l'esprit de Spinoza par ces philosophies à l'invention de ces conséquences, la plupart de celles-ci sont les seules que pouvait admettre — étant donné le point de départ — un philosophe qui voulait, tout en maintenant ce dernier, éviter l'Éléatisme pur et simple; et il n'est pas étonnant que plusieurs de celles-ci se rencontrent déjà dans Descartes, puisqu'elles s'accordent avec un aspect de son système. Quoi qu'il en soit, on trouve aussi, au cours du développement de la théorie spinoziste que nous examinons, certaines doctrines cartésiennes dont l'absence n'auraient pas jeté l'auteur dans l'Éléatisme, et qui même mettent le système dans des contradictions avec lui-même, qui ne résultent pas, comme d'autres disparates du même système, de la contradiction interne du point de départ. Ces doctrines sont bien pour leur propre compte des apports plus ou moins conscients, mais toujours immédiats, du cartésianisme. Sans parler de la théorie qu'on peut appeler la théorie de la Conscience, ni de celle de l'Erreur, que le simple respect d'une expérience indéniable suffisait à provoquer l'une et l'autre, il est deux éléments capitaux de la théorie des rapports de la Pensée et de son objet, éléments dont le retentissement et l'influence sur le reste du système sont considérables, qui rentrent parmi les apports cartésiens immédiats dont nous parlons, à savoir : le dualisme des deux Attributs, Pensée et Étendue, d'où est incontestablement née toute la doctrine compliquée et embarrassante d'une Substance unique constituée par une infinité d'Attributs; et cet autre dualisme de la connaissance adéquate et de la connaissance inadéquate, de l'essence et de l'existence dans les êtres finis.

Concluons donc que les marques cartésiennes, sans être les seules, ne manquent pas à la théorie spinoziste des rapports de la Pensée et de son objet; les unes dominant le système dès ses premiers pas; les autres s'introduisant au cours du développement, non comme conséquences des premières, mais au contraire comme éléments perturbateurs. Aussi le spinozisme, tel qu'il apparaît du point de vue de la théorie que nous examinons, s'il est la culture conséquente de certaines semences cartésiennes, comme on semble assez généralement disposé à le concéder à Leibniz, présente, en outre, sur le tronc principal issu de cette culture, des excroissances parasitaires qui sont elles-mêmes d'origine cartésienne.

APPENDICE

OBSERVATIONS SUR LA THÉORIE CARTÉSIENNE

DE L'ENTENDEMENT ET L'IMAGINATION

ET SUR SES CONSÉQUENCES DANS LA PHILOSOPHIE DE SPINOZA

Nous ne pouvons terminer ce travail sans ajouter quelques mots sur une théorie importante qui, sans être proprement la base et la source première des conceptions spinozistes relatives au rapport de la Pensée et de son objet, ne laisse pas d'avoir eu de sérieux contre-coups sur les théories de Spinoza touchant l'objet de la Pensée, et aussi sur sa manière de concevoir le rapport de l'objet — c'est-à-dire, dans l'espèce, de l'Étendue — à la Pensée. La théorie cartésienne dont nous voulons ici parler concerne la distinction de l'Entendement et de l'Imagination, et la manière différente dont, selon Descartes, l'une et l'autre de ces facultés s'appliquent à l'Étendue pour nous la représenter. — Nous avons déjà vu, en exposant les principaux traits de la philosophie de Descartes, que, d'après ce philosophe, l'Étendue avait cette particularité de pouvoir être indifféremment objet d'intellection et objet d'imagination et de sensation : tâchons de déterminer ce qu'il faut entendre par là.

Remarquons tout d'abord que rien ne peut être connu, selon Descartes, — c'est-à-dire pensé, — qu'il ne le soit, d'une manière ou d'une autre, par l'Entendement; et il n'est point de connaissance où n'entre cette faculté comme facteur. Si l'Imagination ou tel sens découvrent donc à la Pensée quelque chose de leur objet, ce n'est qu'avec l'aide de l'Entendement. Et, en effet, réduites à elles-mêmes, ces deux facultés ne pensent pas[1] : car elles ne sont plus que des fonctions purement corporelles; et leur rôle dans la connaissance est de présenter des objets à la contemplation de l'Entendement, qui seul connaît et pense[2]. C'est ainsi, pour être uni dans l'homme à un

---

[1] Voir notamment *Regulae*, XII, 71.
[2] Voir *Regulae*, XII, 71-80; cf. *Des Passions de l'âme*, I, art. XII, sqq. — *Principes*, IV, 188; — *Dioptrique*, 4ᵉ Disc.; — *Regulae*, XII, 74 (Garnier, p. 95); XIV, 113, p. 117.

corps, que l'Entendement emploie l'Imagination et les sens comme instruments de ses connaissances, notamment dans la connaissance de l'Étendue. Les choses se passent alors comme il suit : l'Entendement, au lieu de considérer des idées découvertes au fond de lui-même, comme cela a lieu dans l'intellection proprement dite, contemple des images matérielles tracées dans cette partie du cerveau qui est proprement ce que Descartes appelle *imagination* ou *fantaisie*. On peut alors, dans un sens large, appeler imagination l'opération par laquelle l'Entendement contemple l'image corporelle ainsi formée. C'est dans ce sens que Descartes considère qu'imaginer est une manière de penser, et que les expressions *penser* et *imaginer* se confondent parfois sous sa plume. — Remarquons, enfin, que l'imagination prise dans cette acception est la forme générale de toute connaissance autre que la connaissance intellectuelle proprement dite : car les sens eux-mêmes n'arrivent à nous procurer des objets à connaître que par l'intermédiaire des images corporelles tracées dans le cerveau à la suite des excitations sensorielles[1]. — On peut, par conséquent, dire que l'Étendue est susceptible d'être connue de deux manières, et de deux manières seulement : par intellection et par imagination, en entendant par ce dernier vocable toute connaissance d'une image corporelle imprimée dans le cerveau, — que cette image soit le produit d'une excitation interne de la volonté ou de l'organisme (ce qui a lieu dans les cas d'imagination proprement dite), ou le résultat d'une excitation sensorielle, et il y a alors sensation ; qu'elle soit enfin imprimée en nous pour la première fois, ou qu'elle ait été déjà déposée antérieurement dans notre cerveau (et, dans ce dernier cas, l'imagination est de la mémoire, ou du moins un aspect et une forme de la mémoire, et l'image est un souvenir).

En quoi maintenant l'opération par laquelle l'Entendement contemple une image gravée dans le cerveau diffère-t-elle intrinsèquement, et du point de vue du sujet connaissant, d'une opération intellectuelle proprement dite ? A cette question, Descartes ne donne guère de réponse bien explicite. Il dit que les idées de l'intellection sont claires et distinctes, parce qu'elles sont exclusivement propres à la pensée qui les considère, et sont ainsi sans mélange d'éléments étrangers ; tandis que les images, ou plus exactement les idées des images, sont confuses, parce qu'elles sont mêlées d'éléments corporels et comme adultérées par eux[2]. Mais il n'explique pas comment un pareil mélange s'accorde avec les distinctions radicales qu'établit son dua-

---

[1] Voir note précédente et *Regulae*, VII, 84, p. 77; XII, 77, 79, p. 97-98 ; — *Principes*, I, 9 ; — *Réponses aux 5es Objections*, p. 257 ; — *Méditations*, III, 6 ; V, 2.

[2] *Rép. aux 5es Object.*, XXXV, p. 320 ; — *Médit.*, III, 10-11 ; — cf. *Rép. aux secondes Object.*, LIX, p. 452 ; *Rép. aux 5es Object.*, LV, p. 319-320. — *Dioptrique*, IV, Cousin, p. 38 ; — *Regulae*, passim ; — *Traité de l'homme*, p. 395.

lisme entre la Pensée et la Matière corporelle ; il se borne à donner comme un fait la connaissance imaginaire, produit composite de l'union de l'âme et du corps, sans expliquer pourquoi la pensée ne pourrait contempler les images corporelles par une opération tout aussi claire et distincte, tout aussi intellectuelle en un mot que celle par laquelle elle contemple les objets de pure intellection ; et pourquoi une différence dans les objets est ici, plus que partout ailleurs, solidaire d'une différence de nature dans les opérations cognitives. Quoi qu'il en soit, il nous reste à examiner les caractères précis des aspects différents présentés par le même objet, à savoir : par l'Étendue, selon qu'il est imaginé ou connu par l'Entendement pur. Un passage célèbre de Descartes va nous aider à découvrir ce que nous cherchons.

Dans la seconde *Méditation*, 9° alinéa, il affirme que l'objet de l'Entendement au sens étroit, quand il connaît un morceau de cire, ce n'est ni la couleur, ni l'odeur, ni la température, ni la dureté, toutes choses qui peuvent varier dans le même objet dont les sens nous révèlent la présence. Bien plus — ceci est plus important pour comprendre la thèse de Descartes — ce n'est pas même ce quelque chose d'étendu, de « flexible » et de « muable » représenté par l'imagination ; ce n'est pas telle ou telle figure changeante de l'objet représenté ; c'est l'essence immuable de celui-ci, ce qui persiste sous tous ses changements ; — c'est-à-dire, si nous entendons bien la pensée de l'auteur, non seulement sous les diverses couleurs, odeurs, températures, duretés, toutes choses qui n'appartiennent pas en réalité à l'objet ; mais encore sous les figures diverses et les divers modes de l'étendue du corps considéré, qui, eux du moins, appartiennent réellement à ce dernier. — On voit maintenant ce qu'entend Descartes, lorsqu'il réserve à maintes reprises à la seule intellection la connaissance de « la vraie et immuable nature » de toutes choses, son « essence éternelle et immuable ». La théorie cartésienne à cet égard se résume, pour le point qui nous occupe ici, dans la distinction, pour les objets étendus, de l'existence que connaît l'Imagination, — c'est-à-dire l'Expérience, — et de l'essence qui est donnée au seul Entendement. Descartes ne dit-il pas, d'ailleurs, lui-même qu'imaginer un objet, c'est le penser comme présent ? C'est assez dire que l'Imagination porte sur l'existence des objets, que cette existence soit du reste réelle comme dans la sensation, ou que la seule chose véritablement présente ne soit pas l'objet lui-même, mais son image, — comme cela a lieu dans l'imagination proprement dite et dans la mémoire imaginative [1]. Ainsi que l'indique le passage de la seconde *Méditation* auquel nous nous sommes référé plus haut, cette essence des corps qui font

---

[1] *Méditations*, V, 2 ; — VI, 2. — *Rép. aux 5es Objet.*, LIV, p. 319 ; LIII, p. 287 ; XXXV, p. 320 ; — cf. Lettre à Clerselier, Cousin, 10, p. 313. — *Regulae*, XII, 80, p. 99.

l'objet de l'Entendement pur, cette étendue en tant qu'essence, c'est l'Étendue en général qui n'a actuellement aucune figure déterminée, aucun mouvement particulier ; en un mot, aucune forme particulière et déterminée, et qui peut les avoir toutes, en ce sens qu'elle les contient toutes. D'autre part, nous apprenons par les sens celles de ces formes qui sont actuellement réalisées ; par la mémoire, celles dont il nous a été jadis donné de constater l'existence ; et, par l'imagination proprement dite, certaines d'entre elles qui, sans être réalisées hors de nous, sont représentées comme si elles étaient actuellement réalisées. La connaissance imaginaire, au sens le plus large du mot, a donc pour fonction d'opérer un choix entre toutes les formes possibles qui dérivent de l'Étendue comme essence commune, et que l'Entendement peut d'ailleurs déduire de celle-ci et découvrir en elle ; c'est la connaissance imaginaire qui nous détermine ainsi à penser à tel objet étendu plutôt qu'à tel autre, dans tel ordre plutôt que dans tel autre.

Il suit de ce qui précède que l'étendue que conçoit l'Entendement est à celle que présente l'Imagination ce que le général est au particulier, ce que par conséquent le simple est au complexe. L'étendue qu'on pourrait appeler intellectuelle, c'est l'Étendue en général, commune à tous les corps particuliers, c'est-à-dire à toutes les figures particulières ; l'étendue qu'on pourrait dénommer empirique ou imaginaire, c'est l'ensemble des étendues déterminées et particulières comme telles. L'Entendement peut, il est vrai, concevoir à lui seul des formes particulières de l'Étendue, ce qui a lieu lorsque nous connaissons ces dernières dans leur vraie nature, c'est-à-dire en les déduisant de l'Étendue en général ; mais, quand il en est ainsi, le particulier déterminé est conçu non comme tel, mais comme dérivant de son essence générale et en tant qu'il est à certains égards cette essence même. Il n'a pas alors de réalité propre ; c'est, pour ainsi dire, une conséquence possible plutôt que réelle de l'Étendue en général. Ou, s'il a quelque réalité, c'est celle de son essence même. Autrement dit, aux yeux de l'Entendement, ce qui est donné dans l'Étendue, c'est l'Étendue en général, et du même coup toutes les déterminations de celle-ci, puisque toutes sont également comprises dans leur essence commune ; mais, puisque toutes sont éternellement données avec la représentation intellectuelle de l'Étendue, il n'y a pas à faire entre elles de distinction en considérant les unes plus réelles que les autres. Aux yeux de l'Imagination au contraire, à tout moment, certaines déterminations de l'Étendue sont représentées comme existantes, ne fût-ce qu'à titre d'images, à l'exclusion d'autres déterminations qui sont actuellement considérées comme non avenues. — L'Étendue que nous présente l'Expérience, l'Étendue réelle proprement dite, n'est pas autre chose que la succession de ces déterminations changeantes, dont chacune apparaît et disparaît à son tour ; succession dont la Mémoire nous rappelle des portions plus ou moins grandes, et que l'Imagination proprement dite peut imiter par des successions originales, mais de même nature. Or, pour l'Entendement, une pareille succession n'aurait aucun sens, puisque toutes les formes dont l'Étendue est capable sont par définition incluses toutes à la fois et au même titre dans cette Étendue. Il n'y a que leurs existences réelles ou imaginaires qui ne soient pas toutes données à la fois (¹). Faut-il en conclure, avec M. P. Boutroux, que la source des différences entre l'Entendement et l'Imagination, c'est que celle-ci se meut dans le temps, auquel l'Entendement serait étranger(²)? Bien que de la théorie cartésienne à une doctrine semblable il n'y ait qu'une faible distance, que Descartes a été bien près de franchir, cette ingénieuse interprétation ne nous paraît pas traduire en toute rigueur la pensée de Descartes ; et celui-ci eût peut-être refusé d'y souscrire sous cette forme précise et rigoureuse. Il ne faut pas oublier, en effet, que le temps et la durée sont mis par Descartes au nombre des notions claires et distinctes que l'Entendement peut concevoir par ses propres forces; il faut se souvenir également que, quoique toutes les formes de l'Étendue lui soient à tout moment présentes et ne lui fassent jamais défaut, si l'on ne considère que leur essence, néanmoins la déduction, opération tout intellectuelle par sa forme, se produit dans le temps et découvre successivement ces aspects déterminés de l'Étendue, bien qu'en soi ceux-ci ne sortent pas progressivement de leur essence commune, mais lui appartiennent toujours tous à la fois. Enfin, ajoutons que la Pensée et ses modes, tout en ne pouvant être l'objet de la connaissance imaginaire, ne laissent pas de durer et de se développer dans le temps. Il faudrait donc peut-être, semble-t-il, modifier légèrement l'interprétation proposée, et dire que l'étendue imaginaire et empirique se distingue de l'étendue intellectuelle en ce qu'elle a un devenir. Bien que Descartes n'ait nulle part expressément indiqué cette façon de voir, elle ressort de ses explications. C'est donc le devenir de l'Étendue, c'est-à-dire son existence à travers la durée, — en donnant au mot d'*existence* le sens fort qu'il a chez Descartes, quand il s'oppose au mot *essence*, — qui constitue l'objet propre de l'Imagination au sens large du mot. L'Entendement ne connaît au contraire que l'essence de l'Étendue; et si, dans l'espèce, il connaît une durée, c'est la durée de l'essence, non celle de l'existence; et, si l'on veut aussi, la durée de la connaissance et des pensées appliquées à cette essence.

(¹) *Rép. aux 3ᵉˢ Object.*, LV, p. 492 ; — *Regulae*, XII, 80, p. 99 ; — cf. Lettre à la princesse Élisabeth, Cousin, t. IX, p. 180 ; — *Méditat.*, V, 2.
(²) P. Boutroux, *L'Imagination et les mathématiques selon Descartes*, Alcan, 1900, p. 15-16.

Une première conclusion importante est à tirer de tout ce qui précède. Si l'Entendement a pour objet une étendue en général; si cette dernière, telle que l'Entendement la conçoit, contient des formes toutes à la fois et en quelque sorte sur le même plan, sans qu'il y ait place entre elles pour aucune succession et réalisation progressive, il s'ensuit que, pour Descartes, dans l'espèce, l'essence est synonyme de *général*, et que le général paraît à ce philosophe contenir le particulier. L'essence n'est pas ici la synthèse complexe des caractères plus simples, mais le lien indéterminé de ses déterminations ultérieures. Il y a ainsi deux conceptions de l'essence chez ce philosophe : d'une part, il la considère comme une synthèse de nature simple; de l'autre, cette synthèse elle-même, — lorsque celle-ci est l'Étendue, — une fois constituée, devient à son tour un objet encore relativement indéterminé. Mais, malgré cette indétermination, et peut-être à cause de cette indétermination, elle contient les formes dernières les plus riches et les plus déterminées de la réalité considérée. — L'Étendue en général est ainsi à la fois et le complexus des natures simples qui entrent dans sa constitution, et la possibilité indéterminée des diverses figures dont elle est susceptible et qu'elle est dite contenir. Il y a là comme une juxtaposition de deux points de vue; et de même que, chez Aristote, l'espèce dernière contient, d'une part, des termes plus simples, à savoir la série des espèces plus générales qui entrent dans sa compréhension; de l'autre, des termes plus déterminés, des individus; de même, l'Étendue cartésienne en général est une sorte de *species infima*, à la fois complexus de natures simples et lien indéterminé de déterminations plus riches. Ajoutons que ces déterminations sont moins considérées par Descartes comme des complications de leur essence commune que comme des aspects de celle-ci, qui sont contenus en elle, parce qu'ils lui sont en quelque sorte identiques. L'œuvre scientifique de Descartes est une application de ces principes, en même temps qu'elle nous fait pénétrer plus profondément dans la manière dont il entendait cette essence générale de l'Étendue dont nous avons parlé.

On sait que la grande innovation de Descartes en géométrie est d'avoir appliqué l'algèbre, la science de la quantité pure, à l'étude de l'Étendue, et d'avoir ainsi substitué à l'ancienne géométrie la géométrie analytique. Or, en opérant cette révolution, Descartes voulait, de son propre aveu, diminuer dans la science le rôle de l'Imagination au profit de l'Entendement. D'après ce penseur, la considération des figures comme telles est œuvre d'imagination; mais l'Entendement ne connaît véritablement ces dernières que s'il les ramène à des rapports quantitatifs purs et simples. Une figure n'est pas, dans son essence véritable, du moins elle n'est pas avant tout, aux yeux de l'intellection, une certaine forme douée d'une certaine grandeur, un ensemble de positions affecté d'une certaine dimension : c'est là dans la figure un aspect dérivé, bien qu'essentiel. Celle-ci est avant tout une certaine loi quantitative, un rapport ou un ensemble de rapports entre des quantités ; et non seulement les rapports de grandeurs, mais encore les relations de positions, et par conséquent les formes spatiales dans toutes leurs déterminations peuvent être entièrement définis par ces sortes de rapports(¹). La quantité pure absolument homogène à elle-même, voilà l'essence, le fond même de l'Étendue, la seule chose qu'en aperçoive l'Entendement ; les figures comme telles ne sont que l'aspect imaginaire de cette quantité ; elles ne sont intelligibles que si on les considère comme un équivalent rigoureux de celle-ci. Aussi, d'après Descartes, les anciens ont eu tort de recourir à des images pour définir les éléments géométriques ; comme, par exemple, à la superposition pour définir l'égalité, et à la méthode des constructions géométriques pour résoudre les problèmes de la géométrie : du moins, ils ont eu tort d'y recourir exclusivement ; car une telle méthode, qui part des figures comme de données premières, n'occupe que l'Imagination, sans intéresser directement l'Entendement ; elle n'est pas absolument scientifique. La vraie solution des problèmes géométriques doit se faire au moyen des formules algébriques, qui ne supposent en principe et immédiatement que des données intellectuelles, c'est-à-dire des quantités et leurs rapports. Par ces formules se définissent les figures et leurs propriétés ; et la démonstration se fait à l'aide de simples transformations d'équations, c'est-à-dire en substituant de proche en proche les unes aux autres des équations équivalentes et, dans leur fond, identiques. La quantité et son homogénéité est ainsi ce qui fonde en dernière analyse la possibilité de la déduction géométrique, ou plutôt de la déduction algébrique appliquée à la géométrie. Si d'une figure, ou de l'une de ses propriétés, je puis tirer telle autre de ses propriétés, c'est que l'équation de cette figure ou de cette propriété-là contient déjà tous les autres aspects de la figure donnée, et que l'équation à laquelle on aboutit est déjà incluse, comme lui étant identique, dans celle dont on part. Par exemple, toutes les propriétés d'une courbe plane quelconque sont données en bloc dans l'équation entre les deux coordonnées de ses points.

On le voit, la géométrie analytique accuse et met en lumière le caractère indéterminé de l'essence de l'Étendue cartésienne : celle-ci est la quantité indéterminée dont toutes les déterminations, si l'on peut ainsi parler, ne sont que des répétitions de cette indétermination primitive. Tout se déduit, dans l'espace, de la quantité indéterminée,

---

(¹) *Disc. de la Méth.*, II ; — *Regulae*, IV, 21, p. 68 ; — *Géométrie* ; — Lettre à Clermans, 23 mars 1638, t. II, p. 70 ; cf. lettre de Clermans à Descartes, mars 1638, t. II, p. 56 ; — Lettre à Golius, janvier 1632, t. I, p. 232 sqq. ; — Lettre à Stampioen, 1633, t. I, p. 275 ; — cf. *Manuscrits de Göttingen*, p. 49.

A. LÉON.

parce que tout n'est que cette quantité même, sans aucune nouveauté additionnelle. Au contraire, il n'en est pas ainsi dans la méthode proprement et exclusivement géométrique ; et il ne suffit pas de tracer une figure, pour que d'emblée soient donnés toutes les propriétés de cette figure ou les éléments qui y sont relatifs. L'objet de l'Imagination est en effet multiple, tandis que celui de l'Entendement est rigoureusement un, lors même que l'Entendement ne le découvrirait que progressivement(1).

Toutefois l'Imagination n'est pas encore complètement éliminée de la géométrie analytique. Il ne faut pas oublier, en effet, que cette science est une application de l'algèbre à la géométrie, qu'elle n'est pas l'algèbre pure(2). C'est l'Imagination qui donne aux démonstrations de l'Entendement une base et comme un fil conducteur. Notre Entendement fini ne saurait, en effet, découvrir à lui seul les matériaux de ses intuitions et de ses déductions ; ou du moins il ne saurait à lui seul se diriger dans le choix de ces matériaux. C'est l'Imagination qui lui fournit les éléments géométriques qu'il devra ensuite étudier par ses propres moyens. Les déterminations géométriques sont, en effet, infinies ou indéfinies, comme l'Étendue elle-même ; et notre Entendement borné, livré à lui-même, est incapable de les dérouler dans leur ordre logique, en partant de la seule idée intellectuelle de l'Étendue. C'est donc à l'Imagination à solliciter en quelque sorte son attention sur les éléments géométriques qu'il aura à étudier et auxquels il appliquera la méthode purement mathématique, c'est-à-dire algébrique. Tel est le premier rôle essentiel de l'Imagination dans la géométrie analytique(3).

Elle en a un autre, non moins capital, qui est d'empêcher l'esprit de se perdre dans ses déductions et d'être écrasé de leur poids. Si l'Entendement, au cours d'une démonstration, était obligé, à chaque

---

(1) *Rép. aux 5es Object.*, 58, p. 298 ; — *Médital.*, VI, 2, p. 323 ; — *Regulae*, XIV, 116 sq., p. 119 ; — Cf. *Princip.*, I, 55, p. 98 ; II, 8, p. 127 ; — Lettre à Mersenne, mars 1636, t. I, p. 339 ; avril 1637 ; — Cf. *Regulae*, IV, 21, p. 70. — Manuscrit de Hanovre catalogué sous le titre : *Calcul de Mr Descartes*, et publié par G. Adam, *Bulletin des Sciences mathématiques*, sept. 1896 (sorte d'algèbre écrite sous la direction de Descartes pour servir d'introduction à sa géométrie). — Cf. Erasmius Bartholinus, édit. lat   le *Géométrie*, Epist. dedicat. — *Méthode*, II, 11 ; — *Regulae*, XIV, 115, 118, p *Géométrie*, p. 387, 388. — Cf. Schooten, *Notae priores ad logisticen speciosam* p. 18.

(2) Sur l'interprétation que nous adoptons ici de la géométrie analyti les raisons qui la justifient, voir P. Boutroux, *L'Imagination et les Mathématiq...* *Descartes*, p. 19-31 et 84, début.

(3) Comparez : *Regulae*, XII, 80, p. 99 ; Lettre à la princesse Élisabeth, t. IX, p. 180 ; *Rép. aux 3es Object.*, 55, p. 492. — Cette interprétation est, au reste, confirmée indirectement par la métaphysique cartésienne telle que nous l'avons exposée, et par la manière dont Descartes traite en fait la géométrie. — Enfin, il est certain que si l'Imagination, comme nous le verrons plus loin, a encore une certaine place dans l'algèbre pure, elle doit *a fortiori*, et pour les mêmes raisons, jouer un rôle plus considérable dans la science de l'algèbre concrète.

pas de la marche déductive, d'avoir présent tout le chemin parcouru jusqu'à ce point et de le refaire sans cesse à nouveau pour l'entendre, ce lui serait un fardeau qu'il est actuellement incapable de supporter. Il faut donc que l'Imagination, sous forme de mémoire, lui rappelle à tout moment le résultat des déductions antérieures, sans qu'il soit besoin de les vérifier à nouveau; par ce moyen il peut avancer dans la voie de ses recherches, sans avoir à craindre de défaillance. D'une manière générale, les connaissances acquises, nécessaires pour en acquérir de nouvelles, ne sont pas à redécouvrir chaque fois qu'il en est besoin : inscrites en quelque sorte dans l'organisme, elles demeurent là à la disposition du savant qui, pour les retrouver, n'a qu'à reproduire le processus corporel qui les a une première fois accompagnées; ce processus n'est autre qu'une fonction de l'Imagination[1].

Toutefois, pour un entendement pur, la méthode algébrique serait seule valable. Elle est en soi préférable à toute autre, et l'Imagination n'intervient dans l'étude de la géométrie que pour des raisons pratiques dues aux conditions de notre existence. La science de la grandeur en général, de celle qui n'a aucune détermination particulière et qui peut toutes les avoir également, serait la science parfaite, si elle était possible; c'est-à-dire, bien entendu, la science parfaite de l'Étendue et des corps[2]. D'ailleurs, Descartes est même allé dans sa jeunesse jusqu'à concevoir une pareille science comme possible pour nous; et il parle, dans les *Regulae*, de cette science de la quantité abstraite, de cette mathématique universelle qui embrasserait dans son universalité non seulement la géométrie, mais encore la physique, l'astronomie et la mécanique; en un mot, toute la science de l'Étendue et des corps. Il ne s'agissait de rien moins que de faire de l'algèbre la science universelle de tout le monde corporel[3]. Toutefois il abandonna de bonne heure ce projet et crut dès lors si peu à sa possibilité qu'il n'ose pas même écrire un traité d'algèbre pure[4]. Pour les

---

[1] *Regulae*, III, 15, p. 64; VII, not. 34, p. 77; XIV, 116, p. 120; cf. XII, 79, p. 98; XI, 67, p. 92. — *De l'homme*, p. 898. — Descartes à Meissonnier, 29 janv. 1640, t. III, p. 20; — à Mersenne, 1ᵉʳ avril 1640, t. III, p. 48.

[2] *Géométrie*, III. Cf. Lettre à Mersenne, décembre 1637, t. I, p. 479. — Manusc. de Hanovre. — Erasmius Bartholinus : Epist. dedicat. de l'édit. lat. de la *Géométrie*. — Florimond de Beaune, *Notae breves de natura equationum*. — Franc. Schooten, *Principia matheseos*. — Huddenius, *De reductione equationum*.

[3] *Regulae*, II; IV, 21, p. 70.

[4] On ne peut, en effet, appeler de ce nom le petit écrit qu'il envoie à Beeckmann, le 17 octobre 1630 (Lettre à Beeckmann, t. II, p. 159). Il nous apprend lui-même, en 1638, qu'il y attache peu d'importance, et il affirme qu'il ne mérite pas d'être lu. Quant à l'*Introduction à la Géométrie*, — Manusc. de Hanovre, — sorte de traité d'algèbre, nous apprenons, par une lettre à Mydorge, 14 février 1638, qu'il y attachait une médiocre importance, comme ne contenant que « quelques adresses particulières touchant le calcul ». Outre qu'il assure, dans une lettre à Mersenne, 23 août 1638, t. II, p. 332, que cet opuscule n'est pas de lui, ainsi que nous l'avons déjà indiqué.

raisons que nous avons dites, il crut que l'algèbre, pour s'appliquer à la géométrie, avait besoin du secours des données de l'Imagination. De même, tout en appliquant aux questions de physique et de mécanique la méthode mathématique, le plus souvent par l'intermédiaire de la géométrie[1], il fit intervenir néanmoins l'Expérience au sens propre du mot.

En effet, bien qu'il ait dit quelque part que toutes les formes dont la nature est capable doivent nécessairement se réaliser, l'Expérience seule peut nous apprendre celles qui sont actuellement réalisées. L'Expérience a pour rôle de nous faire connaître les existences, ce que l'Entendement ne saurait faire à lui seul[2].

Quoi qu'il en soit, la quantité abstraite reste pour Descartes l'élément intellectuel de l'Étendue, et par conséquent de la Matière ; et il croit qu'en droit et en soi la mathématique universelle est possible, mais qu'elle est irréalisable dans ce monde. Cette impossibilité pratique de l'intellection pure de la quantité apparaît jusque dans le domaine de l'algèbre proprement dite, dont l'objet n'est plus l'étude algébrique de la géométrie ou l'étude mathématique de la physique, mais bien la quantité pour elle-même et pour elle seule. Or, Descartes reconnaît encore la nécessité d'une part d'imagination dans l'algèbre. Que si cette science, selon lui, donne la lumière à la géométrie, elle a besoin de son côté des secours de l'Imagination pour acquérir de la solidité. Nous avons vu, en effet, que l'Entendement fini est incapable de choisir par ses propres forces l'objet de son étude ; et cette incapacité se retrouve dans la science de la quantité pure comme dans la géométrie analytique. Il faut, pour établir les premiers principes et les axiomes de l'algèbre, que l'Entendement les découvre en quelque sorte et les voie prendre corps dans une quantité particulière, d'où ensuite il les transportera à toute quantité. La quantité particulière choisie sera la plus générale possible ; on prendra les grandeurs géométriques pour véhicules, si l'on peut ainsi parler, des premières propositions fondamentales de l'algèbre ; seulement l'essentiel reste toujours la quantité pure, dont les grandeurs géométriques ne sont plus qu'un symbole transparent. Il y a là un véritable schématisme où se montrent avec le plus de netteté, comme en un cas typique, les relations de l'Entendement et de l'Imagination[3]. Ce schématisme n'est pas seulement présent dans les premiers principes, dans les axiomes et les définitions

---

[1] *Dioptrique;* — *Compendium musicae;* — Lettre à Huyghens, 18 fév. 1643, t. III, p. 628-629 ; — Lettre à Mersenne, 27 juill. 1638, t. II, p. 268, — Cf. Lettres à Mersenne, 1ᵉʳ mars 1638, 11 mars 1640, 30 août 1640, t. II, p. 31 ; III, p. 39. — *Principes*, IV, 188.

[2] Liard, *Descartes*, I, ch. IV. — Lettre à Mersenne, 30 août 1640, t. III, p. 173 ; 27 mai 1638, t. II, p. 142.

[3] *Regulae*, XIV, 113 et 117 ; XV, XVII, XVIII, 140, p. 135. — Cf. Florimond de Beaune, *Notae breves*, p. 107, 108. — Schooten, *Principia matheseos*, notamment p. 101. — Édit. lat. de la *Géométrie*, t. II, p. 1 sqq.

qui sont à la base de l'algèbre : il apparaît, encore que réduit au minimum, dans le cours ultérieur de la science. Celle-ci ne s'aperçoit elle-même qu'à travers des symboles présentés à l'Imagination ; et les déductions algébriques ne pouvant, pas plus que la déduction de la géométrie analytique, progresser sans un appui dans l'Imagination, elles se fixent et s'incarnent, et en quelque sorte se matérialisent dans les lettres et les signes algébriques. L'imagination n'apparaît plus que comme un moyen de l'intellection sous forme de signes littéraux affectés d'exposants et de coefficients, et accompagnés de l'expression graphique des opérations. Ainsi apparaissent dans l'algèbre, à un degré éminent, l'hétérogénéité de l'Entendement et de l'Imagination, ainsi que leur coopération dans le savoir[1]. Nous pouvons maintenant résumer les principaux caractères respectifs et relatifs de l'étendue intellectuelle et de l'étendue imaginaire ou empirique chez Descartes : l'une, essence idéale, ou tout au moins parente de la nature spirituelle, possède, ainsi que chacun de ses aspects, une rigoureuse unité ainsi qu'une simplicité, une généralité et une indétermination relatives ; l'autre, existence toute corporelle, est multiple et plus déterminée, bien que celle-ci ne soit que la réalisation de celle-là. Ainsi, jusqu'au cœur de la théorie de l'Étendue et jusqu'au sein de la Pensée qui connaît cet objet, on retrouve le dualisme cartésien. La dualité irréductible de l'esprit et du corps introduit dans l'objet connu la dualité de l'essence intellectuelle et de l'existence imaginaire, comme aussi corrélativement la distinction, dans le sujet, de l'Entendement et de l'Imagination, ou plus exactement de l'entendement pur et de l'entendement qui imagine. Qui ne voit dès lors qu'avec le cartésianisme sont donnés non pas seulement les prémisses, mais les éléments mêmes de la distinction spinoziste, entre l'étendue substantielle et l'étendue modale ?

Nous avons vu comment, des théories cartésiennes de la Substance en général et de l'objectivité en général, on pouvait, selon l'interprétation adoptée, déduire certains points du spinozisme. Mais il y a plus. Ce n'est pas seulement le point de départ de ces déductions : c'est leur terme même qui se trouve déjà indiqué dans le cartésianisme. Les conclusions de Spinoza sur la nature générale de l'objet et de la Pensée se tirent du cartésianisme, et, d'autre part, rejoignent les vues mêmes de Descartes sur ce point spécial. Elle ne sont pas seulement une conséquence de la théorie générale de Descartes sur la Substance et sur l'objectivité, mais aussi des traductions, dans le langage spinoziste, des vues déterminées du même penseur sur la nature particulière de l'Étendue expressément considérée. En développant dans un sens original les principes cartésiens, Spinoza a puisé encore au cartésia-

---

[1] Édition latine de la *Géométrie* : Praefatio ad lectorem. — Introduction à la géométrie. — *Regulae*, XII, 80, p. 90. — *Géométrie*, p. 315.

nisme certaines conclusions prises en elles-mêmes. C'est encore le cartésianisme qui a déterminé le point d'arrivée de ce développement, comme il en avait suscité le point de départ.

Qui ne reconnaît, en effet, dans la dualité spinoziste de l'étendue substantielle — essence indivisiblement une et indéterminée en même temps qu'éternelle, objet de l'Entendement — et de l'étendue multiple et indéfiniment divisible, tant dans la simultanéité que dans la durée, en existences déterminées et singulières, la distinction cartésienne des deux étendues et la distinction corrélative des deux manières de connaître? Le dualisme foncier du cartésianisme a ainsi mis sa marque au sein même du monisme spinoziste, qui l'a adapté tant bien que mal à ses principes. De là la contradiction interne du spinozisme entre son principe et son résultat. Il pose au début l'unité foncière du Réel, pour introduire ensuite au sein de cette unité une dualité qu'il pose comme un fait qu'il n'explique pas et ne peut expliquer.

On le voit, l'étendue substantielle de Spinoza est la première des deux étapes successives du développement ultérieur de l'étendue intellectuelle de Descartes, — ainsi que nous l'avons appelée, — l'étendue intelligible de Malebranche représentant le terme de ce développement, et comme son aboutissant naturel. Car la seconde de ces étapes présente la forme la plus explicite possible des doctrines enveloppées et contenues en germe dans le cartésianisme. Nous pouvons maintenant dégager cette conclusion :

Au fond de la doctrine spinoziste relative à l'Étendue, et par conséquent à l'Étendue et à la Pensée dans leurs rapports réciproques, on retrouve comme élément vital et toujours présent, dirigeant la marche du développement, le dualisme cartésien, auquel cette théorie donne le développement que comportait l'interprétation générale du cartésianisme de laquelle part le système dont nous nous sommes proposé d'étudier certains aspects.

Vu :
Le 3 décembre 1906.
Le Doyen de la Faculté des lettres de l'Université de Paris,

A. CROISET

Vu et permis d'imprimer :
Le Vice-Recteur de l'Académie de Paris

L. LIARD.

Bordeaux. — Impr. G. GOUNOUILHOU, rue Guiraude, 9-11.

www.ingramcontent.com/pod-product-compliance
Lightning Source LLC
Chambersburg PA
CBHW070746170426
43200CB00007B/668